Der Wiederaufbau der deutschen Wirtschaftsbeziehungen
mit Südamerika nach dem Zweiten Weltkrieg
Die Genesis der vertraglichen Rahmenbedingungen 1949 bis 1958

Dem Vetter Gerhard
in alter Freundschaft
von
Hans · Christoph

Europäische Hochschulschriften

Publications Universitaires Européennes
European University Studies

Reihe III
Geschichte und ihre Hilfswissenschaften

Série III   Series III
Histoire, sciences auxiliaires de l'histoire
History and Allied Studies

Bd./Vol. 556

PETER LANG

Frankfurt am Main · Berlin · Bern · New York · Paris · Wien

Hans-Christoph Jerofke

Der Wiederaufbau der deutschen Wirtschaftsbeziehungen mit Südamerika nach dem Zweiten Weltkrieg

Die Genesis der vertraglichen Rahmenbedingungen 1949 bis 1958

PETER LANG

Frankfurt am Main · Berlin · Bern · New York · Paris · Wien

Die Deutsche Bibliothek - CIP-Einheitsaufnahme

Jerofke, Hans-Christoph:

Der Wiederaufbau der deutschen Wirtschaftsbeziehungen mit
Südamerika nach dem Zweiten Weltkrieg : die Genesis der
vertraglichen Rahmenbedingungen 1949 bis 1958 / Hans-
Christoph Jerofke. - Frankfurt am Main ; Berlin ; Bern ; New
York ; Paris ; Wien : Lang, 1993
   (Europäische Hochschulschriften : Reihe 3, Geschichte und
   ihre Hilfswissenschaften ; Bd. 556)
   Zugl.: Gießen, Univ., Diss., 1992
   ISBN 3-631-46056-2

NE: Europäische Hochschulschriften / 03

D 26
ISSN 0531-7320
ISBN 3-631-46056-2

© Verlag Peter Lang GmbH, Frankfurt am Main 1993

Printed in Germany 1 2 3 5 6 7

Vorwort

Nach dem politischen Umbruch im Osten und der Wiedervereinigung Deutschlands ist der Aufbau von marktwirtschaftlich orientierten Wirtschaftsbeziehungen in den letzten Jahren unerwartet zu einem aktuellen Thema geworden. Mittel und Wege für die erforderlichen gewaltigen Umstellungen sind häufig besonders deswegen strittig, weil entsprechende praktische Erfahrungen hierfür bisher fehlen. Die vorliegende Arbeit berührt diese Probleme am Rande, da Beispiele für wirtschaftspolitische Lösungen aufgezeigt werden, wenn auch unter etwas anderen Prämissen; es werden Entwicklungen beim Wiederaufbau der Wirtschaftsbeziehungen der marktwirtschaftlich orientierten Bundesrepublik zu den dirigistisch regierten südamerikanischen Staaten nach dem Zweiten Weltkrieg dargestellt und erläutert. Die vertraglichen Rahmenbedingungen variieren hierbei wegen der unterschiedlichen Größe und des Entwicklungsstandes der einzelnen südamerikanischen Staaten vom wenig entwickelten Status bis fast zum Industrieland.

Als Beginn der Aufbauphase wird die Gründung der Bundesrepublik Deutschland und das Inkrafttreten des Besatzungsstatuts im Jahre 1949 und als deren Ende die Einführung der Konvertibilität der westdeutschen und anderer europäischer Währungen im Jahre 1958 angesetzt; sie umfaßt damit den Zeitraum von bilateralen Anfängen bis zur Eingliederung in die liberalisierte westliche Weltwirtschaft.

Als Einführung wird ein Überblick über die dortigen Verhältnisse und die Beziehungen zu Deutschland für

Südamerika insgesamt sowie in den Länderkapiteln für die einzelnen südamerikanischen Länder gegeben und das Instrumentarium der deutschen Außenwirtschaftspolitik in groben Zügen vorgestellt.

Als Darstellungsmethode wird die chronologische Schilderung des Ablaufs der relevanten Vorgänge bei der Schaffung von Rahmenbedingungen für den Wiederaufbau der Wirtschaftsbeziehungen zu den einzelnen südamerikanischen Ländern gewählt. Um Wiederholungen zu vermeiden, werden hierbei besondere Schwerpunkte gesetzt. So werden eingangs ausführlich die langwierigen, schwierigen Verhandlungen mit Argentinien und die wirtschaftlichen Vorgänge in diesem zweitgrößten südamerikanischen Land geschildert. Bei Brasilien werden detailliert die erste Umstellung des bilateralen Handelsverkehrs auf eine multilaterale Basis in einer europäischen Gemeinschaft sowie die umfangreichen deutschen Direktinvestitionen dargestellt. Bei den übrigen südamerikanischen Staaten werden neben dem chronologischen Ablauf nur Spezifika ihrer Bedeutung entsprechend erwähnt. Französisch, britisch und niederländisch Guayana werden nicht berücksichtigt, da sie damals noch als Kolonie von ihren Mutterländern abhängig waren.

Im letzten Kapitel werden zusammenfassende Betrachtungen über Gemeinsamkeiten und Abweichungen bei den Entwicklungen der südamerikanischen Strukturen und der vertraglichen Rahmenbedingungen angestellt; abschließend wird eine Wertung der Ergebnisse und der politischen Bedeutung aus deutscher Sicht vorgenommen.

Die Zusammenstellungen im "Statistischen Anhang" basieren im wesentlichen auf den Jahresangaben des deutschen

Statistischen Bundesamts. Zum besseren Erkennen von Entwicklungen werden zusätzlich die Jahresdurch- schnittswerte in drei Vierjahresperioden zusammenge- faßt. Hierbei stehen die Zahlen der ersten Periode von 1950 bis 1953 in etwa für die Zeit des Bilateralismus, der zweiten Periode von 1954 bis 1957 für die Umstel- lungsphase zum Multilateralismus und des dritten Ab- schnittes von 1958 bis 1961 für die Anlaufzeit des li- beralisierten Handels- und Zahlungsverkehrs. Zusammen- fassungen mehrer Perioden sollen Trendrichtungen auf- zeigen.

Für die Einführungen und Schlußbetrachtungen stand aus- reichend Literatur zur Verfügung; für den Hauptteil, die Länderkapitel, wurde im wesentlichen unveröffent- lichtes und veröffentlichtes Quellenmaterial benutzt. Den Grundstock bildeten die im Bundesarchiv in Koblenz vorhandenen Bestände des Bundeswirtschaftsministeri- ums; da hierfür noch keine Findbücher existieren, war der Verfasser bei der Auswahl der Akten auf die Unter- stützung durch den zuständigen Referenten, Herrn Dr. Rest, und seiner Mitarbeiterin, Frau A. Wagner, ange- wiesen; sie waren ihm nicht nur bei der Durchsicht der umfangreichen Komputerlisten behilflich, sondern gaben auch wertvolle Hinweise und Ratschläge; ihnen sei hier- für herzlich gedankt.

Ergänzt wurden das Quellenmaterial durch die Bestände des Historischen Archivs der Deutschen Bundesbank in Frankfurt am Main, dessen Benutzung vom Leiter, Herrn Dr. Lindenlaub, dem Verfasser gestattet wurde. Bei der Auswertung der Findbücher und Sachregister sowie bei der Durchsicht der Sachkarteien haben Herr Hergeth,

VIII

Frau Pister und Herr Wanowius wertvolle Unterstützung
geleistet; auch hierfür bedankt sich der Verfasser.

Im Politischen Archiv des Auwärtigen Amtes in Bonn
konnte die erhoffte Erweiterung des Quellenmaterials
leider nur zum Teil realisiert werden, da ein Drittel
der gwünschten, im Findbuch registrierten Aktenbände
des Südamerika-Referates Nr. 415 "offenkundig irregu-
lär und unter Mißachtung aller Registriervorschriften
aus dem Magazin entfernt wurde". Nachforschungen des
Referenten, Herrn Dr. Pretsch, und seines Mitarbeiters,
Herrn Dostert, blieben leider erfolglos.

Ein ganz besonderer Dank gilt Herrn Professor Dr. Hans-
Jürgen Schröder, der nicht nur mit Zuspruch und gutem
Rat den zunächst unentschlossenen, gasthörenden Pensio-
när zum Magisterexamen begleitet sondern auch dem zwan-
zig Jahre älteren Doktoranden mit Rat und wertvollen
Anregungen stets große Unterstützung gewährt hat.

Durch kritisches Korrekturlesen haben mir sowohl mein
Freund, Professor Dr. med. Wolfgang Becker, als auch
meine Frau in dankenswerter Weise Hilfe geleistet.

Inhaltsverzeichnis

Vorwort

I.   Einführung   1

1. Entwicklungstendenzen der Wirtschaft Süd-   1
    amerikas und der deutsch-südamerikanischen
    Wirtschaftsbeziehungen vor der Gründung
    der Bundesrepublik Deutschland
2. Das Instrumentarium der deutschen Außenwirt-   10
    schaftspolitik

II. Die Wirtschaftspolitik der Bundesrepublik   26
     Deutschland mit Argentinien

1. Einführung   26
2. Wirtschaftspolitik in   peronistischer Zeit   31
    2.1. Handels- und Zahlungsabkommen vom
         31.Juli 1950 und Vorbereitung weiterer
         Verhandlungen
    2.2. Verhandlungen in Buenos Aires und Zusatz- 37
         protokoll vom 26. Oktober 1951
         2.2.1. Beendigung des Kriegszustandes   38
                 und Aufnahme diplomatischer
                 Beziehungen
         2.2.2. Zusatzprotokoll zum Handels-   41
                 und Zahlungsabkommen
         2.2.3. Zusatzprotokoll Nr. 2 betr.   47
                 Schutzrechte
         2.2.4. Protokoll über Seeschiffahrt   59
         2.2.5. Sonstige Themen ohne Vereinbarung   61
    2.3. Erschwernisse beim Handelsverkehr   63

X

2.4. Teilfreigabe von Altschutzrechten 72
und Altvermögen, Zusatzprotokoll Nr.3
vom 29. Juli 1953

2.5. Wirtschaftspolitische Verhandlungen 77
der Minister im April und Mai 1954

2.6. Verhandlungen in Bonn und Handels- 87
und Zahlungsabkommen vom 2. November 1954

2.7. Verhandlungen in Buenos Aires über den 92
Handels- und Zahlungsverkehr ab
August 1955

2.8. Verhandlungen über die Regelung des 99
Altvermögens und Paraphierung einer
Vereinbarung im August 1955

3. Wirtschaftsbeziehungen der Bundesrepublik zu 102
den Übergangsregierungen Lonardi und Aramburo

3.1. Erste Folgen der argentinischen 102
Revolution

3.2. Verhandlungen über Interdiktionen 109
deutscher Firmen

3.3. Verhandlungen über die Multilatera- 117
lisierung des Handels- und Zahlungsverkehrs

3.3.1. Bildung des Pariser Clubs 117

3.3.2. Verhandlungen über die Schaf- 122
fung der Vorausetzungen für
einen deutschen Club-Beitritt

3.4. Die Abkommen und argentinischen Maß- 139
nahmen zur Einführung des multilateralen Handels- und Zahlungsverkehrs

3.4.1. Regelung der Altschutzrechte 139
und des Altvermögens

3.4.2. Handels-und Zahlungsabkommen 142

3.4.3. Abkommen über die Konsolidierung   145
der deutschen Forderungen

4. Zusammenfassende Betrachtung   147

III. Die Wirtschaftspolitik der Bundesrepublik   151
Deutschland mit Brasilien

1. Einführung   151
2. Handels- und Zahlungsabkommen vom 17.   156
August 1950
3. Das "Treue-Verfahren"   159
4. Verhandlungen im Jahre 1953 in Bonn über zu-   165
sätzliche und ergänzende Vereinbarungen
5. Vorbereitende Verhandlungen zur Umstellung   171
des Handelsverkehrs auf multilaterale Basis
und Bildung des Haager Clubs
6. Multilateralisierung des Handels- und   179
Zahlungsverkehrs
7. Regelung des Altvermögens   187
8. Deutsche Direktinvestitionen in Brasilien   189
9. Vergleichende Betrachtung der deutschen   196
Wirtschaftsbeziehungen zu Argentinien
und Brasilien

IV. Die Wirtschaftspolitik der Bundesrepublik   198
Deutschland mit Chile

1. Einführung   198
2. Zahlungsabkommen mit den Militärregierungen   202
vom 11. Mai 1949
3. Handelsvertrag und Abkommen über den   204
Zahlungs- und Handelsverkehr vom 2.
Februar 1951

4. Kündigung der Abkommen vom 2.Februar   207
    1951 und die Überbrückungszeit
5. Zahlungs- und Warenabkommen vom 10.   214
    Dezember 1953
6. Verhandlungen auf Ministerebene, Aufweichen 220
    und Auslauf des Clearingsystems und Umstellung
    auf freien Handels- und Zahlungsverkehr
7. Regelung des Altvermögens   226
8. Deutsche Investitionen und Siedlungen   228
    in Chile
9. Zusammenfassende Betrachtung   231

V. **Die wirtschafspolitik der Bundesrepublik** 233
    Deutschland mit Kolumbien

1. Einführung   233
2. Bilateraler Handels- und Zahlungsverkehr   237
3. Freier US-Dollar-Zahlungsverkehr   245
4. Behandlung der deutschen Altvermögen und   254
    Rückgabe der Altschutzrechte
5. Deutsche Beteiligung an Messen in Bogota   256

VI. **Die Wirtschaftspolitik der Bundesrepublik** 257
    Deutschland mit Ecuador

1. Einführung   257
2. Bilateraler Handels- und Zahlungsverkehr   260
3. Umstellung des Zahlungsverkehrs in freie   264
    US- Dollar
4. Deutsche Siedlungsprojekte   267

VII. Die Wirtschaftspolitik der Bundesrepublik   269
     Deutschland mit Peru

1. Einführung   269
2. Handelsabkommen vom 20. Juli 1951   272
3. Besuch des Bundeswirtschaftsministers   275
   im März 1954
4. Interpretation des Handelsabkommens   277
   vom 20. Juli 1951
5. Zusammenfassende Betrachtung   280

VIII. Die Wirtschaftspolitik der Bundesrepublik   281
      Deutschland mit Bolivien

1. Einführung   281
2. Die Entwicklung der Wirtschaftsbeziehungen   285

IX. Die Wirtschaftspolitik der Bundesrepublik   293
    Deutschland mit Paraguay

1. Einführung   293
2. Handels- und Zahlungsverkehr   296

X. Die Wirtschaftspolitik der Bundesrepublik   301
    Deutschland mit Uruguay

1. Einführung   301
2. Handels- und Zahlungsverkehr   304
   2.1. Bilateraler Handels- und Zahlungs-   304
        verkehr
   2.2. Multilateralisierung des Zahlungs-   313
        verkehrs

XI.   Die Wirtschaftspolitik der Bundesrepublik   318
       Deutschland mit Venezuela

   1. Einführung   318
   2. Vertragslose Wirtschaftsbeziehungen   322

XII.   Zusammenfassende Betrachtung zum Wieder-   328
       aufbau der deutschen Wirtschaftsbeziehungen
       zu Südamerika

   1. Betrachtungen zu Entwicklungen südamerika-   328
       nischer Strukturen
   2. Betrachtungen zur Entwicklung der vertrag-   337
       lichen Rahmenbedingungen
   3. Wertung der Ergebnisse beim Wiederaufbau   351
       und der politischen Bedeutung aus deutscher
       Sicht

XIII. Statistischer Anhang   361
(mit Tabellenverzeichnis)

XIV.   Abkürzungsverzeichnis   379

XV.   Quellen- und Literaturverzeichnis   383

   1. Quellen   383
      1.1. Unveröffentlichte Quellen   383
      1.2. Veröffentlichte Quellen   384
   2. Benutzte Literatur und Periodika   385

1

I. Einführung

1. Entwicklungstendenzen der Wirtschaft Südamerikas und der deutsch-südamerikanischen Wirtschaftsbeziehungen vor der Gründung der Bundesrepublik Deutschland

Am Anfang der Neuzeit wurde die südliche Hälfte des amerikanischen Kontinents von spanischen und portugiesischen Seefahrern erobert und nach den Bestimmungen des Vertrages von Tordesillas aufgeteilt. Das spätere Brasilien wurde der portugiesischen und das übrige Mittel- und Südamerika der spanischen Krone unterstellt. Beide Kolonien wurden für dreihundert Jahre in strenger Abhängigkeit mit Monopolen für Rohstoffbezüge aus den Kolonien und Lieferungen manufaktureller Erzeugnisse aus dem Mutterlande gehalten und erfolgreich gegen Angriffe auch anderer Kolonialmächte verteidigt. Nach der Befreiung von den Kolonialregimen am Anfang des neunzehnten Jahrhunderts brachte die nachkoloniale Zeit eine Öffnung Südamerikas sowohl für den Welthandel und Kapitalimporte als auch für Einwanderer und europäisches Kultur- und Geistesgut. Im neunzehnten und am Anfang des zwanzigsten Jahrhunderts waren die Kolonialmächte England, das in dieser Zeit im Welthandel dominierte, sowie Frankreich und Holland die Hauptlieferanten nach Südamerika, während sie von dort nur die Waren abnahmen, die nicht in ihren eigenen Kolonien erzeugt wurden.

Deutschland befand sich durch die sich ergänzenden Wirtschaftsstrukturen in einer günstigeren Position, da Südamerika einen Überfluß an Nahrungsmitteln und Rohstoffen besaß, die Deutschland benötigte, und Bedarf hatte an industriellen Erzeugnissen verschiedenster

2

Art, die in Deutschland hergestellt und nach Südamerika geliefert werden konnten. So gelang es dem deutschen Überseehandel, unterstützt durch deutsche Handelsniederlassungen, Banken, Versicherungen, Schiffahrtsgesellschaften seine Handelsposition in Südamerika so auszubauen, daß Deutschland 1913 den zweiten Platz hinter England einnahm.

Nach diesem ersten Höhepunkt kam der deutsche Warenverkehr mit Südamerika durch den Seekrieg im Ersten Weltkrieg zum Erliegen. In dieser Zeit trat ein grundlegender wirtschaftspolitischer Wandel in Südamerika ein, da die bisherige wirtschaftliche Vormachtstellung Europas, insbesondere Englands, durch das nordamerikanische Zeitalter abgelöst wurde. Hierzu trug die Eröffnung des Panamakanals im Jahre 1914 bei, der durch die Verkürzung des Wasserweges zwischen der südamerikanischen West- und der nordamerikanischen Ostküste das Tor für einen ausgedehnten Handelsverkehr öffnete.[1]

Der durch den Seekrieg verursachte Mangel an bisher aus Europa importierten Gütern weckte das Bestreben, durch den Aufbau einer eignen Industrie von Importen möglichst unabhängig zu werden. In der ersten Phase der Industrialisierung lag der Schwerpunkt auf der Errichtung von Anlagen zur Herstellung von Konsumgütern des täglichen Bedarfs, wie Textilien, Lederwaren etc.: hierbei traten große Unterschiede zwischen den einzelnen Ländern und Regionen Südamerikas auf. Einige Regierungen nahmen z.T. großangelegte Reform- und Entwicklungspläne in Angriff. Dabei war es nützlich, daß reichlich Dollars - meist in Form von Portefolio-In-

---

1) Vgl. Ernst Samhaber, Südamerika von Heute, Ein Kontinent wird neu entdeckt, Stuttgart 1954, S. 39 ff.

3

vestments - nach Südamerika vorwiegend aus USA flossen,
dem damals größten Gläubigerland der Welt.

Der deutsche Überseehandel stellte sich bei der Wiederaufnahme der Wirtschaftsbeziehungen mit Südamerika nach
dem Ersten Weltkrieg auf diese veränderten Bedingungen
ein. Nach anfänglichen Schwierigkeiten infolge der
deutschen Währungsinflation gelang es ihm, durch An-
knüpfung an alte Handelsbeziehungen schrittweise wieder
eine feste Position aufzubauen, sodaß der deutsche
Handelsverkehr mit Südamerika im Jahre 1929 wieder den
zweiten Platz hinter den USA erreichte; hierbei waren
jeweils nur zwei Drittel der deutschen Importe durch
deutsche Exporte gedeckt. Auf Argentinien entfiel etwa
die Hälfte des deutschen Südamerikahandels, die ABC-
Staaten erreichten insgesamt ca. 85 Prozent.[2]

Ein weiteres die Beziehungen zu Südamerika prägendes
Element stellten die dorthin ausgewanderten Deutschen
dar. Der riesige, dünn besiedelte südamerikanische
Halbkontinent benötigte für seine wirtschaftliche Entwicklung beruflich qualifizierte Arbeitskräfte, während
im dicht besiedelten Deutschland sowohl einzelne Personen und Familien als auch Gruppen aus den verschiedensten Gründen auswandern und ihr Glück in der Ferne suchen wollten. Die Auswanderungen nach Südamerika erfolgten in mehreren zeitlich gestaffelten Wellen. Die
deutschen Einwanderer und ihre Nachkommen schufen
landwirtschaftliche Siedlungen und gründeten sowohl
Niederlassungen deutscher Handelsfirmen, Banken, Versicherungsgesellschaften als auch selbständige Handels-
,Gewerbe- und Industriebetriebe. In ihren Kolonien ent-

2) Vgl. A.E. Bunge, El Comercio De Alemania Con La
America Del Sud, in: Revista De Economia Argentina,
Ano 18 T 35, 1936, S. 179 - 182.

4

standen Kirchgemeinden, Schulen, Krankenhäuser sowie
Vereinigungen der verschiedensten Art, die zu traditionellen Stützen des deutschen Volksgruppenlebens wurden. Die deutschen Minderheiten gehörten in ihren
Gastländern überwiegend der mittleren und gehobenen
Bürgerschicht an; einige von ihnen waren sehr erfolgreich.[3]

Der Börsenkrach im Oktober 1929 in New York löste eine
Weltwirtschaftskrise mit verheerenden Folgen ökono-
mischer, finanzieller und sozialer Art aus. In Südamerika wurde die Krise dadurch verschärft, daß die Er-
zeugung von Lebensmitteln und Rohstoffen aller Art
nach dem Ersten Weltkrieg schneller, als bei Kriegsende
prognostiziert worden war, anstieg und den Verbrauch
übertraf, sodaß bereits vor dem Oktober 1929 die
Weltmarktpreise gefallen waren. In den Krisenjahren
sanken die südamerikanischen Ausfuhren um ein Drittel
und mehr; die Devisenerlöse gingen auf ein Drittel zurück, und dadurch fehlten die Devisen für die Bezahlung
notwendiger Einfuhren, zumal die ausländischen Gläubiger ihre kurzfristigen Darlehen zurückforderten und
keine Zahlungsziele mehr gewährten. Als Folge des Zu-
sammenbruchs des Außenhandels bildeten sich in Südamerika große Vorräte an landwirtschaftlichen Erzeugnissen, die der Staat aus dem Markt zu nehmen und zum
Teil zu vernichten gezwungen war, wie dies Brasilien
bereits früher mit sogenannten "Valorisationen" praktiziert hatte. Die Regierungen sahen sich daher veranlaßt, von der bisher geübten Praxis des von
Reglementierungen fast völlig freien Handels- und
Kapitalverkehrs abzugehen und, dem allgemeinen Trend

---

3) Vgl. Hartmut Fröschle (Hrsg.), Die Deutschen in La-
teinameriks. Schicksal und Leistung, Tübingen und Basel
1979, S. 820 - 827.

5

folgend, Devisenbewirtschaftung, Lizenzierung der Ein-
und Ausfuhren von Waren und Kapital, manipulierte
Wechselkurse und ähnliche protektionistische Massnahmen
in Südamerika einzuführen.[4]

Von den Folgen der Weltwirtschaftskrise blieb auch der
deutsche Warenverkehr mit Südamerika nicht verschont.
Ein Vergleich der deutschen Handelsumsätze mit Südamerika im Jahre 1929 mit denen von 1934 zeigte einen
Rückgang auf knapp ein Drittel, wobei wiederum nur zwei
Drittel der deutschen Importe wertmäßig durch Exporte
gedeckt waren.[5] Zur Überwindung der Krise wollten die
Südamerikaner den Handelsverkehr mit ihren früheren Abnehmern wieder beleben. Hieran war die deutsche Regierung wegen des gestiegenen Bedarfs an Rohstoffen und
Nahrungsmitteln als Folge der anlaufenden Binnen-
konjunktur und Aufrüstung sehr interessiert. Am 4. September 1934 erließ sie die als "Neuer Plan"
bekanntgewordene "Verordnung über den Warenverkehr"; in
dieser wurden wegen des Mangels an Devisen die
Bilateralisierung des gesamten Außenhandels und des
auswärtigen Zahlungsverkehrs, quantitative Importbe-
schränkungen "nach einer nationalwirtschaftlichen
Dringlichkeitsskala", die Ausfuhrförderung durch
Kompensationsabkommen, Exportsubventionen und durch
eine partielle Abwertung der Reichsmark sowie die bevorzugte Zuteilung von Rohstoffen bei Exportaufträgen
angeordnet.[6]

5

4) Vgl. E. Samhaber, Amerika von Heute, S. 44 - 48.
5) Vgl. A.E. Bunge, El Commercio De Alemania Con La
America DEl Sud, S. 170.
6) Vgl. Hans-Jürgen Schröder, Die "Neue Deutsche Süd-
amerikapolitik". Dokumente zur nationalsozialistischen
Wirtschaftspolitik in Lateinamerika von 1934 bis 1936,
in: Jahrbuch für Geschichte von Staat, Wirtschaft und
Gesellschaft Lateinamerikas, 6 (1969), S. 341 f.

Die Bilateralisierung des Außenhandels erforderte eine
Strukturänderung der Außenwirtschaftspolitik in der
Form, daß sich die Schwerpunkte nach Südosteuropa und
Lateinamerika verlagerten. Der damalige Leiter der
Handelspolitischen Abteilung des Auswärtigen Amtes Karl
Ritter prägte hierfür die Devise: "Weg von Afrika und
dem Commonwealth, hin nach Südamerika, dem Balkan und
Fernen Osten".[7] Zur Durchführung dieser wirtschaftspolitischen Strategie wurde für Südamerika die "Deutsche Handelsdelegation für Südamerika" unter der Leitung des Gesandten Otto Kiep gebildet, die von Juli
1934 bis Januar 1935 alle südamerikanischen Staaten -
mit Ausnahme von Bolivien und Paraguay - besuchte und
mit Argentinien, Brasilien, Chile und Uruguay Handelsverträge oder Zentralbank-Vereinbarungen für den weitgehend devisenfreien Bezug lebenswichtiger Rohstoffe,
wie Baumwolle, Wolle, Häute und Felle, Leinensaat und
ähnliche, abschloß. Die Delegation mußte hierbei vielfach höhere Preise zugestehen, als sie auf dem Weltmarkt gezahlt wurden, und längerfristige Abnahmen
garantieren, um die durch das Verrechnungsverfahren
hervorgerufenen Devisenausfälle sowie politische Bedenken wegen einer Marktverschiebung zu kompensieren.[8]
Auf diesem Wege gelang es, den deutschen Außenhandel
mit Lateinamerika so auszubauen, daß von 1932 bis 1938
der prozentuale Anteil an der deutschen Gesamtausfuhr
von 4,1 auf 11,7 Prozent und an der deutschen Gesamt-
einfuhr von 9,6 auf 14,9 Prozent anstieg.[9]

---

7) Zitiert nach ebenda, S. 342.
8) Vgl. ebenda, S. 344 f.
9) Hans-Jürgen Schröder, Deutschland und die Vereinigten Staaten 1933 - 1939. Wirtschaft und Politik in der
Entwicklung des deutsch-amerikanischen Gegensatzes,
Wiesbaden 1970, S. 132.

Der Beginn des Zweiten Weltkrieges im September 1939
führte wiederum zum Abbruch des Handelsverkehrs zwischen Europa und Südamerika. Dieses Mal schlossen sich
die amerikanischen Staaten enger zusammen, erarbeiteten
zunächst Empfehlungen und faßten später verpflichtende
Beschlüsse; so wurde im Juli 1940 die Überwachung des
Feindvermögens auf der Grundlage der von den USA aufge-
stellten "Schwarzen Listen" empfohlen.[10] Nachdem
Deutschland Ende 1941 den USA den Krieg erklärt hatte,
wurde die Blockierung der Handelsbeziehungen zu den
Achsenmächten[11] und die Ausschaltung ihres wirtschaftlichen Einflusses in Amerika empfohlen.[12] Mitte
1944 wurde eine Resolution verabschiedet, nach der das
deutsche Vermögen im Ausland enteignet werden
sollte.[13] Kurz vor Kriegsende unterzeichneten alle
Staaten Lateinamerikas und die USA einen Beschluß, nach
dem alle früheren Konferenzempfehlungen verpflichtenden
Charakter erhielten.[14] Nun erklärten auch die südamerikanischen Staaten Deutschland den Krieg, die bisher
nur die Beziehungen abgebrochen hatten; aktiv in das
Kriegsgeschehen griff nur Brasilien durch die Entsendung von zwei Divisionen nach Italien ein.

Während des Zweiten Weltkrieges hatten die USA - im Gegensatz zum Ersten Weltkrieg - die wirtschaftliche Führung in der "westlichen Hemisphäre", zu der auch Süd-

---

10) Vgl. Empfehlung XV der Konferenz von Havanna vom
Juli 1940, nach Otto Böhmer, Bolivien. Übersicht, o.
Dat., S. 97 f, in: Historisches Archiv (künftig HA abgekürzt) Bestand 11.664.
11) Vgl. Empfehlung V der Konferenz von Rio de Janeiro
vom 15.1.1942, ebenda.
12) Vgl. Empfehlung VII der Interamerikanischen Konferenz in Washington im Juli 1942, ebenda.
13) Vgl. Resolution VI der Konferenz von Bretton Woods
vom 22.7.1944, ebenda.
14) Vgl.Empfehlung XVIII und XIX der Konferenz von
Chapultepec vom 7.3.1945, ebenda.

8

amerika zählte, übernommen. Der im April 1942 ge-
schaffene "Board of Economic Warfare" veranlaßte einen
ziemlich einseitigen Fluß von Waren, Rohstoffen und,
soweit vorhanden, Industriegütern in die USA bei einem
Mindestmaß von Gegenlieferungen nach Südamerika; hierbei war das Ausbleiben von dringend benötigten Kraftfahrzeugen, Investitionsgütern und Ersatzteilen besonders schmerzhaft. Als Folge dieses einseitigen Handelsverkehrs sammelten sich bei den südamerikanischen
Zentralbanken große Dollarguthaben an; die Exporteure
erhielten inländische Zahlungsmittel, denen kein entsprechendes inländisches Angebot gegenüberstand. Die
sich hieraus ergebenden inflationären Entwicklungen
wurden noch durch Boden- und Bauspekulationen an-
geheizt. Gleichzeitig traten wegen des Fehlens von
Ersatzteilen und -geräten Substanzverluste bei Indu-
strieanlagen, Verkehrsmitteln, landwirtschaftlichen Ge-
räten und ähnlichem ein.[15]

Am Ende des Zweiten Weltkrieges hatten sich in Lateinamerika sowohl Gold- und Devisenvorräte in Höhe von
sieben Milliarden US-Dollar als auch große Vorräte
vom Staat aufgekaufter, nicht abgesetzter landwirtschaftlicher Erzeugnisse, wie Kaffee, Wolle, Baumwolle, gebildet, die nun weltweit Abnehmer fanden.
Durch die Aufhebung der Reglementierung des Außenhandels und die Abschaffung der Preiskontrolle durch
die USA nach Kriegsende stiegen wegen des angestauten
Bedarfes die meisten Preise, z.T. sogar auf das Doppelte; dadurch verminderte sich der Wert der
Dollarguthaben, gemessen an der Kaufkraft, entsprechend.[16] Die meisten südamerikanischen Regierun-

15) Vgl. Ernst Samhaber, Südamerika von Heute, S. 159 -
161.
16) Vgl. ebenda, S. 195 ff.

9

gen stellten in dieser günstigen Lage weitreichende Re-
form- und Entwicklungspläne auf, wobei die in der industriellen Entwicklung fortgeschrittenen ABC-Staaten den
Schwerpunkt bereits auf die Schwerindustrie legten. Die
Deckung des Nachholbedarfes und Tilgungen von Aus-
landsschulden verschlangen so große Summen, daß bereits
1947 die Dollarguthaben weitgehend aufgebraucht waren.
In diesem Jahr verzeichneten die südamerikanischen
Staaten zusammen drei Milliarden Dollar Ausfuhrüberschuß mit England und anderen europäischen Abnehmern
und in etwa gleicher Höhe Zahlungsverpflichtungen für
Einfuhren aus den USA ; durch die von der englischen
Regierung verfügte Aufhebung der Umtauschmöglichkeit
des englischen Pfundes ergab sich für Südamerika zwar
ein beträchtliches Pfundguthaben, gleichzeitig entstand
aber eine fast ebenso große Dollarlücke;[17] die Dollar-
knappheit zwang die südamerikanischen Regierungen zur
Einführung von Devisenkontrollen und -bewirt-
schaftungen, Venezuela ausgenommen.

In dieser Situation war es naheliegend, in bilateralen
Handelsbeziehungen einen Ausweg zu suchen und sich der
Handelspartner zu erinnern, deren Wirtschaftsstruktur
einen bilateralen Warenaustausch begünstigte. Damit
rückte Deutschland wieder in das Blickfeld des südamerikanischen Außenhandels. Die im besetzten Westdeutschland für den Außenhandel damals zuständige Behörde der
Militärregierungen, die JOINT IMPORT-EXPORT-AGENCY
(JEIA), traf mit vier südamerikanischen Staaten entsprechende Handelsvereinbarungen.[18] Kurz nach Gründung
der Bundesrepublik Deutschland schlossen die Alliierten

---

17) Vgl. ebenda, S. 223 ff.
18) Im einzelnen: mit Uruguay am 7.10.1948, Argentinien
am 14.4.1949, Chile am 1.5.1949 und Kolumbien am
14.6.1949.

Hohen Kommissare im Oktober 1949 Abkommen mit Uruguay
und Ecuador;[19] sie erfüllten wegen der ihnen anhaften-
den Mängel vielfach nicht die in sie gesetzten Erwartungen.

2. Das Instrumentarium der deutschen Außenwirtschafts-
politik

Durch den sogenannten "Kalten Krieg" und die Teilung
Deutschlands kam die Regierung der USA zur Überzeugung,
daß zur Durchsetzung der Konzeption einer liberalen
Weltwirtschaftsordnung und zur gleichzeitigen Eindämmung der Sowjetunion der gewünschte wirtschaftliche
Wiederaufbau Westeuropas nur bei Einbeziehung des
westdeutschen Wirtschaftspotentials erfolgversprechend
sein würde; sie betrieben demzufolge zusammen mit Großbritannien den schrittweisen Aufbau einer deutschen
Wirtschaftsverwaltung.

Entscheidende Impulse für den Wiederaufbau der westdeutschen Wirtschaft brachte die Währungsreform am 21.
Juni 1948. Dieser längst fällige, seit zwei Jahren bereits durch den Colm-Dodge-Goldsmith-Plan vorbereitete
Währungsschnitt durch Einführung der DM erfolgte aufgrund gesetzlicher Anordnungen der Militärregierungen.
Diese hatten zuvor durch die Errichtung der Bank deutscher Länder, an der sich auch die französische Be-
satzungszone beteiligte, eine wichtige Voraussetzung für
die bankmässige Durchführung geschaffen. Im Zusammenhang mit der Währungsreform wurde das "Gesetz über
Leitsätze für die Bewirtschaftung und Preispolitik nach
der Geldreform" nach lebhafter Debatte im westdeutschen

19) Vgl. VfW Ref. V A 1, 10.11.1951, in: Bundesarchiv
(künftig BA abgekürzt) B102/6457 Heft 1.

Wirtschaftsrat mehrheitlich beschlossen und nach Billigung durch die Militärregierungen in Kraft gesetzt.
Mit diesem Gesetz wurden die Bewirtschaftung von ca.
viertausend Konsumartikeln und die Preisbindungen in
großem Umfange aufgehoben sowie marktwirtschaftliche
Grundsätze für die künftige Wirtschaftspolitik festgelegt. Initiator und Verfechter dieser Politik war Ludwig Erhard, der am 2. März 1948 vom Wirtschaftsrat zum
Direktor der "Verwaltung für Wirtschaft im Vereingten
Wirtschaftsgebiet" (VfW) gewählt worden war; er erhielt
damit die seltene Chance, eine Aufgabe, auf die er sich
als Wissenschaftler längere Zeit vorbereitet hatte, als
Politiker lösen zu können.

Für die Innen- und Außenpolitik wurden von den drei
Militärbefehlshaber für die Westzonen entscheidende
Weichen durch die Beitrittserklärung zur "Organization
for European Economic Cooperation" (OEEC) und den Vertrag mit der "Econonic Cooperation Administration"
(ECA), der für die Durchführung des Marshall-Planes zuständigen Behörde, gestellt; damit war die Westintegration Westdeutschlands vorgezeichnet. Mit der Gründung
der Bundesrepublik Deutschland und der Bildung der Bundesregierung im September 1949 trat das Besatzungssta-
tut in Kraft, und die Alliierte Hohe Kommission übernahm im wesentlichen nur Überwachungsaufgaben.[20]

Aus der bisherigen "Verwaltung für Wirtschaft im Vereinigten Wirtschaftsgebiet" entstand das "Bundesministerium für Wirtschaft" und ihr bisheriger Direktor
wurde als "Bundesminister für Wirtschaft" bestätigt.

---

20) Vgl. Walter Vogel, Westdeutschland 1945 - 1950. Der
Aufbau von Verfassungs- und Verwaltungseinrichtungen
über den Ländern der drei westlichen Besatzungszonen,
Teil I, Boppard 1964, S. 41 ff.

12

In diesem Amte blieb Erhard bis zu seiner Wahl zum Bundeskanzler am 17. Oktober 1963, sodaß die Wirtschaftspolitik beim Wiederaufbau durchgehend in einer Hand blieb. Mit dem Inkrafttreten des Besatzungsstatutes und der Auflösung der JEIA wurde das Bundeswirtschaftsministerium "zuständig für alle Aufgaben, die sich für den Bund auf dem Gebiete der Wirtschaft ergeben, und [besaß] die Federführung auf dem Gebiete der gesamten Wirtschaftspolitik".[21] Organisatorisch gliederte sich das Ministerium in eine Zentralabteilung und sechs Abteilungen, darunter bestanden jeweils zwei bis vier Unterabteilungen, die sich aus einer unterschiedlichen Zahl von Referaten zusammensetzten. Das Referat "V B 2" war für Mittel- und Südamerika zuständig; es gehörte zur Unterabteilung "V B Außenhandel mit Ländern außerhalb des EZU-Raumes" (bzw. vorher des OEEC-Raumes) und zur Abteilung "V Außenwirtschaft".[22]

Der im Petersberger Abkommen vom 22. November 1949, der sogenannten Ersten Revision des Besatzungsstatuts, genehmigte Aufbau von konsularischen und von Handelsbeziehungen wurde nur zu einigen ausgewählten europäischen Staaten und den USA gestattet.[23] Mit der Zweiten, der sogenannten kleinen Revision des Besatzungsstatutes vom 6. März 1951 wurde die Errichtung eines "Auswärtigen Amtes" und der Aufbau von diplomatischen und konsularischen Vertretungen erlaubt. Der organisatorische Aufbau des Auswärtigen Amtes entsprach

---

21) Vgl. Die Bundesrepublik, Handbuch für Verwaltungsbeamte, 65 (1956/57) S. 130.
22) Entnommen dem "Organisationsplan des Bundeswirtschaftsministeriums, Stand 1. März 1956", in: Handbuch für Verwaltungsbeamte, 65 (1956/57) und ebenda S. 131.
23) Vgl. Ludolf Herbst, Option für den Westen. Vom Marshallplan bis zum deutsch-französischen Vertrag, München 1989, S. 71.

in etwa dem des Bundeswirtschaftsministeriums. Für Südamerika war das Referat 415 zuständig, das zur Unterabteilung 41 "Handelspolitische Beziehungen zu fremden
Ländern" der Abteilung 4 "Handelspolitische Abteilung"
gehörte.[24] In den Jahren 1951/53 wurden diplomatische
Beziehungen zu allen südamerikanischen Staaten aufgenommen und dort Vertretungen errichtet.[25] Soweit sie
zunächst den Status einer Gesandtschaft erhalten hatten, wurden sie in Südamerika bis Mitte 1956 zu Botschaften erhoben. Außerdem waren bis 1958 in Südamerika
zwei Generalkonsulate, neun Konsulate und neunund-
dreißig Wahlkonsulate errichtet worden, sodaß die Bundesrepublik wieder diplomatisch und konsularisch aus-
reichend vertreten war.[26]

Für die mit der Wirtschaftspolitik eng zusammenhängende
Geldpolitik war die "Bank deutscher Länder" zuständig,
die von den Alliierten am 1. März 1948 als Körperschaft
öffentlichen Rechtes gegründet worden war. Die allgemeine Geschäftspolitik der Bank wurde vom Zentralbankrat bestimmt und vom Direktorium durchgeführt; dieser
bestand aus seinem Präsidenten, dem Präsidenten des Direktoriums und den neun Präsidenten der Landeszentralbanken. Am 1. August 1957 wurde das Zentralbanksystem
durch die "Deutsche Bundesbank" abgelöst; die Landeszentralbanken fusionierten mit der "Bank deutscher

---

24) Vgl. Handbuch für Verwaltungsbeamte, 65 (1956/57)
S. 39 f.
25) Es wurden errichtet: Botschaften in Buenos Aires
für Argentinien, in Rio de Janeiro für Brasilien, in
Santiago de Chile für Chile, Gesandtschaften in Montevideo für Uruguay , in Bogota für Kolumbien, in Lima
für Peru, in Caracas für Venezuela, in La Paz für
Bolivien, in Quito für Ecuador und in Asuncion für
Paraguay.
26) Vgl. Handbuch für Verwaltungsbeamte, 66 (1958/59)
S. 46 - 49.

Länder" und bildeten die "Deutsche Bundesbank"; das zweistufige dezentrale System wurde in eine Einheitsbank umgewandelt. Die Richtlinien bestimmte weiterhin der Zentralbankrat, der nun aus dem Direktorium der Bank und den Vorständen der Landeszentralbanken bestand.[27]

Bei diesen generellen Aufgabenteilungen lagen die Zuständigkeit für Wirtschaftspolitik beim Bundeswirtschaftsministerium, allgemeine Außenpolitik beim Auswärtigen Amt, Währungs- und Geldpolitik bei der Bank deutscher Länder bzw. später bei der Deutschen Bundesbank und für Fachfragen bei den einzelnen Fachministerien. Zur Koordination der Außenwirtschaftspolitik dienten eine Reihe von Gremien, von denen nachstehend nur die wichtigsten aufgeführtt werden. Im "Handelspolitischen Ausschuß" (abgekürzt HPA) beschlossen verantwortliche Vertreter der für Außenhandelsfragen zuständigen Ministerien und der Bank deutscher Länder "Verhandlungsrichtlinien für die verschiedenen Handelsverträge, wobei es seine wichtigste Aufgabe war, innerhalb der allgemeinen Grundlinien der Handelspolitik eine weitgehende Übereinstimmung aller beteiligten Ressorts herbeizuführen".[28] Zur Abstimmung der han-

---

27) Vgl. ebenda, S. 239.
28) Vgl. Bundeswirtschaftsministerium (künftig BWM abgekürzt),Abt. V, Beitrag zum Rechenschaftsbericht des Bundeskanzlers, 7.9.1950, S. 20, in: BA B102/1798 Heft 2.
Sitzungsprotokolle des HPA waren weder im Bundesarchiv noch im Politischen Archiv des Auswärtigen Amtes zugänglich, da sie als "Geheim" eingestuft und bisher noch nicht zurückgestuft wurden. Das Gleiche gilt für den sogenannten "Fünferausschuß", der dem HPA übergeordnet war und aus hohen Beamten des BWM, des Bundesministerium für Finanzen (künftig BMF abgekürzt), des Auswärtigen Amtes (künftig AA abgekürzt), des Bundesministerium für Ernährung, Landwirtschaft und

delspolitischen Tätigkeiten der Bundesregierung mit
den parlamentarischen Aufgaben des Bundestages trat
erstmals am 8. September 1950 ein "Parlamentarischer
Beirat" zusammen, der aus neun Mitgliedern des Bundes-
tagsausschusses für Außenhandelsfragen bestand und später um vier beauftragte Mitglieder des Bundesrates erweitert wurde.[29] Ein "Außenhandelsbeirat" diente der
Pflege der Zusammenarbeit mit der privaten Wirtschaft.
Ihm gehörten führende, in Fragen des Außenhandels besonders versierte Vertreter der Industrie, des Handels
und der Banken an, die das Bundeswirtschaftsministerium
berieten.[30] Im "Länderausschuß Außenhandel" teilten
bei "Außenhandelstagungen" die Außenhandelsabteilungen
der Bundesländer ihre aus der Praxis im unmittelbaren
Verkehr mit den Firmen ihres Landes gewonnenen Erfahrungen mit und das Bundeswirtschaftsministerium unter-
richtete über Grundlinien der Handelspolitik sowie den
Abschluß und die Abwicklung von Handelsverträgen.[31]
Mit Einfuhren befaßte sich der interministerielle "Ein-
fuhrausschuß", zu dessen Sitzungen häufig Gäste aus der
Wirtschaft eingeladen wurden.[32] Im interministeriellen
"Ausschuß für Ausfuhrgarantien und Ausfuhrbürgschaften"
wurden die von den Firmen vorgelegten Anträge beraten
und beschieden.[33]

Für die Schaffung des erforderlichen Rahmens für den
Aufbau von dauerhaften Wirtschaftsbeziehungen dienten
als wichtigstes Instrument der Außenwirtschaftspolitik

Forsten (künftig BELF abgekürzt) und der Bank deutscher
Länder (künftig BdL abgekürzt) bestand.
29) Vgl. ebenda, S. 19.
30) Vgl. ebenda, S. 19 f.
31) Vgl. ebenda, S. 20.
32) Sitzungsprotokolle in: BA B102/335/6 und
152592/3/4.
33) Sitzungsprotokolle in: BA B102/25490 bis 25506.

Handels- und Zahlungsabkommen. Nach dem Zweiten Weltkrieg schloß die JEIA die ersten Abkommen für die westlichen Besatzungszonen;[34] nach deren Auflösung im August 1949 erließ die Alliierte Hohe Kommission die "Direktive über den Außenhandel und die Verhandlung von
Handels- und Zahlungsabkommen".[35] Nun konnte die Bundesregierung zwar grundsätzlich Verhandlungen über Han-
dels- und Zahlungsabkommen führen, mußte aber vor deren
Unterzeichnung die Genehmigung der Alliierten Hohen
Kommission einholen und nach den hierbei auferlegten
Verpflichtung über alle Vorgänge die Alliierten laufend
informieren, Beobachter bei allen Verhandlungen zulassen sowie einige im einzelnen definierte Grundsätze beachten; einer hiervon lautete: die Bundesregierung hat
"solche Grundsätze zu verfolgen und solche Maßnahmen zu
ergreifen, welche geeignet sind, Deutschland so bald
wie möglich von ausländischer Hilfe unabhängig zu machen".[36] Im Zuge der Zweiten Revision des Besatzungsstatuts wurden die Auflagen dadurch gemildert, daß bei
Beibehaltung der Verpflichtung zu weitgehender Unterrichtung nur noch bei Verhandlungen mit Ländern des
Ostblockes Beobachter anwesend sein mußten und Abkommen
und Protokolle von der Bundesregierung zwar unterzeichnet, aber erst nach Ablauf einer einundzwanzig-
tägigen Einspruchsfrist in Kraft gesetzt werden durften.[37]

---

34) Siehe auch vorstehend I.1., S. 9.
35) Direktive AGSEC (49) 160, 12.11.1949, veröffentlicht in: Bundesanzeiger und Öffentlicher Anzeiger
für das Vereinigte Wirtschaftsgebiet, Nr. 30,
1.12.1949.
36) Ebenda Artikel 5 b).
37) Vgl. Anhang zum Brief AGSEC (51) 413, 7.3.1951,
bekanntgegeben intern durch BWM Abt. V, 4.4.1951, in:
BA B102/2704.

Wegen der deutschen Devisenknappheit sah sich die Bundesregierung gezwungen, zunächst weiterhin Handelsabkommen auf bilateraler Basis abzuschließen, obwohl
diese nicht dem angestrebten Prinzip der weltoffenen
Handelspolitik entsprachen.[38] Warenlisten mit Kontin-
genten in US $ für Ein- und Ausfuhren waren die Kern-
stücke; bei deren Aufstellung war eine enge Zusammenarbeit und intensive Abstimmung mit den die Interessen
der einzelnen Wirtschaftsgruppen vertretenden Verbänden
und zum Teil auch mit einzelnen Firmen erforderlich.
Der Vertragstext enthielt in der Regel Bestimmungen
über die Erteilung von Ein- und Ausfuhrlizenzen, die
Aufteilung der Kontingente in z.T. saisonbedingte Quoten, eine Notstandsklausel, um erforderlichenfalls eine
Reduzierung der Kontingente zu ermöglichen, sowie die
grundsätzliche Forderung nach einem wertmäßigen Gleichgewicht zwischen Ein- und Ausfuhren; vielfach war die
Bildung einer "Gemischten Kommission" vorgesehen, die
die Durchführung des Vertrages überwachen und Verbesse-
rungs- und Änderungsvorschläge vorlegen sollte; stets
mußten Inkrafttreten, Vertragsdauer, Kündigungsmöglichkeit sowie der Übergang bei Außerkrafttreten des Vertrages geregelt werden.

Die Frage, ob ein Handelsvertrag vor seinem Inkraftre-
ten durch ein Bundesgesetz ratifiziert werden müsse,
wurde aufgrund einer Klage der sozialdemokratischen
Fraktion des Bundestages durch das Bundesverfassungsgericht 1952 dahingehend entschieden, daß Verträge, die
fachlich-technische Abkommen sind und nicht die politischen Beziehungen des Bundes regeln, nicht der Zustimmung oder Mitwirkung in Form eines Bundesgesetzes be-

---

38) Vgl. Ludwig Erhard (Hrsg.), Deutschlands Rückkehr
zum Weltmarkt, Düsseldorf 1953, S. 14 ff.

dürfen.[39] Nach diesem Urteil benötigten die üblichen
Handelsabkommen keiner Ratifizierung durch ein deutsches Bundesgesetz, dagegen wurden Handelsverträge mit
der Vereinbarung einer Meistbegünstigung u.ä. als
Regelungen politischer Art angesehen, die zu ratifizie-
ren waren. Da für alle Mitglieder des "General Agreement on Tariffs and Trade" (GATT), dem die Bundesrepublik seit Oktober 1951 als gleichberechtigtes Mitglied
angehörte, Meistbegünstigungen galten, war die Vereinbarung einer solchen Klausel nur mit den Staaten, die
nicht GATT-Mitglieder waren, erforderlich.

Die mit Handelsabkommen verbundenen Zahlungsabkommen
wurden unter Mitwirkung von Vertretern der Bank deutscher Länder ausgehandelt. Hierin wurde geregelt, bei
welcher der beiden Zentralbanken das Konto in US $ für
die Vertragsabwicklung geführt, welche Art von Zahlungen hierauf verbucht, in welcher Höhe gegenseitig ein
Swing, d.h. ein Kredit, eingeräumt und wie dieser bei
Überschreitung zurückgeführt werden sollte.

Den Handels- und Zahlungsabkommen wurden häufig Protokolle und Briefwechsel beigefügt, die zum Teil vertraulicher Art waren. In Protokollen wurden im allgemeinen
Fragen behandelt, die nicht unmittelbar den Handels-
und Zahlungsverkehr betrafen, während die Brief- oder
Notenwechsel meist Wünsche ephemerer Art beinhalteten.
Die Bundesregierung hat im ersten Jahr ihrer Zuständigkeit mit fünfundzwanzig Staaten Handels- und Zahlungsabkommen abgeschlossen; Ende 1950 bestanden bilaterale handelsvertragliche Beziehungen zu sechsunddrei-

---

39) Vgl. Bundesverfassungsgericht, Az: 2 BvE 2/51, Urteil verkündet am 29. Juli 1952, in: BA B102/56663.

19

ßig Ländern,[40] darunter zu allen südamerikanischen
Staaten mit Ausnahme von Bolivien und Venezuela.

Als Leitfaden für eine einheitliche Ausrichtung diente
ein einhundertsiebenundfünfzig Seiten starkes Kompen-
dium "Muster eines klassischen Handelsvertrages". Dieses wurde in einem interministeriellen Ausschuß, in dem
neben den am Außenhandel interessierten Bundesministerien auch Vertreter der Bank deutscher Länder
und der Spitzenverbände der Wirtschaft vertreten waren,
erarbeitet und im Juli 1952 herausgegeben.[41] Anfang
1953 konstituierte sich ein "Interministerieller Ausschuß zur Fortentwicklung des Handelsvertrags-
musters".[42] Beim Übergang vom Bilateralismus zum
Multilateralismus und freien Handel wurden die
vertraglichen Regelungen entsprechend geändert und den
jeweiligen Verhältnissen angepaßt.[43]

Mit zunehmendem Handelsverkehr wuchs zu dessen Unterstützung bei der deutschen Wirtschaft das Bedürfnis,
die von ihr für nützlich und erforderlich gehaltenen
Investitionen im Ausland vornehmen zu können. Nach dem
Zweiten Weltkrieg waren derartige Genehmigungen von den
hierfür zuständigen alliierten Behörden wegen der
Devisenknappheit nicht erteilt worden. Um aus der Devi-
senzwangslage herauszukommen, hielt die Bundesregierung
vor allem eine Steigerung und Förderung von Exporten
neben einer vorübergehenden Drosselung der Importe für
erforderlich. Sie entschloß sich daher, die Alliierte

---

40) Vgl. BWM Abt. V, Rechenschaftsberichtsbeitrag,
7.9.1950.
41) Vgl. BWM Abt. V B 1d, Streng vertraulich! Nur für
den Dienstgebrauch!, 31.7.1952, in: BA B102/56761.
42) Vgl. BWM Abt. V, Tätigkeitsbericht, 4.10.1954, in:
BA B102/56562.
43) Vgl. ebenda.

Hohe Kommission zu ersuchen, "daß den deutschen Aus-
fuhrfirmen, soweit dies nach sorgsamer Prüfung im Aus-
fuhrinteresse erforderlich erscheint, wieder Gelegenheit zur Gründung eigner Niederlassungen und zum Erwerb
von Beteiligungen an ausländischen Unternehmungen gegeben wird".[44] Zur Begründung führte sie aus, daß gerade
die angespannte Devisenlage der Bundesrepublik es erfordere, alle Mittel zur Förderung der Ausfuhren auszu-
schöpfen, und daß eine Gegenseitigkeit nicht länger
versagt werden könne, nachdem ausländische Investitionen in Deutschland erlaubt seien.[45] Gleichzeitig bat
sie um Prüfung der Möglichkeit, die Zuständigkeit auf
diesem Sektor auf deutsche Stellen zu übertragen.[46]
Die Alliierte Hohe Kommission ermächtigte die Bundesregierung Ende Juni 1951, als sich die Devisenlage durch
die eingeleiteten Maßnahmen und die inflationäre Nach-
fragewelle als Folge der Koreakrise gebessert hatte,
Lizenzen zur Errichtung von Zweigniederlassungen oder
zum Erwerb von Beteiligungen im Ausland zu erteilen;
sie schränkte die Genehmigung jedoch auf solche Fälle
ein, "in denen nachgewiesen werden kann, daß die
anfänglichen Ausgaben eine nahezu unverzügliche Steigerung der Ausfuhr zur Folge haben werden".[47]

Es dauerte ein halbes Jahr, bis das Bundeswirtschaftsministerium den ersten Erlaß auf diesem Gebiete

---

44) Bundeskanzler an Geschäftsführenden Vorsitzenden
der Alliierten Hohen Kommission, 9.2.1951, in: BA
B102/57673.
45) Bezieht sich auf ein entsprechendes Dekret der
Alliierten Hohen Kommission vom 15.6.1950.
46) Vgl.Bundeskanzler an Alliierte Hohe Kommission,
9.2.1951.
47) Generalsekretär der Alliierten Hohen Kommission an
Bundeskanzleramt, AGSEC (51) 1105, 30.6.1951, in: BA
B102/57673.

nach dem Zweiten Weltkrieg bekanntgab.[48] Seine Bestimmungen waren geprägt von der einschränkenden Auflage
der Alliiierten Hohen Kommission und legten unter anderem fest, daß bei Auslandsinvestitionen als Anlagemittel die Einbringung von Sachwerten und Dienstleistungen anzustreben sei. Für die Genehmigung der Anträge war das Bundeswirtschaftsministerium im Einvernehmen mit der Bank deutscher Länder zuständig; die Anträge waren von den Firmen den zuständigen Landesbehörden für Wirtschaft einzureichen; diese erhielten
für die Durchführung des Erlaßes ausführliche Erläu-
terungen und Anweisungen.[49] Als wichtigster Punkt
wurde darin den Landesbehörden die Beurteilung der Ver-
trauenswürdigkeit des Antragsstellers aufgegeben. Der
damaligen Situation entsprechend wurden Weisungen erteilt, "ganz besonderen Augenmerk darauf zu richten,
daß die Gefahr einer Kapitalflucht oder eine
volkswirtschaftlich abträgliche Verlagerung deutscher
Produktionskapazitäten verhindert wird", bei Einbringung von Rechten und Erfahrungen in ein Unternehmen im
Ausland nicht Geheimnisse preisgegeben werden und "daß
einzelnen ausländischen Gläubigern von Vorkapitulati-
onsforderungen nicht die Möglichkeit eröffnet [wird],
Zugriff auf die Anlagemittel zu nehmen". Den Landesbehörden wurde die laufende Devisenüberwachung zur
Pflicht gemacht und auf die Wahrung einer streng vertraulichen Behandlung hingewiesen.[50] Der Bundeswirtschaftsminister hielt die Einschaltung der "Bundesstelle für den Warenverkehr" in das Genehmi-

---

48) Vgl. Runderlaß Außenwirtschaft (künftig RA abgekürzt) Nr. 15/52, 25.1.1952, in: Bundesanzeiger Nr. 20,
30.1.1952.
49) Vgl. Vertraulicher Runderlaß Außenwirtschaft
(künftig VRA abgekürzt) Nr. 1/52, 25.1.1952, in: BA
B102/27168.
50) Vgl. ebenda.

22

gungsverfahren für unerwünscht,[51] sodaß eine entsprechende Berichtigung des ersten Erlaßes vorgenommen
wurde.[52]

Nachdem sich die Devisensituation gebessert hatte und
die Bundesrepublik zum Gläubigerland geworden war,[53]
lockerte das Bundeswirtschaftsministerium das zentrali-
stische Genehmigungsverfahren und übertrug den Landesbehörden das Recht, im Einvernehmen mit der Landes-
zentralbank Anträge auf die Errichtung, den Erwerb und
die Unterhaltung von Handelsniederlassungen oder den
Erwerb von Beteiligungen an Handelsunternehmen zu genehmigen, wenn der Gegenwert der Anlagemittel 50.000 DM
nicht überstieg.[54] In einer internen Anweisung wurde
hierzu verfügt, daß Zahlungen in freier Währung, insbe-
sonder in US $, nicht gestattet seien und daß nur Un-
ternehmen und nicht Einzelpersonen Beteiligungen im
Ausland erwerben dürfen.[55] In eine zweiten Phase
wurden die Voraussetzungen für die Genehmigungen
deutscher Auslandsinvestitionen ab April 1954 grundle-
gend geändert; nun wurde "die Stärkung der wirtschaftlichen Beziehungen der Bundesrepublik Deutschland zum
Ausland, insbesondere eine Förderung des Handelsverkehrs mit dem Ausland", gefordert.

---

51) Vgl. Erhard an Abt. V, 2.5.1952, in: BA B102/57673.
52) Vgl. RA Nr. 65/52, 19.5.1952, in: Bundesanzeiger
Nr. 102, 29.5.1952.
53) Vgl. Bernhard Welschke, Außenpolitische Einflußfak-
toren auf die Entwicklung der westdeutschen
Außenwirtschaftsbeziehungen in der Frühphase der Bundesrepublik Deutschland (1949-1952), in: Manfred Knapp
(Hrsg.), Von der Bizonengründung zur ökonomisch-politischen Westintegration. Studien zum Verhältnis zwischen
Außenpolitik und Außenwirtschaftsbeziehungen in der
Entstehungsphase der Bundesrepublik Deutschland (1947-
1952),Frankfurt a.M. 1984, S. 245.
54) Vgl. RA Nr. 33/53, 23.4.1953, in: Bundesanzeiger
Nr. 85, 6.5.1953.
55) Vgl. VRA Nr. 4/53, 23.4.1953, in: BA B102/27168.

23

Gleichzeitig wurde die Zuständigkeit der Landeswirt-
schaftsbehörden erweitert für Genehmigungen von Investitionen in Handelsunternehmen bis zu einem Gegenwert
von 200.000 DM und in Fabrikationsunternehmen einschließlich Montagebetrieben bis zum Gegenwert von
100.000 DM.[56)] Im folgenden Jahr wurde den Landes-
wirtschaftsbehörden gestattet, Genehmigungen zu erteilen für Waren herstellende, vervollständigende Betriebe
bis zu 250.000 DM und für andere Geschäftstätigkeiten
bis zu 500.000 DM.[57)] Als trotz des Auslaufens der Exportförderung "die Aussenwirtschaft der Bundesrepublik
im Jahre 1956 im Zeichen einer Hochkonjunktur
stand",[58)] entschloß sich die Bundesregierung zur weiteren Liberalisierung der Rahmenbedingungen für deutsche Auslandsinvestitionen, die als dritte Phase bezeichnet werden kann. Im Herbst 1956 wurde die allgemeine Genehmigung erteilt sowohl für Zahlungen von Aufwendungen an unselbständige Niederlassungen[59)] als auch
für Firmengründungen, -übernahmen und -beteiligungen
bis zum Gegenwert von 3 Millionen DM;[60)] es blieb für
Investitonen im Ausland nur noch eine Meldepflicht bestehen.[61)] Ein Jahr später wurde die volle Liberalisierung deutscher Auslandsinvestitionen durch die allge-

---

56) Vgl. RA Nr. 34/54, 21.4.1954, in: Bundesanzeiger
Nr. 83, 30.4.1954.
57) Vgl. RA Nr. 37/55, 21.5.1955, in: Bundesanzeiger
Nr. 101, 27.5.1955.
58) BWM Abt.V, Tätigkeitsbericht, 2.11.1956, in: BA
B102/56562.
59) Vgl. RA Nr. 58/56, 3.8.1956, in: Bundesanzeiger
Nr.156, 14.8.1956.
60) Vgl. RA Nr. 66/56, 26.9.1956, in: Bundesanzeiger
Nr.189, 28.9.1956.
61) Vgl. RA Nr. 85/56, 22.11.1956, in: Bundesanzeiger
Nr. 234, 1.12.1956.

meine Genehmigung ohne Begrenzung für Gründung, Verkauf, Auflösung von Firmen im Ausland erreicht.[62]

Einige Schwierigkeiten gab es beim Wiederaufbau der
Wirtschaftsbeziehungen bei der Lösung der Frage der
Altvermögen und Altschutzrechte, die in den einzelnen
Ländern unterschiedlich behandelt wurde. Bei den Altvermögen hatte sich die Alliiierte Hohe Kommission aufgrund eines Kontrollratsgesetzes alle Verhandlungen
auch noch nach dem Abschluß der Londoner Schuldenkonfe-
renz vorbehalten. Nach diesem Gesetz war das gesamte
deutsche Auslandsvermögen auf die Kommission des Kon-
trollrates übergegangen;[63] diese war aber wegen des
Kalten Krieges nicht funktionsfähig. Nach überwiegender
Meinung internationaler Völkerrechtler verstieß das Gesetz sowohl gegen das Prinzip der Territorialhoheit als
auch den Grundsatz der "lex rei sitae" im internationalen Privatrecht.[64] Obwohl die Rechtsgrundlage also
nicht haltbar war und die Alliierte Hohe Kommission in
dieser Frage nichts unternahm, war die Bundesregierung
an die Weisung gebunden und durfte selbst keine
Schritte unternehmen. Als Ausweg wurden in einigen,
noch darzustellenden Fällen privatrechtliche Konstruk-
tionen angewendet. Da Schutzrechte etc. nicht unter die
Bestimmungen des Kontrollratsgesetzes fielen, konnte
die Bundesregierung bei der Lösung der Frage der Altschutzrechte nach eignem Ermessen handeln, und sie tat
dies auch.

---

62) Vgl. RA Nr. 49/57, 24.8.1957, in: Bundesanzeiger
Nr. 167, 31.8.1957.
63) Vgl. Kontollratsgesetz Nr. 5 Art. 2 und 3, zitiert
in: Heinrich Droste, Die Rechtslage der deutschen Auslandsvermögen, in: Archiv des Völkerrechts, 2.Bd. 1950,
S.298 f.
64) Vgl. ebenda, S.298 - 304.

Im folgenden wird nun gezeigt, wie das dargestellte deutsche wirtschaftspolitische Instrumentarium in den einzelnen Ländern Südamerikas beim Wiederaufbau der Wirtschaftsbeziehungen eingesetzt wurde, welche Anpassungen erforderlich und welche Schwierigkeiten zu überwinden waren.

II. Die Wirtschaftspolitik der Bundesrepublik Deutschland mit Argentinien

1. Einführung

Argentinien ist mit einer Fläche von ca. 2,8 Mio qkm das zweitgrößte Land Südamerikas; es erstreckt sich vom 22. bis zum 55. südlichen Breitengrad in einer Länge von ca. 3.700 km und einer Breite im Norden von ca. 1.500 km. Es läßt sich in drei Großlandschaften gliedern: im Westen das Faltengebirge mit seinen ostwärts vorgelagerten Sierras, im Osten die weiten Ebenen des Gran Chaco, der Pampas und des Landes zwischen Parana und Uruguay Mesopotamia und im Süden das anschließende Tafel- und Schichtstufenland Ostpatagoniens. Die Gebiete im Norden liegen in der tropischen, in Mittelargentinien in der subtropisch-gemäßigten und im Süden in der subarktisch-kühlen Klimazone mit jeweils entsprechenden Vegetationen. Die Bevölkerung betrug 1958 ca. 20 Millionen Einwohner und bestand fast zu 90 Prozent aus Weißen. Bedeutendster Wirtschaftszweig war die Landwirtschaft mit Ackerbau und Viehzucht.[65]

Die deutsch-argentinischen Wirtschaftsbeziehungen entwickelten sich - besonders nach der Gründung des Deutschen Reiches - bis zum Ersten Weltkrieg positiv, da zwischen dem industriell orientierten Deutschland und dem agrarischen Argentinien viele Möglichkeiten für eine günstige wirtschaftliche Ergänzung gegeben waren, die durch die deutsche Kaufmannschaft geschickt ausge-

---

65) Vgl. Ibero-Amerika. Ein Handbuch, Herausgeber: Ibero-Amerika Verein Hamburg, 4. verbesserte Auflage, Hamburg 1960, S. 95 - 99.

nutzt und gefördert wurden.[66] Als Handelspartner
Argentiniens rückte Deutschland 1913 nach Großbritannien auf den zweiten Platz vor.[67]

Nach dem Ersten Weltkrieg war die Aufnahme des Warenverkehrs durch den Währungsverfall in Deutschland und
eine Krise in Argentinien zunächst behindert, sodaß
sich erst ab etwa 1924 die Handelsbeziehungen wieder
zu normalisieren begannen. Die deutschen Ausfuhren nach
Argentinien bewegten sich 1926 mit 273,4 Mio RM leicht
über dem Wert von 1913 und stiegen bis 1929 auf 370,9
Mio RM; die deutschen Einfuhren aus Argentinien erreichten bereits 1924 mit 518,8 Mio RM eine Summe, die
über der von 1913 lag, sie verdoppelten sich bis 1927
auf 1070,7 Mio RM und fielen 1929 auf 747,5 Mio RM
zurück; damit waren erste Anzeichen für den kommenden
großen Konjunktureinbruch erkennbar. In der Weltwirtschaftskrise verringerte sich der Handelsaustausch
drastisch und betrug bei den deutschen Einfuhren aus
Argentinien 1933 nur noch 149,6 Mio RM und bei den
deutschen Ausfuhren nach Argentinien 100,3 Mio RM.[68]

Der im Zuge der Einführung des "Neuen Plans" des Dritten Reiches entsandten "Deutschen Delegation für Südamerika"[69] gelang es nach Überwindung anfänglicher
Schwierigkeiten, im September 1934 mit der argentini-

---

66) Vgl. K.W. Körner, Zur Geschichte des Deutsch-Argentinischen Handels, in: Boletin de la Camera de Comercio
argentino-alemana, Buenos Aires 1956, S. 212.
67) Vgl. ebenda, S. 213.
68) Vgl. Hans Joachim Trummel, Die Entwicklung der
deutsch-argentinischen Handelsbeziehungen im Wandel der
letzten fünfundzwanzig Jahre (1913 -1937), Wirtschafts-
und Sozialwissenschaftliche Diss. Köln 1938, S. 58 ff.
Zahlenangaben nach: Statistisches Jahrbuch für das
Deutsche Reich, entsprechende Jahrgänge.
69) Siehe vorstehend I.1., S.6.

28

schen Regierung als erstem südamerikanischen Staat
durch Notenwechsel ein Abkommen über den Handels- und
Zahlungsverkehr abzuschliessen.[70] Der für ein Jahr
gültige Vertrag wurde durch zweimaligen Notenaustausch
um jeweils ein weiteres Jahr[71] und 1937 durch ein in
Buenos Aires unterzeichnetes Zusatzprotokoll bis Ende
1939 verlängert; in diesem verpflichtete sich Deutschland u.a. zur Abnahme von jeweils 100.000 t Gefrier-
fleisch in den Jahren 1938 und 1939.[72] Die deutsche
Statistik weist für die Jahre 1935 und 1936 als Werte
für die Einfuhr aus Argentinien 142,7 und 118,5 Mio RM
und für die Ausfuhr nach Argentinien 97,2 und 97,7 Mio
RM aus.[73] Eine neue Welle deutscher Auswanderer
brachte in der Zeit von 1933 bis 1939 etwa 45.000
deutsche Juden nach Argentinien, die sich durch die Politik des Dritten Reiches gezwungen sahen, dort Zu-
flucht zu suchen. Für 1938 gab der "Deutsche Volksbund"
an, daß in Argentinien 236.755 Deutschsprachige, davon
43.626 mit deutscher Staatsangehörigkeit, gelebt und
203 deutsche Schulen und 301 deutsche Vereine bestanden
haben.[74]

---

70) Vgl. Notenwechsel vom 28.9.1934 über den Handels-
und Zahlungsverkehr in Ergänzung des Freundschafts-,
Handels- und Schiffahrtsvertrages vom 19.9.1857, in:
Reichsgesetzblatt (künftig RGBl abgekürzt) Teil II Nr.
51, 20.10.1934.
71) Vgl. Notenaustausch vom 13.10.1935 und 29.12.1936,
in: Chronik der deutsch-argentinischen Beziehungen
1810-1960, zusammengestellt von Karl Wilhelm Körner,
in: Boletin de la Camera da Comercio argentino-alemana,
Buenos Aires 1960, S. 116.
72) Vgl. ebenda und Notenwechsel, 13.12. 1937, in: RGBl
II 1937 Nr. 4, 31.12.1937.
73) Vgl. H.J. Trummel, Die Entwicklung der deutsch-argentinischen Handelsbeziehungen, S. 177 ff.
74) Vgl. W. Hoffmann, Die Deutschen in Argentinien, in:
Hartmut Fröschle (Hrsg.), Die Deutschen in Lateinamerika, S. 114 f.

29

Bei Ausbruch des Zweiten Weltkrieges erklärte Argentinien seine strikte Neutralität und wiederholte diese
am Ende 1941, nachdem Deutschland den USA den Krieg erklärt hatte; diesen wurden aber die Vorrechte eines
nichtkriegführenden Staates zugestanden.[75] Nachdem der
deutsche Botschafter am 20. Februar 1942 Buenos Aires
verlassen hatte, rief die argentinische Regierung auch
ihren Botschafter aus Berlin zurück und verfügte eine
Überwachung von allen Unternehmen, die nicht-
amerikanischen Inhabern gehörten.[76] Am 26.1.1944 beschloß die argentinische Regierung den Abbruch der diplomatischen Beziehungen zum Deutschen Reich und Japan,
"da die Bundespolizei Beweise für das Bestehen eines
ausgedehnten Spionagenetzes erbracht habe".[77] Nach Unterzeichnung des Schlußprotokolls von Chapultepec[78]
erklärte Argentinien dem Deutschen Reich den Krieg,
kurz vor dessen absehbarem Ende; die Kriegserklärung
wurde vom damaligen Kriegsminister Juan Peron mitun-
terzeichnet.[79]

Die argentinische Regierung ergriff danach einschnei-
dende Maßnahmen gegen privates Vermögen deutscher
Staatsangehöriger und gegen deutsche Niederlassungen
u.ä. So unterstellte sie alle in Argentinien ansässigen
Firmen und Körperschaften, die Vertreter, Filialen oder
Niederlassungen von Firmen mit Sitz im Deutschen Reich

---

75) Vgl. Chronik der deutsch-argentinischen Beziehungen, S. 116.
76) Vgl. ebenda sowie Otto Böhmer, Stand der beschlagnahmten deutschen Vorkriegvermögen im Ausland am
15.12.1960, in: Außenwirtschaftsdienst des Betriebs-Beraters, 6 (1960) Heft 12, S. 310 f.
77) Vgl. Dekret 1.830, 26.1.1944, in: Chronik der
deutsch-argentinischen Beziehungen, S. 117.
78) Siehe vorstehend I.1., S. 7.
79) Vgl. Dekret 6.945, 27.3.1945, in: Chronik der
deutsch-argentinischen Beziehungen, S.117.

oder in den von ihm beherrschten Gebieten waren, dem 1944 geschaffenen Verwaltungsrat. Dieser sollte das Vermögen der Unternehmen in Besitz nehmen und der Regierung angeben, ob deren Weiterführung oder Liquidation erfolgen soll.[80] Im Mai 1945 wurde zum gleichen Zweck die "Junta de Vigilencia y Disposiciones Final de la Propriedad Enemiga" (abgekürzt Junta) zur Aufsicht und Endverfügung über das feindliche Vermögen geschaffen.[81] Im September 1945 wurde verfügt, daß das Justiz- und Unterrichtsminsterium alle Schulen in Besitz zu nehmen habe, die von Verbänden verwaltet wurden, die vollständig oder teilweise deutsches oder japanisches Eigentum waren.[82] Im Juli 1947, also zwei Jahre nach Kriegsende, wurden 35 deutsche Betriebe mit großer wirtschaftlicher Bedeutung in die staatliche Gesellschaft "Direccion Nacional de Industrias del Estado" (abgekürzt DINIE) überführt und arbeiteten als Staatsbetriebe weiter.[83] Die Liquidationsmasse des übrigen Vermögen wurde als sogenanntes Junta-Vermögen erfaßt. Der Gesamtwert der deutschen Vermögensanlagen in Argentinien wurde nach dem Stand von 1939 auf 2,5 Milliarden Pesos geschätzt.[84]

Ab 1947 wurde der Außenhandelsverkehr mit Argentinien durch die Besatzungsbehörden Westdeutschlands allmählich wieder aufgenommen; am 14.4.1949 schlossen die Militärregierungen mit Argentinien einen Handelsvertrag, der am 5.5.1949 in Kraft trat.[85]

---

80) Vgl. Dekret 7.032, 31.3.1945, ebenda.
81) Vgl. Dekret 10.935, 18.5.1945, ebenda.
82) Vgl. Dekret 21.203, 10.9.1945, ebenda.
83) Vgl. Dekret 18.991, 1.7.1947, ebenda.
84) Vgl. O. Böhmer, Stand der beschlagnahmten deutschen Vorkriegsvermögen, S. 310.
85) Vgl. K. W. Körner, Chronik der deutsch-argentinischen Beziehungen, S. 117.

2. Wirtschaftspolitik in peronistischer Zeit

2.1. Handels- und Zahlungsabkommen vom 31. Juli 1950 und Vorbereitungen weiterer Verhandlungen

Das von den Militärregierungen geschlossene Abkommen sah vor, daß Argentinien Einfuhrlizenzen in Höhe von 75 Prozent seiner nach Deutschland bewirkten Ausfuhren erteilen müsse; ihm wurde also eine Dollarspitze von 25 Prozent eingeräumt. Nach Mitteilung des Banco Central waren bis zum 15.1.1950 auf dem Konto ca. 18 Mio US $ für deutsche Einfuhren aber keinerlei Werte für deutsche Ausfuhren verbucht worden. Der Bundeskanzler bat daher die Alliierte Hohe Kommission um Zustimmung zur Kündigung des Abkommens zum 31. März 1950, dem nächstmöglichen Termin.[86] Nachdem die Alliierte Hohe Kommission die erbetene Genehmigung erteilt hatte,[87] wurde telegraphisch die Kündigung ausgesprochen und die Aufnahme von Verhandlungen über einen neuen Vertrag vorgeschlagen.[88] Diese wurden in Frankfurt auf deutscher Seite von dem Südamerikareferenten Dr. Panhorst und auf argentinischer Seite von Luis P.T. Camps, Abteilungleiter im Banco Central, geführt und am 9. Juni 1950 mit der Paraphierung eines Handels- und Zahlungsabkommens abgeschlossen. Die dem Handelsabkommen beigefügten Warenlisten beliefen sich jeweils auf 123,870 Mio US $. In der Liste A für deutsche Einfuhren

---

86) Vgl. Bundeskanzler an geschäftsführenden Vorsitzenden der Alliierten Hohen Kommission, 13.2.1950, in: BA B102/2704.
87) Vgl. Generalsekretär der Alliierten Hohen Kommission an Bundeskanzleramt, AGSEC (50) 360, 24.2.1950, ebenda.
88) Vgl. Bundeswirtschaftsminister an Ministro de Relaciones Exteriores de la Republica de Argentina, 25.2.1950, ebenda.

wurden wertmässig ca. 90 Prozent durch folgende sechs
Posten erreicht:

Brotgetreide	30,5 Mio US-Dollar,
Häute und Felle	20 Mio US-Dollar,
Wolle	18 Mio Us-Dollar,
Fleisch	15 Mio US-Dollar,
Futtergetreide	15 Mio US-Dollar und
industrielle Öle und Ölsaaten	12,5 Mio US-Dollar.

Die Liste B der deutschen Ausfuhren setzte sich aus
vielen Posten zusammen; nur folgende drei Posten wiesen
höhere Werte als 10 Mio US-Dollar aus:

Maschinen und Motoren im allgemeinen	15,41 Mio US $
Maschinen u. Material für Förderung u. Raffinierung von Petroleum	15,0 Mio US $
Stahl- und Eisenhalbzeug	11,5 Mio US $.

Die Warenlisten hatten für ein Jahr Gültigkeit; drei
Monate vor Ablauf sollten für das nächste Vertragsjahr
angepaßte Listen ausgehandelt werden.

Nach dem Zahlungsabkommen war das Verrechnungskonto
beim Banco Central in US-Dollar zu führen; der Swing
belief sich auf 31 Mio US-Dollar und wurde jeweils um
die Summe der noch nicht ausgenutzten Akkreditive erhöht. Zur Vermeidung von Überschreitungen des vereinbarten Swings waren Maßnahmen zu ergreifen, sobald der
Saldo 80 Prozent der Höhe erreichte. Als Vertragsdauer
wurde ein Jahr vereinbart mit automatischer Verlängerung um ein weiteres, sofern nicht drei Monate vor Ablauf gekündigt wurde. Im Schlußprotokoll wurde die Anwendung der Abkommen in dem amerikanischen, britischen
und französischen Sektor von Groß-Berlin vereinbart und
festgelegt, daß beide Parteien nach Inkrafttreten des
Abkommens Einfuhrlizenzen in Höhe von 25 Prozent der
Gesamtsumme zu erteilen hatten und daß die restlichen

Geschäfte und Zahlungen aus dem von den Militärregierungen geschlossenen Vertrag vom 14. April 1949
vertragsgemäß abzuwickeln seien. In zwei ergänzenden
Briefwechseln vom 10. Juni 1950 wurde für die
Zuteilung einzelner Warenposten ein Mindestbetrag von
200.000 US $ festgelegt, eine erneute Verhandlung über
die Einfuhr von argentinischem eßbarem Talg, Schweine-
schmalz und Käse oder Butter in Aussicht gestellt,
falls es die Versorgungslage erfordern sollte, sowie
die Klärung der Provisionsforderungen argentinischer
Ablader aus der Zeit der JEIA vor Abschluß des Vertrages durch die Militärregierungen vereinbart.[89]

Die Mitteilung der Allierten Hohen Kommission, daß sie
gegen die Unterzeichnung des am 9. Juni 1950 paraphierten Abkommens keine Einwände erhebe, enthielt aber
Vorhaltungen, daß 1. Bestimmungen über die Abwicklung
des früheren Abkommens fehlen würden, 2. Maßnahmen
ergriffen werden sollten, um die Einhaltung der Verpflichtung der Argentinier zur Einfuhr von deutschen
Waren in entsprechender Höhe zu garantieren, und 3. die
Bundesregierung trotz wiederholter Mahnungen keine
Buttereinfuhren vorgesehen habe.[90] Im Antwortschreiben
der Bundesregierung konnte zu 1. auf das Schlußprotokoll und zu 3. auf den Briefwechsel verwiesen werden;
zu 2. wurde mitgeteilt, daß aufgrund energischer Hinweise die argentinische Delegation entsprechende Zusicherung gegeben und die Erteilung von Einfuhrbewilli-

89) Vgl. Veröffentlichung der Abkommen mit Anlagen, in:
Bundesanzeiger Nr.155, 15.8.1950.
90) Vgl. Generalsekretär der Alliierten Hohen Kommission an Bundeskanzleramt, AGSEC (50) 1519, 19.7.1950,
in: BA B102/6459 Heft 1.

gungen zur Abdeckung des Saldos in Aussicht gestellt
habe. [91]

Bei den Verhandlungen in Frankfurt war eine Regelung
der Frage deutscher gewerblicher Schutz- und Urheberrechte nicht zustandegekommen; das Bundeswirtschaftsministerium übersandte daher der argentinischen Regierung Anfang August ein "Memorandum zur Rechtslage der
deutschen gewerblichen Schutzrechte und Urheberrechte
in der Argentinischen Republik". Hierin wurde ausgeführt, daß das zwischen der Bundesrepublik Deutschland
und der Argentinischen Republik geschlossene Handelsabkommen in seiner vollen Entwicklung durch die nicht
gelösten Fragen der deutschen gewerblichen Schutzrechte
und Urheberrechte in Argentinien beeinträchtigt würde,
da die Einfuhr zahlreicher deutscher Waren unterbunden
würde, bei deren Herstellung oder Bezeichnung in Argentinien beschlagnahmte deutsche Schutzrechte verwendet
werden. Diese Umstände würden zu einer Drosselung der
Wareneinfuhr und damit zu einer für beide Teile höchst
unerwünschten Schrumpfung des Handelvolumens führen. Es
wurde daher vorgeschlagen, listenmäßig mitzuteilen,
welche Schutzrechte deutscher Inhaber verwertet worden
seien, von einer weiteren Verwertung deutscher gewerblicher Schutzrechte Abstand zu nehmen, den deutschen
Inhabern generell die Benutzung ihrer Schutzrechte bei
der Einfuhr von Waren zu gestatten und zur Vermeidung
von Verwechslungen im Markte den Erwerbern deutscher
Warenzeichen aufzugeben, diese Warenzeichen nur mit einem Zusatz zu verwenden. [92] Die Bundesregierung er-

91) Vgl. BWM Abt. V C 5 an Bundeskanzleramt, 13.9.1950,
ebenda.
92) Vgl. BWM, Memorandum zur Rechtslage der deutschen
gewerblichen Schutzrechte und Urheberrechte in der Argentinischen Republik, 20.7.50, in: BA B102/57579.

35

klärte sich bereit, diese Fragen in einer "Gemischten
Sachverständigenkommission" zu behandeln.[93]

In Ergänzung zu diesem Memorandum wurde im Bundeswirtschaftsministerium im Februar 1951 eine breit angelegte
Denkschrift zur Frage der deutschen Warenzeichen und
Firmennamen in Argentinien erstellt.[94] Hierin wurde
darauf hingewiesen, daß in den interamerikanischen
Entschließungen Marken- und Firmennamen nicht als Vermögenswerte genannt wurden und diese daher nicht als in
Argentinien befindliche deutsche Vermögenswerte angesehen werden könnten. Die argentinische Regierung hatte
nämlich bei den Enteignungen und Beschlagnahmen deutscher Niederlassungen auch die deutschen Warenzeichen,
Fabrik- und Handelsmarken sowie die von den Niederlassungen in Argentinien geführten deutschen Firmennamen
im Gegensatz zu der internationalen Praxis miterfaßt.
Argentinien nahm darüber hinaus auch dann eine Benutzung an, wenn die der DINIE unterstellten Niederlassungen vor dem Kriege lediglich als Wiederverkäufer die
vom Stammhaus hergestellten Waren mit deren Marke ver-
trieben hatten. Zur Begründung wurden die Thesen vertreten, daß der argentinische Staat die deutschen Betriebe durch die vorgesehene - aber nicht erfolgte -
Zahlung einer Summe von 100 Mio Peso durch den Banco
Central an die Junta einschließlich der von den Niederlassungen benutzten Marken etc. erworben habe und
daß diese Eigentum der sie benutzenden, jetzt dem Staat
gehörenden Niederlassungen in Argentinien und nicht des
deutschen Stammhauses außerhalb Argentiniens seien. Die

93) Vgl. Anschreiben BWM an argentinisches Generalkon-
sulat in Frankfurt/Main, 4.8.1950, ebenda.
94) Vgl. BWM, Denkschrift zur Lage der deutschen Warenzeichen und Firmennamen in Argentinien, 10.2.1951,
ebenda.

Anzahl der so vom Staat "erworbenen" Warenzeichen war
beträchtlich.

Die Denkschrift war Gegenstand von Verhandlungen einer
gemischten sogenannten "120-Tage-Kommission", die Anfang April 1951 ihre Arbeiten in Argentinien auf-
nahm.[95] Hierüber wurde Ende Mai 1951 berichtet, daß
in der Frage von Neuzulassungen der Anmeldung von
Schutzrechten mit einer Einigung zu rechnen sei, jedoch
noch versucht würde, den vorgesehenen Stichtag 2. Juli
1948 zurückzuverlegen; hinsichtlich der Altwarenzeichen
sei es ohne jede Annäherung nur zur Darlegung der beiderseitigen, divergierenden Standpunkte gekommen.[96]

Dieses negative Ergebnis ließ erkennen, daß die ein-
flußreichen argentinischen Kreise, die an einem unver-
änderten Erhalt des status quo in der Schutzrechtsfrage interessiert waren, bei den anstehenden Verhandlungen den Änderungswünschen der deutschen Delegation
erhebliche Schwierigkeiten bereiten würden. Als weiteres Verhandlungsthema ergab sich nach der Verkündung
der Zweiten Revision des Besatzungstatuts die Errichtung einer diplomatischen Vertretung in Argentinien;
hierfür mußte Argentinien zuvor den Kriegszustand mit
Deutschland für beendet erklären. Einen weiteren Punkt
für Verhandlungen bildeten die vorgesehenen jährlichen
Anpassungen der Warenlisten und die Überprüfung der
bisherigen Vertragsdurchführung.[97]

---

95) Vgl.BWM, Niederschrift, 31.5.1951, in: BA
B102/2704.
96) Vgl. ebenda.
97) Zur Entwicklung des Warenverkehrs siehe nachstehen-
den Statistischen Anhang XIII.1.1.1. Zur Normalisierung
trugen in dieser Zeit bei, daß der Deutsch-Argentinischen Handelskammer im Juni 1951 der Charakter einer
juristischen Person wiedergegeben wurde und daß der Li-

2.2. Verhandlungen in Buenos Aires und Zusatzprotokolle vom 26. Oktober 1951

Nach einer entsprechenden Ankündigung[98] reiste Ende
Juni 1951 eine zehnköpfige Delegation unter Leitung von
Dr. Günter Seeliger, Ministerialdirigent im Bundeswirtschaftsministerium, nach Buenos Aires. Zu dieser Delegation gehörten den Aufgaben entsprechend auch Vertreter des im Aufbau befindlichen Auswärtigen Amtes, der
Bundesministerien für Ernährung, Verkehr und Justiz sowie der Bank deutscher Länder.Nach einer Vorbesprechung
mit dem argentinischen Protokollchef[99] wurde   in der
ersten Plenarsitzung am 2. Juli 1951 mit der argentinischen Delegation, die unter der Leitung des Unter-
staatssekretärs Dr. Campos stand, beschlossen, fünf Un-
ter- und Arbeitsausschüsse zu bilden; diese   erhielten
entsprechend ihrere Zusammensetzung die Aufgaben, über
Fragen des Waren- und Zahlungsverkehrs, der Warenzeichen und sonstigen gewerblichen Schutzrechte und
der Schiffahrt zu verhandeln sowie zu prüfen, ob der
deutsch-argentinische Feundschafts-, Handels- und
Schiffahrtsvertrag vom 19. September 1857 wieder in
Kraft gesetzt werden könne. Weiterhin wurde der Austausch von Einfuhrwunschlisten vereinbart.[100]

Ein   fünfundvierzigminütiger Empfang der Delegation
beim Staatspräsidenten Juan Peron fand   am 6. Juli früh

---

niendienst der "Hamburg-Süd" Ende Mai 1951 mit Ankunft
der "Santa Ursula" wiederaufgenommen wurde.
98) Vgl. BWM Abt. V A 5 an Generalkonsul von Argentinien in Frankfurt, 28.5.1951, in: BA B102/58057.
99) Vgl. Deutsche Delegation an BWM, Bericht Nr. 1
(künftig Bericht Nr. 1 usw. zitiert), 27.6.1951,
ebenda.
100) Vgl. Bericht Nr. 3, 3.7.1951.

um 8 Uhr statt, bei dem die Minister des argentinischen nationalen Wirtschaftsrates[101] zugegen waren. Peron erklärte hierbei sein Interesse an einem Einwanderungs- vertrag für ca. 2 - 3 Millionen Deutsche, an deutschen Hilfeleistungen bei der Erfüllung des zweiten Fünf- jahresplanes durch Lieferung von Maschinen aller Art sowie an der Aufnahme diplomatischer Beziehungen in kürzester Frist, da die Beziehungen zu Deutschland nach seiner Ansicht überhaupt nicht unterbrochen seien; der Kriegszustand mit Deutschland, in den Argentinien in letzter Minute hineingestoßen worden sei, sollte nicht durch einen Friedensvertrag sondern durch ein Dekret beendet werden. Zum Schluß sprach er noch die Einladung aus, der Militärparade am 9. Juli, dem argentinischen Nationalfeiertag, auf der Präsidententribüne beizu- wohnen.[102]

Da die weiteren Verhandlungen in Ausschußsitzungen und Einzelgesprächen häufig zeitlich parallel geführt wur- den, wird deren Ablauf nach den Themen Beendigung des Kriegszustandes und Aufnahme diplomatischer Beziehun- gen, Handels- und Zahlungsabkommen, Schutzrechte und Seeschiffahrt geschildert; hierbei werden Überschnei- dungen in Kauf genommen.

2.2.1. Beendigung des Kriegszustandes und Aufnahme di- plomatischer Beziehungen

Der am 3. Juli 1951 zum Außenminister ernannte Dr. Jeronimo Remorino, der 1950 an den Vertragsverhand-

---

101) Der Nationale Wirtschaftsrat (Consejo Economico Nacional) war die oberste Instanz für Wirtschaftspo- litik, deren Leitsätze er festlegte; ihm gehörten der Schatz-, der Industrie- und Handels-, der Finanz- und der Wirtschaftsminister an.
102) Vgl. Bericht Nr. 4, 9.7.1951.

lungen in Deutschland teilgenommen hatte und beim Empfang der Delegation durch den Staatspräsidenten wegen
Übergabe seiner Geschäfte als bisheriger Botschafter in
Washington verhindert war, empfing am 23. Juli den
Delegationsleiter zum Antrittsbesuch. Hierbei erklärte
Remorino, daß die Beendigung des Kriegszustandes nicht
durch ein Dekret des Staatspräsidenten sondern durch
ein Gesetz erfolgen müsse; dieses sei bereits in Vorbereitung und sein Erlaß sei noch während der Anwesenheit
der Delegation zu erwarten; anschließend würde die
Frage der Wiederherstellung diplomatischer Beziehungen
in Angriff genommen werden.[103]

Nachdem die Verhandlungen ins Stocken geraten waren,
gelang es Seeliger, am 9. August 1951 in einer einein-
halbstündigen, streng vertraulichen und geheim gehaltenen Besprechung Peron in aller Offenheit seine Wünsche für die Fortsetzung der Verhandlungen vorzutragen.
Hierbei erwähnte er, daß er in der siebten Woche seines Aufenthaltes noch keine konkreten Angaben über die
beabsichtigte Beendigung des Kriegszustandes mit
Deutschland und die Aufnahme diplomatischer Beziehungen
erhalten habe. Auf die Erklärung Perons: "Teilen Sie
mit, daß Ihr Vertreter sofort kommen könne", wies
Seeliger darauf hin, daß hierzu ein Agrèment erteilt
werden müsse; hierüber wollte sich Peron sofort informieren.[104] Bei einer weiteren Besprechung am 13. August teilte Peron mit, daß er eine Regierungsvorlage
über die Beendigung des Kriegszustandes mit Deutschland, der eigentlich nie bestanden habe, verfügt
habe.[105] Tatsächlich war am 10. August vom

---

103) Vgl. Bericht Nr. 7, 27.7.1951.
104) Vgl. Bericht Nr. 9, 9.8.1951.
105) Vgl. BWM, Vermerk Dr. Heinrichs, 15.8.1951, in: BA
B102/57579.

40

Außenministerium dem Kongreß ein Gesetzentwurf über die Aufhebung des Kriegszustandes mit Deutschland zugeleitet worden. Dieser enthielt Bestimmungen, daß sowohl die Rechte der Republik Argentinien und seiner Staatsangehörigen hinsichtlich ihrer Ansprüche für erlittene Kriegsschäden vorbehalten bleiben als auch die Gesetze über die Beschlagnahme deutschen Vermögens etc. ihre Gültigkeit behalten würden.

Die Deputierten-Kammer nahm den Gesetzentwurf am 16. August 1951 mit den 86 Stimmen der peronistischen Partei an; die Opposition hatte vor der Schlußabstimmung den Saal verlassen, weil sie mit ihrem Antrag auf vorherige Beratung im Auswärtigen Auschuß wegen der Bedeutung des deutschen Eigentums nicht durchgekommen war.[106] Bei der vorangegangenen Debatte hatte ein oppositioneller Redner Mitglieder der Regierung angegriffen und behauptet, daß dieselben Männer, die unter Verpfändung ihres Kopfes das Versprechen abgegeben hätten, nicht den Krieg zu erklären, es damals ungeheuer eilig gehabt hätten, sich noch in die Reihe der Sieger einzuschmuggeln, und zwar gegen die eigene Überzeugung, was einen Verrat an dem wahren argentinischen Geist bedeute. Ein peronistischer Abgeordneter wies die Vorwürfe zurück, da die peronistische Partei erst im Oktober 1945 an die Regierung gekommen sei.[107]

Nachdem der Gesetzentwurf von den 23 Senatoren einstimmig am 30. August 1951 angenommen worden war,

---

106) Vgl. Bericht Nr. 12, 1.9.1951.
107) Vgl. ebenda. Die Behauptung ist sachlich richtig, denn der nicht peronistischen Regierung Farell gehörte als Kriegsminister Juan Peron an.

41

unterzeichnete der Staatspräsident diesen als Gesetz[108], das anschließend verkündet wurde.[109]

**2.2.2   Zusatzprotokoll zum Handels- und zum Zahlungs-
abkommen**

Die Verhandlungen im Sommer 1951 standen unter anderen
Vorzeichen als die des Vorjahres; der Koreakrieg hatte
nämlich in Südamerika sowohl die Furcht vor einem neuen
Krieg in Europa und damit vor einem erneuten
Abgeschnittensein vom europäischen Markt geweckt als
auch weltweit eine boomartige Nachfrage nach Erzeugnissen der Eisen- und Stahlindustrie entfacht. Da durch
Mißernten in Argentinien in den Jahren 1950 und 1951
die für den Export zur Verfügung stehenden Mengen an
landwirtschaftlichen Erzeugnissen stark geschrumpft waren, fehlten Devisen für Importe. Argentinien sah sich
daher gezwungen, die Importe von nicht lebenswichtigen
Gütern zu drosseln oder zu stoppen und langfristige
Zahlungsziele für die zur Durchführung des zweiten
Fünfjahresplans erforderlichen Importe von Ausrüstungen
und Anlagen zu fordern. Die deutschen Ein-
fuhrvorschläge, die als Liste entsprechend der
Vereinbarung in der ersten Plenarsitzung der argentinischen Delegation übergeben wurde, beliefen sich auf 227
Mio US $ als Maximum. Die argentinische Seite machte
eine Festlegung von Wertgrenzen für Exporte nach
Deutschland von der Akzeptanz ihrer Einfuhrwünsche abhängig. Ihre Forderungen auf Lieferungen von Erzeugnisse der Eisen- und Stahlindustrie, als Kategorie
I bezeichnet, überstiegen die deutschen Möglichkeiten;
die Argentinier waren enttäuscht, da sie für ihre

---

108) Vgl. Bericht Nr. 13, 12.9.1951.
109) Vgl. Gesetz 14.059, verkündet im Boletin Oficial
Nr. 16.982, 12.9.1951, ebenda.

42

junge, im Aufbau befindliche Industrie große Mengen von
Eisen- und Stahlerzeugnissen benötigten; eine Annäherung zwischen den argentinischen Wünschen und den deutschen Möglichkeiten schien zunächst nicht erreichbar
zu sein. Auch der Versuch, über ein Kompensationsgeschäft durch Lieferung von Kohle aus USA oder Polen
durch Argentinien gegen deutsche Lohnveredlung einen
Ausgleich zu schaffen, scheiterte.[110]

Eine weitere Mißstimmung verursachte die von den Argentiniern aus protektionistischen Gründen gewünschte
Streichung der in der Warenliste B vorgesehenen Lieferungen deutscher Maschinen und Motore allgemeiner
Art. Für argentinische Importe von Investitionsgütern,
Kategorie II genannt, wurde erst Ende August eine vom
Banco Central und dem Nationalen Wirtschaftsrat begut-
achtete, unverbindliche Aufstellung über eventuelle
deutsche Liefermöglichkeiten im Gesamtwert von 155 Mio
US $ übergeben. Hierin waren zur Lieferung bei variie-
renden Zahlungszielen zwischen 3 bis 10 Jahren Traktoren und landwirtschaftlichen Maschinen, Material für
das Transport- und Fernmeldewesen, für die Rohöl- und
Gasförderung, Ausrüstungen für Kraftwerke, Häfen und
für das Gesundheitswesen sowie für die eisen- und me-
tallverarbeitende Industrie vorgesehen.[111]

Anfang August wurde in Verhandlungen des Zahlungsausschusses von argentinischer Seite der Vorschlag
unterbreitet, ein besonderes Kreditabkommen mit einem
zweiten Konto, als "Kapitalgüter-Konto" bezeichnet,

---

110) Vgl. Bericht Nr. 5, 18.7.1951.
111) Vgl. Bericht Nr. 11, 1.9.1951.

abzuschliessen.[112]) Zu diesem Vorschlag erteilte der
Handelspolitische Ausschuß in Bonn der Delegation
telegraphisch die Weisung, "Zahlungsziele weder in
Warenlisten oder in anderer Form in den Vertrag aufzunehmen, noch durch Verhandlungen festzulegen".[113])
Zur Begründung wurde angeführt, daß die argentinischen
Wünsche für Zahlungsziele die deutschen Möglichkeiten
übersteigen und daß grundsätzlich bei Lieferung wenigstens der Rohstoffanteil bezahlt werden müsse. Der
Delegation gelang es schließlich, die früher vorgetragene Lösung durchzusetzen, wonach es den Geschäfts-
partnern überlassen bleiben sollte, entsprechende
Vereinbarungen bei den einzelnen Abschlüssen zu treffen. In der Warenliste B wurde ein Posten "Rückstellungen für längerfristige Geschäfte" aufgenommen, der
zunächst mit 30 Mio US $ beziffert und später auf 40
Mio US $ erhöht wurde.[114])

Da die Verhandlungen über die Warenlisten mit großen
Unterbrechungen geführt wurden, hatte Anfang September
Seeliger über Mittelsmänner Peron die Nachricht über
Buchungen der Rückflüge zukommen lassen. Der erhoffte
Erfolg blieb nicht aus, denn nun schalteten sich die
Minister in die Verhandlungen ein und nach zügigen Ver-
handlungen waren die Warenlisten im wesentlichen in der
ersten Hälfte des Oktober ausgehandelt. Die jeweiligen
Summen der Warenlisten wurden von 123,870 Mio US $ auf
154,4 Mio US $ erhöht. In der Liste A wurden für die
deutschen Importe entsprechende Erhöhungen vorgenommen
mit Ausnahme einer Senkung bei Fleischeinfuhren. Bei

112) Vgl. Niederschrift über die 2. Sitzung des
deutsch-argentinisc
hen Zahlungsausschusses, 9.8.1951, in: BA B102/58057.
113) BWM Abt. V C 5, LT an deutsche Delegation in Buenos Aires, 13.9.1951, Ziffer 3, ebenda.
114) Vgl. Bericht Nr. 14, 15.9.1951.

der Warenliste B gab es grössere Veränderungen für
deutsche Exporte durch die Einfügung der erwähnten
Rückstellungen für längerfristige Geschäfte mit einer
Summe von 40 Mio US $; hierunter zählten auch Lieferun-
gen von Traktoren und Material für Transportwesen.
Der Posten für Eisen und Stahlwaren wurde von 11,5 auf
19,2 und der für chemische und medizinischen Produkte
von 13 auf 20 Mio US $ erhöht, während die Position für
"Maschinen und Motoren allgemein" von 15 auf 10 Mio US
$ gesenkt wurde. Im übrigen setzte sich diese Waren-
liste bei der warenmäßig breiten Streuung deutscher
Exporte wie bisher aus einer Vielzahl von Einzelposten
zusammen.

Diese Fassung erhielten die Listen jedoch erst nach dem
grundsätzlichen Übereinkommen, das in einer Besprechung
am 25. Oktober zwischen Peron und seinen Ministern mit
Dr. Freiherrn von Maltzan, Ministerialdirektor und Leiter der Außenwirtschaftsabteilung des Bundeswirtschaftsministeriums, der Mitte Oktober in Buenos Aires
eingetroffen war, erzielt wurde.[115] Hierbei hatte
Maltzan die zu liefernde Stahlmenge um 7.000t auf
90.000t erhöht.[116]

Nach textlicher Ausfeilung wurden die Abmachungen am
26. Oktober 1951 von fünf argentinischen Ministern mit
Maltzan und Seeliger als Zusatzprotokoll zu dem Han-
dels- und dem Zahlungsabkommen vom 31.7.1950 unterzeichnet;[117] auf das Handelsabkommen bezogen sich die
neuen Warenlisten und drei Briefwechsel. Hierin wurde

---

115) Siehe nachstehend II.3.4.
116) Vgl. BWM, Aufzeichnug Kutscher über Unterredung
Peron/Maltzan, 25.10.1951, in: BA B102/57579.
117) Vgl. RA Nr. 51/51, 10. 11.1951, in : Bundesanzeiger Nr. 227, 23.11.1951.

neben der Erklärung der wechselseitigen Breitschaft,
gegebenenfalls Kontingente zu erhöhen oder einzuführen,
die Vereinbarung getroffen, bei unausgeglichener
Zahlungsbilanz den Ausgleich grundsätzlich durch zusätzliche Warenbezüge zu ermöglichen.[118]

Bei Beginn der Verhandlungen des Arbeitsauschusses für
den Zahlungsverkehr wies das beim Banco Central geführte Verrechnungskonto, über das vertragsgemäß der
Warenverkehr abgewickelt wurde, für Deutschland einen
Passivsaldo von ca. 40 Mio US $ auf; dieser Betrag ent-
sprach nach der Jahresstatistik der Differenz zwischen
deutschen Ein- und Ausfuhren.[119] Da der vereinbarte
Swing von 31 Mio US $ jeweils um den Betrag der vom
Gläubigerland zu Gunsten des Schuldnerlandes eröffneten, noch nicht ausgenutzten Akkreditive zu erhöhen war,[120] lag noch keine Überschreitung des Swings
vor, weil die Argentinier für 137 Mio US $ Einfuhrli-
zenzen erteilt hatten, die sich über kurz oder lang auf
dem Konto niederschlagen würden.[121] Diese Zurechnung
der eröffneten, noch nicht ausgenutzten Akkreditive
verunklarte den jeweiligen Stand des Swings derart, daß
im Laufe der Verhandlungen Einigkeit erzielt wurde,
diese Bestimmung aus dem Vertragstext zu eliminieren.
Anfang August wurde im Zahlungsausschuß des weiteren beschlossen, in das Zusatzprotokoll eine Neufassung der
Generalklausel für zulässige Zahlungen aufzunehmen.

In einem beigefügten Briefwechsel sagten die Argentinier zu, bei der Neuverteilung der Quoten für

---

118) Vgl. ebenda.
119) Siehe Statistischen Anhang XIII.1.1.1.
120) Vgl. Zahlungsabkommen vom 31.7.1950 Art. IV, siehe
vorstehend II.2.1., S. 32 f.
121) Vgl. Bericht Nr. 2, 29.6.1951.

Rückversicherer im kommenden Jahr den deutschen Ver-
sicherern eine Beteiligung von 4 Prozent beim Auslands-
volumen der Feuerversicherungen und von 2 Prozent für
Seeversicherungen einzuräumen.[122]

Anfang September stellten die Argentinier dann zwei
neue Verhandlungspunkte zur Debatte.[123] Zum Ersten
wünschten sie die Erhöhung des Swings von 31 auf 50 Mio
US $ ohne Akkreditivklausel. Bei ihrem aktiven
Kontostand boten sie an, ein Stillhalten für weitere 10
Mio US $ bis 28. Februar 1952 vertraulich zu vereinba-
ren. Hierüber wurde in der Schlußbesprechung zwischen
Peron und Maltzan am 25. Oktober 1951 Einigkeit dahingehend erzielt, daß der Swing auf 50 Mio US $ festge-
setzt und vertraulich sogar um 15 Mio US $ bis 15.
August 1952 erhöht wurde.[124] Der zweite Punkt betraf
die sogenannte Dollarrückzahlungsklausel. Neben der
Vereinbarung, Zahlungsungleichgewichte durch zusätzliche Warenlieferungen des Gläubigers auszugleichen,
war man sich einig, während der Vertragslaufzeit bei
der Bestimmung des Umfanges des Warenaustausches jeweils auch die in dem Zeitraum fällig werdenden Zahlungen aus langfristigen Geschäften zu berücksichtigen.
Nach Ablauf des Vertrages sollte dann eine gemischte
Kommission halbjährlich Festlegungen treffen über die
Abgeltung der fällig werdenden Zahlungsverpflichtungen
durch Lieferungen von traditionsgemäß nach Deutschland
exportierter Waren zu Weltmarktpreisen. Da die deutsche
Seite befürchtete, daß es durch Uneinigkeit über Waren,
Mengen oder Preisen zu Verzögerungen kommen könnte, be-

---

122) Vgl. Niederschrift über die 2.Sitzung des deutsch-
argentinischen Zahlungsausschußes, 9.8.1951, in: BA
B102/58057.
123) Vgl. Bericht 16, 25.9.1951.
124) Vgl. BWM, Aufzeichnung Kutscher, 25.10.1951, in:
BA B102/57579.

stand sie auf einer Bestimmung, wonach im Falle von nicht ausreichend hohen Lastschriften aus Warenlieferungen der Unterschiedsbetrag am Halbjahresende unaufgefordert in US $ nach New York zu überweisen sei. Die argentinische Seite widersetzte sich dieser Klausel, akzeptierte sie aber am Ende der Verhandlungen in einem vertraulichen Notenwechsel.[125] In einem dritten vertraulichen Brief verpflichtete sich der Banco Central, innerhalb von 30 Tagen nach Unterzeichnung der Protokolle Einfuhrlizenzen in Höhe von ca. 75 Mio US $ für deutsche Waren zu erteilen.[126]

2.2.3. Zusatzprotokoll Nr. 2 betr. Schutzrechte

In Sitzungen der "Unterkommission Marken" blieben die in der "120-Tage-Kommission" behandelten Fragen[127] unverändert strittig. Für die unbeschränkte Zulassung von Neuanmeldungen deutscher Schutzrechte in Argentinien hatten die Argentinier als Stichtag den 2. Juli 1948 gewählt, weil das nach diesem Tage erworbene deutsche Vermögen von jeder Beschlagnahme befreit war;[128] die deutsche Seite beharrte auf dem von ihr vorgeschlagenen Datum 24. Januar 1947. Bei der wirtschaftlichen Lage in Deutschland dürfte die Rückverlegung des Stichtages ohne praktische Bedeutung gewesen sein; es ist daher nicht verständlich, warum die deutschen Ausschußmitglieder der Lösung dieser Teilfrage nicht zustimmten. In der Frage der Altschutzrechte gab es in den Ausschußsitzungen nur ein erneutes Vortragen stark

---

125) Vgl. Maltzan, LT an BWM, 27.10.1951, ebenda.
126) Vgl. BWM Abt. V B 2 an AA, BdL u.a., 14.11.1951, ebenda.
127) Siehe vorstehend II.2.1., S. 35 f.
128) Vgl. Dekret 19.731 vom 2.7.1948, in: Bericht Nr. 6, 20.7.1951.

divergierender juristischer Standpunkte und, wie wohl nicht anders bei weisungsgebundenen Juristen zu erwarten war, keinerlei Annäherung.[129] Seeliger erinnerte daher bei einem Besuch Außenminister Remorino daran, daß im Vorjahr ein Scheitern der Verhandlungen nur durch seine Zusage der wohlwollenden Prüfung und Behandlung der Frage der deutschen Firmen- und Markenzeichen vermieden worden sei;[130] er empfahl Remorino, "daß weitere Besprechungen über dieses Thema von nun an nicht mehr auf der rein sachlich juristischen Ebene zwischen den Ressortsvertretern stattfinden sollten, sondern diese Frage entsprechend ihrem politischen Charakter in vertrauensvoller Weise zwischen einer von ihm benannten Persönlichkeit und dem Delegationsführer erörtert werden solle".[131] Diesem Vorschlag stimmte Remorino im Prinzip zu. Bei einem zu Ehren der deutschen Delegation gegebenen Frühstück teilte der Leiter der handelspolitischen Abteilung des Außenministeriums, der an der Besprechung mit dem Außenminister teilgenommen hatte, dem Delegationsführer mit, daß er mit der weiteren Behandlung des Problems beauftragt und zur Zeit mit der Einarbeitung in die Materie beschäftigt sei.[132]

Diese vom Außenministerium betriebene Verzögerungtaktik dürfte dadurch verursacht worden sein, daß sich innerhalb der Regierung und der Regierungspartei wegen der Frage des deutschen Eigentums und der Schutzrechte zwei Gruppen gebildet hatten: die eine, zu der auch Peron zählte, wollte eine generelle Bereinigung der Be-

129) Vgl. BWM, Niederschrift Unterkommission Marken 3. Sitzung, 28.7.1951, in: BA B102/57579.
130) Vgl. Bericht Nr. 7, 27.7.1951.
131) Ebenda.
132) Vgl. ebenda.

49

ziehungen zu Deutschland erreichen mit der Absicht, dadurch eine effektive deutsche Unterstützung bei der
Durchführung des Fünfjahresplanes zu erhalten; die andere Gruppe wollte hingegen weiterhin wirtschaftlichen
Nutzen aus den unter Staatsregie stehenden 35 deutschen Niederlassungen, den sogenannten DINIE-Firmen,
ziehen.[133] Diese benutzten nämlich nicht nur Firmennamen, Warenzeichen und Schutzrechte der deutschen Eigentümer, sondern verlangten in einigen Fällen sogar
von diesen für deutsche Importe Lizenzgebühren; darüber
hinaus liessen sie sich in einigen Ländern deutsche
Firmenamen und Markenzeichen schützen. Die Existenz der
Firmen wurde daher von dieser Seite als gefährdet angesehen, falls diese Praktiken unterbunden werden sollten.

Seeliger bemühte sich nun um Unterstützung aus der ersten Gruppe, und es gelang ihm, eine streng vertrauliche Unterredung mit Peron in kleinstem Kreise zu führen.[134] In dieser bereits erwähnten geheimen Besprechung am 9. August 1951[135] regte Seeliger auch bei
Peron an, in der Schutzrechtsfrage nunmehr durch politische Instanzen eine gerechte und vernünftige Lösung
herbeizuführen, da in den bisherigen, sechs Wochen dauernden Besprechungen nur juristische Standpunkte ohne
die geringste Bewegung vertreten worden seien.[136] In
der von Peron einberufenen Sitzung am 13. August, an
der sechs argentinische Minister und drei deutsche
Delegationsmitglieder teilnahmen, vertrat dieser die
Ansicht, daß es zweckmäßig sei, die Behandlung des
deutschen Vermögens in Argentinien, zu dem auch die

133) Siehe vorstehend II.1., S. 30.
134) Vgl. Bericht Nr. 8, 4.8.1951.
135) Siehe vorstehend II.2.2.1, S. 39.
136) Vgl. Bericht Nr. 9, 9.8.1951.

Warenzeichen, Firmennamen gehörten, bis zum Abschluß
eines Friedensvertrages zurückzustellen und solange die
Frage der deutschen Warenzeichen und Firmennamen
offenzulassen. Außenminister Remorino unterstützte diesen Vorschlag mit politischen Argumenten und sagte
eine weitere Behandlung der Probleme mit dem demnächst
zu erwartenden deutschen Botschafter zu. Hierauf erklärte Seeliger den Unterschied zwischen Realvermögen
und intellektuellem Eigentum an gewerblichen Schutz-
und Urheberrechten, zu denen die Warenzeichen und Firmennamen gehören. Heinrichs vom Bundeswirtschaftsministerium begründete diese These so überzeugend, daß Peron bereit war, über einen deutschen Vorschlag für
eine Lösung des Problems zu diskutieren; danach sollten
deutsche Warenzeichen und Firmennamen von den argentinischen Kriegsbestimmungen gegen feindliches Eigentum
ausgenommen und entgegenstehende Verfügungen aufgehoben
werden; die mit den Aktiva liquidierter deutscher
Niederlassungen vom argentinischen Staat gekauften Firmennamen und Warenzeichen könnten vertraglich fünf
Jahre lang unentgeltlich von den DINIE-Firmen weiterbe-
nutzt werden. Diesen Firmen würde außerdem die Möglichkeit geboten, an der wissenschaftlichen Forschung
und der technischen Entwicklung der deutschen Ur-
sprungsbetriebe zu normalen Bedingungen teilzunehmen.
Die entsprechenden Verträge sollten durch eine paritätisch besetzte gemischte argentinisch-deutsche Regierungskommission in Buenos Aires genehmigt werden.

Diese Ausführungen der deutschen Delegationsmitglieder
verfehlten nicht ihre Wirkung und Peron entschied anschließend, daß eine vertragliche Behandlung des deutschen Realvermögens zwar bis zum Abschluß eines Friedensvertrages zurückzustellen ab sofort aber alle

51

Maßnahmen zur Liquidation dieses Vermögens einzustellen
seien. Zur Frage der Rückgabe des intellektuellen deutschen Vermögens in Argentinien   ordnete er an, daß das
Problem   der Warenzeichen und Firmennamen in Kürze
durch eine technische Kommission unter der Leitung des
Außenministeriums auf der Grundlage des deutschen Vor-
schlages nochmals   geprüft werden sollte.[137] Damit
hatte die deutsche Delegation zwar eine im Prinzip positive Entscheidung des Staatspräsidenten erreicht,
diese stand aber im Widerspruch zu der vom Außenminister vertretenen Meinung; sein Widerstand äußerte sich
bald in   weiterer dilatorischer Behandlung der Probleme. So wurde ein am 20. August 1951 von der deutschen Delegation überreichter Entwurf für eine entsprechende Vereinbarung in einer Ausschußsitzung ohne
Diskussion nur formal besprochen   und für weitere Verhandlungen ein argentinscher Gegenentwurf angekün-
digt.[138] Hierum bemühte sich der Delegationsleiter
vergeblich beim Leiter der handelspolitischen Abteilung
des Außenminsteriums, der die Federführung in dieser
Frage übernommen hatte.[139]

Nachdem der Delegationsleiter über einen Mittelsmann
dem Staatspräsidenten die Nachricht über eine beabsichtigte Unterbrechung der Verhandlungen und über Buchungen der Rückflüge für die Delegation hatte zukommen
lassen[140], fand sich der Außenminister kurzfristig zu
einer Besprechung bereit. Diese verlief zunächst äußerst frostig. Remorino bekräftigte erneut seinen
Standpunkt, die Lösung dieser Probleme bis zu einem

137) Vgl. BWM, Vermerk Dr. Heinrichs, 15.8.1951, in: BA
B102/57579.
138) Vgl. Bericht Nr. 16, 25.9.1951.
139) Vgl. Bericht Nr. 11, 1.9.1951.
140) Vgl. Bericht Nr. 14, 15.9.1951; siehe auch vorstehend in II.2.2.2., S. 43.

deutschen Friedensvertrag mit den USA zu vertagen; hierbei berief er sich auf internationale Verpflichtungen und nicht absehbare Folgen einer Regelung des deutschen Auslandsvermögens, zu dem auch die Schutzrechte gehörten, wegen möglicher Reaktionen der Alliierten Hohen Kommission. Dem hielt Seeliger unter Hinweis auf das Ergebnis der Besprechungen mit Peron in verhältnismäßig scharfen Worten entgegen, daß die Probleme der Realvermögen nicht mit denen der Schutzrechte zu verquicken seien, die Militärregierungsgesetze letztere nicht berühren und der augenblickliche Zustand keine Lösung für die deutsche Wirtschaft darstelle, vielmehr die Behandlung dieser Probleme durch die argentinische Regierung für die Bundesrepublik sechs Jahre nach Kriegsende zu einem Politikum der nationalen Ehre geworden sei.

Diese deutlichen Worte führten zu einem Meinungsumschwung bei Remorino, der nun sein vollstes Verständnis für die deutschen Ansichten und sein aufrichtiges Bemühen um eine Lösung betonte. Diese stoße aber bei einigen Ressortministern auf Ablehnung, weil sie befürchteten, daß mit einer Übertragung der deutschen Schutzrechte eine Auflösung der gegenwärtigen Rechtsverhältnisse verbunden sei. Noch deutlicher erklärte in einer anschließenden Unterredung der Leiter der handelspolitischen Abteilung, daß die Schwierigkeiten hauptsächlich bei den Verwaltern der 35 DINIE-Firmen lägen; diese würden bei einer ad-hoc-Übertragung der Warenzeichen und Firmennamen auf die deutschen Eigentümer ihre Verhandlungsposition mit den betreffenden deutschen Firmen über Lizenzen geschwächt und die Basis der Firmen befährdet sehen. Er empfahl daher, eine Differenzierung der Übertragung nach dem Grad der Nutzung

der deutschen Schutzrechte zu erwägen.[141] Damit wurde
die Richtigkeit des Eindruckes der deutschen Delegation bestätigt, daß die Regelung der Schutzrechtsfrage
hintertrieben wurde in der Hoffnung, die Handelsvertragsverhandlungen ohne Zugeständnisse in der Schutzrechtsfrage abschließen zu können.[142]

Die Notwendigkeit für eine Regelung wurde schlagartig
durch ein Ereignis demonstriert. Nach Mitteilung des
Vertreters der Firma Klöckner-Humboldt-Deutz, Köln,
habe diese Firma aus einem Auftrag auf Lieferung von
Einbau-Dieselmotoren im Werte von fünf Millionen Peso
eine Partie von dreißig Stück im August d.J. ordnungsgemäß geliefert. Diese seien am 21. September auf dem
Lager der Firma, die den Vertrieb übernommen habe, auf
Veranlassung der DINIE-Firma Deutz durch richterlichen
Beschluß von einer Kommission beschlagnahmt worden.
Verhandlungen mit dieser Firma hätten ergeben, daß sie
für die Benutzung des Firmennames "Deutz" eine Lizenzgebühr verlange. Sie wolle sich hierbei mit einem
Prozent begnügen, weil der Käufer dieser Partie ein
ehemaliger Minister sei, der über gute Verbindungen
zur DINIE verfüge.[143]

Dieser Vorfall zeigte, daß es für den weiteren Wiederaufbau der deutschen Wirtschaftsbeziehungen mit Argentinien dringend erforderlich war, die Ende September
in wesentlichen Punkten festgefahrenen Verhandlungen
wieder flottzumachen. So entschloß sich die Bundesregierung, im Oktober Maltzan nach Buenos Aires zu ent-
senden in der Hoffnung, daß es ihm gelingen möge, mit

141) Vgl. Bericht Nr. 14, 15.9.1951.
142) Vgl. Bundesministerium der Justiz (künftig BMJ abgekürzt), Bericht Theis, 23.9.51, in: BA B102/57579.
143) Vgl. Bericht Nr. 16, 25.9.1951.

54

neuen Weisungen des Handelspolitischen Ausschußes Bewe-
gung in die stockenden Verhandlungen zu bringen; die
Reise wurde als Erwiderung des vorjährigen Besuches des
Außenministers Remorino bezeichnet.[144]

Bei dem Antrittsbesuch Maltzans beim Außenminister
wies dieser auf die außen- und innenpolitischen Schwierigkeiten bei der Regelung der deutschen gewerblichen
Altschutzrechte hin und erklärte, daß trotz seiner Bemühungen eine Rückübertragung oder Freigabe der Schutzrechte im Augenblick nicht möglich sei. Maltzan entwickelte dann als deutsche Mindestforderung, daß Argentinien die Einfuhr und den Vertrieb von mit Altwarenzeichen versehenen deutschen Waren gestatten und den
Erwerb von Schutzrechten in Argentinien nach dem 2.
Juli 1948, dem von Argentinien vorgeschlagenen
Stichtag, zulaßen sollte. Des weiteren erklärte er, daß
ein Liquidationsstop für beschlagnahmte deutsche Vermögen bis zum Abschluß der Verhandlungen sowie die Freigabe der deutschen Urheberrechte, Patente, Firmennamen
sowie eines Teils der Warenzeichen für eine weitere
Normalisierung des Handelsverkehrs erforderlich
sei.[145]

Zu einer Audienz beim Staatspräsidenten am 25. Oktober
wurde Maltzan vom Protokoll des Außenministeriums eingeladen; hierbei wurde ausdrücklich betont, daß diese
Einladung nur für seine Person gelte. Der Grund für
eine solche nicht übliche Einschränkung lag wohl darin,
daß der Außenminister eine Wiederholung der Ereignisse
beim Staatspräsidentenempfang am 13. August vermeiden

---

144) Vgl. BWM, Aufzeichnung Kutscher, 25.10.1951, in:
BA B102/57579.
145) Vgl. HPA, Ergebnis der Beratung, 2.10.1951, nach
BMJ, Bericht Theis, 23.9.1951.

wollte; damals war es der deutschen Delegation gelungen, durch Vortrag von Sachargumenten den Staatspräsidenten von der vom Außenminister verfochtenen Linie in wesentlichen Punkten abzubringen.

Maltzan entschloß sich, trotzdem den ihn begleitenden
Ministerialrat Dr. Kutscher ins Präsidentenpalais mit-
zunehmen. Dort scheiterte der Versuch, die beiden Herren zu trennen, als Peron ins Vorzimmer kam, die beiden
Herren herzlich begrüßte und zum Eintreten aufforderte.

Bei dem Empfang waren auf argentinischer Seite der
Außenminister und die fünf Minister des nationalen
Wirtschaftsrates zugegen; später wurde noch der argentinische Delegationsführer hinzugezogen. Nach Höflich-
keits- und Freundschaftsbezeugungen führte Peron aus,
daß Argentinien sich als Treuhänder der beschlagnahmten
deutschen Vermögen betrachte, durch die staatliche
Verwaltung sie zusammengehalten und eine Zersplitterung
verhindert habe. Da Argentinien internationale Verpflichtungen übernommen sowie gewisse Zahlungen für die
beschlagnahmten deutschen Vermögenswerte an die Vereinten Nationen geleistet habe, sei die Regelung der Vermögensfrage erst nach einem Friedensschluß Deutschlands mit den Vereinigten Staaten möglich. Die argentinische Regierung sei aber bereit, nach Errichtung der
deutschen Botschaft eine gemischte deutsch-argentinische Kommission mit der Behandlung dieser Fragen zu
beauftragen. Damit war Peron wieder auf die Linie seines Außenministers eingeschwenkt, die er in der Besprechung am 13.August teilweise verlassen hatte. Danach
bestätigte der Außenminister, daß einer Regelung der
Frage der deutschen Schutzrechte zum jetzigen Zeitpunkt
internationale Verpflichtungen und schwierige inner-

staaatliche Rechtsprobleme entgegenstünden und daher
eine Verschiebung bis zu einem Friedensvertrag erforderlich sei.

Der Schatzminister wies darauf hin, daß die Warenzeichen mit den entsprechenden industriellen Unternehmen
so fest verbunden seien, daß es weder rechtlich noch
wirtschaftlich möglich sei, die Probleme der Warenzeichen getrennt von den Fragen der übrigen Vermögenswerte
zu behandeln.

In seiner Erwiderung begrüßte Maltzan die beabsichtigte
Einsetzung einer gemischten Kommission, legte dann aber
nachdrücklich Wert auf eine zwischenzeitliche Zusicherung, daß die argentinische Regierung keine weiteren
Beschlagnahmen oder Liquidationen deutschen Vermögens
durchführen und den gegenwärtigen Zustand bis zum Abschluß der Arbeiten der gemischten Kommission bestehen
lassen werde. Unabhängig von den mit der Rückübertragung der beschlagnahmten Warenzeichen zusammenhängenden juristischen Fragen müßte außerdem sichergestellt werden, daß Importe deutscher Waren nach Argentinien nicht wegen der ungelösten Frage der gewerblichen Schutzrechte behindert würden.

Peron erklärte sich mit Maltzans Vorschlägen einverstanden, meinte aber hierzu, daß er sich keinen prakti-
schen Fall einer Behinderung von Importen vorstellen
könne. Daraufhin schilderte Maltzan die Beschlagnahme
der Deutz-Motore und erklärte, daß hierdurch in
Deutschland ein Gefühl der Rechtsunsicherheit entstanden sei. Dieser Vorfall war allen argentinischen
Besprechungsteilnehmern bisher unbekannt und die ge-

schickte Bekanntgabe Maltzans verfehlte bei der Absur-
dität des Ereignisses nicht die beabsichtigte Wirkung.

Peron gab sogleich Weisung, die Beschlagnahme aufzuheben und der deutschen Firma eine Entschädigung zu gewähren, und bat, daß ihm von deutscher Seite ähnlich
gelagerte Fälle direkt mitgeteilt würden. Weiterhin gab
er sein Einverständnis, daß in einem Zusatzprotokoll zu
dem Handelsabkommen Bestimmungen aufgenommen würden,
die für die Zukunft die Garantie böten, daß sich derartige Beschlagnahmen nicht wiederholen könnten. Maltzan
führte dann aus, daß man es auf deutscher Seite begrüßen würde, wenn die derzeitigen argentinischen Inhaber beschlagnahmter deutscher Schutzrechte mit den berechtigten deutschen Firmen in der Zwischenzeit Vereinbarungen schließen würden. Um hierbei eine Beschleuni-
gung zu erreichen, empfahl er eine Rückübertragung nach
fünf Jahren vorzusehen. Hierauf erwiderte der Schatzminister, daß bereits Einzelvereinbarungen getroffen
seien und die argentinische Seite bemüht bleibe, weitere abzuschließen, sodaß eine Befristung nicht erforderlich sei.[146] Dieses Argument wurde von Maltzan akzeptiert, weil die erreichten zwischenzeitlichen Regelungen insgesamt einen tragbaren Kompromiß und eine
wesentliche Verbesserung des bestehenden Zustandes darstellten.

Maltzan übersandte dem argentinischen Verhandlungsführer am gleichen Nachmittag einen Entwurf für die
Zusatzprotokolle.[147] Noch am Abend dieses Tages, dem
25. Oktober, wurde der deutschen Delegation ein
argentinischer Gegenentwurf mit der Bemerkung über-

---

146) Vgl. BWM, Aufzeichnung Kutscher, 25.10.1951, in:
BA B102/57579.
147) Vgl. ebenda.

geben, daß er nur geringfügige Abweichungen vom
deutschen Vorschlag enthalte. Bei Durchsicht stellte
sich jedoch heraus, daß durch harmlos erscheinende Zu-
sätze und Änderungen der Inhalt der deutschen Vorschläge zum Teil sogar in sein Gegenteil verkehrt worden war. Als Beispiel hierfür sei die Frage des Li-
quidationsstops angeführt. Der deutsche Vorschlag sah
vor, den "gegenwärtig bestehenden Zustand nicht zu
verändern", während der argentinische Gegenentwurf lautete, den "gesetzlich bestehenden Zustand nicht zu
verändern"; diese Formulierung hätte bedeutet, daß die
bestehenden Gesetze über Liquidation und Beschlagnahmen
nicht geändert werden dürfen und somit diese fortgesetzt werden konnten und zwar nunmehr aufgrund der
Bestimmung des gemeinsam unterzeichneten Protokolls.
Dieses Beispiel zeigte die Intention gewisser argentinischer Kreise, vom Staatspräsidenten getroffene Entscheidungen selbst unter Anwendung fragwürdiger Methoden abzuändern.

Ein für den Vormittag des 26. Oktober einberufener
kleiner Redaktionsausschuß zur textlichen Überarbeitung
der Protokolle konnte unter diesen Umständen nicht in
allen Punkten eine Einigung erzielen; am frühen Nachmittag des gleichen Tages fand daher eine Sitzung unter
der Leitung des Außenministers statt, an der die fünf
Minister des nationalen Wirtschaftsrates mit ihren Be-
ratern, Vertreter der DINIE-Firmen und die deutsche Delegation teilnahmen. Für die innerargentinische Situation war es aufschlußreich, daß der Schatzminister
die am Vortage vom Staatspräsidenten getroffene Entscheidung über die Aufhebung der Beschagnahme der
Deutz-Motore für gegenstandslos erklärte, weil Peron
von der Annahme ausgegangen sei, daß es sich um eine

illegale Aktion gehandelt habe; die Beschlagnahme sei
aber rechtens erfolgt. Aufgrund des energischen deutschen Widerspruchs gaben sowohl der Außenminister als
auch der Finanzminister formelle Erklärungen ab, daß
sie persönlich für die sofortige Aufhebung der Beschlagnahme Sorge tragen würden.

Nach achtstündigem harten Ringen konnte am Abend
schließlich eine vollständige Einigung über die
Formulierungen der Zusatzprotokolle erzielt und diese
in der Nacht von den argentinischen Ministern und den
beiden deutschen Bevollmächtigten Maltzan und Seeliger
unterzeichnet werden.[148] Es handelte sich um das Zusatzprotokoll zu dem Handelsabkommen und dem Zahlungsabkommen,[149] ein Protokoll über Seeschiffahrt[150]
und um das Zusatzprotokoll Nr. 2. Letzteres enthielt
die vorstehend geschilderten, mit Peron getroffenen
Vereinbarungen über Bildung einer gemischten Kommission, Liquidationsstop, Zusicherung der Unterlasung
von Behinderungen deutscher Importe, zwischenzeitliche
privatrechtliche Regelungen der Benutzung deutscher
Warenzeichen sowie die Zulassung von Neuanmeldung deutscher Schutzrechte.[151]

2.2.4. Protokoll über Seeschiffahrt

In dem für die Behandlung der Schiffahrtsfragen gebildeten Ausschuß trug die argentinische Seite ihr Interesse an einer Vereinbarung vor, die Verschiffungen des
beiderseitigen Warenaustausches argentinischen und

---

148) Vgl. BMJ, Bericht Theis, 23.9.1951.
149) Siehe vorstehend II.2.2.2., S. 41 ff.
150) Siehe nachstehend II.2.2.4., S. 59 ff.
151) Vgl. RA Nr. 51/51, 10.11.1951, in: Bundesanzeiger
Nr. 227, 23.11.1951.

deutschen Schiffen mit gleicher Tonnage vorzubehalten.
Hierbei wies sie darauf hin, daß zur Förderung der eigenen Handelsflotte alle schiffahrttreibenden südamerikanischen Staaten auf solchen Abreden bestehen
würden, Nordamerika hierfür ein Vorbild biete und daß
gerade in diesem Jahr mit Frankreich ein Flaggenab-
kommen geschlossen worden sei, das eine jeweils fünfzig
prozentige Verschiffung vorsehe. Die deutsche Seite
erklärte, daß die Bundesrepublik sich zu einer Politik
des freien und fairen Wettbewerbs in der Seeschiffahrt
vertraglich verpflichtet habe und daher die gewünschte
einschränkende zweiseitige Vereinbarung nicht treffen
könne. Dem hielten die Argentinier entgegen, daß sie
ihre nationale Schiffahrtspolitik als ein "heiliges
Recht der Freiheit und Unabhängigkeit" verteidigen würden.

Die deutsche Überseeschiffahrt stand bei ihren Bemühungen um einen Anteil an der Südamerikafahrt vor der
schwierigen Aufgabe, in einen besetzten und inzwischen
unter den Konkurrenten aufgeteilten Markt einzudringen.
Für die Aufteilung sorgten die aufgrund von Flaggenab-
kommen erteilten argentinischen Verschiffungsanweisun-
gen sowie die Schiffahrtsbeauftragten aus Spanien,
Italien, Frankreich und anderen Ländern in den
argentinischen Häfen.[152]

Es mußte also auch in dieser Frage ein Kompromiß gesucht werden. Dieser wurde in einer Vereinbarung getroffen, nach der beide Parteien sich Meistbegünstigung für freien Zugang zu den Häfen, die Benutzung der
Hafeneinrichtungen, für Gebühren und Abgaben, Dienstleistungen für Schiffe sowie für deren Versorgung zu-

---

152) Vgl. Bericht Nr. 7, 27.7.1951.

sicherten. Einseitig behielt sich die argentinische Regierung vor, bis zu fünfzig Prozent des Warenverkehrs
auf argentinischen Schiffen zu befördern. Die deutsche
Seite bestand hierbei auf dem Zusatz, daß hierdurch
keine Verzögerung oder Verteuerung der Transporte eintreten dürfe. Weiterhin wurde vereinbart, Doppelbe-
steuerungen bei den Seetransportgeschäften auszu-
schließen. In einem beigefügten Briefwechsel wurden die
angewandten Begriffe definiert. Dieses Protokoll sollte
nach dem Austausch von Ratifikationsurkunden in Kraft
treten.[153]

2.2.5. Sonstige Themen ohne Vereinbarung

Die argentinische Regierung hatte ihr Interesse am Wiederaufleben des Freundschafts-, Handels- und Schiff-
fahrts-Vertrages vom 19. September 1857[154] der
Alliierten Hohen Kommission durch ihren Generalkonsul
in Frankfurt einige Wochen vor der Abreise der deutschen Delegation nach Buenos Aires mitgeteilt. Als Antwort erklärte der deutsche Delegationsleiter dem Leiter
der Handelspolitischen Abteilung des argentinischen
Außenministeriums bei seinem Antrittsbesuch am 2. Juli
1951, daß auch die deutsche Regierung ein Wiederaufleben dieses Vertrages begrüßen würde. Er schlug die
Bildung eines Arbeitsausschusses vor, der dann in der
ersten Plenarsitzung am 2. Juli beschlossen wurde.[155]
Im Laufe des Monats übergab die deutsche Delegation den
Entwurf für erforderlich gehaltene Änderungen; es sollten nämlich von der Meistbegünstigung diejenigen Pri-

153) Vgl. RA Nr. 51/51, 10.11.1951.
154) Veröffentlicht in: Gesetz-Sammlung für die König-
lichen Preußischen Staaten, Berlin 1859, Nr. 31,
25.8.1859.
155) Siehe vorstehend II.2.2., S. 37, und vgl. Bericht
Nr. 3, 3.7.1951.

vilegien und Sondernachlässe ausgenommen werden, die
inzwischen mit Nachbarstaaten, im Rahmen einer
Zollunion oder des internationalen Zollsystems vereinbart worden waren.[156]

Nach wiederholten Rückfragen wurde Seeliger schließlich
im Außenministerium mitgeteilt, daß die Bearbeitung der
Materie in den verschiedenen Ministerien längere Zeit
beanspruchen würde; es wäre daher ratsam, auch die Behandlung dieser Frage bis zum Eintreffen des deutschen
Botschafters zu vertagen.[157] Damit war wohl eine Verschiebung ad calendas graecas gemeint. Die argentinische Seite hatte vermutlich erkannt, daß der Vertrag in
seinen zahlreichen Einzelbestimmungen von einem weltoffenen, liberalen Geist geprägt war, der mit der peronistischen Regierungspolitik nicht zu vereinbaren war.
Zum Beispiel war darin für den Fall eines Bruches der
Handelsbeziehungen vorgesehen, daß die Bürger des anderen Teils das Vorrecht genießen sollten, zu verbleiben
und ihr Gewerbe oder ihre Beschäftigung fortzusetzen;
ihr Eigentum sollte keiner Beschlagnahme, Sequestration
oder ähnlichem unterliegen.[158]

Unerledigt blieb auch der Abschluß eines Einwanderungs-
vertrages, den Peron beim Begrüßungsempfang Anfang Juli
angeregt hatte;[159] hierzu sind in den ausführlichen
Berichten keinerlei Aktivitäten erwähnt. Dieser Wunsch
Perons scheint als nicht mehr im Interesse der Parteien
liegend mit Stillschweigen übergangen worden zu sein.

---

156) Vgl. Bericht Nr. 16, 25.9.1951.
157) Vgl. ebenda.
158) Vgl. Artikel 12 des Vertrages von 1857.
159) Siehe vorstehend II.2.2., S. 37 f.

Zusammenfassend ist festzustellen, daß in den vier Monate dauernden, schwierigen Verhandlungen schließlich tragbare Kompromisse ausgehandelt werden konnten; diese brachten zwar Erleichterungen, stellten aber in einigen Punkten noch keine endgültigen Lösungen dar.

2.3. Erschwernisse beim Handelsverkehr

Die von den deutschen Außenhandelskaufleuten in der Praxis zu überwindenden Schwierigkeiten lagen im wesentlichen an der dirigistischen argentinischen Wirtschaftsverwaltung; an deren Spitze stand der Nationalen Wirtschaftsrat (Consejo Economico Nacional);[160] sein ausführendes Organ war der Banco Central de la Republica Argentina, dessen Präsident zugleich Finanzminister war. Der Banco Central besaß das ausschließliche Verfügungsrecht über die Depositeneinlagen bei allen Banken und das Weisungsrecht über das ihm unterstellte Kreditwesen, er war allein für den Zahlungsverkehr mit dem Ausland zuständig und konnte Bestimmungen für das Ein- und Ausfuhrverfahren, die Devisenbewirtschaftung und die Festsetzung der Kurse für ausländische Zahlungsmittel erlassen. Bei der Durchführung des Bankenverkehrs bediente er sich der zugelassenen Außenhandelsbanken, die zur Abwicklung der von ihm gebilligten Zahlungsmodalitäten berechtigt waren. Ein direkter Publikumsverkehr mit dem Banco Central war streng untersagt.[161]

---

160) Siehe vorstehend II.2.2., S. 38, Anmerkung 101.
161) Vgl.Deutsche Botschaft (künftig DB abgekürzt) Buenos Aires (Ort im Länderteil nur bei erster Erwähnung genannt) an AA, 12.3.1952, in: Historisches Archiv der Bundesbank (künftig HA abgekürzt) Bestand 8259.

Als Handelspartner traten in peronistischer Zeit vermehrt staatliche Stellen in Erscheinung, die Eigentümer bedeutender Wirtschaftsbetriebe des Landes geworden waren. So verwaltete der Industrieminister das in der DINIE zusammengefaßte Feindvermögen und der Schatzminister das sogenannte JUNTA-Vermögen.[162] Die drei Wehrmachtsteile verfügten über zahlreiche Industrieunternehmen, der größte Teil der Handelsflotte gehörte dem Verkehrs- und Marineministerium und die Staatsgewerkschaft übernahm z.b. die konfiszierten Bemberg-Brauereien.[163] Die Staatsunternehmen schlossen unter Ausschaltung des Fachhandels direkt mit den Lieferanten Verträge ab.[164]

Für den argentinischen Export landwirtschaftlicher Erzeugnisse war das Instituto Argentino de Promocion del Intercambio, abgekürzt IAPI, geschaffen worden, das eine Monopolstellung anstrebte. In der Regel kaufte es die exportfähigen landwirtschaftlichen Produkte zu festgesetzten Preisen auf und verkaufte sie dann auf eigene Rechnung. Durch Preisverfall im Laufe des Jahres 1952 entstanden für den Staat erhebliche Verluste. Diese wurden zum Teil dadurch ausgeglichen, daß für einige, nicht vom IAPI aufgekaufte Waren beim Export auf die festgesetzen Preise Abgaben an das IAPI zu zahlen waren.[165] Das IAPI schloß auch Kompensationsgeschäfte mit anderen Ländern ab; es verkaufte z. B. Weizen gegen Jute nach Indien, Sonnenblumenöl gegen Bleche nach Chile und Häute gegen Flachglas und Holz nach Rumänien.[166] Für argentinische Exporte in Dollar

---

162) Siehe vorstehend II.1., S. 30.
163) Vgl. DB an AA, 22.11.1956, in: BA B102/6067 Heft1.
164) Vgl. das anschließend im gleichen Abschnitt erwähnte Trolleybus-Geschäft.
165) Vgl. DB an AA, 2.10.1952, in: BA B102/6066 Heft 1.
166) Vgl. ebenda.

oder englischen Pfund wurden Vorzugspreise und Vorzugskurse eingeräumt; dieses Verfahren stellte eine Diskriminierung für die Länder mit bilateralen Verrechnungen
dar.[167)

Die argentinischen Importe wurden in Warengruppen mit
verschiedenen Kursen aufgeteilt; so wurde der Vorzugs-
kurs bei Brennstoffimporten, der Basiskurs bei wichtigen Importwaren, ein offizieller Freikurs für nicht
lebenswichtige Waren und ein Parallel-Marktkurs für
Einfuhren ohne Inanspruchnahme von Devisen angewandt.[168) Die Kurse für einzelne Währungen wurden gelegentlich manipuliert und Umgruppierungen von Waren
bei dringenden Einfuhren für die öffentliche Hand vorgenommen. Für den deutschen Außenhandelskaufmann war es
nicht einfach, sich mit den komplizierten, häufig geänderten argentinischen Ein- und Ausfuhrbestimmungen
vertraut zu machen.

Die damals noch stark eingeschränkten deutschen Möglichkeiten für Finanzierungen von Investitionsgüterlie-
ferungen stellten für den deutschen Außenhandel Er-
schwernisse anderer Art dar.[169) Im Handel mit Argentinien traten solche Probleme z.B. bei der Finanzierung
der Lieferungen von Kraftanlagen nach San Nicolas im
Werte von ca. 30 Mio US $, von Trolleybussen nach Bue-
nos Aires im Werte von ca. 20 Mio US $ und von Trak-
toren im Werte von ca. 23 Mio US $ auf.[170)

---

167) Vgl. ebenda.
168) Vgl. DB an AA, 23.8.1954, in: BA B102/6066 Heft 2.
Es galten im August 1952 für 1 US $ 5 Peso beim Vor-
zugs-, 7,5 Peso beim Basis-, 14 Peso beim Frei- und
26,6 Peso beim Parallel-Marktkurs.
169) Zur Devisenlage siehe vorstehend I.2., S. 17.
170) Vgl. BdL an Zentralbankrat (künftig ZBR abgekürzt), 8.7.1951, in: HA Bestand 3138.

Der Auftrag für das Kraftanlagengeschäft San Nicolas
war dem Firmenkonsortium Siemens-AEG-Steinmüller Anfang September 1951 erteilt worden;[171] seine Finanzierung erfolgte im Rahmen einer vom Zentralbankrat für
derartige Geschäfte eingeräumten Refinanzierungslinie
von 600 Mio DM. Hiermit wurde als Starthilfe dem privaten Bankgewerbe die Übernahme der Finanzierung derar-
tiger Geschäfte erleichtert.[172] Über die Behandlung
der beiden anderen Liefergeschäfte konnte im Handelspolitischen Ausschuß[173] keine Einigung erzielt werden,
sodaß sie auf "Chefebene" verhandelt werden mußten.

Der Bundeswirtschaftsminister, der die Exportförderung
nach Übersee auf seine Fahnen geschrieben hatte, sah in
beiden Geschäften einen politischen Freundschaftsbeweis
Argentiniens und einen handelspolitischen Erfolg gegenüber der internationalen Konkurrenz sowie eine Möglichkeit für den Abbau des deutschen Passivsaldos auf dem
Verrechnungskonto. Die vom Bundeswirtschaftsministerium
dargelegte, optimistische Beurteilung der wirtschaftlichen Situation und Entwicklung Argentiniens stieß bei
der Bank deutscher Länder auf Kritik. Sie wies auf die
italienisch-argentinischen Wirtschaftsbeziehungen hin
und bemerkte dazu, daß dort der deutsch-argentinische
"Leidensweg" vorgezeichnet sei. Italien sei von einem

171) Vgl. Bericht Nr. 11, 1.9.1951. Hierin wurde weiterhin mitgeteilt, daß der Präsident der amerikanischen
Gesellschaft Westinghouse telegraphisch den argentinischen Staatspräsidenten aufgefordert habe, den Auftrag
nicht nach Deutschland zu vergeben, da deutsche Firmen
Kraftanlagen technisch nicht einwandfrei erstellen würden und da mit einem Krieg in Europa gerechnet werden
könne.
172) Vgl. BdL Vocke an BWM Erhard, 15.2.1952, in: HA
Bestand 3138.
173) Siehe vorstehend I.2., S. 14.

hohen Passivsaldo gegenüber Argentinien ausgegangen,
der sich bereits 1949 in einen Aktivsaldo von 700 Mio
Peso verwandelt habe, wovon 300 Mio Peso jetzt als ein-
gefroren behandelt würden. Ein 1950 von Italien ein-
geräumter neuer Swing von 80 Mio US $ sei in kurzer
Zeit voll in Anspruch genommen und bis März 1952 nicht
abgebaut worden. Argentinien verhandele zur Zeit in
Rom über einen neuen Kredit von 50 bis 80 Mio US $ zum
Kauf von Investitionsgütern; dieser soll im Laufe von 5
Jahren durch Getreidelieferungen abgedeckt werden.
Frankreich, das nach allen Seiten großzügige Subven-
tionspolitik betreibe, schließe nur die Exporte nach
Argentinien von jeder Subvention aus. Die englische Regierung habe ihren Banken eine Finanzierung des Trol-
leybus-Geschäftes über 6 Monate nach Lieferung hinaus
nicht genehmigt. Abgesehen von diesen Besonderheiten in
Zahlungsverkehr mit Argentinien vertrat die Bank deutscher Länder die Meinung, daß es aus zwingenden wäh-
rungs- und kreditpolitischen Gründen grundsätzlich
nicht ihre Aufgabe sei, bei der Finanzierung von langfristigen Exportgeschäften Hilfe über einen notenbank-
üblichen Rahmen hinaus zu leisten.[174]

Zu dem auf "Chefebene" verhandelten Trolleybus-Geschäft
sei folgendes ausgeführt: Die Firma Ferrostaal
A.G.,Essen, hatte am 18. Januar 1952 mit dem Ministerio
de Transportes de la Nacion, Buenos Aires, einen Vertrag über die Lieferung von 700 Trolleybussen mit einem
Fakturenwert plus Gleitpreiszuschlägen von umgerechnet
knapp 100 Mio DM unterzeichnet, der von beiden Seiten
noch bestätigt werden mußte. Für die argentinische
Seite erfolgte diese am 3. März 1952 durch die Unter-

---

174) Vgl. BWM an BdL, 12.2. und 24.3.1952, sowie Antwortschreiben 15.2. und 25.3.1952, in: HA Bestand 3138.

zeichnung des Vertrages durch den Staatspräsidenten, während wegen fehlender Finanzierungszusagen die deutsche Bestätigung noch ausstand. Die Lieferung sollte zur Hälfte durch Mercedes Benz und die andere Hälfte über Ferrostaal zu gleichen Anteilen von Henschel und MAN erfolgen, beginnend mit 10 Stück im Juni 1952, sich steigernd auf 30, später 60 Trolleybusse pro Monat, endend im Juli 1953. Die im Laufe der Verhandlungen verschlechterten Zahlungsbedingungen sahen vor, daß 10 Prozent der Gesamtsumme bei erster und 25 Prozent bei letzter Teillieferung gezahlt werden sollten, sodaß bei kompletter Auslieferung der Materialanteil von ca. 40 Prozent nicht voll abgedeckt war. 25 Prozent wurden 4 Monate nach letzter Lieferung und jeweils 20 Prozent 3 und 4 Jahre nach Kontraktabschluß fällig. Ein unwiderrufliches und teilbares Akkreditiv über die gesamte Summe sollte vom Transportministerium bei der Deutsch-Südamerikanischen Bank eröffnet werden. Die Spitze des Kreditbedarfes war mit 51 Mio DM bei geplantem Ablauf errechnet worden. Die Übernahme des Fabrikations- und des politischen Risikos in üblichem Rahmen hatte die Hermes-Kredit A.G. zugesagt.

In dem über dieses Geschäft zwischen Bundeswirtschafts-ministerium und der Bank deutscher Länder geführten Schriftwechsel[175] sowie bei den im Bundeswirtschafts-ministerium abgehaltenen Besprechungen mit den Beteiligten[176] wurde von seiten des Bundeswirtschafts-ministeriums betont, daß die Realisierung dieses Geschäftes in mehrfacher Hinsicht von großer Bedeutung sei. Die Banken der Lieferfirmen, die sich zu Konsortien für die Anteile von Mercedes-Benz und Ferro-

---

175) Vgl. ebenda.
176) Vgl. Besprechungsnotizen, 11.3. und 25.3.1952, in: BA B102/7142b.

69

staal zusammengeschlossen hatten, forderten für eine
Übernahme der Finanzierung dieses Gechäftes die Refinanzierung des gesamten Kreditbedarfes durch das Zentralbanksystem oder aus öffentlichen Fonds, die Nicht-
anrechnung des Kreditvolumens auf die Kreditplafonds
der Banken und die Zusicherung prompter Zahlung aus den
Akkreditiven bei Fälligkeit.[177] Diese Forderungen der
Banken bezeichnete Erhard als über das Ziel hinaus-
gehend, da man erwarte, daß die Banken einen Teil des
Risikos selbst tragen würden.[178] Zu dem Trolleybuss-
Geschäft war zuvor vom Zentralbankrat der Beschluß ge-
faßt worden, die Solawechsel der Exportfirmen für lom-
bardfähig zu erklären und den so gewährten Lombardkre-
dit nicht auf das Refinanzierungsvolumen der Banken an-
zurechnen. Es wurde daher von der Bank deutscher Länder
die Hereinnahme der Exporttratten als notenbankübliche
Hilfe zugesagt, jedoch die weitergehenden Forderungen
der Banken abgelehnt.[179]

Zu dem zweiten auf "Chefebene" behandelten Traktoren-
liefergeschäft sei zunächst darauf hingewiesen, daß in
der dem Zusatzprotokoll beigefügten Warenliste B bei
dem Posten "Rückstellungen für längerfristige Geschäfte
40 Mio US $" an erster Stelle "Traktoren und landwirt-
schaftliche Maschinen und Ersatzteile" erwähnt waren.[180] Nach monatelangen Verhandlungen konnten deutsche Traktorenhersteller von den bis 15. Juli
befristeten Vorlizenzen für die Lieferung von Traktoren über insgesamt 41,5 Mio US $ einen Anteil von 23
Mio US $ erhalten, der später auf 28,7 Mio US $ erhöht

177) Vgl. Notiz der Banken, 11.3.1952, Anlage zu
Schreiben BWM an BdL, 12.3.1952, in: HA Bestand 3138.
178) BWM, Kurzbericht, 26.3.1952, in: BA B102/7142b.
179) Vgl. Protokoll 116. Sitzung des ZBR,
19./20.3.1952, in: HA Bestand 54.
180) Vgl. RA Nr. 51/51, 10.11.1951.

wurde. Bei diesem Geschäft übernahmen argentinische Regierungsstellen die Zuteilung, die Lieferung erfolgte
an Privatfirmen; diese hatten die Hälfte des Kauf-
preises bei Übernahme und die andere Hälfte 6 Monate
später an den Banco Central abzuführen. An dem Auf-
tragsvolumen von 23 Mio US $ waren als Lieferanten be-
teiligt: Hanomag, Hannover, mit 7,5 Mio, Lanz, Mann-
heim, und Fahr, Gottmadingen, mit je 3,5 Mio und an
dem Rest von 8,5 Mio US $ weitere 22 deutsche Firmen.
Die Lieferzeit betrug 12 Monate nach Vertragsabschluß.
Die Zahlungbedingungen lauteten: 20 Prozent bei jeder
Lieferung aus einem Akkreditiv gegen Verschiffungsdokumente und weitere je 20 Prozent 8, 14, 20 und 26 Monate nach Ausstellung der Verschiffungsdokumente.[181]

Bei der Suche nach Möglichkeiten für eine Finanzierung
des Geschäftes lud der Bundeswirtschaftsminister wiederum die Beteiligten zu einer Besprechung ein.[182]
Hierbei wurde von ihm hervorgehoben, daß Deutschland
in den nächsten Jahren auf die argentinischen Getreide-
und Futtermittellieferungen nicht verzichten könne,
weil die Dollarlücke und der Wegfall der ERP-Hilfe ein
Ausweichen in Dollarräume ausschließe und daher zum
Ausgleich vermehrte Exporte nach Argentinien erforderlich seien. Des weiteren betonte er, daß die deutsche
Traktorenindustrie wegen der weitgehenden Sättigung des
Inlandmarktes in einem außerordentlichen Maße auf den
Export angewiesen sei und sich als Absatzmärkte nur
der vordere Orient und Südamerika anböten.[183]

---

181) Vgl. BdL an ZBR, 8.7.1952, in: HA Bestand 3138.
182) Vgl. BWM, Besprechung, 20.6.1952, Schnellbrief an
ZBR, 1.7.1952, Besprechung, 14.7.1952, BdL, Vermerk
Könneker, 15.7.1952, ebenda.
183) Vgl. BWM an ZBR, 1.7.52, ebenda.

Die anwesenden Vertreter der Banken erklärten, daß sie bereits mit einem erheblichen Obligo im Argentinien-geschäft belastet seien und daher sich auf dieses Ge-schäft nur bei voller Refinanzierung durch das Zentral-banksystem einlassen könnten. Diese Wünsche auf Re-finanzierung waren zuvor vom Zentralbankrat behandelt und der Vizepräsident der Bank deutscher Länder, Herr Könneker, beauftragt worden, nur Erleichterungen in üb-lichem Rahmen anzubieten.[184] Demzufolge unterbreitete Könneker in der vom Bundeswirtschaftsminister ein-berufenen Sitzung den Vorschlag, bei den letzten Drei-monatstratten eine Prolongation zuzulassen, d.h. die beiden letzten Dreimonatstratten jeder Fälligkeit über Exporttratten zu finanzieren. Die Bankenvertreter lehn-ten diesen Vorschlag ab und bestanden auf voller Re-finanzierung über die vom Zentralbanksystem gespeiste B-Linie der Ausfuhrkredit A.G. Könneker bezeichnete es als untragbar, daß die Ausfuhrkredit A.G. die ihr ge-nehm erscheinenden Geschäfte für die von den Konsor-tialbanken gespeiste A-Linie aussuche, die zur Zeit noch einen erheblichen Spielraum ausweise, und alle ihr unbequem erscheinenden Transaktionen auf die Bank deut-scher Länder über die B-Linie abzuleiten versuche, ob-wohl diese nahezu ausgeschöpft sei.

Das Gespräch nahm an Schärfe zu, als Erhard zu dem Hin-weis der Banken auf ihre Verantwortung ihren Gläubigern gegenüber erklärte, daß die wirtschafts- und han-delspolitische Seite der Angelegenheit seine Sache sei und die Banken Wege für eine Finanzierung zu suchen hätten. Diese stellten ihm daraufhin die Frage, ob ein solches Vorgehen noch mit seinen marktwirtschaftlichen

---

184) Vgl. Protokoll 124. Sitzung des ZBR, 9.7.1952, in: HA Bestand 58.

72

Prinzipien zu vereinbaren sei.[185] In dieser sich ver-
härtenden Situation unterbreitete Könneker folgenden
Kompromißvorschlag: Von dem jetzt auf ca. 30 Mio US $
angestiegenen Auftragswert sollten 40 Prozent durch die
Exportfirmen mit ihren Hausbanken, die restlichen 60
Prozent je zur Hälfte über die A- und B-Linien der
Ausfuhrkredit A.G. finanziert werden; hierbei seien 60
Prozent der Fakturenwerte die Obergrenze und jeder Fall
müsse einzeln geprüft werden.[186] Damit wurde auch bei
diesem Geschäft ein Weg für die Finanzierung gefunden.

Anhand dieser beiden Beispiele sollte gezeigt werden,
daß auch bei überzeugten Verfechtern einer Politik der
sozialen Marktwirtschaft in Einzelfällen bei unterschiedlichen Interessenlagen Dissensen und divergierende Auffassungen auftraten; diese konnten bei der
Unabhängigkeit der Beteiligten nur durch einen Kompromiß in mühsamen Verhandlungen überbrückt werden.

**2.4. Teilfreigabe von Altschutzrechten und Alt-
vermögen, Zusatzprotokoll Nr. 3 vom 29. Juli 1953**

Im Juni 1952 hatte der deutsche Botschafter berichtet,
daß er die Frage der Bildung des im Zusatzprotokoll Nr.
2 vereinbarten gemischten Ausschusses zur Behandlung
der Probleme des Feindeigentums einschließlich der
Schutzrechte bisher nicht berührt habe, da dies "eine
völlige Verschiebung nach unten" darstellen würde.[187]
Nach einer Reise mit dem Staatspräsident im Oktober
1952 nach Cordoba teilte er mit, daß ihm die Rückgabe
eines Teiles der deutschen Warenzeichen zugesichert

---

185) Vgl. BdL, Vertraulicher Vermerk, 15.7.1952, in: HA
Bestand 3138.
186) Vgl. ebenda.
187) DB an AA, 20.6.1952, in: BA B102/57579.

worden sei.[188] Im Februar 1953 wurden von den beschlagnahmten deutschen 28 Patenten und 2.504 Warenzeichen alle Patente und 1.365 Warenzeichen von der
argentinischen Regierung den deutschen Eigentümern zurückgegeben.[189] Die Patente und 1.023 Warenzeichen gehörten zu den Vermögen der deutschen Firmen, die von
der Junta[190] verwaltet wurden. Es handelte sich hierbei um Firmennamen und Warenzeichen bekannter deutscher
Firmen.[191] Von weiteren 342 freigegebenen Warenzeichen, die zum Vermögen der in der DINIE zu-
sammengefaßten deutschen Firmen gehörten,[192] waren ca.
280 deutschen Chemiefirmen zuzurechnen.[193]

Die Rückgabe dieser von den Argentiniern nicht benutzten - richtiger wohl nicht benutzbaren - Schutzrechte
war keine Geste guten Willens oder ein Ver-
handlungserfolg; sie stellte vielmehr den Abwurf nicht
verwertbaren Ballastes dar. In der Frage der beschlagnahmten deutschen Vermögen hatte die argentinische Regierung gleichfalls im Monat Februar verfügt, daß natürliche und juristische Personen die Freigabe von Guthaben und von sicherheitshalber verwalteten Vermögenswerten beantragen konnten.[194] Dies bezog sich auf

---

188) Vgl. BWM Abt. V C 5 an AA, 14.1.1953, ebenda.
189) Vgl. Dekrete der argentinischen Regierung Nr.
2.014 und 2.015, 4.2.1953, nach Übersetzung der
Studiengesellschaft für privatrechtliche Auslandsinteressen e. V., Bremen, ohne Datum, in: BA B102/57579.
190) Siehe vorstehend II.1., S. 30.
191) Als Beispiele seien genannt: Krupp, Stinnes,
Mercedes Benz, Lanz, MAN, Agfa, Faber-Castell, Under-
berg, Kupferberg, Hackerbräu, Löwenbräu, Junghans,
Kienzle, WMF, Mauser und Continental.
192) Siehe vorstehend II.1., S. 30.
193) Vgl. Presse- und Informationsdienst der Bundesregierung, Mitteilung an die Presse Nr. 150/53,
11.2.1953, in: BA B102/57579.
194) Vgl. Dekrete Nr.512/53 und 2917, 12.2.1953, Übersetzung durch Studiengesellschaft Bremen, ebenda.

Bankguthaben, Aktien, Forderungen aus Warengeschäften,
bewegliche Vermögenswerte, wie z.B. Möbel, und 39 über
Argentinien verstreute Grundstücke im Schätzwert von
insgesamt 2,9 Mio Peso. Keine Freigabeanträge durften
für die Vermögen der deutschen Firmen, die zur DINIE
gehörten oder von der Junta verwaltet wurden, sowie von
deutschen Banken, Versicherungsgesellschaften und Vereinigungen gestellt werden.[195]

Die Freigabe der vielen in Argentinien verbliebenen,
meist privaten "kleineren" Vermögen acht Jahre nach
Kriegsende war zwar zu begrüßen, zu bedauern war aber,
daß keinerlei Bewegung bei den mit der Freigabe des
Vermögens der größeren deutschen Firmen zusammenhängenden Fragen feststellbar war. Die betroffenen Firmen
bewirkten daher, daß im Bundestag eine Anfrage wegen
der Bildung des 1951 vereinbarten gemischten Ausschusses zur Erarbeitung von Lösungsvorschlägen eingereicht
wurde.[196] Das Bundeswirtschaftsministerium bat daraufhin das Auswärtige Amt um eine entsprechende Weisung nach Buenos Aires; dort scheiterte aber die Bildung des gemischten Ausschusses am bekannten argentinischen Widerstand.[197]

Im Handelsverkehr mit Argentinien war 1952 im Vergleich
zum Vorjahr die deutsche Einfuhr um ca. 35 Prozent und
die Ausfuhr um ca. 5 Prozent zurückgegangen; dadurch
wurde nur etwa die Hälfte der in den Warenlisten vorgesehenen Werte erreicht.[198] Der Einbruch bei den deut-

---

195) Vgl. DB, Expose, Wer kann einen Freigabeantrag
stellen?, ohne Datum, ebenda.
196) Vgl. Bundestag Anfrage Nr. 233, beantwortet am
11.12.1953, nach BWM Abt. V C 5 an AA, 14.1.1953,
ebenda.
197) Vgl. ebenda.
198) Siehe Statistischer Anhang XIII.1.1.1.

schen Einfuhren war wohl nur zum Teil durch mangelnde
argentinische Lieferfähigkeit infolge der Mißernten bedingt, hauptsächlich war er durch die Bevorzugung der
Verkäufe gegen Dollar und Pfund anstelle des bilateralen Clearing verursacht. Ende April 1953 reiste daher
eine deutsche Delegation, die wiederum von Seeliger geleitet wurde, zu Verhandlungen nach Buenos Aires, um
neue Warenlisten auszuhandeln. Die von den Argentiniern geäußerte Absicht, ein mehrjähriges Handels- und
Zahlungsabkommen abzuschließen, wurde auf deutsches Be-
treiben fallengelassen, da die Bank deutscher Länder
sich nicht in der Lage sah, auf bilateraler Basis eine
mehrjährige Zahlungsregelung abzuschließen.[199] Man einigte sich daher, ein weiteres Zusatzportokoll zum
Handelsvertrag vom 31. Juli 1950 auszuhandeln, das dann
als Nr. 3 am 29. Juli 1953 unterzeichnet wurde.[200] Bei
den vereinbarten Warenlisten A und B wurde der Gesamtwert von 154,4 Mio US $ auf 136,6 Mio US $ herabge-
setzt, die Warenliste B besaß nur informatorischen Charakter und wurde anschließend durch eine detaillierte
Liste ergänzt. Durch Notenwechsel wurden die Warenlisten rückwirkend ab 1. April 1953 in Kraft gesetzt.
Im Text wurde die beiderseitige Verpflichtung aufgenommen, "alle erforderlichen Voraussetzungen zu schaffen,
um in beiden Ländern die vorgesehenen Ein- und Ausfuhren der Waren durchzuführen".[201] Außerdem wurde die
Möglichkeit zugelassen, im beiderseitigen Einvernehmen
Waren in Drittländer zu verbringen.

199) Vgl. Deutsche Delegation, Memorandum, 17.6.1953,
in: BA B102/58057.
200) Vgl. RA Nr. 73/53, 7.8.1953, in: Bundesanzeiger
Nr. 165, 28.8.1953.
201) Ebenda Artikel II.

Beim Zahlungsabkommen hatte die Bank deutscher Länder inzwischen einen Kurswechsel vorgenommen und war nunmehr daran interessiert, aktive Swingguthaben so niedrig wie möglich zu halten. So hatte sie am 2. Juni 1953 im Handelspolitischen Ausschuß vorgeschlagen, mit Argentinien für das nächste Abkommensjahr einen festen Swing von 33 1/3 Prozent des Einfuhrvolumens von 115 Mio US $, gleich 38 Mio US $, und einen gleitenden Swing für den 115 Mio US $ übersteigenden Betrag bei Anwendung des gleichen Prozentsatzes zu vereinbaren. Für das folgende Jahr sollte von der kleineren Seite der auf dem Abkommenskonto verbuchten Zahlungsvorgänge der Swing mit dem reduzierten Satz von 30 Prozent errechnet werden.[202] Die Argentinier wünschten dagegen eine Beibehaltung des Swings in unveränderter Höhe von 50 Mio US Dollar. Als Kompromiß schlug Seeliger am 16. Juni dem argentinischen Delegationsführer vor, in dem zu veröffentlichenden Protokoll das Zahlungsabkommen - und damit auch den Swing von 50 Mio US $ - als unverändert zu bezeichnen. Daneben sollte in einem geheim zu haltenden Briefwechsel vereinbart werden, daß bei einer sechs Monate andauernden, ununterbrochenen höheren Verschuldung als 40 Mio US $ der am Ende des sechsten Monats diese Grenze übersteigende Betrag von der Schuldnerbank unaufgefordert in freien Dollar oder in Gold in New York anzuschaffen sei.[203]

Auf Anfrage wurde der deutschen Delegation am 23. Juni mitgeteilt, daß der Wirtschaftsrat den deutschen Vorschlag zwar im Prinzip gebilligt habe, aber die Einfügung einer Klausel für die Möglichkeit eines Dollarrückkaufes innerhalb von 12 Monaten zur Auflage gemacht

---

202) Vgl. BdL an BWM, 3.6.1953, in: HA Bestand 3138.
203) Vgl. Deutsche Delegation, Memorandum, 17.6.1953, in: BA B102/58057.

habe und die Erfüllung dieser Forderung als conditio
sine qua non betrachte. Am folgenden Tage erklärte
Seeliger, daß von deutscher Seite der Einfügung einer
Dollarrückkaufklausel nicht zugestimmt werden könne; er
bat, dem Wirtschaftsrat einen Verzicht auf diese Klausel nahezulegen. Nach weiteren Verzögerungen ließ
Seeliger die argentinische Seite wissen, daß er bei der
schleppenden Verhandlungsführung eine Unterbrechung und
den Rückflug nach Deutschland erwäge. Daraufhin bat
am nächsten Tag der Außenwirtschaftsminister den deutschen Botschafter, sich für die Einfügung der verlangten Klausel einzusetzen; dieser lehnte eine Intervention bei der Bundesregierung ab, da keine Aussicht
auf Erfolg bestünde. Nachdem dieser nicht übliche Versuch, auf einem zweiten Gleis zu fahren und die beiden
deutschen Bevollmächtigten gegeneinander auszuspielen,
gescheitert war, lud der Außenminister noch am selben
Tage die deutsche Handelsdelegation zu einer Besprechung ein. Hierbei schlug Seeliger vor, die Frage
des Dollarrückkaufes im Notenwechsel nicht zu erwähnen
und es den Zentralbanken zu überlassen, zu gegebener
Zeit hierüber zu verhandeln. Diese Lösung wurde akzeptiert[204] und damit war die als conditio sine qua
non hochgespielte Frage vom Tisch.

2.5. Wirtschaftspolitische Verhandlungen der Minister im April und Mai 1954

Nach Abschuß des Londoner Schuldenabkommens und Einführung der Beko-DM sah sich Bundeswirtschaftsminister
Erhard veranlaßt, bei den wichtigsten südamerikanischen
Handelspartner persönlich für eine Umstellung vom bisher vereinbarten bilateralen Handels- und Zahlungsver-

---

204) Vgl. Delegationsbericht Nr. 4, 28.6.1953, ebenda.

78

kehr zum multilateralen Zahlungsverkehr und für eine
Liberalisierung des Handels zu werben. Auf seiner sogenannten "Goodwill-Reise" besuchte er vom 6. bis 10.
April 1954 Argentinien. Am 8.4. traf er mit Staatspräsident Peron, Außenminister Remorino und den Ministern des nationalen Wirtschaftsrates im Hause des
Herrn Jorge Antonio[205] zu einer vertraulichen Unterredung zusammen.[206] Nach dem Austausch üblicher Höflich-
keitsformeln bedauerte Peron, daß in der am Morgen
stattgefundenen Besprechung zwischen argentinischen und
deutschen Fachleuten kein befriedigendes Ergebnis erzielt werden konnte. Er zeigte sich erfreut über die
bei einer Unterredung zwischen den beiden Wirtschafts-
ministern erreichten weitgehenden Übereinstimmung in
wirtschaftspolitischen Fragen. Erhard hielt es für na-
türlich, daß die bestehenden sachlichen Schwierigkeiten, z.B. im Clearingsystem, nicht in einem Gespräch
der Experten gelöst werden konnten, und er empfahl,
diese Fragen aus der Enge der sachlichen Einzelpro-
bleme auf ein politisches Niveau zu heben. Er begrüßte
daher die jetzige Gelegenheit, mit dem Staatspräsidenten und den zuständigen Regierungsmitgliedern die Möglichkeiten für eine künftige Zusammenarbeit erörtern zu
können.

Peron betonte die glückliche Ergänzung der beiden
Volkswirtschaften und führte zu der politischen Orien-
tierung des deutsch-argentinischen Verhältnisses aus,
daß sich Argentinien an einem entscheidenden Punkt seiner Entwicklung befinde. Bei Übernahme der Regierungs-

---

205) Siehe nachstehend II.2.6., S. 89, Anmerkung 221.
206) Vgl. Dolmetscher Middelmann, Vermerk über die Unterredung zwischen dem Staatspräsidenten Peron und Bundeswirtschaftsminister Erhard, 8.4.1954, in: Politisches Archiv des Auswärtigen Amtes (künftig PA abgekürzt) Referat 415 Nr. 5.

geschäfte habe er zunächst soziale Probleme bei bewuß-
ter Anwendung inflatorischer Maßnahmen zu lösen gehabt.
Dies sei ihm dank einer guten Konjunktur gelungen; dabei habe er sich vom Auslandskapital unabhängig machen
können. Jetzt gelte es durch planmäßige, überlegte Ausbeutung der Bodenschätze und Entwicklung der Industrie
die Wirtschaftsbasis zu verbreitern, die Devisenbilanz
zu entlasten und damit die wirtschaftliche Handlungsfreiheit zu erhöhen. Für die Durchführung seiner Pläne
sei ihm von allen Seiten Hilfe angeboten worden, er
ziehe aber eine Unterstützung durch Deutschland wegen
der dort vorhandenen technischen, volkswirtschaftlichen
und sonstigen Erfahrungen und Kenntnisse vor.

Nach diesen allgemeinen Ausführungen wurden Einzelfragen behandelt. Hierbei erklärte Peron zur Beteiligung
von Siemens an der öffentlichen Ausschreibung,[207] daß
er zwar von einer privaten Übereinkunft zwischen
Siemens und Standard gehört habe, dies aber Firmenange-
legenheit sei und er den Auftrag an Siemens erteilen
werde. Zum Dreiecksgeschäft Deutschland - Peru - Argentinien[208] führte Erhard aus, daß die deutsche Re-

---

207) Der Gegenstand der Auschreibung wurde nicht genannt, vermutlich handelte es sich um Telefonanlagen.
208) Nach Ferrostaal, Essen, an Hermes-Kreditversiche-
rungs A.G.,Hamburg, 2.4.1954, in: BA B102/6139 Heft 1,
handelte es sich um das von einem deutschen Konsortium
unter Führung von Ferrostaal, Essen, ausgearbeitete
Projekt, bei dem deutsche Hüttenwerkseinrichtungen im
Gesamtwert von 125 Mio US $ an Argentinien für eine
Verkokungsanlage und ein gemischtes Hüttenwerk mit einer Kapazität von 350.000 jato Roheisen und 500.000
jato Rohstahl und an Peru für eine Verkokungs- und
Hochofenanlage mit einer Kapazität von 150.000 jato
Roheisen geliefert werden sollten. Die Bezahlung der
125 Mio US $ sollte durch Peru nach Kreditplan in Raten
von 1954/5 bis 1962/3 bei 7% Verzinsung erfolgen. Argentinien sollte im gleichen Zeitraum an Peru bei ga-
rantierter Abnahmeverpflichtung Fleisch und Getreide im
bisherigen Umfang liefern; eventuelle Spitzen sollten

80

gierung das Projekt im Prinzip gutheiße und er bei seinem Besuch in Lima[209] von der peruanischen Regierung die Zusicherung erhalten habe, eine Abnahmeverpflichtung für argentinische Agrarprodukte zu übernehmen. Peron erwiderte, daß man bisher an der Abgabe einer solchen Verpflichtung gezweifelt und daher das Projekt nicht weiter verfolgt habe; nunmehr werde erneut das Geschäft geprüft werden. Erhard wies auf den Vorteil der Dreieckskonstruktion hin, da hierdurch ohne Kreditbelastung zusätzliche Liefermöglichkeiten für deutsche Investitionen nach Argentinien geschaffen würden.

Zur argentinischen Bitte um deutsche Beteiligung an der Erschließung der Erdölvorräte Argentiniens in Form von technischer Beratung und von Zulieferungen wies Erhard auf die große Empfindlichkeit der Nordamerikaner in puncto Erdöl hin; die deutsche Regierung könne daher nur in Abstimmung mit den interessierten nordamerikanischen Gruppen handeln, um unnötige Verstimmungen zu vermeiden.

Dem von Peron geäußerten Interesse an deutschen Einwanderern wich Erhard mit dem Hinweis aus, daß diese Frage nicht in sein Ressort falle. Als vorbildlich wurde die von Mercedes-Benz-Argentina praktizierte Facharbeiterausbildung bezeichnet; 60 bis 70 Argentinier würden pro Jahr in Deutschland an den Maschinen ausgebildet, mit denen sie dann nach Argentinien zurückkehrten. Peron ergänzte, daß ein ähnliches System vom Heer praktiziert worden sei und es keine höheren

---

durch Lieferung peruanischer Kohle, Eisenerze und Roheisen ausgeglichen werden.
209) Nach DB Lima an AA, 30.4.1954, ebenda, hatte der Bundeswirtschaftsminister auf seiner Südamerikareise zuvor vom 27. bis 31.3.1954 Peru besucht.

81

Offiziere in leitenden Stellungen gäbe, die nicht einige Zeit in Deutschland verbracht hätten. Er wies auf
die Bedeutung hin, die Argentinien gerade der deutschen
Hilfe durch Ausbildung von Technikern und Ingenieuren
beimesse. Erhard versprach, sich auch weiterhin um entsprechende Ausbildungsplätze bemühen zu wollen.

Zum Problem der Entwicklung des Handelsverkehrs begrüßte Erhard die weiterhin positive Entwicklung der
deutschen Exporte, machte aber gleichzeitig auf den
starken Rückgang der Einfuhren aufmerksam; hierdurch
sei 1953 nur etwa die Hälfte der deutschen Exporte   im
Verrechnungsverkehr abgedeckt worden.[210] Der Rückgang
der Preise bei agrarischen Produkten in 1953 habe zwar
hierzu beigetragen, das eigentliche Problem liege aber
in der argentinischen Ausfuhrpolitik. Infolge der Liberalisierung des deutschen Handels   hätten nämlich die
deutschen Importeure ungehindert davon   Gebrauch machen
können, argentinische Waren über Drittländer billiger
als bei einem Direktbezug zu kaufen.   Hierfür habe Argentinien die Möglichkeit   geschaffen, da es aus De-
visenmangel Anreize zu Käufen gegen Dollar oder Pfund
durch Vorzugspreise und -kurse in einem solchen Umfang
geboten hätte, daß diese Länder   einen Teil ihrer argentinischen Importe an Drittländer profitabel weiter-
verkaufen konnten. Der Finanzminister sagte zu, diese
Frage persönlich mit dem zur Zeit   in Buenos Aires anwesenden Vertreter der Bank deutscher Länder Hasserodt
zu behandeln; offensichtlich war er als Präsident des
Banco Central nicht daran interessiert, vor Peron Einzelheiten dieses wirtschaftspolitischen Problems zu erörtern.

---

210) Siehe Statistischen Anhang XIII.1.1.1.

Zu den anstehenden Verhandlungen über Handels- und Zahlungsabkommen äußerte Erhard die Bitte, diese in Bonn
abzuhalten, weil er dann persönlich eingreifen könne.
Der argentinische Wirtschaftsminister entgegnete, daß
England bereits nach London eingeladen habe, man diese
Einladung zwar aus gewissen Gründen ablehnen wolle,
aber dann nicht nach Bonn fahren könne. Erhard lud daraufhin Außenminister Remorino und Wirtschaftsminister
Gomez Morales zu einem Besuch nach Bonn ein und schlug
vor, diesen mit dem Aufenthalt in London zu verbinden.

In diesem Zusammenhang führte Erhard aus, daß es das
wirtschaftspolitische Ziel sein müsse, in Etappen ein
weltweites Ordnungssystem mit austauschbaren Währungen
zu schaffen. Da sich inzwischen bereits einige Blöcke
mit multilateralen Verrechnungssystemen gebildet hätten, möchte er als Freund Argentiniens den Rat geben,
sich in naher Zukunft einem derartigen Verrechnungssystem anzuschließen. Gomez Morales erwiderte hierzu,
daß Argentinien nicht auf bilateralen Handels- und Zahlungsabkommen bestehe und seit einiger Zeit die Frage
des Eintritts in die Europäische Zahlungsunion und in
den Internationalen Währungsfonds ernsthaft prüfe. Wenn
diese Untersuchungen abgeschlossen seien, werde er
Erhard von dem Ergebnis sofort in Kenntnis setzen.

Erhard schlug dann vor, bei der glücklichen Ergänzung
der beiden Volkswirtschaften die künftige Zusammenarbeit nicht nur auf den Warenaustausch zu be-
schränken, sondern auch auf Kapitalhilfe beim Ausbau
der argentinischen Wirtschaft auszudehnen. Er sagte zu,
volkswirtschaftlich gesunde Projekte zu fördern, soweit dies in seinen Kräften stünde, und empfahl, eine
gemeinsame Erklärung herauszugeben in der Hoffnung, da-

mit einen Auftrieb für weitere fruchtbare Zusammen-
arbeiten zu erzielen, wie sie bereits vorbildlich von
Mercedes-Benz-Argentina praktiziert würde.

Bei dieser Gelegenheit machte Erhard darauf aufmerksam,
daß deutsche Wirtschaftskreise als Voraussetzung für
größere Investitionen in Argentinien eine vorherige be-
friedigende Regelung der Altvermögensfrage betrachten.
Er legte dar, daß die deutsche Regierung infolge ihrer
Souveränitätsbeschränkungen nicht in der Lage sei, über
die Frage des deutschen Eigentums im Ausland zu verhandeln, und daher eine Regelung nur durch Argentinien erfolgen könne. Peron stellte dann aus seiner Sicht die
Entwicklung des Problems des Feindeigentums dar, wie
er das bereits bei früherer Gelegenheit getan
hatte.[211)]

An diesem Punkt schaltete sich Gomez Morales ein und
teilte Peron mit, daß am Morgen bei dem Gespräch mit
Erhard ein Schema zur Lösung dieser Frage entwickelt
worden sei. Dieses sehe den Rückkauf der deutschen Firmen als Globalregelung vor; hierbei sei der Rück-
kaufswert durch eine gemischte Kommission festzustellen, wobei die Marken und Warenzeichen nicht berücksichtigt werden sollten. Als Voraussetzung für den
Rückkauf müsse die Fortführung der Betriebe und die gemeinsame Auswertung der Schutzrechte gewährleistet
sein. Um eine solche Globallösung zu ermöglichen, müßten sich die betroffenen deutschen Firmen zuvor zu einer Art Interessengemeinschaft oder Treuhandverwaltung
zusammenschließen, da Einzelverhandlungen wegen des damit verbundenen Aufwands abzulehnen seien. Peron erklärte sein Einverständnis zu dem beabsichtigten Vor-

---

211) Siehe vorstehend II.2.2., S. 37 f.

gehen und gab der Hoffnung Ausdruck, daß auf diese
Weise die letzten Steine aus dem Wege zu weiterer Zusammenarbeit geräumt werden könnten. Wegen der Vorbehalte der Alliierten Hohen Kommission lag es im deutschen Interesse, die Mitwirkung Erhards an der Lösung
der Altvermögensfragen geheimzuhalten und Regierungs-
beauftragte nur als Beobachter aufzutreten zu lassen.

Die vereinbarte allgemein gehaltene deutsch-argentinische Erklärung wurde am folgenden Tage, dem 9. April
1954, vom Bundeswirtschaftsminister und dem argentinischen Wirtschaftsminister unterzeichnet. Darin wurden
von deutscher Seite mögliche Unterstützungen für eine
Beteiligung der deutschen Wirtschaft an der Entwicklung
der argentinischen Industrie zugesagt; die Argentinier
sicherten zu, der deutschen Industrie Anreize für eine
Wiederbelebung der traditionellen Beziehungen zu geben.
In einem nicht veröffentlichten Briefwechsel wurde neben einer banktechnischen Frage vereinbart, daß beide
Regierungen konkrete Dreiecksgeschäfte mit Lieferungen
deutscher Investitionsgüter an die argentinsche Hütten-
industrie fördern werden.[212]

Zur Fortsetzung und Vertiefung der Gespräche trafen am
26. Mai 1954 Außenminister Remorino und Wirtschaftsminister Gomez Morales zu einem offiziellen, sechstägi-
gen Besuch in Bonn ein.[213] Hierbei nahm die Regelung
des deutschen Altvermögens in Argentinien einen breiten
Raum ein.

---

212) Vgl. DB an AA, Telegramm, 9.4.1954, in: PA Län-
derabteilung 3, Ref. 305, Nr. 76.
213) Vgl. K.W. Körner , Chronik der deutsch-argentinischen Beziehungen 1810 - 1960, S. 117.

Inzwischen hatten sich die meisten der an einer Rückgabe ihres in Argentinien verbliebenen Vorkriegsvermögens interessierten deutschen Firmen der "Studiengesellschaft für privatrechtliche Auslandsinteressen
e.V., Bremen" angeschlossen. Diese Gesellschaft hielt
am 29. Mai 1954 in Bonn zunächst eine interne Sitzung
ab, an der etwa 30 Firmenvertreter und als Beobachter
Herren des Auswärtigen Amtes, des Bundeswirtschafts-
und Bundesfinanzministeriums teilnahmen.[214] Der Präsident der deutsch-argentinischen Handelskammer in Buenos Aires, Rechtsanwalt Dr. Rastalsky, berichtete, daß
im Anschluß an den Besuch des Bundeswirtschaftsministers der Staatspräsident den Wunsch geäußert habe,
daß die deutsche Vermögensfrage in freundschaftlichem
Sinne geregelt werde. Es bestehe inzwischen bei den
maßgebenden argentinischen Stellen Einigkeit über die
Notwendigkeit einer Reprivatisierung der beschlagnahmten deutschen Vermögen. Als Lösung denke man sich, daß
die deutsche Industrie sich verpflichte, nach Argentinien zurückzukommen und dort ihre Betriebe durch Investitionen zu modernisiern und für die Freigabe eine
Summe zu zahlen, die der Höhe der zu leistenden
Kriegsentschädigungen entspräche. Die argentinische Regierung sei nicht bereit, mit den deutschen Interessenten einzeln zu verhandeln, sondern wünsche eine
Globallösung. Hierzu habe der argentinische Wirtschaftsminister erklärt, daß Argentinien aus der Rückgabe kein Geschäft machen wolle.

---

214) Vgl. BWM Abt. V A 12, Vermerk zur Frage des deut-
schen Auslandsvermögens in Argentinien anläßlich des
argentinischen Staatsbesuches in der Zeit vom 26.- 30.
Mai 1954, 31.5.1954, in: BA B102/57579, und
BdL, Niederschrift über das Ergebnis der Argentinien-
Sitzung, 31.5.1953, in: HA Bestand 4629.

86

Die anwesenden Firmenvertreter erklärten nach einer
Diskussion ihr Einverständnis, auf dieser Basis alsbald in Verhandlungen mit der argentinischen Regierung
zu treten. Es sollte hierbei erreicht werden, daß das
deutsche Vermögen einzeln erfaßt und unter Teilnahme
der betroffenen Firma bewertet sowie die argentinische
Entschädigungsforderung fixiert werde; in der Kursfrage sei Klarheit zu schaffen und im übrigen von einer
Peso-Basis auszugehen, für die Zahlung der Ablösungssumme seien Ratenzahlungen in 4 bis 5 Jahren anzustreben. Mit der Führung der Vorverhandlungen in Argentinien wurden die in Buenos Aires ansässigen Anwälte
Rastalsky und Koch beauftragt.

Am Mittag des gleichen Tages nahmen der argentinische
Außen- und der Wirtschaftsminister mit ihrer Begleitung, der Bundeswirtschaftsminister mit leitenden Beam-
tem und die beiden Botschafter an der Versammlung teil.
Der argentinische Wirtschaftsminister trug hierbei
ausführlich die Vorschläge seiner Regierung vor, die
sich mit den am Vormittag von Rastalsky mitgeteilten
deckten. Nach ergänzenden Darlegungen des argentinischen Außenministers und Freundschaftsbekundungen durch
den Bundeswirtschaftsminister erklärte dann der Vor-
stand der Studiengesellschaft die grundsätzliche Bereitschaft der versammelten Firmenvertreter, auf der
vorgeschlagenen Basis in Verhandlungen einzutreten, und
trug die hierzu entwickelten Wünsche vor. Sie fanden
die Zustimmung der argentinischen Seite und wurden ihr
schriftlich nachgereicht.[215]

---

215) Vgl. BWM Abt. V A 12, Vermerk zur Frage des deutschen Auslandsvermögens in Argentinien anläßlich des
argentinischen Staatsbesuches, 31.5.1954.

Am Ende des Besuches wurde am 30. Mai 1954 von den
Ministern ein "Vertrauliches Protokoll über deutsch-
argentinische Besprechungen" unterzeichnet.[216) Dieses
umfaßte 14 Punkte, von denen 11 Richtlinien für die
bevorstehenden Vertragsverhandlungen darstellten und
später in den Abkommen ihren entsprechenden Nieder-
schlag fanden. Nach Punkt 12 ging die deutsche Regierung davon aus, daß die argentinische Regierung die
Frage des deutschen Vermögens von sich aus in befriedigender Weise regeln werde. Weiterhin wurde vorgesehen, Maßnahmen zu ergreifen, die eine Diskriminierung
der Flaggen beider Länder ausschließen sollten.
Schließlich wurde noch zur Vertiefung der Beziehungen
ein Austausch von Angehörigen der beiden Zentralbanken
vereinbart.

**2.6. Verhandlungen in Bonn und Handels- und Zahlungs-
abkommen vom 2. November 1954**

Die ab 7. Juli 1954 in Bonn mit einer argentinischen
Delegation geführten Verhandlungen wurden mit der
Unterzeichnung von neuen Handels- und Zahlungsabkommen
am 2. November 1954 abgeschlossen.[217) Das neue Handelsabkommen, das die früheren Vereinbarungen ersetzte,
trat rückwirkend ab 15. August 1954 in Kraft und sollte
für drei Jahre bis zum 14. August 1957 Gültigkeit besitzen. Beim Warenaustausch wurde für argentinische
Ausfuhren nach Deutschland eine Mindestwertgrenze von
90 Mio US $ vereinbart. Bei der Festlegung der Höhe der
deutschen Ausfuhren nach Argentinien waren die argentinischen Zahlungsverpflichtungen aus früheren Geschäften
im betreffenden Abkommensjahr zu berücksichtigen. Nach

---

216) Vgl. VRA Nr. 8/54, 14.6.1954, in: HA Bestand 4629.
217) Vgl. RA Nr. 104/54, 18.11.1954, in: Bundesanzeiger
Nr. 229, 27.11.1954.

88

den jeweiligen Möglichkeiten und Erfordernissen konnte
bei der jährlichen Aufstellung der Warenlisten die Mindestwertgrenze überschritten werden. Einem Zusatzprotokoll waren für das erste Vertragsjahr die Warenlisten A
und B beigefügt, deren Gesamtsumme jeweils 139,750 Mio
US $ betrug. Bei der argentinischen Ausfuhr nach Waren-
liste A beliefen sich die Getreidebezüge als größtem
Posten auf 40 Prozent des Gesamtvolumens, bei der Warenliste B machten die Rückstellungen für Zahlungen bereits erworbener und neuer Anlagegüter über 40 Prozent
aus. Die jeweiligen Produkte sollten im Lieferland erzeugt oder hergestellt sein und grundsätzlich im Käuferland verbraucht werden; bei gegenseitigem Einvernehmen konnten sie nach Drittländer verbracht werden.
Diese Möglichkeit wurde aber durch einen vertraulichen
Notenwechsel so eingeschränkt, daß sie in der Praxis
wohl ohne Bedeutung blieb.[218] Weitere vertrauliche Noten betrafen die Festlegung eines Prozentsatzes vom Ge-
samtexport für deutsche Konsumgüter, die Verpflichtung
der argentinischen Regierung, Einfuhrgenehmigungen
sowohl für deutsche Importe in Höhe von 30 - 35 Prozent der Warenliste B noch bis zum Ende des Jahres 1954
als auch für Lieferungen von Waren zu erteilen, die für
den Aufbau und die Produktion der mit deutscher Beteiligung in Argentinien zu errichtenden Unternehmungen
erforderlich waren. Schließlich verpflichteten sich die
Parteien, ihr Möglichstes zu tun, um die Investitionstätigkeit deutscher Firmen in Argentinien anzuregen
und zu verstärken.

Zu dieser allgemein gehaltenen Vereinbarung soll im
Hinblick auf die späte Entwicklung der Hintergrund

---

218) Vgl. VRA Nr. 13/54, 26.11.1954, in: HA Bestand
624.

aus deutscher Sicht etwas ausgeleuchtet werden. Die
Bundesregierung hatte im April 1954 die Möglichkeiten
für Auslandsinvestitionen deutscher Firmen erleichtert,[219] in Argentinien wurden diese jedoch dadurch
erschwert, daß auf die Erteilung der Genehmigungen
durch die argentinischen Behörden auf einigen Gebieten
Interessenten Einfluß nehmen konnten. Als Beispiel
hierfür seien die Bemühungen der Firma Robert Bosch
G.m.b.H., Stuttgart, erwähnt.[220] Diese Firma hatte im
Oktober 1952 einen Antrag auf Beteiligung an der Firma
Inyecto Magnet S.A., Buenos Aires, gestellt, hierfür
vom Bundeswirtschaftsministerium die Genehmigung erhalten und sich bis Dezember 1953 vergeblich in Argentinien um die Zustimmung der dortigen Behörden bemüht.
Nach den in dieser Zeit gesammelten Erfahrungen kam die
Firma zu der Erkenntnis, daß "die argentinische Gruppe,
die unter der Führung von Herrn Antonio[221] stand, eine

---

219) Siehe vorstehend I.2., S. 23 f.
220) Vgl. Bosch, Stuttgart, an Wirtschaftsministerium
von Baden-Württemberg, 23.12.1953, in: BA B102/6822
Heft 1.
221) Die Auskunft der Rhein-Main Bank, Freiburg i.B.,
9.12.1954,in: BA B102/6824 Heft 1, lautet auszugsweise:
Antonio, Jorge, Geschäftsmann, Argentinier,
verheiratet, etwa 36 Jahre alt. Er tätigt seine Handelsgeschäfte nicht in seinem Namen. Er ist Präsident
des Direktoriums der
- Mercedes-Benz-Argentino SA mit vollständig
gezeichnetem und eingezahltem Kapital von 50 Mio Peso,
gegründet am 4.9.1952 als Nachfolgerin der am 6.9.1951
konstituierten SRL gleichen Namens,
- Fahr Argentina SA mit 10 Mio Peso Kapital,die ebenfalls Nachfolgerin einer im Dez. 1951 gegründeten SRL
gleichen Namens war,
- Lucardi, Aguirre Mastro & Cie, mit 5 Mio Pesos Kapital,...,
- Editorial Democracia SA und
- Aktionär und Direktor in vier weiteren,namentlich
aufgeführten Aktiengesellschaften.
Nach seinen am 18.11.1952 gegenüber einer Bank gemachten Vermögensangaben verfügte er über Mittel von ca.
30,5 Mio Pesos hauptsächlich in Aktien. Dazu kämen noch

90

so starke Position beherrscht, daß ohne oder gar im Gegensatz zu ihr auf dem Gebiet der Kraftfahrzeug-
industrie irgendwelche Pläne nicht verwirklicht werden
können".[222] Sie sah sich daher vor die Alternative
gestellt, entweder mit ihren Erzeugnissen vom argentinischen Markt ausgeschlossen zu bleiben oder der Gruppe
Antonio eine finanzielle Mehrheitsbeteiligung und Lizenzen anzubieten; Bosch wählte den zweiten Weg.[223]

In dem neuen Zahlungsabkommen und in den beigefügten
Noten wurden einige Änderungen im Zahlungsverkehr vorgenommen. Hierzu zählte, daß alle laufenden Zahlungen
über das beim Banco Central geführte "Bank deutscher
Länder, US-Dollar-Konto" geleistet werden können, während dieses Konto bisher für den Zahlungsverkehr obli-
gatorisch war. Eine weitere Änderung betraf den Swing,
der für das erste Vertragsjahr mit 35 Mio US $ festge-
legt wurde und damit einem Prozentsatz von 25 Prozent
des vereinbarten Austauschvolumens entsprach. Im zweiten Vertragsjahr sollte sich der Prozentsatz auf 20
Prozent und im dritten Jahr auf 15 Prozent reduzieren,
jeweils errechnet vom arithmetischen Mittel aus dem Gesamtbetrag der auf dem Konto in dem vorhergehenden Abkommensjahr verbuchten Gut- und Lastschriften. Bei
Überschreitungen des Swings wurde der Schuldner verpflichtet, auf Verlangen des Gläubigers den Mehrbetrag
in frei verfügbaren US $ zu zahlen; am Ende jeden Zeit-
raumes mußte er den Mehrbetrag ohne Aufforderung zur

Häuser, Ländereien, Privatautomobile etc. Das Vermögen
wurde daher um mehrere Millionen Pesos höher als angegeben geschätzt.
"Er wird als arbeitsam und erfahren in geschäftlichen
Dingen bezeichnet und genießt einen guten Ruf".
222) Bosch an Wirtschaftsministerium von Baden- Würt-
temberg, 23.12.1953.
223) Vgl. ebenda.

Verfügung stellen. Bei einem Passivsaldo sollte bei
einer Überziehung von einem Drittel des vereinbarten
Swings der übersteigende Betrag mit dreiviertel Prozent
und ab zwei Drittel Überziehung mit eineinhalb Prozent
p.a. verzinst werden. Bereits im Vertraulichen Protokoll vom 30. Mai 1954 war festgelegt worden, daß von
dem Abkommenskonto beim Banco Central am 15. August
1954 ein Betrag von 30 Mio US $ auf ein bei der Bank
deutscher Länder auf den Namen des Banco Central lau-
tendes, debitorisches, mit drei Prozent p.a. zu verzin-
sendes US-Dollar-Konto zu übernehmen sei. Diese Vereinbarung wurde dem Zahlungsabkommen als vertrauliche Note
beigefügt und hierin die Rückzahlung ab 15. August 1955
im ersten Jahr mit vierteljährlichen Raten von 2,5 Mio
US $ und im zweiten und dritten Jahr mit halbjährlichen
Raten von 5 Mio US $ auf ein Konto bei der Federal Re-
serve Bank of New York vereinbart. Mit dieser ersten
Konsolidierung argentinischer Schulden bewahrheitete
sich die anläßlich der Verhandlungen über die Finanzierung des Trolleybus-Liefergeschäftes von der Bank deutscher Länder am 24. März 1952 geäußerten Prophezeiun-
gen, daß der "Leidensweg" in den deutsch-argentinischen
Beziehungen, wie bei Italien, vorgezeichnet sei.[224]

Eine weitere Änderung im Zahlungsverkehr trat dadurch
ein, daß der Banco Central bei der Bank deutscher Länder ein "beschränkt konvertierbares DM-Konto" eröffnete. Von dem am 1. April 1954 von der Bank deutscher
Länder geschaffenen Instrument der Beko-DM wollte der
Banco Central nach einer dem Zahlungsabkommen beigefügten Note in der Form Gebrauch machen, daß er sowohl
Zahlungen aus Drittländern über dieses Konto dem Dollar-Abkommenskonto zuführen als auch solche an Dritt-

---

224) Siehe vorstehend II.2.3., S. 66 f.

länder von dem Dollar-Konto über das Beko-DM-Konto weiterleiten wollte. Damit war in Verbindung mit der erwähnten Kann-Bestimmung für die Benutzung des Dollar-Abkommenskonto eine Zweigleisigkeit im deutsch-argentinischen Zahlungsverkehr geschaffen worden. Die Bank deutscher Länder sah darin einen schrittweisen Übergang vom Bilateralismus zum angestrebten Multilateralismus im Zahlungsverkehr. Diese Absicht ging auch aus einer weiteren vertraulichen, dem Abkommen beigefügten Note hervor. Danach sollten innerhalb von drei Monaten nach Vertragsunterzeichnung Sachverständige der beiden Zentralbanken Möglichkeiten sowohl für eine endgültige Umwandlung des Dollar-Abkommenskonto in ein Beko-DM-Konto studieren als auch für eine Dezentralisierung des jetzigen Zahlungssystems und eine Umstellung der Warenrechnungen auf andere Währungen prüfen.[225] Der Zentralbankrat, der zu den Vereinbarungen des Zahlungsabkommens seine Zustimmung geben mußte, äußerte zwar wegen der Höhe des Swings im ersten Abkommensjahr und wegen des niedrigen Zinssatzes von drei Prozent für den Konsolidierungskredit bei dreieinhalb Jahren Tilgungszeit Bedenken, gab aber mit Rücksicht auf die auf Ministerebene gemachten Zusagen sein Placet. Er betonte jedoch, daß es sich um einen Sonderfall handele, der keinesfalls als Präjudiz für künftige Verhandlungen zu werten sei.[226]

2.7. Verhandlungen in Buenos Aires über den Handels- und Zahlungsverkehr

Bei den von einer deutschen Regierungskommission seit 5. August 1955 in Buenos Aires geführten Verhandlungen

225) Vgl. VRA Nr. 13/54, 26.11.1954.
226) Vgl. Protokoll der 177. Sitzung des ZBR, 22.9.1954, in: HA Bestand 80.

zur vertragsgemäßen Festlegung neuer, ab Mitte des Monats gültiger Warenlisten konnte erst in der zweiten
Augusthälfte eine Klärung der gegenseitigen Standpunkte
über den bisherigen Vertragsablauf erreicht werden.[227]

Die Argentinier erkannten an, daß die deutsche Seite
die im Handelsvertrag übernommenen Abnahmeverpflichtungen im ersten Abkommensjahr voll erfüllt habe; die
argentinischen Bezüge waren dagegen hinter dem Soll
zurückgeblieben.[228] Die Argentinier versuchten eine
Erfüllung ihrer Abnahmeverpflichtung von 80 Mio US $
dadurch zu konstruieren,[229] daß sie in Form von öffentlichen Ausschreibungen Einfuhrmöglichkeiten in
Höhe von 122 Mio US $ geschaffen hätten. Hierbei han-
delte es sich um globale Ausschreibungen für mehrere
Länder. Diese von Argentinien als multilateral be-
zeichneten Ausschreibungen und die anschließende dirigistische, nahezu willkürliche Zuteilungsmethode erkannte die deutsche Kommission nicht als Vertragserfüllung an und bestand auf einer Nacherfüllung von ca.
30 Mio US $.
Ein Beispiel bot die Globalausschreibung von Hopfen
für 1,115 Mio US $, an der neben Deutschland
Frankreich, die Tschechoslowakei und Jugoslawien beteiligt waren. Obwohl nach Aussagen argentinischer Hop-
fenhändler wegen des Preises und der besseren Qualität
bei freiem Wettbewerb die gesamte Menge, zumindest

---

227) Vgl. Der Vorsitzende der Deutschen Regierungs-Kom-
mission, Bericht Nr. 2, 25.8.1955, in: HA Bestand 3138.
228) Für die vom Abkommensjahr ab 15.8. abweichenden
Kalenderjahre siehe Statistischen Anhang XIII.1.1.1.
229) Das für das erste Abkommensjahr vereinbarte Vertragsvolumen von 139,75 Mio US $ setzte sich in der Wa-
renliste B aus Rückstellungen für Ratenzahlungen und
Lieferungen von Investitionsgütern in Höhe von 58,7 Mio
US $ und allgemeinen Warenlieferungen von 80 Mio US $
zusammen, siehe vorstehend II.2.6., S. 87 f.

94

aber das für Deutschland vereinbarte Kontingent von 1
Mio US $, hätte an Deutschland gehen müssen, teilte der
Banco Central Deutschland nur 200 t im Werte von
290.000 US $ zu. Die Argentinier erklärten sich
schließlich im Prinzip zur geforderten Nacherfüllung
bereit, baten aber wegen ihrer Devisenlage um eine Verschiebung von sechs Monaten, in der Deutschland durch
Käufe in Vorleistung treten sollte.

Als Volumina der Warenlisten für das zweite Abkommensjahr schlugen die Argentinier einen Betrag von 160 Mio
US $ vor, d.h. eine Erhöhung gegenüber dem ersten Jahr
um ca. fünfzehn Prozent; die deutsche Seite hielt nur
115 Mio US $ für realisierbar.[230] Gleichzeitig schlug
die argentinische Delegation vor, den für das erste Abkommensjahr vereinbarten Swing in Höhe von 35 Mio US $
auch im zweiten Jahr beizubehalten und von der vereinbarten Reduzierung auf 20 Prozent des arithmetischen
Mittels der auf dem Verrechnungskonto erfolgten Buchungen abzusehen. Aufgrund der vereinbarten Methode hatte
nämlich die Bank deutscher Länder einen Swing von 12
Mio US $ für das zweite Abkommensjahr errechnet und
diesen am 13. August 1955 telegraphisch dem Banco Central mitgeteilt.[231]

Zur Begründung der Forderung eines höheren Swings erklärten die Argentinier, daß bei dem zu erwartenden
größeren Warenaustausch ein ausreichend bemessener Ma-
nipulationsfonds zur Verfügung stehen müsse. Ausserdem
wurde geltend gemacht, daß bei der Beurteilung der Er-

230) Vgl. BWM, Protokoll über Sitzung des Berater-
kreises Argentinien (Fachgremium des Außenhandel-
beirates, siehe vorstehend I.2., S. 15), 28.10.1955,
in: BA B102/57580.
231) Vgl. Protokoll 200.Sitzung des ZBR, 31.8.1955, in:
HA Bestand 87.

füllung der Warenabnahmen von dem Gesamtvolumen ausgegangen worden sei und daher auch der Errechnung des
Swings der tatsächliche Warenaustausch zugrundegelegt
werden müsse und nicht, wie im Vertrag vereinbart, nur
die Zahlungen berücksichtigt würden, die über das Verrechnungskonto gegangen seien. Es sei nämlich von der
Möglichkeit, Beko-DM als Bezahlung für argentinische
Lieferungen zu erhalten, in erheblichem Umfang Gebrauch
gemacht worden,[232] sodaß sich nach der vereinbarten
Methode ein zu niedriger Swing errechnen würde. Die
Forderung der deutschen Kommission, die anderweitig
verwandten Beko-DM-Beträge wieder für Einkäufe in
Deutschland zur Verfügung zu stellen, lehnte die argen-
tinische Delegation mit der Begründung ab, daß diese
Beko-DM sich größtenteils in gebundenen Verrechnungs-
valuten niedergeschlagen hätten und nicht in freien
Devisen zur Verfügung stünden.

Gleichzeitig wünschten die Argentinier, die Zweigleisigkeit des Zahlungsverkehrs, auf die sie die Schwierigkeiten im Warenverkehr zurückführten, "durch eine
kleine technische Änderung von deutscher Seite" zu beheben, indem zum ausschließlich bilateralen Zahlungsverkehr zurückgekehrt würde.[233] Hierfür gaben die Argentinier als Grund an, durch die bisherige Zweigleisigkeit schwere Verluste erlitten zu haben, da sie den
Zufluß minderwertiger anderer Verrechnungsdevisen anstelle von Verrechnungsdollar nicht verhindern konnten.
Argentinien sei daher gezwungen gewesen, die dringend
benötigten deutschen Waren über dritte Länder mit einem
beträchtlichen Aufschlag zu beziehen.

232) In dem Bericht der Kommission wurde hierfür ein
Betrag von 65 Mio US $ erwähnt.
233) Vgl. Deutsche Kommission, Bericht Nr. 2,
25.8.1955.

Diese argentinschen Wünsche wurden dem Handelspolitischen Ausschuß zur Entscheidung vorgelegt und in einer Sitzung am 6. September behandelt.[234] Der Vertreter des Bundeswirtschaftsministeriums schlug vor, die
von den Argentiniern gewünschte Rückkehr zu streng bilateralem Zahlungsverkehr und damit die Beseitigung des
Nebengleises der Beko-DM zu akzeptieren und den von der
Bank deutscher Länder für das zweite Abkommensjahr er-
rechneten Swing in Höhe von 12 Mio US $ zu erhöhen;
hierfür brachte er als Kompromiß eine Swinghöhe von 25
Mio US $ ins Gespräch. Dabei sei zu erwägen, diese Ver-
einbarung mit der Frage der Rückgabe des beschlagnahmten deutschen Vermögens zu koppeln.

Die Herren der Bank deutscher Länder lehnten diese Vorschläge des Bundeswirtschaftsministeriums ab und be-
gründeten ihre divergierende Standpunkte wie folgt: Die
Angaben seien nicht glaubwürdig, daß die nach streng
dirigistischen Prinzipien ausgerichteten argentinischen
Devisenbehörden nicht in der Lage gewesen seien, die
Ablieferung von Devisenerlösen für Ausfuhren nach
Deutschland in einem Umfang von ca. 78 Mio US $ wirksam
unter Kontrolle zu halten. Auch die als Begründung für
die argentinische Nichterfüllung der handelspolitischen
Verpflichtungen angegebene Behauptung, daß die in Beko-
DM gezahlten Beträge sich größtenteils in minderwerti-
gen Verrechnungsdevisen niedergeschlagen hätten, sei
unrichtig. Die Argentinier hätten die in andere Valuten
umgetauschten Beko-DM-Beträge dazu benutzt, Devisen-
verpflichtungen, auch in US $, abzudecken; die Waren-
und Zahlungsströme hätten sie nach ihrem Gutdünken zu
Ungunsten der Bundesrepublik gesteuert und nicht die

---

234) Vgl. BdL an BWM, 15.9.1955, in: HA Bestand 3138.

Möglichkeit wahrgenommen, die Bezahlung der nach dem
Abkommen vorgesehenen Warenkäufe zu regeln.

Gegen eine Rückkehr zu rein bilateralem Zahlungsverkehr
würden gerade die Erfahrungen sprechen, die im Vorjahr
zu der vereinbarten zweigleisigen Regelung geführt hätten. Damals hätten sich die Argentinier durch ihre
Lieferungen über Drittländer bereits abkommenswidrig
verhalten; man habe gehofft, durch ein weitgehendes
Entgegenkommen bei der Gewährung eines Konsolidierungskredites und der Festsetzung des hohen Swings ein ver-
tragskonformes Verhalten der Argentinier herbeizuführen. Die Tatsache, daß bei bilateralen Zahlungsabkommen der Ausfuhrmöglichkeit durch die Höhe der Gegenlieferungen und -verpflichtungen unverrückbare Grenzen
gezogen seien, müßte gerade im Falle Argentiniens be-
achtet werden. Es seien nämlich inzwischen die deutschen Abnahmemöglichkeiten von Getreide, dem Hauptausfuhrprodukt Argentiniens, durch anderweitige handelspolitische Verpflichtungen, wie zum Beispiel durch das
langfristige Abkommen mit Frankreich, problematisch
geworden; die künftigen deutschen Ausfuhrmöglichkeiten
seien zudem durch die sich aus der hohen Schuldenlast
Argentiniens ergebenden Zahlungsverpflichtungen vorbe-
lastet.

Die Verschuldung aus langfristigen deutschen Lieferver-
trägen mit Bundesgarantie belief sich am 30. Juni 1955
auf rund 885 Mio DM; das entsprach zwanzig Prozent des
Gesamtvolumens der bundesverbürgten Ausfuhrverträge,
während der argentinische Anteil am Gesamtaußen-
handelsvolumen nur durchschnittlich zwei Prozent betrug. Zu den Handelsverbindlichkeiten waren der
Konsolidierungskredit der Bank deutscher Länder von 30

Mio US $[235] und die jeweiligen Forderungen aus dem
Swing hinzuzurechnen. In dieser Lage könne eine Inten-
sivierung des Handelsverkehrs nicht durch eine Rückkehr
zu striktem Bilateralismus erreicht werden. Es müsse im
Gegenteil angestrebt werden, das im Vertrag vorgese-
hene Beko-DM-Verfahren zu Gunsten der Bezüge aus der
Bundesrepublik auszuweiten und den Weg in die
Multilateralität konsequent anzusteuern.

Bei der Frage der Swinghöhe wollte die Bank deutscher
Länder nicht von der aufgrund der Vereinbarungen er-
rechneten Höhe von 12 Mio US $ für das zweite Ab-
kommensjahr abgehen. Sie begründete ihren Standpunkt
damit, daß es nicht Aufgabe der deutschen Notenbank
sein könne, die durch eine verfehlte Wirtschaftspolitik
hervorgerufenen chronischen Devisennöte Argentiniens
durch Gewährung eines Devisenkredites in Form einer
Swingerhöhung zu überbrücken und damit kurzfristig
deutsche Ausfuhrchancen vorzutäuschen. Es sei im Gegenteil eine Prüfung geboten, wie eine angemessene
Rückführung des deutschen finanziellen Engagements in
Argentinien in die Wege geleitet werden könne.[236]

Bei diesem nach Innen und Außen offenen Stand der laufenden Verhandlungen brach in Argentinien am 16. September 1955 eine Revolution infolge von Auseinandersetzungen zwischen Peron und der Armee aus, die zum
Sturze Perons und seines Regimes führte und ihn zwang,
am 19.September ins Ausland zu fliehen. Damit trat
zwangsläufig eine Unterbrechung der Verhandlungen bis
zur Handlungsfähigkeit einer neuen Regierung ein.

---

235) Siehe vorstehend II.2.6., S. 91.
236) Vgl. BdL an BWM, 15.9.1955.

2.8. Verhandlungen über die Regelung des Altvermögens und Paraphierung einer Vereinbarung im August 1955

Nach dem Besuch der Minister Remorino und Gomez Morales im Mai 1954 in Bonn[237] rückte die argentinische Seite noch im Sommer 1954 von dem ursprünglichen Plan, die beschlagnahmten Vermögenswerte zu verkaufen, ab und wünschte nunmehr eine Restitution des deutschen Vermögens unter Auflagen, ohne diese zunächst zu fixieren.[238] Nach monatelangen Verhandlungen nannten die Argentinier ihre Bedingungen. Sie verlangten eine in Argentinien in Raten zahlbare, globale Rückkaufsumme von 580 Mio Peso. Dieser Betrag wurde intern nach dem inzwischen festgestellten Vermögen der einzelnen Firmen auf die deutschen Stammgesellschaften umgelegt.[239] Neben der Zahlung dieser Globalsumme sollten die Firmen sich verpflichten, innerhalb von vier Jahren insgesamt 22 Mio US $ in die zurückerworbenen Firmen zu investieren. Nach mehreren vergeblichen Anläufen wurden schließlich in einer Sitzung der Studiengesellschaft am 24. August 1955 im Mitteilungsverfahren[240] Verpfichtungserklärungen der Firmen in einer Gesamthöhe von 21 Mio $ abgegeben. In der Hoffnung, die Differenz von 1 Mio $ später noch ausgleichen zu können, beschlossen die Sitzungsteilnehmer, die geforderte

---

237) Siehe vorstehend II.2.5., S. 84 ff.
238) Vgl. Studiengesellschaft für privatrechtliche Auslandsinteressen, Niederschrift über Arbeitssitzung, 25.6.1954, in: HA Bestand 4629.
239) Nach BdL, Vermerk über Durchführung des Rückkaufes deutscher Tochterfirmen in Argentinien, 26.8.1955, ebenda, belief sich die Gesamtsumme beim Umtausch freier US $ zu dem in Argentinien geduldeten Kurs von 1 US $ = 31 Peso auf ca. 19 Mio US $.
240) Aus Wettbewerbsgründen teilte jede Firma ihre Summe nur den neutralen Rechtsanwälten der Studiengesellschaft mit.

Verpflichtungserklärung durch die Studiengesellschaft gegenüber den bereits in Frankfurt wartenden Vertretern des argentinischen Industrie- und des Handelsministeriums abzugeben. Damit war der langersehnte Durchbruch erzielt.

Nach einer letzten Abstimmung des Textes wurde am gleichen Tage der Rahmenvertrag paraphiert. Die Unterzeichnung sollte nach der formellen Zustimmung der einzelnen deutschen Stammfirmen durch die beauftragten Rechtsanwälte in Buenos Aires erfolgen.[241] Die argentinische Seite drängte darauf, daß der Vertrag noch in der bis Ende September laufenden Sitzungsperiode vom Kongress genehmigt würde. Der Grund war darin zu sehen, daß ein ebenfalls zur Ratifizierung anstehender argentinisch-nordamerikanischer Ölvertrag von argentinischen Militärkreisen wegen der Befürchtung einer zu großen Abhängigkeit vom Ausland abgelehnt wurde. Die argentinische Regierung hoffte, durch den deutschen Rahmenvertrag mit der Verpflichtung zu beachtlichen deutschen Investitionen in Argentinien ein wirtschaftliches Äquivalent zu bieten und bei gleichzeitiger Behandlung im Kongress beide Verträge durchzubringen.[242]

Neben dem Rückkauf der DINIE-Firmen stand noch die Regelung des Junta-Vermögens an.[243] Dieses bestand aus dem Vermögen von Privatpersonen und mittleren Firmen, die nicht enteignet und nicht verstaatlicht worden waren. Den geschätzten Aktiva von 120 Mio Peso standen Verbindlichkeiten für Verwaltungskosten und Kriegs-

---

241) Vgl. BdL, Vermerk Rückerwerb der in Argentinien beschlagnahmten deutschen Tochtergesellschaften, 26.8.1955.
242) Vgl. BWM Abt. V A 13 an V, 22.8. 1955, in: BA B102/57580.
243) Siehe vorstehend II.1., S. 30.

schäden in etwa gleicher Höhe gegenüber. Die Besitzer
dieser Vermögen waren nicht in der Lage, entsprechende
Aufwendungen hierfür zu erbringen.

Nach dem Inkrafttreten der Pariser Verträge am 5. Mai
1955 fühlte sich die Bundesregierung berechtigt, über
die Freigabe des Junta-Vermögens mit der argentinischen
Regierung zu verhandeln. Das hierfür zuständige Auswärtige Amt glaubte, daß mit der grundsätzlichen Einigung über den Rückkauf der DINIE-Firmen der Zeitpunkt
für die Aufnahme solcher Verhandlungen gekommen sei. Es
wollte erreichen, daß gleichzeitig mit dem Rückkauf der
DINIE-Firmen das Junta-Vermögen ohne weitere Zahlungen
freigegeben würde. Die Studiengesellschaft riet dagegen, die Frage des Junta-Vermögens erst nach der
Freigabe der DINIE-Firmen anzugehen.

Diesem Wunsch kam die Bundesregierung nicht nach und
entsandte nach Abstimmung mit der deutschen Botschaft
den Leiter der Rechtsabteilung des Auswärtigen Amtes
und den zuständigen Referenten des Bundeswirtschaftsministeriums nach Buenos Aires.[244]

Die beiden Herren führten Ende August zusammen mit dem
Botschafter und seinem Vertreter sowohl im Außen- als
auch im Handelsministerium Gespräche über die Freigabe
des Junta-Vermögens. Die argentinische Seite erklärte
sich grundsätzlich bereit, über die Rückgabe des
Junta-Vermögens zu verhandeln, schlug aber hierfür die
Zeit nach Unterzeichnung und Ratifizierung des DINIE-
Vertrages vor.[245]

---

244) Vgl. BWM Abt. V A 13 an V, 22.8.1955.
245) Vgl. BWM, Aufzeichnung über die Besprechung mit
Unterstaatssekretär im Außenministerium Amaya und dem

Durch die Revolution in Argentinien und den Sturz der
Regierung Peron kam es nicht mehr zur Durchführung
dieser Pläne. So mußte kurz vor einer Regelung das Problem des beschlagnahmten deutschen Vermögens in Argentinien zehn Jahre nach Kriegsende weiterhin für unbestimmte Zeit ungelöst bleiben.

3. Wirtschaftsbeziehungen der Bundesregierung zu den Übergangsregierungen Lonardi und Aramburo

3.1 Erste Folgen der argentinischen Revolution

Nach dem Sturze Perons am 16. September 1955 und seiner
Flucht ins Exil übernahm General Eduardo Lonardi, einer
der Führer der Revolution, als provisorischer Staatspräsident die Macht in Argentinien; Vizepräsident wurde
Konteradmiral Isaac F. Rojas, der mit Marinestreit-
kräften die Revolution unterstützt hatte. Wegen seiner
zu weichen Haltung gegenüber den verbliebenen Pero-
nisten wurde Lonardi zum Rücktritt gezwungen. Sein
Nachfolger als provisorischer Staatspräsident wurde General Pedro Aramburo, der dieses Amt vom 13. November
1955 bis zur Übergabe an den gewählten Staatspräsidenten Arturo Frondizi am 1. Mai 1958 verwaltete.
Sowohl auf politischem als auch auf wirtschaftlichem
Gebiet vollzog die neue Regierung einen Kurswechsel gegenüber dem peronistischen Regime. Unter anderem wurde
die peronistische Partei verboten und die 1949 eingeführte Verfassung, die die Wiederwahl Perons und die
wirtschaftlichen Nationalisierungen ermöglicht hatte,
außer Kraft gesetzt und die Verfassung von 1853 wieder

Industrieminister Dr. Santos, 24.und 25.8.1955, in: BA
B102/57580.

eingeführt. Auf innenpolitischem Gebiet bildeten die starken Gewerkschaften, die sich besonderer Gunst Perons erfreut und ihn unterstützt hatten, einen Unruheherd und eine Gefahr für die Stabilität der Regierung. Mit der Analyse der Wirtschafts- und Finanzsituation Argentiniens und der Erstellung eines Sofortprogramms beauftragte die neue Regierung Raul Prebisch.[246] Sein Programm, von dem Teile bereits am 28. Oktober 1955 veröffentlicht wurden, zeigte deutlich die Tendenz einer Abkehr von der dirigistischen Planwirtschaft Perons und eine Hinwendung zur freien Marktwirtschaft. Vom Finanzminister wurde als eine der ersten Maßnahmen ein amtlicher Kurs für Ein- und Ausfuhren von 18 Peso für 1 US $ und daneben ein freier Devisenmarkt eingeführt. Als Anreiz sollte ein Teil der Ausfuhrerlöse zum Freimarktkurs abgerechnet werden.[247] Ende September sperrte der Banco Central die Konten von 35 Firmen, darunter alle, die mit Jorge Antonio[248] zu- sammengearbeitet hatten, wegen des Verdachtes der Korruption. Diese Interventionen und Interdiktionen betrafen auch die Niederlassungen von bekannten deutschen Firmen.[249]

---

246) Zur Person: Raul Prebisch, 1901 in Argentinien als Sohn eines deutschen Vaters geboren, Professor der Volkswirtschaft, anschließend Unterstaatssekretär im Schatzministerium, von 1935 bis 1943 Chef der Zentralbank, Professur 1948 aus politischen Gründen aufgegeben, in der von den Vereinten Nationen geschaffenen Wirtschaftskommission für Lateinamerika (Comision Economica para America Latina , CEPAL), zuletzt als Generalsekretär, tätig, nach DB an AA, 13.10.1955, in: BA B102/6066 Heft 2.
247) Vgl. DB an AA, Bericht Dr. Prebisch über die Wirtschaftslage Argentiniens, 28.10.1955, in: BA B102/6459 Heft 1.
248) Siehe vorstehend II.2.6., S. 89, Anmerkung 221.
249) Vgl. AA an BWM u.a, 3.10.1955, in: BA B102/6822 Heft 2, siehe nachstehend II.3.2., S. 109 f.

Die deutsche Delegation, die bei Ausbruch der Revolution in Buenos Aires Verhandlungen über neue Warenlisten geführt hatte, nahm diese nach einer Unterbrechung mit dem Außenministerium der neuen Regierung wieder auf und schloß sie mit der Unterzeichnung eines Abschlußprotokolls im Oktober 1955 ab. Hierin wurden die laufenden Vereinbarungen als gültig anerkannt und die bisherigen Warenlisten auch für das zweite Abkommensjahr in Kraft gesetzt. Damit wurde die Fortsetzung des Handelsverkehrs im bisherigen Rahmen ermöglicht, soweit er nicht durch die Interdiktionen behindert war.[250]

Auf der Zahlungsseite war die am 15. November 1955 fällige zweite Rate des Konsolidierungskredites in Höhe von 2,5 Mio US $[251] vom Abkommenskonto abgebucht und dadurch der Swing von 12 Mio US $ um 3,76 Mio US $ überschritten worden. Die Bank deutscher Länder teilte am 17. November 1955 dem Banco Central telegraphisch diese Überschreitung mit und wies darauf hin, daß weitere Zahlungsaufträge keine Deckung finden würden.[252]

Im Handelspolitischen Ausschuß wurde am 18.November 1955 von den Vertretern der Bundesressorts an den Maßnahmen der Bank deutscher Länder Kritik geübt, da über die Höhe des Swings noch keine Einigung erzielt worden sei und die neue, als anglophil bekannte argentinische Regierung hieraus nicht erwünschte, negative Konsequenzen ziehen könnte. Zur Sprache kam auch eine argentinische Verletzung des bestehenden Vertrages; der

---

250) Vgl. Bericht des Delegationsmitgliedes Deuerlich, Protokoll über Sitzung Beraterkreis Argentinien, 28.10.1955, in: BA B102/57580.
251) Siehe vorstehend II.2.6., S. 91.
252) Vgl. BdL an BWM, 24.11.1955, in: HA Bestand 3138.

Banco Central hatte nämlich Ende Oktober Kapital- und
Dienstleistungszahlungen aus dem Abkommensverkehr einseitig herausgenommen und auf den freien Devisenmarkt
verwiesen.[253]

Die Vertreter des Bundeswirtschaftsministeriums und des
Auswärtigen Amtes baten die Bank deutscher Länder, weder weitere Abforderungen beim Banco Central noch die
Einrichtung eines "Wartezimmers"[254] ohne vorherige Abstimmung vorzunehmen. Das anwesende Direktionsmitglied
der Bank deutscher Länder wies darauf hin, daß eine
solche Zusage nur aufgrund eines Beschlußes des Zentralbankrates gegeben werden könne. Nach seiner Auffassung sei es nicht Aufgabe des HPA, die Bank deutscher Länder von der Einziehung fälliger Forderungen
abzuhalten; denn das Risiko für die Bezahlung ausländischer Schulden liege bei der Bank deutscher Länder
und nicht bei den Bundesressorts. Der Vertreter des
Bundeswirtschaftsministeriums bemerkte hierzu, daß bei
den unterschiedlichen Auffassungen eine Entscheidung im
Kabinett erforderlich werden dürfte.[255]

Die Wünsche des HPA wurde im Zentralbankrat anhand eines Exposès der Bank deutscher Länder diskutiert. Danach wollte das Bundeswirtschaftsministerium "die
Pleite seiner verfehlten Argentinienpolitik noch

---

253) Vgl. DB an AA, 2.12.1955, Rundschreiben Nr. 2303
des Banco Central, 28.10.1955, in: BA B102/6459 Heft 2.
254) Wenn Zahlungsanweisungen ausländischer Banken
nicht ausgeführt werden, weil durch Überschreitung des
Swings keine Deckung vorhanden ist, werden diese
solange im "Wartezimmer" gehalten, bis eine Deckung
gegeben ist.
255) Vgl. HPA, Auszug aus Niederschrift Sitzung,
18.11.1955, HPA Nr. 36/55, in: HA Bestand 3138.

106

hinausschieben",[256] das Bundesfinanzministerium sich der Verpflichtungen aus den über Hermes übernommenen Transfergarantien entziehen, das Bundesernährungsministerium wegen anderer Verpflichtungen eine Erhöhung der argentinischen Agrarimporte verhindern und das Auswärtige Amt eine Trübung der politischen Beziehungen zur neuen argentinischen Regierung vermeiden.[257] Der Zentralbankrat setzte sich über die Wünsche des HPA hinweg und beschloß, den Banco Central erneut telegraphisch aufzufordern, den die Swinggrenze überschreitenden Betrag abzudecken, und ein "internes Wartezimmer" einzurichten; d.h. diese Massnahme wurde nicht bekanntgegeben, sondern jeder Begünstigten einzeln über die Zurückstellung der Zahlung bis zur Deckung des argentinischen Kontos benachrichtigt.

Über diese Maßnahmen wurde die Bundesregierung informiert und um Mitteilung gebeten, ob sie aus politischen Gründen eine weitere Honorierung argentinischer Orders trotz des Fehlens einer Deckung für notwendig erachte. In diesem Falle sollte sie angeben, bis zu welcher Höhe ungedeckte argentinische Zahlungsaufträge ausgeführt werden sollten. Hierbei wurde darauf hingewiesen, daß für die ungedeckten Zahlungen am Jahresende in der Bilanz der Bank deutscher Länder entsprechende Wertberichtigungen vorgenommen werden müßten. Außerdem wurde klargestellt, daß durch die üblichen Veröffentlichungen am Monatsende sowohl ein Wartezimmer aus den Kontoständen als auch eine Weiterhonorierung aus den monatlichen Salden bekannt werden würde; letztere könnte möglicherweise zum Präzedenzfall für die Behand-

256) BdL, Material für Direktionssitzung, 22.11.1955, in: HA Bestand 3138.
257) Vgl. ebenda.

107

lung künftiger Swingüberschreitungen durch andere Länder werden.[258]

Im Handelspolitischen Ausschuß konnte am 29. November
1955 über das Vorgehen der Bank deutscher Länder keine
Einigung erzielt werden und die Ressorts der Bundesregierung beschlossen, das Problem dem Kabinettsausschuß
zur Entscheidung vorzulegen. Hierfür arbeitete das
Bundeswirtschaftsministerium eine entsprechende Kabinettsvorlage aus und verteilte sie zur Stellungnahme.[259] Hierin und in der vom Zentralbankrat gebilligten Stellungnahme der Bank deutscher Länder[260] wurden die bekannten Argumente ausführlich dargelegt;[261]
auch Schriftwechsel des Bundeswirtschaftsministeriums
und des Auswärtigen Amtes mit der Bank deutscher Länder
brachten keine neuen Gesichtspunkte.[262]

Nachdem die argentinische Verschuldung auf 17,4 Mio US
Dollar angestiegen war, schickte die Bank deutscher
Länder am 16. Dezember 1955 telegraphisch dem Banco
Central erneut eine Zahlungsaufforderung. Die Antwort
hierauf wurde dem am 21. Dezember 1955 tagenden Zentralbankrat während der Sitzung in Übersetzung vorgelegt.[263] Hierin erklärte sich der Banco Central
bereit, 10 Mio US $ bei einer zu benennenden
Korrespondenzbank in den USA anzuschaffen mit der

---

258) Vgl. Protokoll 206. Sitzung des ZBR, 23.11.1955,
mit anliegendem Stenobericht, in: HA Bestand 89.
259) Vgl. BWM, Kabinettsvorlage, 6.12.1955, in: HA Bestand 3138.
260) Vgl. Protokoll 208. Sitzung des ZBR, 7./8.12.1955,
in: HA Bestand 90.
261) Siehe vorstehend II.2.7., S. 96 ff.
262) Vgl. BdL, Stellungnahme, 8.12.1955, BWM an BdL,
14.12.1955, AA an BdL, 12.12.1955, BdL an BWM,
19.12.1955, in: HA Bestand 3138.
263) Vgl. Protokoll 209. Sitzung des ZBR, 21.12.1955,
in: HA Bestand 90.

108

Option des vollständigen oder teilweisen Rückkaufes gegen einen verfügbaren Saldo auf dem Abrechnungskonto
innerhalb von 90 Tagen und einer Verlängerung um weitere 90 Tage ohne Zinsberechnung. Gleichzeitig schlug
der Banco Central eine Vereinbarung vor, wonach Opera-
tionen gleicher Art zur Deckung eventueller Swingüberschreitungen automatisch am 15. und 30. jeden Monats
durchgeführt und hierbei Beträge auf 100.000 US $ abge-
rundet werden sollten.[264] Der Zentralbankrat beschloß,
diesem Vorschlag zuzustimmen, den Zahlungsstop nach
Eingang der Valuta aufzuheben und die Bundesministerien
entsprechend zu benachrichtigen.[265]

Nach entsprechender Mitteilung der Bank deutscher Länder[266] und der Gegenbestätignug des Banco[267] wurde
noch am 24. Dezember das Wartezimmer geräumt, in dem
sich Aufträge über 4,7 Mio US $ befanden.[268] Die
argentinische Regierung äußerte gleichzeitig den
Wunsch, sowohl zum Beko-DM-Verkehr, der während des
Wartezimmers geruht hatte, zurückzukehren als auch
zusammen mit einigen europäischen Ländern zu einem
multilateralen Zahlungsverkehr überzugehen. Letzteres
wurde am 21.Dezember 1955 von Vertretern der
Notenbanken von Großbritannien, Belgien, Frankreich,
Holland, Italien und der Bundesrepublik in London
besprochen.[269]

---

264) Vgl. Banco Central an BdL, 20.12.1955, ebenda.
265) Vgl. Protokoll 209. Sitzung des ZBR, 21.12.1955.
266) Vgl. BdL an Banco Central, 22.12.1955, in: HA Bestand 3138.
267) Vgl. Banco Central an BdL, 23.12.1955, ebenda.
268) Vgl. Protokoll 210. Sitzung des ZBR, 11.1.1956,
in: HA Bestand 91.
269) Vgl. ebenda. Frankreich und Italien wurden ver-
sehentlich erwähnt.

Als Beispiel für eine bürokratische Kuriosität kann in
diesem Zusammenhang erwähnt werden, daß nach einem Bericht über eine Ressortbesprechung am 11. Januar 1956
im Auswärtigen Amt die Vertreter des Bundeswirtschaftsministeriums, des Auswärtigen Amtes und des Bun-
desernährungsministeriums "allen Ernstes die Auffassung
vertraten, daß die Swing-Frage für das zweite, d.h. das
gegenwärtig laufende Vertragsjahr, zwischen der Bundesregierung und der Bank deutscher Länder noch geklärt
werden müsse".[270] Auf die Ablehnung des Vertreters
der Bank deutscher Länder, bei der veränderten Situation in die gewünschte Diskussion einzutreten, beschlossen die Vertreter der Ressorts, in der Swing-
Frage die noch ausstehende Entscheidung des Wirtschaftskabinetts weiterzubetreiben. Ob der an der Sitzung teilnehmende Leiter der Wirtschaftsabteilung der
deutschen Botschaft in Buenos Aires die Vertreter der
Ressorts zu diesem unverständlichen Vorgehen veranlaßt
hatte, bleibt eine Vermutung.[271]

3.2.   Verhandlungen über Interdiktionen deutscher Firmen

Nach der Revolution in Argentinien konnte zwar bald der
Handels- und Zahlungsverkehr auf vertraglicher Basis
fortgesetzt werden, es kamen aber zu den weiterhin ungelösten Fragen der deutschen Altvermögen als neue Belastungen der Wirtschaftsbeziehungen die Probleme von

---

270) Vgl. BdL, Vermerk Länderbearbeitung, 14.1.1956,
in: HA Bestand 4629.
271) Hierüber sowie über eine etwaige weitere Ver-
folgung der Angelegenheit sind in dem durchgesehenen
Aktenmaterial keine Unterlagen gefunden worden.

sieben interdizierten deutschen Tochter- oder Beteiligungsgesellschaften hinzu.[272]

Der bereits erwähnten Sperrung der Konten von 35 Firmen
in Argentinien und der Einsetzung von Inventoren im Oktober folgten Anfang Dezember sogenannte Interdiktionen
für ca. 600 Personen und fast 200 Firmen.[273] In dem
hierzu erlassenen Dekret[274] wurden die weitgehenden
Vermögenssperrungen mit der Bekämpfung der Korruption
des Peron-Regimes und der Rückerstattung der geraubten
Werte an die Nation begründet und für die Ge-
setzesdurchführung ein fünfköpfiger "Nationalausschuß
für Vermögenserfassung" (Junta Nacional de Recuperacion
Patrimonial) gebildet. Die Betroffenen konnten zwar
Einspruch gegen die Interdiktion erheben, sie mußten
hierbei aber den Nachweis der Rechtmäßigkeit des Erwer-
bes für den seit 4. Juni 1943 eingetretenen
Vermögenszuwachs anhand von genau vorgeschriebenen Unterlagen erbringen, wobei Zeugenaussagen nicht zugelassen wurden.[275]

Was die betroffenen deutschen Firmen anging, wurde in
einer Ressortbesprechung am 19. Dezember 1955
beschlossen, durch eine Note und eine persönliche

---

272) Betroffen waren die Firmen Siemens & Halske AG.,
Siemens-Schuckertwerke, München/Erlangen, Carl F. Borg-
ward GmbH., Bremen, Hanomag, Hannoversche Maschinenbau-
AG., Hannover, Daimler-Benz AG., Stuttgart, Robert
Bosch GmbH., Stuttgart, Maschinenfabrik Fahr AG.,
Gottmadingen, und Klöckner-Humboldt-Deutz AG., Köln-
Deutz. An den vier zuletzt genannten Niederlassungen
war auch Jorge Antonio beteiligt.
273) Vgl. Walter Trautmann an BWM, 2.1.1957, in: BA
B102/57668.
274) Vgl. Gesetzesdekret Nr. 5.148, 9.12.1955, veröffentlicht im Boletin Oficial Nr. 18.046, 14.12.1955,
Übersetzung in: HA Bestand 4629.
275) Vgl. ebenda Art. 3. Damit war die Beweislast gegenüber üblicher Rechtsauffassung umgekehrt worden.

111

Vorsprache des Botschafters bei der argentinischen Regierung die Auffassung der deutschen Regierung darzulegen und um baldige Wiederherstellung normaler Verhältnisse für die betroffenen Firmen zu ersuchen.[276] Da der deutsche Botschafter vom Auswärtigen Amt nach der Revolution zurückgerufen wurde und am 30.November 1955 Buenos Aires verlassen hatte,[277] suchte der deutsche Geschäftsträger auf Anregung des Außenministers den Vizepräsidenten zu einer längeren Unterredung auf. Hierbei gewann er seinem Bericht zufolge den Eindruck, daß "die Lösung der bestehenden Schwierigkeiten in erkennbare Nähe gerückt" sei.[278]

Im Auswärtigen Amt wurde die Situation anders beurteilt; danach standen die Beziehungen der beiden Länder unter negativem Vorzeichen und die Hoffnung auf Freigabe deutscher Altvermögen war auf einen Nullpunkt gesunken. Da die Revolutionsregierung eine stärkere Anlehnung an USA und die Marine an England suchte, wurden als Gegengewicht stärkere politische Aktivitäten in Argentinien für erforderlich gehalten. Es wurde daher die baldige Entsendung eines Sonderbeauftragten empfohlen sowie die unverzügliche Besetzung des Botschafterpostens nach Freiwerden der Planstelle im April 1956.[279] Aufgrund eines HPA-Beschlußes vom 27. März 1956 wurde der Bankier August Rohdewald[280] als Sonder-

---

276) Vgl. BWM Abt. V B 2, Vermerk, 25.1.1956, in: BA B102/57581.
277) Vgl. K.W.Körner, Chronik der deutsch-argentinischen Beziehungen 1810-1960, S. 118.
278) DB an AA, 14.1.1956, in: BA B102/57581.
279) Vgl. AA Abtlg. 3, Aufzeichnung, 17.1.1956, in: PA Ref. 306 Bl. 9.
280) Zur Person: August Rohdewald, Bankier, Teilhaber des Bankhauses Joh. Berenberg, Gossler & Co., Hamburg, Vorstandsmitglied der Norddeutschen Kreditbank AG. und der Ibero-Amerika-Bank AG., beide Bremen, in: Wer Ist Wer?, 13. Ausgabe, Berlin-Grunewald 1958, S. 1055.

beauftragter der Bundesregierung nach Buenos Aires ent-
sandt mit dem Auftrag "die Interdiktionsfrage an Ort
und Stelle zu prüfen und mit der argentinischen Regierung über eine Lösung zu verhandeln."[281] Daneben
sollte er die Frage des Altvermögens behandeln, sich
aber zur Frage der Multilateralität rezeptiv verhalten.

Obwohl die Botschaft warnte, bei der Anmeldung Rohdewalds seinen Auftrag mit "Interdiktionen" zu be-
schreiben, weil die argentinische Seite diese Frage als
eine innere Angelegenheit betrachte und daher Verhandlungen hierüber ablehne, beharrte das Auswärtige Amt
auf seinem Text. Wegen der entsprechend ausgefertigten
Note vom 23. April 1956 wurde der Geschäftsträger am
26. April ins Außenministerium gebeten und ihm mit der
erwarteten Begründung die Ablehnung von Verhandlungen
mit dem Sonderbeauftragten der Bundesregierung mitgeteilt; hierbei verweigerte er die Annahme einer entsprechenden Note der argentinischen Regierung. Daraufhin entschloß sich das Auswärtige Amt am 2. Mai, die
Weisung für eine Anmeldung von Rohdewald auf "Verhandlungen über allgemeine wirtschaftliche Fragen" zu än-
dern. Nach Einreichung einer abgeänderten Note wurde
Rohdewald, der bereits am 27. April in Buenos Aires
eingetroffen war, am gleichen Tag vom Außenminister
empfangen.[282]

Anschließend führten Rohdewald und sein Begleiter Dr.
Heinrichs bei verschiedenen Gelegenheiten mit Ministern
des argentinischen Wirtschaftskabinetts, Firmenvertre-

---

281) August Rohdewald, Bericht über die Reise nach Argentinien, 19.5.1956, in: HA Bestand 4629.
282) Vgl. ebenda.

tern und am Schluß ihrer Reise am 21. Mai 1956 mit dem
provisorischen Staatspräsidenten Gespräche.[283]
Bei diesen Unterredungen gaben Anfang Mai der Finanz-
und der Industrieminister Rohdewald die feste Zusage,
daß noch in der gleichen Woche vom Wirtschaftskabinett
ein Dekret verabschiedet und vom provisorischen Staatspräsidenten unterzeichnet werden würde; mit diesem
würde die Restitution des Altvermögens (Patente, Marken, Liegenschaften etc.) sowie der Verkauf der durch
den argentinischen Staat übenommenen Vermögenswerte
durch öffentliche Ausschreibungen oder Versteigerungen
angeordnet. Hierbei sollte den Altbesitzern ein Vor-
kaufsrecht eingeräumt werden, da diese für die Kriegs-
und Verwaltungskosten aufzukommen hätten. Im Kabinett
entstand aber Uneinigkeit, weil einige Minister
Interventionen der 21.000 in den Betrieben be-
schäftigten Arbeiter und den Einspruch der beratenden
Kommission wegen Auslieferung nationalen Eigentums an
Ausländer befürchteten; das vorbereitete Dekret wurde
daher nicht verabschiedet und stattdessen beschlossen,
eine neue interministerielle Kommission unter Vorsitz
eines Staatssekretärs einzusetzten, die beschleunigt
den Komplex des Altvermögens unter Beibehaltung des
Grundsatzes der Restitution in eine Form bringen
sollte, die eine Veröffentlichung ermöglichen würde.
Damit war die Lösung des Problems der Altvermögen erneut auf unbestimmte Zeit verschoben worden.

Bei der Behandlung des Themas der Interdiktionen wurde
zwischen Firmen, die unter dem Einfluß des Herrn Jorge
Antonio standen, und solchen, die von ihm unabhängig
waren, unterschieden. Zu letzteren gehörten die Firmen

---

283) Vgl. ebenda und BWM Abt. V B 2, Vermerk Dr.
Heinrichs, 25.5.1956, in: BA B102/57581.

Siemens, Hanomag und Borgward.   Gegen Siemens lag kein
Grund   für eine Interdiktion vor, wie Rohdewald vom
Staatspräsidenten und den Ministern bestätigt wurde;
eine zwischenzeitliche Überprüfung der umfangreichen,
mit der peronistischen Regierung abgeschlossenen Verträge hatte nämlich keinerlei Anlaß für eine Beanstandung ergeben. Trotzdem unterblieb die für die nächsten
Tage angekündigte Absetzung von der Liste der interdizierten Firmen .

Ähnliche Ankündigungen wurden auch im Falle Hanomag gemacht, ohne Taten folgen zu lassen. Hier wirkte erschwerend, daß   die von der peronistischen Regierung
erteilten Aufträge auf Lieferungen von Traktoren, in
die zunehmend in Argentinien hergestellte Teile einge-
baut werden sollten, für zu umfangreich und die Aufteilung auf fünf Lieferfirmen mit verschiedenen Modellen
für falsch gehalten wurde. Zur angestrebten drastischen
Reduzierung erklärte der Finanzminister, daß es ihm
nichts ausmachen würde, bei Einhaltung der argentinischen vertraglichen Verpflichtungen ausländische Firmen
zur Liquidation zu bringen. Bei Borgward befanden sich
Lieferungen im Werte von ca. 230.000 DM im Zoll; hier
lag vermutlich eine Belastung durch ein Personenproblem
vor.[284)]

Was die Firmengruppe des Herrn Jorge Antonio anging, so
berichtete der Sonderbeauftragte ausführlich über
Antonio und seine Geschäftspraktiken. Danach habe dieser sich aus kleinsten Anfängen als sogenannter "Le-
vantiner" bei der argentinischen Vertretung der Firma
Daimler-Benz   zum Geschäftsführer emporgearbeitet und

---

284) In dem Bericht wurde als Problem eine Person
"Freude" erwähnt ohne nähere Angaben.

115

über das Automobilgeschäft Anschluß an den Präsidenten
Peron und seine Frau gefunden. Die Möglichkeiten zu un-
geahnt großen Schiebergeschäften habe er zum Teil mit
offizieller, zum Teil mit stillschweigender Billigung
von Peron ausgenutzt, wobei die Gewinne in seine Tasche
und die der Peronista geflossen seien. Er habe "den
größten Schieberkonzern aufgezogen, von dem man in der
modernen Geschichte sprechen kann".[285] In seinem
Bericht bedauerte Rohdewald, daß der deutsche Botschafter mit Herrn Antonio in engen persönlichen Kon-
takt getreten sei und Verbindungen zu angesehenen deutschen Persönlichkeiten und Firmen hergestellt habe.[286]
Daimler Benz habe zwar Antonio bei Mercedes-Benz-Argentina als Mitarbeiter vorgefunden, der deutsche Direktor
Baron von Korff habe aber die Firma "im weiteren Verlauf der Dinge in eine Entwicklung hineinziehen lassen, die einfach undenkbar ist".[287] So seien seit Sommer vorigen Jahres keine ordnungsgemässen Bücher geführt und daher keine Bilanz aufgestellt worden. Hierzu
schrieb Rohdewald: "Ich möchte beinahe soweit gehen zu
sagen, hoffentlich wird dies nie gelingen, denn was
sich in dieser Firma unter der Ägide des Herrn Antonio
und Herrn v. Korff abgespielt hat, kommt besser nicht
mit Tinte aufs Papier."[288] Leider habe Korff nach der
Revolution sich unter Berufung auf deutsche Stellen auf
die starke Tour verlegt und so mehr geschadet als

285) A. Rohdewald, Bericht, 19.5.1956, S. 11.
Dagegen übersandte Walter Trautmann am 2.1.1957 dem BWM
ein von Antonio in der Haft in Feuerland ausgearbei-
tetes Exposè, in dem er die Entwicklung der Gruppe,
seine Leitideen und die weitere Planung positiv
darstellte, ohne auf die Quellen der eingesetzten Mittel einzugehen, in: BA B102/57668.
286) Das Treffen zwischen dem Bundeswirtschaftsminister
und dem Staatspräsidenten am 8.4.1954 fand im Hause des
Herrn Antonio statt, siehe vorstehend II.2.5., S. 78.
287) A. Rohdewld, Bericht, 19.5.1956, S. 14.
288) Ebenda.

116

genützt, sodaß er unter Ausreiseverbot gestellt worden
sei.

Bei dieser Sachlage waren die Reaktionen von Rohdewalds
Gesprächspartnern zu diesem Thema sehr zurückhaltend
und vorsichtig. Für die mögliche Gründung einer neuen
Firma empfahl er, die unanfechtbaren, zum Teil vom Bund
garantierten, eingebrachten Beträge festzustellen, die
ohne Devisen (sin uso de cambio) eingeführten Maschinen
nach Menge und Wert neutral prüfen zu lassen und den
Erwerb der Vermögensanteile des Herrn Antonio, deren
Wert zur Zeit durch eine argentinische Kommission ermittelt wurde, auf dem Verhandlungswege einzuleiten.

Bei der Firma Klöckner-Humboldt-Deutz lag neben dem
Problem der Reduzierung der Traktorenlieferverträge
eine Belastung durch die nicht gelöste Frage der Restitution der unter DINIE-Verwaltung stehenden Vorkriegsfirma vor, an die bei der Einfuhr von Deutz-Erzeugnis-
sen vom Stammhaus Lizenzen zu zahlen waren.

Die Firma Fahr, eine mittlere Industriefirma, habe, um
einen großen Lieferkontrakt zu erhalten, Investitionen
in Argentinien zugesagt, die nach Rohdewalds Meinung
ihre eignen Mittel überstiegen.[289] Bei Fahr kam neben
der Verbindung zu Herrn Antonio noch erschwerend hinzu,
daß den Argentiniern der sogenannte "Konnex-Vertrag"
bekannt geworden war. Danach seien auf Lieferungen von
Traktoren 10 Prozent und von Zubehör 24 Prozent auf-
geschlagen, diese Beträge in Beko-DM in die Schweiz
transferiert und daraus die Firmeneinlagen durch Lieferung von Anlagen bezahlt worden. Diese Ge-

---

289) Vgl. ebenda, S. 13.

schäftsmethode wurde von den Argentiniern scharf verurteilt.

Die Firma Bosch, die sich geweigert hatte, ihren Namen für eine Firma der Antonio-Gruppe herzugeben, sollte nach Ansicht des Sonderbeauftragten entweder den Antonio-Anteil erwerben oder die Anteile in die Vorkriegsfirma einbringen, wenn diese restituiert werden würde.

Als Ergebnis ihrer Argentinienreise faßten Rohdewald und Heinrichs zusammen, daß sich kein greifbares Resultat oder die Aussicht auf eine baldige Bereinigung der Probleme des Altvermögen und der Interdiktion deutscher Firmen ergeben habe. Die derzeitige Regierung zeige große Schwächen; es sei mit weiteren personellen Veränderungen zu rechnen, wenn auch ein erneuter Umsturz nicht wahrscheinlich sei. Bei Verhandlungen über die angestrebte Multilateralisierung, über eine damit verbundene Schuldenkonsolidierung oder mögliche Kreditgewährung dürfe daher den Argentiniern keinerlei Zugeständnisse gemacht werden, bevor nicht die beiden anstehenden Probleme definitiv einer Lösung zugeführt worden seien; auf Zusagen einer späteren Regelung könne man sich erfahrungsgemäß nicht verlassen.[290]

3.3. Verhandlungen über die Multilateralisierung des Handels- und Zahlungsverkehrs

3.3.1. Bildung des Pariser Clubs

Die argentinische Regierung übersandte Anfang März 1956 den Regierungen Belgiens, Dänemarks, Frankreichs, Italiens, der Niederlande, Norwegens, Österreichs,

---

290) Vgl. ebenda, S. 19 ff.

118

Schwedens, des Vereinigten Königreiches und der Bundesrepublik Noten, in denen sie ihren Wunsch auf Multilateralisierung des Handels- und Zahlungsverkehrs sowie
auf Konsolidierung ihrer Schulden für 10 bis 15 Jahre
zur Vermeidung eines Moratoriums oder ähnlicher einseitiger Maßnahmen übermittelte.[291] Die Vertreter der
angeschriebenen Regierungen trafen sich in Paris zu
Vorbesprechungen, an denen zeitweise auch als Vertreter
Argentiniens der Unterstaatssekretär im Finanzministerium, Dr. Verrier, teilnahm. Hierbei wurde über
die wesentlichen Mindestforderungen für das in Aussicht
genommene multilaterale System im Handels-und Zahlungsverkehr eine grundsätzliche Einigung auch mit dem argentinschen Vertreter erzielt; danach wurden gefordert:
freier Transfer jeder Währung der Teilnehmerstaaten,
freier Transithandel mit argentinischen Erzeugnissen
zwischen diesen, Unterlassung jeder Diskriminierung
oder unterschiedlicher Behandlung der Teilnehmerstaaten
im Waren- und Zahlungsverkehr gegenüber Geschäften in
Dollar und anderen frei konvertierbaren Währungen,
Anwendung von Wechselkursen, die auf den amtlichen
"cross-rates" beruhten,[292] sowie Meistbegünstigung bei
Einfuhren nach Argentinien für Devisengenehmigungen und
Lizenzerteilungen. Für die erbetene Schuldenkonsolidierung wurden die argentinischen Gesamtschulden
gegenüber den Teilnehmerstaaten mit 500 Mio US $ ange-

---

291) Vgl. Note der argentinischen Regierung, 6.3.1956,
in: BA B102/58059. Vorbild war wohl der Haager Club
Brasiliens (siehe nachstehend III.5., S. 179).
292) Cross-rates basieren auf der dem internationalen
Währungsfonds gegenüber erklärten Parität der Währung
eines der Teilnehmerstaaten und den entsprechenden
Wechselkursen im Verhältnis zu dieser Währung, die laufend auf den amtlichen Devisenmärkten im Rahmen des
multilateralen Arbitragesystems notiert werden (De-
finition nach J. Sadrin, Vereinbartes Protokoll,
17.5.1956, S. 2, in: HA Bestand 2892).

nommen. Mit Rücksicht auf die damaligen argentinischen
Devisenengpässe sollte der Kapitaldienst in den ersten
Jahren 50 Mio US $ betragen, dann auf 55 und später 60
Mio US $ jährlich steigen. Die Verzinsung wurde im An-
fang mit zwei Prozent angesetzt und sollte schrittweise
so erhöht werden, daß ein Durchschnittssatz von dreieinhalb Prozent p.a. erreicht würde. Die Mehrzahl der
Beteiligten vertrat die Ansicht, daß eine Konsolidierung der argentinischen Schulden nur dann wirtschaftlich erfolgversprechend sei, wenn alle Regierungs-, No-
tenbank- und Handelsforderungen der Teilnehmerstaaten
einbezogen würden.[293] Die Bundesrepublik befand sich
in einer exponierten Lage, da die deutschen Handelsschulden mit ca. 150 Mio US $ den weitaus größten
Posten darstellten.[294] In den Sitzungen am 3. und 4.
Mai 1956 in Paris akzeptierten die Vertreter der
anderen Gläubigerländer die Einbeziehung aller Forderungen in eine Konsolidierungsfrist von zehn
Jahren.[295]

Die Bundesregierung, die bisher die Handelsforderungen
nicht in die Konsolidierung einbeziehen und nicht über
fünf Jahre hinausgehen wollte, sah sich daher gezwungen, ihre Linie für die Behandlung der argentinischen
Schuldenfrage zu überprüfen. Erste Anläufe, eine Einigung zwischen den Ressorts und der Bank deutscher Länder herbeizuführen, schlugen fehl. Das Bundeswirtschaftsministerium erarbeitete daher Anfang Mai eine
Kabinettsvorlage zur Frage des "Umfanges der Konso-

293) Vgl. J. Sadrin, Vereinbartes Protokoll, 17.5.1956,
ebenda.
294) Die anderen Forderungen betrugen: Italien 25,6
Mio, Frankreich 16,3 Mio und Großbritannien 14,6 Mio US
$, nach BWM, Kabinettsvorlage, 7.5.1956, Tabelle I, in:
HA Bestand 2892 und 3138.
295) Vgl. BWM, Kabinettevorlage, 7.5.1956, ebenda.

120

lidierung bestehender Kredite und der Gewährung anderer
finanzieller Erleichterungen an Argentinien".[296] Nach
Besprechungen auf verschiedenen Ebenen konnte in einer
Sitzung des Zentralbankrates, an der auch ein Vertreter
des Bundeswirtschaftsministeriums teilnahm, schließlich
eine Einigung erzielt werden.[297] Die Bank deutscher
Länder akzeptierte eine Konsoldierung ihrer Forderungen
an Argentinien von 20 Mio US $ Restforderung aus dem
Konsolidierungskredit von 1954 und den Swingforderungen
von maximal 12 Mio US $, zusammen also ca. 30 Mio US $,
sowie den Durchschnittszinssatz von dreieinhalb
Prozent; sie wollte aber über einen Zeitraum von fünf
Jahren nicht hinausgehen. Um die von den anderen
Gläubigerländern zugestandene Frist von zehn Jahren zu
erreichen, griff die Bank deutscher Länder das Ende
1955 für eine Swingerhöhung vorgeschlagene Verfahren
auf; danach ging sie von jährlichen Rückzahlungsraten
von 6 Mio US $ für fünf Jahre aus; da die Argentinier
aber während zehn Jahren gleichbleibend jährlich 3 Mio
US $ zahlten, verbuchte sie in den ersten fünf Jahren
in ihrer Bilanz jeweils 3 Mio US $ als gewinnmindernde
Rückstellung und löste diese ab dem sechsten Jahr
gewinnerhöhend wieder auf. Weil dieser Vorgang sich
intern abspielen würde, wurde dieBundesregierung in
die Lage versetzt, dem von den anderen Gläubigerstaaten
akzeptierten Konsolidierungsvorhaben hinsichtlich der
öffentlichen deutschen Forderungen zuzustimmen.[298]

Man sah sich jedoch nicht in der Lage, eine Einbeziehung der deutschen Handelsforderungen in jetziger Höhe

---

296) Ebenda.
297) Vgl. Protokoll 211. Sitzung des ZBR, 18.5.1956,
mit anliegendem Stenobericht, in: HA Bestand 94.
298) Vgl. ebenda.

121

in das Konsolidierungskonzept zu akzeptieren. Es wurde
daher beschlossen, mit Argentinien Verhandlungen aufzunehmen, um eine Verminderung der Handelsforderungen
und eine zeitliche Dehnung der Transferraten zu erreichen; Voraussetzungen hierfür waren die Lösung der Probleme des Altvermögens und der Interdiktionen deutscher
Beteiligungsgesellschaften sowie eine anschließende Einigung über die Kürzung der Traktorenlieferverträge.[299]

Diese mit den deutschen Handelsschulden zusammenhängenden Probleme erläuterten die Vertreter der
Bundesregierung den Teilnehmerstaaten des Pariser
Clubs, wie dieser nach seinem ersten Tagungsort genannt
wurde; sie fanden Verständnis dafür, daß die Bundesrepublik vor einer Klärung dieser Fragen nicht dem
Pariser Club beitreten könne. Die Vertreter der Bundesregierung nahmen daher nur als Beobachter an den Ende
Mai abgehaltenen Sitzungen des Clubs teil. Dort wurde
die endgültige Fassung der "Vereinbarten Note" vom 30.
Mai 1956 über Handels- und Zahlungsverkehr, Schulden
und Übergangsbestimmungen für die Multilateralisierung
vereinbart, die den in den Vorbesprechungen festgelegten Mindestforderungen entsprachen. Banktechnische Fragen wurden im Juni in London in Anwesenheit eines Vertreters der Bank deutscher Länder verhandelt und im
Londoner "Agreed Minute" vom 15. Juni 1956 dokumentiert.[300] Mit Ausnahme von Italien[301] und der
Bundesrepublik erklärte die Teilnehmerstaaten des
Pariser Clubs und Argentinien ihr Einverständnis zu

___

299) Vgl. ebenda.
300) Vgl. Übersetzung Agreed Minute, London, 15.6.1956,
und BdL, Vermerk Nicolai, 18.6.1956, in: HA Bestand
2892.
301) Italien trat am 3.8.1956 dem Pariser Club bei.

diesen Vereinbarungen, sodaß das multilaterale System ab 2. Juli 1956 provisorisch in Gang gesetzt werden konnte.[302)]

3.3.2. Verhandlungen über die Schaffung der Voraussetzungen zum deutschen Club-Beitritt

In Beantwortung der argentinischen Note vom 6. März 1956[303)] überreichte der Geschäftsträger der deutschen Botschaft in Buenos Aires im Außenministerium am 22. Juni 1956 eine Note der Bundesregierung.[304)] Hierin stimmte die Bundesregierung "den in den Pariser Besprechungen erarbeiteten Grundsätzen für ein solches multilaterales Handels- und Zahlungssystem in vollem Umfange zu" und erklärte sich bereit, im Rahmen einer Gesamtlösung die argentinischen Schulden bei der deutschen Notenbank von ca. 30 Mio US $ für zehn Jahre bei einem Zinssatz von dreieinhalb Prozent zu konsolidieren. Bei den Handelsforderungen wollte sie nur "an Maßnahmen mitwirken, die teils zu einer Verminderung und teils zu einer zeitlichen Dehnung der Transferlasten führen." Hierzu bat sie um Übersendung einer Liste der argentinischen Handelsschulden, die für eine Konsolidierung in Betracht kämen.[305)]

Das argentinische Außenministerium interpretierte trotz mündlicher Einwendungen des Geschäftsträgers die deutsche Note als Beitrittserklärung zu den Pariser Abmachungen, gab am gleichen Tage eine entsprechende Notiz

---

302) Vgl. BWM, Ergebnisbericht Dr. Stedtfeld, 21.7.1956, in: HA Bestand 2892.
303) Siehe vorstehend II.3.3.1., S. 117 f.
304) Vgl. Antwortnote der Bundesregierung, 19.6.1956, in: BA B102/58059.
305) Ebenda.

123

an die Presse[306] und übereichte dem deutschen Geschäftsträger eine argentinische Note. Diese entsprach
der den Teilnehmerstaaten des Pariser Clubs am Vortage
übermittelten Bestätigung der Pariser und Londoner
Vereinbarungen, d.h. des Beginns des multilateralen Wa-
ren- und Zahlungverkehrs am 2. Juli 1956, der Aufhebung
der diesen Vereinbarungen entgegenstehenden bilateralen
Abmachungen sowie die Ankündigung einer argentinischen
Delegation zum Aushandeln eines entsprechenden
Vertragswerkes. In der dem deutschen Geschäftsträger
übergebenen Note war ein Absatz eingefügt, wonach die
argentinische Regierung "die Notwendigkeit [anerkennt],
die Handelsschulden festzustellen sowie neu zu regeln
und ihre Zahlungen den Modalitäten anzupassen, die für
die Staatsschulden festgelegt wurden".[307] Den erneuten
Hinweis des deutschen Geschäftsträgers, daß die deutsche Regierung dem Pariser Club noch nicht beigetreten
sei, beantwortet der Leiter der Handelspolitischen Abteilung des Außenministeriums mit der Erklärung, daß
diese deutsche Haltung schwerwiegende Folgen haben
werde, weil dadurch die Bundesrepublik z.B. für neue
Ausschreibungen des Banco Central ausfalle.[308]

Die Argentinier versuchten nun durch Diskriminierungen
wirtschaftlichen Druck auszuüben; so wurde der Grundpreis (aforo) für Ausfuhren nach Deutschland um ein
Prozent gegenüber dem für Ausfuhren nach multilateralen und Dollar-Ländern festgesetzten erhöht, Mitte
Juli durch amtliche argentinische Stellen deutsche Ge-
treidekäufe verhindert und Ausfuhranträge zurückgehal-

306) Vgl. DB an AA , 26.6.1956, in: HA Bestand 2892.
307) DB an AA, 26.6.1956, Anlage Übersetzung der Note
des argentinischen Außenministeriums, 22.6.1956, in: HA
Bestand 2892.
308) Vgl. DB an AA, 26.6.1956, ebenda.

124

ten. Vorhaltungen, daß diese Vorgehensweise gegen die bis 14. August 1957 gültigen bilateralen Abmachungen verstoße, blieben ohne Beachtung.[309]

Mitte Juli wurde dem argentinischen Sonderbotschafter Dr. Mendez Delfino, der die Vertragsverhandlungen mit dem Pariser Club führen sollte, von der deutschen Botschaft zur Vorbereitung seiner Reise ein ausführliches Memorandum überreicht, in dem die zu erfüllenden Voraussetzungen für einen deutschen Club-Beitritt aufgezeigt wurden.[310] Nach Aufenthalt und Besprechungen in Paris fand am 5. September 1956 in Bonn die erste Sitzung mit der deutschen Delegation unter Führung von Seeliger statt. Als Ergebnis dieser Sitzung wurden zwei gemischte Ausschüsse gebildet; der eine sollte sich mit den allgemeinen handelspolitischen Fragen und der Angleichung der bilateralen Vereinbarungen an die multilateralen Grundsätze und der andere mit der Schuldenregelung befassen.[311] Die Verhandlungen wurden nach zwei Wochen unterbrochen, da die gestellten Aufgaben in den Ausschüssen nicht zu lösen waren; es wurde festgestellt, daß vorher, wie von deutscher Seite früher vorgeschlagen, die damit zusammenhängenden Probleme der Altvermögen, Interdiktionen und Traktorenverträge geklärt werden müßten.[312]

Durch Übergabe eines Memorandums wurden die Ansichten der argentinischen Regierung zu den anstehenden Proble-

---

309) Vgl. BWM Abt. V B 2, Vermerk, 23.7.1956, in: BA B102/58059.
310) Vgl. AA an BWM, 20.9.1956, Anlage DB Aufzeichnung, 13.7.1956, in: HA Bestand 2892.
311) Vgl. AA, Gedächtnisprotokoll Meyer-Lohse, 5.9.1956, in: HA Bestand 2892.
312) Vgl. BWM Abtlg. V an Minister, 27.11.1956, in: BA B102/58059.

men am 9. Oktober 1956 in Bonn mitgeteilt[313] und
mündlich dem deutschen Botschafter am 6. November 1956
in Buenos Aires erläutert.[314] Danach war eine Restitution des Vermögens der DINIE-Firmen nicht möglich, da
die hieraus zu zahlenden Belastungen durch
Kriegsschädenforderungen, Verwaltungskosten u.ä. die
vorhandene Vermögensmasse überträfen; für die Bewertung
waren als Stichtag der 24. Januar 1947 und die
Bewertungsvorschriften des Jahres 1948 zugrunde gelegt
worden. Diese Bewertungsmanipulationen stellten den
Versuch dar, auf kaltem Wege deutsches Vorkriegsvermögen einzukassieren.[315]

Das übrige deutsche Altvermögen sollte nach freier Entscheidung der argentinischen Regierung entweder durch
den argentinischen Staat erworben oder an Meistbietende
versteigert werden; der Erlös würde zur Begleichung der
von Argentinien geforderten Reparations- und Verwaltungskosten dienen. Die deutschen Schutzrechte, Markenzeichen und Firmennamen sollten mit der Auflage zurückgegeben werden, daß die Fabrikation der betreffenden
Waren in Argentinien stattfinden würde; anderenfalls
würden sie in den Besitz der gegenwärtigen Benutzer
übergehen oder verfallen. Außerdem sollte die Bundesrepublik dem Pariser Club rückwirkend ab 2. Juli 1956
beitreten. Auf dieses Memorandum wurde dem argentinischen Botschafter am 10.November 1956 eine ablehnende Stellungnahme übergeben, da die Bundes-

---

313) Vgl. AA an BWM, 12.10.1956, mit anliegendem Memorandum Nr. 1, 9.10.1956, in: HA Bestand 2892.
314) Am 10.10.1956 wurde Dr. Werner Junker als
deutscher Botschafter in Buenos Aires akkreditiert,
nach K.W. Körner, Chronik der deutsch-argentinischen
Beziehungen 1810 -1960, S. 118.
315) Vgl. DB an AA, 22.11.1956, in: HA Bestand 4629.

regierung nicht bereit war, die von ihr geforderten
Vorleistungen zu erbringen.

Eine Anregung des argentinischen Finanzministers in der
Presse griff der deutsche Botschafter auf und vereinbarte mit dem Außen- und dem Finanzminister am 18. Dezember 1956 die Aufnahme von Verhandlungen zwischen
der von argentinischer Seite für die Lösung der deutschen Probleme eingesetzten Kommission unter Leitung
von Dr. Lanusse und einer Delegation der deutschen Botschaft.[316]) In fünf Besprechungen wurde erreicht, daß
die Argentinier sowohl der Behandlung der mit einander
zusammenhängenden Einzelfragen als Gesamtkomplex, der
eine integrale Lösung erfordere, zustimmten als auch
auf Vorleistungen der Bundesrepublik durch sofortigen
Beitritt zum Pariser Club und Anerkennung der argentinischen Schuldenkonsolidierung vor Regelung der schwebenden Probleme verzichteten. Damit war eine Ausgangs-
basis für die Erörterung der Teilprobleme gegeben.

Bei der Festsetzung der Höhe der zu konsolidierenden
argentinischen Handelsforderungen waren die Verträge
der interdizierten Firmen strittig. Hier wurde Einigung
erzielt, daß die Zahlungsverpflichtungen gegenüber den
Firmen Siemens-Halske und Siemens-Schuckert[317]) in voller Höhe in den zu konsolidierenden Gesamtbetrag einbe-

316) DB an AA, 10.1.1957, in: BA B102/58059.
317) Nach DB an AA, 3.4.1957, in: HA Bestand 4630,
waren die beiden Firmen am 7.9.1956 von dem Ausschuß
für die Wiedergewinnung unrechtmässig erworbener
Vermögen (Junta Nacional de Recuperacion Patrimonial)
verurteilt worden, für ihre Markenerzeugnisse 1% Roya-
lity an die DINIE-Firma Siemens-Argentina sowie den von
Sachverständigen festgestellten Wert für das über-
eignete Markenpaket zu erstatten. Die hiergegen bei der
zuständigen Appellationskammer eingelegte Berufung
hatte Erfolg und die Auflagen wurden am 2.4.1957 aufgehoben.

zogen werden sollten; Bosch hatte Einfuhrlizenzen und
Liefervertäge zurückgegeben und auch bei Borgward war
keine Forderung mehr offen. Die aus den Traktorenlieferungen der Firmen Fahr, Klöckner-Humboldt-Deutz und
Hanomag entstandenen Verpflichtungen sollten zwar einbezogen werden, gleichzeitig verhandelte aber die argentinische Regierung mit diesen Firmen, um die Verträge für weitere Traktorenlieferungen bei Verzicht auf
die vereinbarten Investitionen in Argentinien aufzuheben; Forderungen aus Auslauflieferungen sollten konsolidiert werden. Der Stichtag für die Konsolidierung
blieb strittig.

Bei der Firma Mercedes-Benz-Argentina war nach Ansicht
der Lanusse-Kommission damit zu rechnen, daß sich die
wegen Steuer- und Devisenvergehen zu verhängenden Stra-
fen auf etwa eine Milliarde Peso belaufen und die
vorhandenen Aktiva nicht zur Befriedigung dieser Forderungen des argentinischen Staates ausreichen würden;
die auf ca. 6 bis 8 Mio US $ bezifferten Forderungen
der Firma Daimler Benz, Stuttgart, seien daher als verloren anzusehen. Im Hinblick auf die Bürgschaften, die
der Bund für einen großen Teil der Lieferungen gegeben
hatte, erklärte sich die deutsche Delegation mit diesem
Verfahren nicht einverstanden.

Bei der Frage der deutschen Altschutzrechte wurde ein
Durchbruch erzielt, da die Argentinier der bedin-
gungslosen Rückgabe der Firmennamen, Markenzeichen und
Schutzrechte ohne Berechnung und ohne Produktions-
auflage zustimmten. Beim Altvermögen boten die Argentinier die Freistellung gesperrter Konten privater Personen, soweit sie nicht mehr als 100.000 Peso im Einzelfall betrugen, und die Rückgabe der beschlagnahmten

128

oder enteigneten Vermögenswerte der deutsch-argentinischen kulturellen, sozialen oder sportlichen Vereine
an, wobei sie zwei wertvolle Komplexe ohne Entschädigung ausnahmen. Hinsichtlich der beschlagnahmten
Firmenvermögen verharrten sie unverändert auf dem
Standpunkt, daß infolge der auf diesen Vermögen ruhen-
den Belastungen kein restitutionsfähiger Rest zur Verfügung stehen würde. Das deutsche Angebot, die Bewer-
tungen mit der hierfür bereitstehenden deutschen Delegation zu klären, wurde nicht akzeptiert.[318] Damit waren zwar in einigen Punkten Annäherungen erzielt worden, wichtige Fragen blieben aber noch ungelöst.

Bewegung in die Bestrebung um Lösung dieser Probleme
kam durch das Drängen der Partner des Pariser Clubs auf
einer Sitzung am 14. und 15. Februar 1957 in Paris, das
Provisorium durch den Beitritt der Bundesrepublik möglichst bald zu beenden. Bei diesen hatte sich der
Handelsverkehr unterschiedlich - zum Teil negativ -
entwickelt und die Abschlagszahlungen waren bei den
Gläubigerstaaten ausgeblieben, weil diese erst nach
Feststellung der Gesamtschulden von Argentinien zu leisten waren.

Die deutsche Zahlungssituation legte der als Beobachter
anwesende deutsche Vertreter offen; außer den Ratenzahlungen von 10 Mio US $ aus dem Konsolidierungskredit
der Bank deutscher Länder waren an private Gläubiger
ca. 40 Mio US $ in der Zwischenzeit gezahlt worden; das
deutsche Swingguthaben hatte sich seit September 1956
in ein Guthaben der Argentinier verwandelt; zur Vermeidung von Swingüberschreitungen mußten sogar von

318) Vgl. DB an AA, 10.1.1957, in: BA B102/58059, DB,
Aufzeichnung, 20.12.1956, in: BA B102/57668, und DB an
AA, 17.1.1957, in: HA Bestand 2892.

129

deutscher Seite zweimal je eine Mio US $ überwiesen
werden. Der Grund für diese Entwicklung lag darin, daß
es sich bei den Ausfuhren im wesentlichen um die Abwicklung laufender Verträge, einschließlich der Traktorenlieferungen, handelte und die deutschen Einfuhren
zur Erfüllung der bilateralen vertraglichen Verpflichtungen gesteigert worden waren.[319] Hierbei hatte die
Bundesregierung für Getreide- und Fleischkäufe Bundes-
mittel eingesetzt, um sowohl den diskriminierenden ein-
prozentigen Aufschlag auf den Grundpreis als auch
Differenzen zu Weltmarktpreisen auszugleichen. Zu diesen Maßnahmen sah sie sich als Reaktion auf den wirtschaftlichen Druck der Argentinier gezwungen.[320] Der
deutsche Vertreter wiederholte die Bereitschaft zum
Beitritt nach befriedigender Lösung der anstehenden,
miteinander verknüpften, bekannten Probleme, die trotz
deutscher Bemühungen wegen der starren und dilatori-
schen Behandlung durch die argentinische Seite bisher
nur zum Teil geklärt werden konnten.

Da die Argentinier bei der Bereinigung bilateraler
Unstimmigkeiten mit den anderen Gläubigerstaaten ein
ähnliches Verhalten gezeigt hatten und bisher eine Klärung auch dort ausgeblieben war, fand die deutsche Erklärung Verständnis. Die Versammlung faßte den Beschluß, an Verrier, der bei der Gründung des Pariser
Clubs 1956 die argentinische Regierung in Paris vertreten hatte und Ende Januar zum Finanzminister avanciert
war, die "Empfehlung zu richten, zur Ermöglichung einer
baldigen Zeichnung der multilateralen Abkommen unter
Einschluß der Bundesrepublik alsbald in Verhandlungen

319) Siehe Statistischen Anhang XIII.1.1.1.
320) Vgl. BWM Abt. V B 2, Vermerk, 27.5.1957, in: BA
B102/57668.

mit der Bundesrepublik über offene bilaterale Fragen einzutreten."[321])

Diesen diplomatischen Druck auf Argentinien wollten einige Teilnehmer nur unter der Voraussetzung ausüben, daß "equal treatment" bei der Schuldenkonsolidierung durch Kompensation der zwischenzeitlichen argentinischen Zahlungen an die Bundesrepublik gewährleistet sei. Hierzu erklärte der deutsche Vertreter die Bereitschaft der Bundesregierung, einen "fair share" bei der Konsolidierung der argentinischen Schulden unter Berücksichtigung aller relevanter Faktoren zu übernehmen. Unter den obwaltenden Umständen gaben sich die Partner mit dieser Versicherung zufrieden.[322])

Am 21.2.1957 berichtete der deutsche Botschafter, "daß die argentinische Regierung sich nunmehr weigere, eine deutsche Kommission zu Verhandlungen zu empfangen, und vorgeschlagen habe, einseitig und von sich aus in einer Grundsatzerklärung ihre Stellungnahme zu dem Vermögensproblem bekanntzugeben, wogegen die Bundesrepublik als Gegenleistung dem Pariser Club beitreten solle".[323]) Die veränderte Vorgehensweise wurde mit Demarchen von englischer und französischer Seite wegen der zwischenzeitlichen Zahlungen an Deutschland begründet. Es blieb unklar, ob hier ein Mißverständnis vorlag oder ob Verrier hoffte, auf diesem Wege schneller den Beitritt der Bundesrepublik zum Pariser Club herbeiführen zu können.

---

321) BWM, Bericht Dr. Stedtfeld, 15.2.1957, in: HA Bestand 2893.
322) Vgl. ebenda und Übersetzung des französischen Berichtsentwurfes, o.Dat., ebenda, und AA an DB, Drahterlaß Nr. 15, 16.2.1957, in: BA B102/58079 und 57582.
323) BdL, Bericht Böhmer, 1.3.1957, in: HA Bestand 4630.

In einer Ressortbesprechung wurde beschlossen, eine
deutsche Grundsatzerklärung über Umschuldung und
Multilateralisierung anzubieten.[324] Mit dem deutschen
Vorschlag und der grundsätzlichen Anerkennung des
Restitutionsprinzips für die Regelung des Vorkriegsvermögens erklärte sich Verrier einverstanden.[325] Es
kam aber weder zu dem Austausch von Grundsatzer-
klärungen noch zur Übergabe des in Paris beschlossenen
Briefes des Pariser Clubs, da Verrier am 25. März 1957
als Finanzminister zurücktrat.[326] Der Grund hierfür
war die heftige Kritik an dem von ihm erarbeiteten,
nach ihm benannten Plan, zur Sanierung der
argentinischen Wirtschaft eine freie Marktwirtschaft
mit harten, unpopulären Maßnahmen durchzusetzen.[327]

Nach dem kurzen Zwischenspiel mit Finanzminister
Verrier wurden die Gespräche mit einer argentinischen
Delegation, zu der Lanusse gehörte, und der deutschen
Delegation unter Führung von Seeliger am 30. April 1957
in Bonn wieder aufgenommen. In der ersten Sitzung überreichte der argentinische Botschafter als Leiter der
Delegation ein Memorandum und eine an den Bundesaußen-
minister gerichtete Begleitnote.[328] Das Memorandum basierte auf den Ergebnissen der im Dezember und Januar
von der deutschen Botschaft mit der Lanusse-Kommission
in Buenos Aires geführten Besprechungen; zudem waren
erste Anzeichen für die von Verrier zugesagte Anwendung

---

324) Vgl. ebenda.
325) DB an AA, 8.3.1957, in: BA B102/57668 und HA Bestand 2893.
326) Vgl. DB an AA, 26.3.1957, in: BA B102/57582.
327) Vgl. DB an AA, 25.3.1957, in: BA B102/6067.
328) Vgl. AA Ref. 415, Kurzprotokoll, 2.5.1957, mit Anlage Übersetzung Brief und Memorandum, 30.4.1957, in:
HA Bestand 2893.

des Restitutionsprinzips enthalten. Eine erste Durch-
sprache des Memorandums fand bei Übergabe statt.[329]
Nach Billigung in einer Ressortbesprechung wurde es als
Diskussionsgrundlage akzeptiert. Für die weiteren Verhandlungen wurden Kommissionen zur Behandlung der mit
der Konsolidierung zusammenhängenden Fragen sowie für
die Lösung vermögensrechtlicher Probleme gebildet;
letztere wurde unterteilt nach Patent- und Markenfragen
und den Problemen des deutschen Vermögens und der interdizierten Firmen.[330] Nach ersten Verhandlungen
wurde der deutsche Standpunkt in Memoranden über die
Konsolidierung der argentinischen Schulden am 18. Mai
und über die Regelung der beschlagnahmten Vermögen am
21. Mai dargelegt.[331]

Die Verhandlungen wurden am 18. Juni 1957 durch den
Austausch einseitiger Erklärungen abgeschlossen, die
keine Vereinbarung darstellten aber insofern zusammenhingen, als die eine nicht ohne die andere abgegeben
worden wäre. Die argentinische Regierung sagte neben
der bereits zugestandenen bedingungs- und kostenlosen
Rückgabe der enteigneten deutschen Marken, Patente,
Handelsnamen und Warenzeichen die Reprivatisierung der
verstaatlichten Produktionsstätten und Handelsunternehmen zu; hierbei sollten über die Angemessenheit
des Versteigerungsgebotes im Streitfalle Sachverständige beider Parteien entscheiden; von den
Versteigerungserlösen war zunächst ein Betrag, der dem
Wert der unter argentinischer Verwaltung eingebrachten
Investitionen entsprach, an den argentinischen Staat

329) Vgl. ebenda.
330) Vgl. BdL, Vermerk, 7.5.1957, in: HA Bestand 2891
und 4630.
331) Vgl. BWM Abt. V A 13, Aufzeichnung, 31.5.1957, in:
BA B102/57582.

abzuführen; die Abwicklung der Verwendung der restlichen Erlöse, zu denen auch die aus Liquidierungen von
Handelsunternehmen, Banken, Versicherungegesellschaften
und privaten Vermögen erbrachten gehörten, oblag einer
paritätisch besetzten deutsch-argentinischen Kommission; sie sollte hieraus zunächst die der Höhe nach
begrenzten argentinischen Forderungen für Reparationen,
Verwaltungskosten sowie die kommerziellen Passiva begleichen; der verbleibende Nettoerlös war an natürliche Personen zu hundert Prozent und an Unternehmen zu
achtzig Prozent auszuschütten.[332] Unabhängig von
dieser Regelung sollten Privatvermögen bis zur Höhe von
100.000 Peso gesondert freigegeben werden. Für die
interdizierten Firmen sagte die argentinische Regierung
für jeden Einzelfall eine angemessene praktische Regelung zu.

Die Bundesrepublik erklärte im Gegenzug ihre Bereitschaft, alsbald Verhandlungen mit den Teilnehmerländern
über einen deutschen Beitritt zum Club und die Teilnahme an der multilateralen Schuldenregelung aufzunehmen, um den endgültigen Übergang zum multilateralen
Handels- und Zahlungssystem zu ermöglichen.[333]

Hierzu tagte der Pariser Club vom 30. Juli bis 2. August 1957 in Rom, wobei das Hauptthema die Verständi-
gung über den deutschen Beitrag zur Konsolidierung der
argentinischen öffentlichen und Handelsschulden

---

332) Nach BWM Abt. V an Minister, 12.6.1957, in: BA
B102/57668, stimmten die in der Studiengesellschaft
zusammengeschlossenen Firmen dieser Lösung zu.
333) Vgl. Leiter der deutschen Delegation, Aufzeichnung, 8.7.1957, in: HA Bestand 4630 und 2893.

war.[334] Von den deutschen Handelsforderungen, die am
1. Juli 1956 mit rd. 150 Mio US $ angesetzt worden
waren, hatten die Argentinier im Jahre 1956/57 ca. 32
Mio US $ und damit 14,4 Mio US $ mehr abgezahlt, als
der Bundesrepublik nach den Grundsätzen der Pariser
Vereinbarung zugestanden hätte. Da die Bundesrepublik
in dieser Zeit Nachteile durch Diskriminierung,
Nichtbeteiligung an Ausschreibungen, Anschaffungen von
freien US $ für deutsche Swingüberschreitungen erlitten
hatte, wurde Einigung darüber erzielt, daß nur ein
Betrag von 6 Mio US $ als Vorabzahlung in den beiden
kommenden Jahren gekürzt werden sollte; im Jahre
1957/58 sollte der deutsche Anteil 25 Mio US $ nicht
überschreiten; hierbei wurde von einer Kürzung des
Volumens der Traktorengeschäfte um 20 Mio US $
ausgegangen, während im Vorjahr noch der doppelte
Betrag angesetzt worden war.

Bei der Bank deutscher Länder bestand noch eine argentinische Restschuld aus der Vorkonsolidierung des Jahres 1954 in Höhe von 10 Mio US $; diese solten auf DM
umgestellt und im allgemeinen Rahmen konsolidiert werden. Die Bank deutscher Länder war weiterhin bereit,
den auf dem laufenden Verrechnungskonto zu Gunsten Argentiniens bestehenden Saldo[335] durch Übertragung auf
das argentinsche Beko-DM-Konto zu multilateralisieren.
Darüber hinaus sagte sie zu, am Tage des Beitrittes dem
Banco Central einen Kredit in Höhe von 55 Mio Beko-DM

---

334) Vgl. BdL, Vermerk, 6.8.1957, in: HA Bestand 2894,
und BWM Abt. V A an BMF u.a., 5.8.1957, in: BA
B102/57668.
335) Nach Protokoll 245. Sitzung des ZBR, 15.5.1957,
in: HA Bestand 102, betrug das argentinische Guthaben
Mitte Mai 1957 14 Mio US $.

135

einzuräumen. Die deutschen Vorschläge wurden von den
Teilnehmerstaaten und von Argentinien akzeptiert.[336]

Das Ansinnen der Argentinier, die Höhe der argentinischen Transferleistungen nach dem Pariser Schema durch
Verlängerung der Rückzahlungszeit zu vermindern, wies
die deutsche Seite zurück. Auf argentinische Bitte hin
sollte hierüber nochmals bei den Abschlußverhandlungen
in Buenos Aires gesprochen werden. Die italienische Anregung, daß die Bundesrepublik nunmehr provisorisch dem
Pariser Club beitreten sollte, lehnte die deutsche Delegation mit der Begründung ab, daß zuvor die Texte der
argentinischen Dekrete und Durchführungs-bestimmungen
über die deutsche Vermögenregelung abgestimmt und die
modifizierten Traktorenkontrakte unterzeichnet sein
müßten; danach wollten sich die europäischen Teilnehmerstaaten zu einer endgültigen Abstimmung nochmals
treffen. Die Unterzeichnung der Verträge wurde für die
Zeit vor Beginn des argentinischen Wahlkampfes im November in Buenos Aires geplant.[337]

Zu diesem Zeitplan wurde von argentinischer Seite auf
das Auslaufen des deutsch-argentinische Handels- und
Zahlungsabkommens am 14. August 1957 hingewiesen und
zur Vermeidung eines vertragslosen Zustandes eine provisorische Verlängerung tel quel vorgeschlagen. Die
deutsche Delegation erklärte sich einverstanden, die
Abkommen durch Notenwechsel bis zum 31.Oktober ohne
beiderseitige Abnahmeverpflichtungen zu verlängern.[338]

---

336) Vgl. DB an arg. Außenministerium mit Anlage,
2.9.1957, in: HA Bestand 2894 und BA B102/58059.
337) Vgl. ebenda.
338) Vgl. BdL, Vermerk, 6.8.1957, in: HA Bestand 2894.
Die Bekanntgabe der Verlängerung erfolgte durch RA Nr.
46/57, 16.8.1957, in: Bundesanzeiger Nr. 162,
24.8.1957.

136

Die deutsche Botschaft in Buenos Aires wurde beauftragt, mit der argentinischen Seite die Texte der Dekrete abzustimmen; hierzu erteilte ihr das Auswärtige Amt entsprechende Weisungen.[339] Diese basierten auf einer Stellungnahme, die in einer Sitzung der beteiligten Ressorts, der Firmen, Verbände und der Studiengesellschaft aufgrund von Wünschen und Anregungen erarbeitet worden war.[340] Die danach überarbeiteten argentinischen Entwürfe waren wiederum Gegenstand von Besprechungen im Bundeswirtschaftsministerium.[341] Da nunmehr nur noch sehr spezielle Detailfragen zur Debatte standen, wurden zwei Bonner Spezialisten beauftragt, diese direkt mit der Lanusse-Kommission auszuhandeln. Sie reisten am 20. September nach Buenos Aires und teilten bereits am 4. Oktober 1957 mit, daß "soeben überraschend die vollständige Einigung über den Dekretentwurf Vermögen erzielt" worden sei.[342]

Nachdem sich die Bundesregierung in der Clubsitzung im Februar 1957 in Paris bereit erklärt hat, einen "fair share" bei der Konsolidierung der argentinischen Schulden zu leisten,[343] klärte das Bundesfinanzministerium mit den beteiligten deutschen Firmen die Abwicklung im Innenverhältnis. Unter der Fiktion, daß der Bürgschaftsfall eingetreten sei, sollten die deutschen Exporteure zu den ursprünglichen Fälligkeiten im Schnitt etwa neunzig Prozent ihrer Forderungen erhalten; für die gegenüber den Ratenzahlungen der Argentinier

339) Vgl. BWM Abt. V A 9 an AA, 22.8.1957, in: HA Bestand 4630.
340) Vgl. BdL, Vermerk, 21.8.1957, ebenda.
341) Vgl. BdL, Bericht, 18.9.1957, ebenda.
342) Vgl. BWM, Vorbericht Dr. Heinrichs, 4.8.1957, und Bericht, 9.10.1957, in: BA B102/57668.
343) Siehe vorstehend S. 130.

vorgezogenen Auszahlungen wollte das Finanzministerium
bis zu 30 Mio US $ aus den für den Hermes-Versiche-
rungsfall vorgesehenen Bundesmitteln einsetzen.[344] In
einer Besprechung am 23. Mai 1957 erläuterte es den
Firmen die Situation und das Verfahren und wies darauf
hin, daß die Forderungen bereits bei Fälligkeit und
nicht erst nach der vorgesehenen Karenzzeit beglichen
und die Selbstbeteiligungen der Firmen auf die Hälfte
reduziert werden sollten. Die beteiligten Firmen
stimmten der geplanten Vorgehensweise und einer hierfür
erforderlichen Abtretung ihrer Forderungen an den Bund
zu. Anfang August 1957 teilte das Bundesfinanzministerium ihnen ergänzend mit, daß die Dresdner
Bank mit der Abwicklung beauftragt werden sollte, gab
weitere Einzelheiten bekannt und bat wiederum um
schriftliches Einverständnis zur vorgeschlagenen Regelung.[345]

Vereinbarungsgemäß trafen sich die europäischen Part-
nerländer des Pariser Clubs am 3. und 4. Oktober 1957
in London zur Abstimmung der Texte der Handels- und
Zahlungsabkommen der einzelnen Teilnehmerländer und
des gemeinsamen Konsolidierungsabkommens der fünf Gläubigerländer. Die deutsche Delegation teilte hierbei
mit, daß die geänderten Traktorenverträge voraussicht-
lich in den nächsten Tagen unterzeichnet werden würden.[346] Im Oktober reiste dann eine deutsche Delegation nach Buenos Aires, um einzelne strittige Punkte
im Zusammenhang mit dem Handels- und Zahlungsabkommen
und den dazu gehörenden Anlagen zu klären. Als sich
hierbei herausstellte, daß die Unterzeichnung des Ver-

344) Vgl. BdL, Vermerk, 29.4.1957, in: HA Bestand 2893.
345) Vgl. BMF an BWM u.a., 5.8.1957, in: HA Bestand
2894.
346) Vgl. BdL, Vermerk, 8.10.1957, in: HA Bestand 2891.

138

tragswerkes nicht mehr im Oktober erfolgen würde, mußte eine weitere Verlängerung des deutsch-argentinischen Handels- und Zahlungsabkommens durch Notenaustausch bis 30. November vereinbart werden.[347]

Bei den Verhandlungen ging es gelegentlich hektisch zu, bis die zweiseitigen Abkommen und die dazu gehörenden Noten am 13. November 1957 paraphiert wurden.[348]

Am 18. November 1957 wurden die Vereinbarungen über die einvernehmliche Auflösung der Traktoren-Lieferverträge vom Oktober 1954 und Februar 1955 von den deutschen Firmen Fahr A.G., Gottmadingen, Hanomag A.G., Hannover, und Klöckner-Humboldt-Deutz, Köln, sowie von dem argentinischen Finanzminister, dem Handels- und Industrieminister und dem stellvertretenden Landwirtschaftsminister unterzeichnet. Die drei Firmen erhielten das Recht, gegen die früheren Einfuhrlizenzen noch Schlepper und Schlepperteile im Werte von je 7 Mio US $ zu liefern. Die Maschinenfabrik Fahr verpflichtete sich außerdem, wegen des Kommissionsvertrages mit der Firma Konnex A.G.[349] der argentinischen Regierung ca. 845.000 US $ in Raten zu zahlen.[350] Damit war die letzte Vorausetzung für eine Unterzeichnung der Abkommen über die Multilateralisierung von deutscher Seite erfüllt.

---

347) Vgl. DB an AA, 26.11.1957, in: BA B102/57584. Bekanntgabe der Verlängerung durch RA Nr. 64/57, 4.11.1957, in: Bundesanzeiger Nr. 215, 7.11.1957.
348) BWM, Vermerk Dr. Daniel, 13.11.1957, in: BA B102/57584.
349) Siehe vorstehend II.3.2., S. 116 f.
350) Nach DB an AA, 28.11.1957, in: BA B102/6824 Heft 1, wurden die Vereinbarungen durch die Veröffentlichung des entsprechenden Dekretes Nr.1.525, 20.11.1957, im Boletin Oficial Nr. 18.530, 25.11.1957, rechtsgültig.

3.4.   Die Abkommen und argentinischen Maßnahmen zur Einführung des multilateralen Handels- und Zahlungsverkehrs

Das Bundeswirtschaftsministerium gab am 26. November 1957 durch Runderlaß über den künftigen Handels- und Zahlungsverkehr mit Argentinien die Ergebnisse der etwa eineinhalb jährigen Verhandlungen bekannt, ohne zunächst die Texte der am Vortage in Buenos Aires unterzeichneten Verträge sowie der argentinischen einschlägigen Gesetze zu veröffentlichen.[351] Die Umsetzung der für die einzelnen Problemkreise ausgehandelten Lösungen erfolgte, der jeweiligen Materie entsprechend, auf so unterschiedliche Weise, daß sie nach Themenkreisen zusammengefaßt nachstehend dargestellt werden.

3.4.1.   Regelung der Altschutzrechte und des Altvermögens

Das Bundeswirtschaftsministerium erteilte Anfang 1958 durch Runderlaß eine allgemeine Genehmigung für die Rechtsgeschäfte und Zahlungen im Zusammenhang mit der Rückgabe der restlichen deutschen Schutzrechte und des Altvermögens[352] und veröffentlichte Übersetzungen der einschlägigen argentinischen Gesetzesdekrete.[353]

---

351) Vgl. RA Nr. 66/57 und 67/57, 26.11.1957, in: Bundesanzeiger Nr. 231, 30.11.1957.
352) Teilfreigaben waren bereits gemäß Zusatzprotokoll Nr. 3, 29.7.1953, erfolgt, siehe vorstehend II.2.4., S. 72 ff.
353) Vgl. RA Nr. 9/58, 24.2.1958, in: Bundesanzeiger Nr. 46, 7.3.1958, mit beigefügten Übersetzungen der Gesetzesdekrete:
Nr. 15.364/57 betr. gwerbliche Schutzrechte,
Nr. 19.701/57 betr. Formvorschrift der Antragstellung,
Nr. 15.365/57 betr. Vermögen,
Nr. 16.205/57 betr. Argentinisch-deutsche Kommission,

Die Rückgabe der Warenzeichen, Handelsnamen und sonstigen Rechte aus geistigem Eigentum sollte auf Antrag
der nachweislich berechtigten deutschen Inhaber be-
dingungslos und unentgeltlich erfolgen; hierbei waren
auch die Schutzrechte eingeschloßen, die nach dem
Krieg von den DINIE-Firmen eingetragen worden waren.
Nach Übergang auf die Berechtigten durften die bisherigen Inhaber die deutschen Warenzeichen und Firmennamen noch zweihundertsiebzig Tage weiterbenutzen und
anschließend die Warenbestände verkaufen, die in einer
beglaubigten Aufstellung innerhalb von weiteren dreißig
Tagen zu melden waren.

Bei dem deutschen Altvermögen wurde unterschieden zwischen den dreißig laufenden DINIE-Betrieben, vierund-
vierzig Unternehmen, die sich in Liquidation durch die
Junta befanden, Unternehmen, wie Banken und
Versicherungsgesellschaften etc, die durch andere Stellen liquidiert werden sollten, und den sonstigen Vermögenswerten, insbesondere Grundstücken.[354] Für die Ab-

---

Nr. 15.389/57 betr. Argentinische Versteigerungskommis-
sion,
Nr. 16.049/57 betr. Zusammensetzung der Argentinschen
Versteigerungskommission,
Nr. 15.389/57 betr. Besichtigung der zu versteigernden
Unternehmen.
Ergänzt durch RA Nr. 38/58, 7.8.1958, in: Bundesanzeiger Nr. 156, 16.8.1958, mit beigefügten Übersetzungen
der Gesetzesdekrete:
Nr. 6.265/58 und Nr. 15.389/57 betr. Grundlagen und
allgemeine Bedingungen für die Versteigerung der Unternehmen deutscher Herkunft,
Nr. 1.267/58 betr. Klarstellung der Reichweite des Abschnittes VI über Grundlagen und allgemeine Bedingungen
für die Versteigerung deutscher Unternehmen.
354) Vgl. Heribert Heinrichs, Die Übertragung gewerblicher Schutzrechte deutschen Ursprungs auf die deutschen Berechtigten und die Regelung des deutschen Altvermögens in Argentinien, in: Recht der internationalen
Wirtschaft, Sonderdruck aus Heft 12, Dezember 1957, S.
233 - 237.

141

wicklung des Vermögens der DINIE-Firmen, die den
Hauptbestandteil der deutschen Altvermögen ausmachten,
wurde eine Zeittafel aufgestellt.[355] Nach Ernennung
von Sachverständigen, Bewertung der Objekte, Abgabe der
Festangebote und Aufteilung nach Beschlagnahmtem und
von Argentinien Eingebrachtem sollten bis Ende August
1958 die Versteigerungen durchgeführt werden. Falls
sich keine Bieter fänden, sollten diese mit fünfundzwanzig Prozent Nachlaß bis Ende November wiederholt
werden und, falls auch dann nicht geboten worden war,
sollte bis Ende Mai 1959 ohne preisliche Begrenzung
versteigert werden.

In der ersten Runde wurden sieben Firmen von den Stamm-
häusern zum Verkaufspreis von 105 Mio, fünf von der
argentinischen Regierung zu 534 Mio und drei von
argentinischen Interessenten zu 19 Mio Peso ersteigert;
für die restlichen vierzehn Firmen wurde kein Kaufgebot
abgegeben.[356] Die Versteigerungen der DINIE-Firmen erbrachten schließlich insgesamt ca. eine Milliarde Peso,
von denen die Hälfte an den argentinischen Staat floß
und die andere Hälfte an die Vorbesitzer augeschüttet
wurde; diese konnte die Peso nur in Argentinien verwenden, da keine Transfermöglichkeit bestand.[357]

355) Vgl. Studiengesellschaft für privatrechtliche Auslandsinteressen an Mitglieder, 21.1.1958, Anlage Übersetzung betr. Gemischte Kommission, 10.12.1957, in: BA
B102/57584.
356) Dieses Ergebnis zeigte, daß seit 1955 (siehe vorstehend II.2.8., S. 99 ff) die Mehrzahl der deutschen
Stammhäuser das Interesse an einem Rückerwerb ihrer argentinischen Beteiligungen oder Niederlassungen verloren hatten.
357) Vgl. Deutsche Bundesbank (künftig BB abgekürzt),
Vermerk, 29.8.1958, in: HA Bestand 2891, und O. Böhmer,
Stand der beschlagnahmten deutschen Vorkriegsvermögen,
S. 310 f.

Ausgenommen von der Regelung war die interdizierte
Firma Mercedes-Benz Argentina, deren der Firma Daimler-
Benz, Stuttgart, gehörende Aktien als beschlagnahmt
galten.[358] Die argentinische Firma war Anfang Januar
1957 mit einer Steuerstrafe in Höhe von 800 Millionen
Peso belegt worden;[359] außerdem war ein Verfahren bei
der sogenannten Wiedergutmachungs-Junta anhängig. Die
deutsche Delegation unternahm zwar den Versuch, eine
politische Lösung herbeizuführen, dieser scheiterte
aber, da die argentinischen Forderungen auf Gewährung
eines Kredites als Finanz- und Wirtschaftshilfe und der
Entsendung einer Goodwill-Mission deutscher Banker und
Industrieller nicht akzeptabel waren.[360] Die Bundesregierung entschloß sich daher, dem Pariser Club beizu-
treten, obwohl offen blieb, wie und wann durch die Argentinier die Probleme dieser Firma gelöst werden würden.[361]

3.4.2. Handels- und Zahlungsabkommen

Die textlich abgestimmten Handels- und Zahlungsabkommen der zehn europäischen Teilnehmerstaaten mit Ar-

---

358) Siehe vorstehend II.3.2., S. 114 ff.
359) Siehe vorstehend II.3.3.2., S. 127.
360) Vgl. AA, Aufzeichnung, 12.12.1957, in: PA Ref.306
Bd.10.
361) Von der Wiedergutmachungs-Junta wurde im Januar
1958 das Vermögen der argentinischen Firma einschließlich der Aktien als dem Staat verfallen erklärt (nach
Neue Züricher Zeitung, 23.1.1958). Mit Gerichtsurteil,
24.10.1958, wurde der 54%ige Anteil der Firma Daimler-
Benz an Mercedes-Benz-Argentina anerkannt (nach Der
Tag, Buenos Aires, 2.11.1958). Am 9.12.1958 wurde in
einer außerordentlichen Generalversammlung, in der der
46%ige argentinische Anteil durch einen Beauftragten
der Regierung vertreten war, ein fünköpfiges Direktorium gewählt: die Steuerschuld wurde erlassen (nach
Daimler-Benz, 17.12.1958, in: BA B102/58063).

gentinien[362] basierten auf dem Pariser Protokoll für
die Multilateralisierung vom 30. Mai 1956[363] und wurden am 25. November 1957 in Buenos Aires unterzeichnet.
Das deutsch-argentinische Abkommen unterzeichneten
Botschafter Junker und Seeliger, der inzwischen ins
Auswärtige Amt versetzt worden war; es trat sieben Tage
danach in Kraft.[364] Die beigefügten veröffentlichten
drei Noten betrafen die Berlin-Klausel, die Saar-Frage
sowie die Verwendungsmöglichkeit von Beko-DM innerhalb
des europäischen multilateralen Arbitragesystems.
Außerdem gehörten neun vertrauliche Noten zum Abkommen.[365] Sie beinhalteten: die Verschiebung des Beginns des Zahlungsverkehrs nach dem Abkommen aus technischen Gründen auf den 1. Januar 1958, die Unterstützung der argentinischen Behörden sowohl bei der
Rückverschiffung der im Zoll befindlichen Lieferung der
Firma Bosch, als auch bei der Verzollung der Lieferungen der Firma Daimler-Benz rückwirkend auf den Zeitpunkt neunzig Tage nach Verschiffung, die argentinische
Mitteilung der Teilnehmerstaaten am multilateralen Han-
dels- und Zahlungssystem und die Zusage von Konsultationen bei beabsichtigtem Beitritt oder Ausscheiden eines Landes, das Versprechen, keine diskriminierenden
bilateralen Bindungen einzugehen bei argentinischer
Vorbehaltserklärung für Ausnahmen bei Nachbarländern
und zur Sicherstellung von Forderungen, die Mittei-
lungspflicht über Verwendung von transferierbaren Erlö-
sen aus dem multilateralen System zur anderweitigen
Schuldenbedienung und schließlich die Anwendung der Li-
beralisierungsliste bei der deutschen Einfuhr aus Ar-

---

362) Siehe vorstehend II.3.3.2., S. 137 f.
363) Siehe vorstehend II.3.3.1., S. 121 f.
128) Vgl. RA Nr. 71/57, 14.12.1957, in: Bundesanzeiger
Nr. 6, 10.1.1958.
365) Vgl. Kopien der Noten, in: HA Bestand 11649.

gentinien für Länder außerhalb des Sowjetblocks, soweit
diese nicht dem Europäischen Wirtschaftsrat (OEEC) oder
dem Dollarraum angehören. In der argentinischen Bestätigung des sogenannten Einfuhrbriefes wurde vorausge-
setzt, daß argentinische Produkte zu gleichen Bedingungen Zugang zum deutschen Markt erhalten würden, wie
Produkte anderer, insbesondere europäischer Lieferlän-
der.

Die Deutsche Bundesbank[366] führte über die Durchführung des im Zahlungsabkommens vereinbarten Aus-
gleichs des bisherigen US $-Vertragskontos und über die
vorgesehene Errichtung eines laufenden Kontos in DM mit
dem Banco Central einen ergänzenden Schriftwechsel, der
eine Vereinbarung zwischen den beiden Instituten bildete.[367] Hierin wurde der Überleitungstag und die Kompensation des Saldos des laufenden Konto mit dem Konsolidierungskonto bei der Zinsberechnung festgelegt.[368]

Bei Schließung des US $-Abkommenskonto waren etwa 300
dem Banco Central erteilte Zahlungsaufträge in einer
Gesamthöhe von 4,7 Mio US $ der Bundesbank noch nicht
belastet worden; Ende Februar 1958 waren es noch 80
Aufträge mit 0,5 Mio US $. Die Hauptabteilung Ausland
der Bundesbank bemerkte hierzu, daß sie trotz immer
wieder angewandter Bereinigungsmethoden "während der
ganzen Zeit des deutsch-argentinischen Nachkriegsbila-
teralismus mit dem Banco Central hinsichtlich der er-

---

366) Die Bank deutscher Länder war gesetzlich am
1.8.1957 in die Deutsche Bundesbank umgewandelt worden,
siehe vorstehend I.2., S. 13 f.
367) Vgl. BB an Banco Central, 25.11.1957, in: HA Bestand 11649.
368) Vgl. BB an Banco Central, 25.11.1957 und
5.12.1957, ebenda.

teilten Zahlungsaufträge nach einem de facto-modus
vivendi gearbeitet habe".[369]

Die weitere positive Entwicklung des deutsch-argentinischen Handelsverkehrs nach der Multilateralisierung und
dem Übergang zu freier Konvertibilität der DM[370] zeigen
die Zahlen der deutschen Jahresstatistik.[371]

3.4.3. Abkommen über die Konsolidierung der deutschen Forderungen

Die Vereinbarungen über die Konsolidierung der argentinischen Handels- und öffentlichen Schulden basierten,
wie das Handels- und Zahlungsabkommen, auf dem Pariser
Protokoll vom 30. Mai 1956, der Londoner Ergänzung vom
15. Juni 1956[372] sowie den Ergebnissen der Verhandlungen seit Herbst 1956.[373] In dem "Abkommen zur Regelung des Transfers der argentinischen Handelsschulden"[374] wurden die zu konsolidierenden Beträge nach
dem Stand vom 30. Juni 1957 mit 98.343.620-- US $ ver-
einbart. Die Rückzahlungen sollten in Raten jeweils am
Quartalsende erfolgen; die festgelegten Beträge begannen 1957/58 mit 2,572 Mio US $[375] und stiegen bis
1963/64 auf 3,880 Mio US $ an; die letzte Ratenzahlung
war für den 30. September 1965 vorgesehen. Die US $-Be-
träge sollten zum amtlich notierten Mittelkurs der

---

369) BB, Vermerk, 21.4.1958, ebenda.
370) Vgl. RA Nr. 60/58, 29.12.1958, in: Bundesanzeiger
Nr. 248, 30.12.1958.
371) Siehe Statistischen Anhang XIII.1.1.1. und 2.
372) Siehe vorstehemd II.3.3.1., S. 121 f.
373) Siehe vorstehend II.3.3.2., S. 122 ff.
374) In RA Nr. 66/57, 26.11.1957, als nicht veröffentlichtes Abkommen erwähnt; Text in: HA Bestand 11649.
375) Am 31.12.1957 waren 2 Raten fällig, da die nach
dem Stichtag 30.6.1957 fällige 1. Rate vom 30.9.1957
nachbezahlt werden sollte.

Frankfurter Börse in DM angeschafft werden, der Zins-
satz betrug dreieinhalb Prozent. Nebenkosten, wie
Frachten und Preiserhöhungen aus Gleitklauseln, fielen
nicht unter die Konsolidierung. Zur Beobachtung der
Entwicklung und zur Klärung etwaiger Fragen der Auslegung und Anwendung des Abkommens wurde ein gemischter
Ausschuß gebildet.

Das ebenfalls nicht veröffentlichte Abkommen über die
Rückzahlung der Forderungen der Deutschen Bundesbank
erfolgte in Form eines bestätigten Briefwechsels mit
dem Banco Central am 25. November 1957.[376] Das Konsolidierungskonto wurde in DM geführt und der Saldo mit
dreieinhalb Prozent p.a. verzinst. Dieses Konto wurde
mit dem DM-Gegenwert von 5 Mio US $ belastet, die noch
aus der ersten Konsolidierung vom November 1954 offen-
standen.[377]

Gleichzeitig wurde dem Banco Central von der Deutschen
Bundesbank ein Kredit in Höhe von 76 Mio DM eingeräumt,
der dem laufenden Konto des Banco Central gutgebracht
und mit dem das Konsolidierungskonto belastet wurde.
Auch diese Schulden sollten nach einem Rückzahlungsplan
in vierteljährlichen Raten getilgt werden; die erste
Rate war am 31. März 1958, die letzte am 30. Juni 1964
fällig; die Zinsen waren jährlich am 30. September zu
begleichen, erstmals im Jahre 1961.[378]

Die Vertreter der Regierungen der fünf Gläubigerstaaten Frankreich, Italien, Niederlande, Vereinigtes
Königreich und Bundesrepublik unterzeichneten mit den

---

376) Text in: HA Bestand 11649.
377) Siehe vorstehend II.2.6., S. 91.
378) Vgl. BB an Banco Central, 25.11.1957, in: HA Bestand 11.649.

Vertretern der argentinischen Regierung im Rahmen der
am 25. November 1957 abgeschlossenen Verträge eine vertrauliche "Vereinbarte Niederschrift".[379] In dieser
erklärten die Gläubigerländer ihr Einverständnis, nach
Zahlung der Raten des dritten Tilgungsjahres aus den
Konsolidierungsabkommen "zusammenzutreten, um die
Schuldenlage in ihrer Gesamtheit im Hinblick auf die
tatsächliche Durchführung der Handelsgeschäfte zu überprüfen".[380]

Mit der Unterzeichnung der diversen Verträge durch alle
Partner war die Grundlage geschaffen worden für die
endgültige Ingangsetzung des multilateralen Systems.

4. Zusammenfassende Betrachtung

Die deutsche Außenwirtschaftspolitik gegenüber Argentinien war gekennzeichnet durch die den jeweiligen Verhältnissen angepaßte Form der Vereinbarungen. Wegen der
Devisenknappheit wurde zunächst der Austausch der sich
gut ergänzenden Produkte bilateral geregelt, 1954 die
Basis für den Handelsverkehr durch die von argentinischer Seite leider mißbräuchlich benutzte Zahlungs-
möglichkeit mit Beko-DM verbreitert, Ende 1957 mit der
gemeinsam mit zehn europäischen Ländern eingeführten
Multilateralität der letzte deutsche bilaterale Handelsvertrag außer Kraft gesetzt und Ende 1958 durch
die Konvertierbarkeit der DM der Markt weltweit ge-
öffnet. Entsprechend wurden die vertraglichen Rahmenbedingungen, die der deutschen Wirtschaft Raum für die
Entwicklung der Wirtschaftsbeziehungen boten, schrittweise durch Abbau staatlicher einschränkender Maßnah-

---

379) Text ebenda.
380) Ebenda.

men, wie Kontingentierung, Devisenbewirtschaftung, an-
gepaßt. Hierbei wurde der Situation des argentinischen
Partners jeweils Rechnung getragen, z.B. durch die
Gewährung von Swingkrediten und die Konsolidierung von
Schulden. In der Anfangzeit des Wiederaufbaus mußten
zudem noch divergierende deutsche Interessen bei der
Finanzierung von Großgeschäften und der Gewährung
öffentlicher Kredite koordiniert werden.

Die peronistische Wirtschaftspolitik hatte sich zum
Ziel gesetzt, die Industrialisierung des Landes durch
Fünfjahrespläne bei gleichzeitiger erheblicher Auf-
stockung der sozialen Leistungen voranzutreiben; hierbei wurde im zweiten Plan die bisher stark vernach-
läßigte Landwirtschaft mitberücksichtigt. Zur Plan-
erfüllung wurde der Außenhandel durch Devisenbewirtschaftung, Lizenzierung der Ein- und Ausfuhren und andere dirigistische und protektionistische Maßnahmen
staatlich gelenkt; hierbei scheuten die hierfür geschaffenen Behörden nicht vor Diskriminierungen, Preis-
und Währungsmanipulationen, Vertragsverletzungen, Beschlagnahmen von Feindvermögen und -rechten und Korruption zurück. Diese Auswüchse führten zum Sturz des peronistischen Regimes zu einem Zeitpunkt, an dem eine
Regelung des deutschen Altvermögens in greifbare Nähe
gerückt war.

Die nachfolgende provisorische Regierung Aramburo war
durch innere Schwäche geprägt und konnte sich zwischen
den unterschiedlichen Interessen des Militärs und der
Arbeiterschaft nur mühsam im Amt zu halten. Aus Furcht
vor Unpopularität wechselte sie häufig Regierungsmit-
glieder aus, wodurch ihre Aktionsfähigkeit behindert
wurde. Sie verfolgte zwar das richtige wirtschaftspoli-

tische Ziel, den Handels- und Zahlungsverkehr mit den
wichtigsten europäischen Partnern nach dem Vorbild Brasiliens zu multilateralisiern, verzögerte aber die Umstellung durch jahrelanges Taktieren bei der Schaffung
der für die Bundesregierung unerläßlichen Voraussetzungen.

Unter diesen Verhältmissen litten naturgemäß die
deutsch-argentinischen Wirtschaftsbeziehungen durch
große Schwankungen im Handelsverkehr; so erreichte der
deutsche Überschuß im Jahre 1953 fast den Wert der Einfuhren und übertraf ihn 1961, während von 1954 bis
1957 große Unterdeckungen zu verzeichnen waren.[381] Die
eigennützige Vorgehensweise der argentinischen Regierungen bei der Lösung der Probleme der beschlagnahmten deutschen Schutzrechte und des Altvermögens bewirkten eine Zurückhaltung bei deutschen Investitionen
in Argentinien im Vergleich zu Brasilien.[382]

Staatspräsident Frondizi erkannte die hieraus entstandenen Nachteile und bemühte sich, die deutsche Industrie zu Investitionen in Argentinien zu veranlassen.
Als Beispiele hierfür seien der überaus aufmerksame
Empfang einer Goodwill-Delegation des Bundesverbandes
der Deutschen Industrie in Argentinien im November
1959[383] und seine Rede in der Handelskammer Hamburg
im Juni 1960 angeführt.[384]

---

381) Siehe Statistischen Anhang XIII.1.1.1.
382) Siehe ebenda 2.2. und 2.3.
383) Vgl. Bundesverband der Deutschen Industrie, Bericht über die Goodwill-Reise, 1960 Köln, S. 21 - 28.
384) Handelskammer Hamburg, Ibero-Amerika Verein, Argentinien und Deutschland. Wirtschaftsgespräch mit
Frondizi, 30.6.1960, Hamburg 1960.

Zusammenfassend ist festzustellen, daß der Wiederaufbau der deutschen Wirtschaftsbeziehungen mit Argentinien keineswegs gradlinig und harmonisch verlaufen ist. Der Freude über die ersten Abschlüsse von Großgeschäften nach dem Zweiten Weltkrieg folgte bald eine Ernüchterung durch den Zwang zu erster Schuldenkonsolidierung; einen Tiefpunkt bildete die Interdizierung großer deutscher Niederlassungen nach der Revolution. Zusätzlich war das Verhältnis durch die unfairen Praktiken gegenüber den deutschen Vorkriegsvermögen belastet. So kann man von einer Normalisierung der Wirtschaftsbeziehungen zu diesem potenten Partner in Südamerika wohl erst gegen Ende der fünfziger Jahre sprechen.

III.   Die   Wirtschaftspolitik   der   Bundesrepublik
Deutschland mit Brasilien

1. Einführung

Brasilien bedeckt mit einer Fläche von ca. achteinhalb
Mio qkm knapp die Hälfte der Oberfläche Südamerikas;
zwischen dem 5. Grad nördlicher und dem 33. Grad südlicher Breite gelegen, gehört das brasilinianische Territorium im wesentlichen zur tropischen Vegetations-
und Klimazone. Sein Naturraum gliedert sich in drei
Großlandschaften: im Norden an der Grenze zu Venezuela
das Bergland von Guayana, daran anschließend das Amazo-
nastiefland und in der südlichen Landeshälfte das Brasilianische Bergland. Amazonien ist mit vier Mio qkm
das größte Tropenwaldgebiet und der Amazonas mit über
tausend Nebenflüssen der größte Fluß der Erde, sein
Einzugsgebiet umfaßt fast zwei Fünftel Südamerikas. Das
Brasilianische Bergland, der Planalto, nimmt den größten Teil Brasiliens ein und besteht aus einem kri-
stallinen Sockel, der an den schmalen Küstenstreifen
des Atlantik steil abbricht. Im Südosten wird der Planalto zur wild zerklüfteten Gebirgslandschaft. Mit
64,7 Mio Einwohnern waren 1959 fast die Hälfte der Bewohner Südamerkas Brasilianer.

Die Bevölkerung bestand zu knapp zwei Dritteln aus
Weißen, einem Sechstel Negern, einem Fünftel Mulatten
und der Rest aus Indianern und Asiaten.[385] Die Neger
waren in kolonialer und nachkolonialer Zeit als Ar-
beitssklaven für die Bewirtschaftung der Zuckerrohr-
und später der Kaffee-Plantagen aus Afrika "importiert"
worden. Bis zur Kontinentalsperre durch Napoleon und

---

385) Vgl. Ibero-Amerika. Ein Handbuch, S. 157.

bis zur Einführung der Rübenzuckerproduktion in Preußen besaß Brasilien nahezu ein Monopol für die Zuckerbelieferung Europas; ab Ende des 18. Jahrhunderts wurde Kaffee, das "grüne Gold" Brasiliens, zunehmend der Hauptexportartikel, von dem das Wohlergehen des Landes weitgehend abhing und noch heute stark beeinflußt wird. Ein weiteres Monopol hatte Brasilien zeitweise im Export von im Amazonasgebiet gesammltem Naturgummi, bis dieser kurz vor dem Ersten Weltkrieg im Wettbewerb mit dem auf asiatischen Plantagen angebauten nicht mehr konkurrenzfähig war. In diesem Jahrhundert kam die Baumwolle, das "weiße Gold" Brasiliens, als weiterer bedeutender Exportartikel neben anderen tropischen Produkten, wie Tabak und Kakao, hinzu.[386]

Die Wirtschaftsbeziehungen zwischen Deutschland und Brasilien entwickelten sich bis zum Zweiten Weltkrieg in dem eingangs für Südamerika aufgezeigten Rahmen.[387] Unter den von 1880 bis 1940 rund fünf Mio Einwanderern nach Brasilien waren ca. fünfeinhalb Prozent Deutsche.[388]

Im Oktober 1930 war Dr. Getulio Vargas durch eine Revolution in Brasilien an die Macht gekommen; nach einem Staatstreich regierte er ab 1937 diktatorisch. Während des Zweiten Weltkrieg befolgte Brasilien die auf den panamerkanischen Konferenzen beschlossenen Empfehlungen;[389] so erließ es ab 1941 Gesetzdekrete mit weitgehenden Einschränkungen für Angehörige der Feindmächte

---

386) Vgl. Hans Schnitzlein, Deutsch-Brasilianischer Handelsaustausch, in: Staden-Jahrbuch, Bd. 3, Rio de Janeiro 1955, S. 43 ff.
387) Siehe vorstehend I.1., S. 1 ff.
388) Vgl. Deutsch-Südamerikanische Bank, Hamburg, Wirtschaftsbericht Nr. 26, September 1952, S. 5.
389) Siehe vorstehend I.1., S. 7.

153

und deren Vermögen, erklärte am 31. August 1942 den
Kriegszustand mit Deutschland und entsandte später
Truppen in Stärke von zwei Divisionen nach Europa.[390]
Nach fünfzehnjähriger diktatorischer Herrschaft wurde

---

390) Die wichtigsten Gesetzesdekrete betrafen:
Nr. 3.911, 9.12.1941, Genehmigungspflicht für alle
Rechtsgeschäfte mit Angehörigen außeramerikanischer
kriegführender Staaten,
Nr. 4.166, 11.3.1942, Blockierung von Feindvermögen
und Kriegsschädenabgabe vom Vermögen und Einkommen,
Nr. 4.232, 6.4.1942, Hemmung der Laufzeiten für Pa-
tente und Warenzeichen,
Nr. 4.611, 24.8.1942, Enteignung der deutschen Schiffe
zugunsten des Staates,
Nr. 4.612, 24.8.1942, Schließung der deutschen Banken
in Brasilien und Überführung in Staatseigentum,
Nr. 10.358, 31.8.1942, Erklärung des Kriegszustandes
mit Deutschland,
Nr. 4.636, 31.8.1942, Aufhebung der Genehmigungen für
deutsche Versicherungsgesellschaften und Überführung
in Staatseigentum,
Nr. 4.637, 31.8.1942, Aufhebung der gewerkschaftlichen
Rechte für Feindangehörige,
Nr. 4.638, 31.8.1942, Aufhebung bestehender Arbeits-
verträge mit Angehörigen von Feindstaaten,
Nr. 4.701, 17.9.1942, Einschränkung des Handels mit
Rundfunkgeräten für Feindangehörige,
Nr. 4.717, 21.9.1942, Anmeldepflicht für deutsche Han-
delsunternehmen über die Beteiligungsverhältnisse,
Nr. 4.807, 7.10.1942, Errichtung der "Comissao de
Defesa Economica (C.D.E.)",
(Resolutionen der C.D.E.: Nr. 64, 10.5.1943, Verbot der
Neugründung von Gesellschaften mit Beteiligung von
Feindangehörigen, Nr. 65, Verbot des Erwerbs von Antei-
len an Aktiengesellschaften, Nr. 78, 16.6.1943, Durch-
führung der Zwangsliquidierung.)
Nr. 5.661, 12.7.1943, Auflösung der C.D.E. und Übergang
der Befugnisse auf den Banco do Brasil,
Nr. 14.682, 25.11.1943, öffentlicher Verkauf von Edel-
steinen aus Feindvermögen,
Nr. 6.214, 20.1.1944, Geheimhaltung von Patenten auf
Kriegsdauer und Aufhebung des Markenschutzes,
Nr. 6.393, 31.3.1944, Übertragung des Liquidations-
erlöses der deutschen Banken auf den Banco do Brasil,
Nr. 6.915, 2.10.1944, Konfiskation von Patenten, Waren-
zeichen, Gebrauchsmustern zugunsten des Staates,
nach BdL, Otto Böhmer, Brasilien Übersicht, o.Dat., in:
HA Bestand 11.650.

154

Vargas 1945 abgesetzt und General Enrico Gaspar Duarte
übernahm nach freien Wahlen im Januar 1946 das Amt des
Staatspräsidenten. Er führte eine demokratische Verfassung wieder ein und wollte mit dem "Plano Salte"[391]
den Aufbau einer institutionellen Infrastruktur durch
die öffentliche Hand finanzieren. Der Plan wurde zwar
im Mai 1950 durch ein Gesetz bestätigt, kam aber in der
Praxis nicht mehr zur Ausführung,[392] da Duarte im Januar 1951 durch den früheren Diktator Getulio Vargas
als gewählter Präsident abgelöst wurde.

Der neue Finanzminister Horacio Lafer betrieb eine
Anti-Inflationspolitik und wollte mit dem nach ihm benannten "Lafer-Plan" die Entwicklung des Landes nach
den Empfehlungen einer gemischten brasilianisch-nord-
amerikanischen Wirtschaftskommission vorantreiben. Die
erforderlichen Mittel sollten durch die Aufnahme einer
US $-Anleihe und durch eine fünfzehn prozentige Zusatz-
steuer in Form einer fünfjährigen Zwangsanleihe aufge-
bracht werden. Der Präsident des Banco do Brasil Ri-
cardo Jafet, der dem Finanzminister nicht unterstand,
verfolgte zur gleichen Zeit die entgegengesetzte Politik einer großzügigen Erteilung von Einfuhrlizenzen und
Gewährung von Krediten; er begründete seine Maßnahmen
mit der drohenden Gefahr eines neuen Krieges und der
damit verbundenen erneuten Unterbrechung der Belieferung von europäischen Kapitalgütern.[393] Diese Kontro-
verse führte schließlich zur Entlassung Jafets. Spä-

---

391) Die Abkürzung SALTE steht für S = SAude
(Gesundheit), AL = ALimentacâo (Nahrungsmittel und
Landwirtschaft) T = Transportes, E = Energica.
392) Vgl. Wolfgang E. Paulus, Die wirtschaftliche Entwicklung und Wirtschaftspolitik Brasiliens in der Phase
des Übergangs zur Industriegesellschaft (1930 - 1965),
Staatswiss. Diss. Freiburg 1967, S. 66 ff.
393) Vgl. ebenda, S. 89 - 91.

ter wurde auch Lafer wegen seiner verfehlten Politik von Baumwollaufkäufen als Finanzminister abgelöst.

Sein Nachfolger wurde im Juni 1953 Oswaldo Aranha, der in den dreißiger Jahren unter Vargas Außenminister gewesen war. Der nach ihm benannte "Aranha-Plan" hatte zum Ziel, die Sanierung der öffentlichen Finanzen durch Einschränkung der Staatsausgaben, rigorose Importkontrollen, eine straffe Budgetpolitik, Reorganisation der Finanzverwaltung, Unterstellung des Banco do Brasil und Schaffung einer Außenhandelsabteilung[394] zu erreichen.[395] Im Oktober 1953 änderte Aranha die Verfahren des Außenhandels durch Einführung von Devisenversteigerungen, Einteilung des Ex- und Importes in Kategorien nach ihrer volkswirtschaftlichen Bedeutung,[396] durch die Zulassung der Einfuhr von technischen Ausrüstungen ohne Devisendeckung[397] und durch den Schutz der brasilianischen Industrie vor nicht erwünschten Importen zur Förderung der Importsubstitution. Damit wurden die bisherigen Lieferanten der substituierten Erzeugnisse zu Direktinvestitionen zur Erhaltung ihres Marktanteils gezwungen.[398] Innenpolitisch wurde Aranhas Plan der Inflationsbekämpfung von Vargas durch die von ihm zum 1. Juli 1954 verfügte

394) Vgl. Gesetzdekret Nr. 2.145, 29.12.1953, Gründung der Carteira de Comercio Exterior (CACEX), in: Südamerikanische Bank, Hamburg, Wirtschaftsbericht Brasilien Nr. 42, S. 192.
395) Vgl. W.E. Paulus, Die wirtschaftliche Entwicklung und Wirtschaftspoltik Brasiliens, S. 91 - 94.
396) Vgl. Instrucâo Nr. 70 der Superintendencia de Moeda e de Credito (SUMOC), 9.10.1953, in: Deutsch-Südamerikanische Bank, Hamburg, Wirtschaftsbericht Brasilien Nr. 42, S. 192.
397) Vgl. Instrucâo Nr. 113 der SUMOC, 17.10.1955, ebenda, S. 196.
398) Vgl. Rüdiger Zoller, Direktinvestitionen und wirtschaftliche Entwicklung. Zur Rolle der Auslandsinvestitionen in Brasilien, München 1979, S. 106.

Erhöhung der Mindestlöhne um ein- bis dreihundert Prozent zunichte gemacht. Ende August 1954 trat Aranha zurück, nachdem Vargas statt seines vom Militär geforderten Rücktritts den Freitod gewählt hatte.

Der nachfolgende Vizpräsident Cafe Filho und die Finanzminister Eugenio Gudin und ab April 1955 Josè
Maria Whitaker bemühten sich Aranhas Politik fortzusetzen. Im November 1955 gab Cafe Filho aus ge-
sundheitlichen Gründen das Präsidentenamt ab.[399] Nach
einer unruhigen Übergangszeit wurde Ende Januar 1956
mit großen Erwartungen in weiten Bevölkerungskreisen
Juscelino Kubitschek de Oliveira als Staatspräsident
begrüßt. Mit seinem Entwicklungsplan "Programma de
Metas" wollte er in fünf Jahren den Fortschritt von
fünfzig Jahren verwirklichen. Neben dem weiteren Ausbau
der Infrastruktur und Industrie errichtete er die neue
Hauptstadt Brasilia im Innern des Landes.

2. Handels- und Zahlungsabkommen vom 17. August 1950

Nach dem Zweiten Weltkrieg hatte die JEIA[400] zwar einige Handelsgeschäfte mit Brasilien aber kein Abkommen
mit Brasilien abgeschlossen. Die ersten Handels- und
Zahlungsabkommen und ein Protokoll über Meistbegünstigung wurden nach Verhandlungen einer deutschen Delegation unter Leitung von Vollrath Freiherr von Maltzan
in Rio de Janeiro zwischen der Regierung der Bundesrepublik Deutschland und der Regierung der Vereinigten
Staaten von Brasilien am 7. Juni paraphiert und nach
Genehmigung durch die Alliierte Hohe Kommission[401] am

---

399) Vgl. W.E. Paulus, Die wirtschaftliche Entwicklung
und Wirtschaftspolitik Brasiliens, S. 95 - 98.
400) Siehe vorstehend I.1., S. 9 f.
401) Siehe vorstehend I.2., S. 16 .

157

17. August 1950 in Bonn unterzeichnet. Das Warenabkommen und das Protokoll wurden am 28. Februar 1951 als
Gesetz verkündet;[402] sie traten am 10. Mai 1952 nach
Austausch der Ratifikationsurkunden in Kraft.[403] Die
Vereinbarung über den Zahlungsverkehr wurde zwischen
der Bank deutscher Länder und dem Banco do Brasil S.A.
geschlossen; sie erlangte am dreißigsten Tag nach ihrer
Unterzeichnung Rechtskraft.[404] Das Warenabkommen und
die Zahlungsvereinbarung entsprachen in Form und Inhalt
dem für einen bilateralen Handelsverkehr üblichen Muster.[405] Der Warenaustausch wurde mit 115 Mio US $ be-
ziffert; von den insgesamt 50 Positionen der Liste A
für deutsche Einfuhr erreichten wertmäßig Rohkaffee 38
Mio, Rohbaumwolle 25 Mio, Rinderhäute 10,3 Mio und
Rohtabak und Sisal je 5 Mio US $. Die Liste B für
deutsche Ausfuhr enthielt 164 Positionen, wovon die
letzte 20 Mio US $ für "Ausrüstungen, Maschinen, Appa-
rate für verschiedene Industrien nach Wahl der Ein- und
Ausfuhrabteilung des Banco do Brasil" vorsah.

In dem Zahlungsabkommen wurde die Kontoführung bei der
Bank deutscher Länder, jährlicher Abschluß und Ausgleich sowie eine Kreditmarge von 11,5 Mio US $ ver-
einbart; vom Inkrafttreten am 15. September 1950 an
wurde das Abkommensjahr gerechnet und de facto der
Handelsverkehr nach den Bestimmungen der Abkommen abgewickelt.

Das Protokoll enthielt die Meistbegünstigungsklausel,
war Bestandteil des Warenabkommens und blieb nach der

---

402) Vgl. BGBl II Nr. 3, 6.3.1951.
403) Vgl. BGBl II Nr. 5, 28.5.1952.
404) Abgedruckt in: Deutsch-Südamerikanische Bank,
Hamburg, Wirtschaftsbericht Brasilien Nr. 26,
S. III - V.
405) Siehe vorstehend I.2., S. 17 ff.

158

Umstellung auf eine multilaterale Basis im Sommer 1955
weiterhin gültig. Der dem Vertragswerk beigefügte,
nicht veröffentlichte Schriftwechsel[406] betraf neben
ephemeren Problemen einige für den Wiederaufbau der
Wirtschaftsbeziehungen bedeutsame Punkte. So sah die
brasilianische Regierung in der deutschen Kaffeesteuer
von 10 DM für das Kilogramm ein ernstes Hindernis. Von
deutscher Seite wies Maltzan auf die noch gültigen brasilianischen Bestimmungen hin, die deutsches Vermögen
und Schutzrechte betrafen; er setzte voraus, daß dadurch der Handelsverkehr nicht behindert werden würde,
und bat um Mitteilung der beabsichtigten weiteren Vorgehensweise.[407] Zwei Schreiben der deutschen Delegation behandelten Steuerprobleme; im ersten Brief wurde
darauf aufmerksam gemacht, daß natürliche und juristische Personen mit Sitz in der Bundesrepublik auf
Provisionen, Zinsen und Prämien aus Geschäften mit Brasilien auch dann mit einer fünfzehn prozentigen Ein-
kommenssteuer in Brasilien belegt werden, wenn sie dort
keine Betriebsstätte oder Vertretung unterhalten. Im
zweiten Steuerbrief wurde die Frage der Vermeidung von
Doppelbesteuerung bei Einkünften aus Schiff- und Luft-
fahrt angeschnitten.

Dem Präsidenten des Banco do Brasil schlug Maltzan eine
zusätzliche Vereinbarung vor, wonach das Gläubigerland
während einer Frist von neunzig Tagen eine Begleichung
des den vereinbarten Swing von 11,5 Mio US $ über-
steigenden Betrag bis zur Höhe von 2 Mio US $ nicht
verlangen wird. Des weiteren sollte bei den jährlich

---

406) Texte in: HA Bestand 11650.
407) Nach BdL, O. Böhmer, Aufstellung Brasilien II,
o.Dat., S. 47, ebenda, steht vermutlich die Bekanntmachung des Außenministeriums, 23.11.1950, über
die Beendigung des Kriegszustandes hiermit in Zusammenhang.

auszugleichenden Salden der Wert der industriellen Aus-
rüstungsanlagen abgezogen werden, für die brasilianische Einfuhrlizenzen erteilt, die aber noch nicht geliefert oder anbezahlt worden seien; der Präsident des
Banco do Brasil stimmte zu und damit wurde der Swing
de facto auf 13,5 Mio US $ angehoben. Auf gleichem Wege
wurde eine Verzinsung des Kontos mit drei Prozent p.a.
bei halbjährlicher Abrechnung vereinbart.

3. Das "Treue-Verfahren"

Im ersten Abkommensjahr wurde auf dem Verrechnungskonto
ein deutscher Schuldensaldo im Rahmen der vereinbarten
Kreditmarge   verzeichnet. Durch einen Schriftwechsel
wurde abweichend von der Bestimmung der Zahlungsvereinbarung der deutsche Schuldensaldo am 15.
September 1951, dem Ende des ersten Abkommensjahres, in
Höhe von 6,3 Millionen US $ auf das zweite Ab-
kommensjahr vorgetragen und diese Methode auch für die
künftigen Jahresabschlüsse festgelegt.[408] Ab Februar
1952 wies das Abkommenskonto einen deutschen Aktivsaldo aus, der im April die Swinghöhe erreichte. In
dieser Zeit bewegten sich die deutschen Forderungen für
Ausfuhren im Schnitt bei monatlich ca. 15 Mio US $,
während die Abnahmen nur etwa die Hälfte betrugen; wegen überhöhter Preise für brasilianische Produkte war
mit einen Ausgleich durch verstärkte Abnahmen nicht zu
rechnen. Die deutschen Behörden gaben daher Mitte Mai
1952 die Einfuhr von brasilianischen Landesprodukten
frei, während die Brasilianer gleichzeitig einen Lizen-
sierungsstop für deutsche Einfuhren erklärten.[409]

---

408) Vgl. BdL, Ländersachbearbeitung Vermerk,
24.7.1952, in: HA Bestand 3139.
409) Vgl. ebenda.

Als das brasilianische Verrechnungskonto Mitte Juni
1952 einen Passivsaldo von 35,7 Mio US $ aufwies, un-
terbreitete die Bank deutscher Länder mit Zustimmung
des Handelpolitischen Ausschusses dem Banco do Brasil
telegraphisch das Angebot, den Swing auf 23 Mio US $
zu verdoppeln und für weitere 10 Mio US $ bis zum 31.
Dezember 1952 stillzuhalten bei sofortiger Zahlung des
darüber hinausgehenden Betrages von 2,7 Mio US $ in
freien US $ oder Gold. Nachdem der brasilianische
Schuldensaldo weiter angestiegen war und die Brasilianer auf die Vorschläge der Bank deutscher Länder nicht
geantwortet hatten, reiste Ende Juli eine deutsche Delegation unter Leitung von Dr. Felix Prentzel, Ministerialdirigent im Bundeswirtschaftsministerium, der
bereits an den ersten Verhandlungen im Jahre 1950 teilgenommen hatte, nach Rio de Janeiro.[410] Ziel der Verhandlungen war es, den Abbau des brasilianischen Schuldensaldos bei Gewährleistung eines kontinuierlichen Warenaustausches herbeizuführen.

Die Brasilianer erklärten sich außerstande, ihren Verpflichtungen zur Zahlung des Überhanges in freien Dollar nachzukommen. Wegen ihrer Verschuldung bei fast allen Importländern[411] und aus innenpolitischen Gründen
waren sie an der Vereinbarung von Maßnahmen interessiert, die im wesentlichen auf deutscher Seite durchzuführen seien. Im Laufe der Verhandlungen wurde Einverständnis erzielt, daß die brasilianische Import-
lizensierung mit Unterstützung der Bank deutscher Länder so gesteuert werden sollte, daß ein Verhältnis zwi-

---

410) Vgl. ebenda.
411) Nach British Ambassador Rio de Janeiro, Annual
Review for 1952, in : Public Record Office (künftig PRO
abgekürzt) FO 371 - 103.215/25430, bildeten Frankreich
und Argentinien Ausnahmen; letzteres wegen der Liefer-
unfähigkeit durch Mißernten.

schen deutschen Einfuhren brasilianischer Erzeugnisse
und der Ausfuhr deutscher Güter nach Brasilien von 100
: 80 entsteht; die Differenz sollte zur Schul-
denabdeckung verwandt werden. Um einen schnellen
Saldenabbau zu ermöglichen, hatten die Brasilianer ein
Verhältnis von 60:100 zwischen deutschen Ex- und Importen vorgeschlagen; dies war von deutscher Seite abgelehnt worden, um durch den Saldenabbau die Fortführung des Warenaustausches nicht zu gefährden.

Die deutschen Exporte sollten gleichzeitig durch eine
de facto-Abwertung des Brasil-Dollars über Disagien
verteuert werden; Kompensationsgeschäfte waren
grundsätzlich nicht mehr zu genehmigen. Der Reexport
brasilianischer Erzeugnisse nach dritten Ländern wurde
zunächst für sechs Monate erlaubt; ausgenommen waren
Transitierungen von Kaffee in den Dollarraum und von
Baumwolle nach England, Frankreich und Italien. Deutsche Kapitalinvestitionen in Brasilien sollten weiterhin im Rahmen des Abkommens durchgeführt werden.[412]

Am 29. August 1952 wurden wegen der gewünschten Geheimhaltung fünf vertrauliche Noten ausgetauscht;[413]
die erste beinhaltete als "Übereinkunft beider
Delegationen" die obigen Vereinbarungen. In einem weiteren Schreiben bat die brasilianische Regierung, für
die Dauer von sechs Monaten von der Aufforderung zur
Zahlung konvertibler Dollar Abstand zu nehmen. Die Bildung einer brasilianisch-deutschen Wirtschaftskommission aus Regierungsvertretern zur Förderung der Handelsbeziehungen war Gegenstand eines weiteren Notenaustausches. Schließlich wiederholte die brasiliani-

---

412) Vgl. BdL, Vermerk, 1.9.1952, in: HA Bestand 60.
413) Vgl. Delegationsvorsitzender an Vorsitzenden des
HPA mit 5 Anlagen, 1.9.1952, in: HA Bestand 3139.

sche Regierung ihren Hinweis auf die als Hemmnis emp-
fundene Höhe der deutschen Kaffeesteuer.

Über die von deutscher Seite zu treffenden Maßnahmen
wurde in einer Sitzung des Zentralbankrates Anfang
September 1952 beraten, an der als Gäste der deutsche
Delegationsleiter für das Bundeswirtschaftsministerium
und ein Vertreter des Bundesfinanzministeriums teilnahmen.[414] Dabei wurde Einigkeit erzielt, künftig aufgrund von Zahlungsaufträgen des Banco do Brasil dem
deutschen Exporteur Währungsbeträge in Verrechnungsdollar - sogenannten Brasil-Dollar - bei den Außenhandelsbanken zur Verwertung im freien Markt gutzubringen.
Bisher hatte die Bank deutscher Länder die Währungsbeträge aufgekauft und dem Exporteur eine Gutschrift in
DM gegeben. Zur Vermeidung einer Störung der Verhandlungen war dieses Verfahren beibehalten worden, obwohl
das brasilianische Verrechnungskonto inzwischen auf ca.
75 Mio US $ im Soll angestiegen war; der Ankauf von
auf Brasilien ausgestellten Akzepten und Export-Tratten
war Ende Juli eingestellt worden.[415]

In Zukunft sollte der deutsche Importeur seine Zahlungsverpflichtungen gegenüber Brasilien zu achtzig
Prozent durch am freien Markt erworbene Brasil-Dollar
erfüllen und die restlichen zwanzig Prozent bei der
Bank deutscher Länder zum festgesetzten Kurs hinzu-
kaufen. Bei dem zu erwartenden großen Angebot an Brasil-Dollar aus dem Export war damit zu rechnen, daß
diese nur mit einem Disagio, d. h. de facto abgewertet, an den Importeur zu verkaufen waren. Das Disagio,

---

414) Vgl. Protokoll 128. Sitzung des ZBR, 2./3.9.1952
mit anliegenden Stenobericht, in: HA Bestand 60.
415) Vgl. BdL, Pressemitteilung, 1.8.1952, über 125.
Sitzung des ZBR, 31.7.1952, in: HA Bestand 3139.

das sich, wie erwartet, auf ca. fünfzehn Prozent ein-
pendelte, verminderte einerseits die Erlöse beim Export und verbilligte andererseits die Importe und förderte dadurch den nunmehr erlaubten Transferhandel.

Die Teilnehmer der Zentralbankratssitzung waren sich
einig, diese Regelung, die später nach dem hierfür verantwortlichen Direktionsmitglied der Bank deutscher
Länder Treue den Namen "Treue-Verfahren" oder auch
"Rio-Regelung" erhielt, für alle künftigen Geschäfte
sofort einzuführen. Meinungsverschiedenheiten traten
aber bei der Behandlung der laufenden Verträge auf.
Einen großen Unsicherheitsfaktor stellten die Höhe der
von dem Banco do Brasil großzügig erteilten Importlizenzen und deren voraussichtliche Ausnutzung dar.[416]
Hierbei spielte die unterschiedliche Struktur der Warenlieferungen der beiden Partner eine Rolle; brasilianische Landesprodukte waren in der Regel aus Vor-
räten kurzfristig lieferbar, während deutsche industrielle Ausrüstungen und Anlagen vielfach erst nach
abgeklärter Bestellung in Einzelfertigung produziert
werden konnten und sich daher Teillieferungen häufig
über Monate oder auch Jahre hinzogen. Es wurde daher
mit der Möglichkeit gerechnet, daß der brasilianische
Schuldensaldo auf ca. 150 Mio US $ ansteigen würde.

Einige der Zentralbankratsmitglieder befürworteten
eine Anwendung der neuen Regelung auch auf die laufenden Verträge. Sie begründeten ihren Standpunkt damit,
daß die Bank deutscher Länder nur zur Anbietung nicht
aber zum Kauf von Devisen verpflichtet sei und es nicht
Aufgabe der Zentralbank sei, einen hohen Kredit aus
Handelsgeschäften über lange Zeit einzuräumen, zumal

---

416) Siehe vorstehend III.1., S. 154.

164

der Exporteur die Möglichkeit besitze, sich gegen das
Transferrisiko bei Hermes zu versichern. Hiergegen
argumentierten andere Sitzungsteilnehmer, daß eine Anwendung des Verfahrens bei laufenden Verträgen als Ver-
stoß gegen Treu und Glauben angesehen werden könnte, da
die Exporteure nicht rechtzeitig über die entstandene
Situation informiert worden seien. Sie hatten auch
Zweifel, ob bei einer gerichtlichen Überprüfung diese
Maßnahmen trotz des vorliegenden positiven Rechtsgut-
achtens Bestand haben würden. Von seiten des
Bundesfinanzministeriums wurde befürchtet, daß über die
Inanspruchnahme der Transferrisikoversicherung bei Her-
mes größere Belastungen auf den Bund zukommen würden.
Der Vertreter des Bundeswirtschaftsministeriums sah den
deutschen Export nach Brasilien wegen einer gestörter
Vertrauensbasis gefährdet.

Nach eingehender sachkundiger Debatte über verschiedene
Lösungsmöglichkeiten fand ein Kompromißvorschlag mehr-
heitliche Zustimmung; hiernach wollte die Bank deutscher Länder von den Zahlungsaufforderungen des Banco
do Brasil für vor September 1952 abgeschlossene Verträge die Hälfte aufkaufen und den Exporteuren in DM,
die anderen fünfzig Prozent in Brasil-Dollar bei den
Außenhandelsbanken gutschreiben.[417)]

Diese Mitteilung[418)] löste einen Sturm der Entrüstung
bei den Exporteuren und ihren Verbänden aus. Auf Wunsch
der Exportwirtschaft fand eine Besprechung mit Mitgliedern des Direktoriums der Bank deutscher Länder statt,
in der Beschwerden, Wünsche und Vorschläge der Expor-

417) Vgl. Protokoll 128. Sitzung des ZBR, 2./3.9.1952,
in: HA Bestand 60.
418) Vgl. BdL, Mitteilung Nr. 7148/52, 5.9.1952, und RA
Nr. 49/52, in: Bundesanzeiger Nr. 150, 6.8.1952.

teure vorgetragen wurden. Hierüber beriet der Zentralbankrat und beschloß einstimmig, unverändert bei seinen
Beschlüssen zu bleiben, "da kein Argument vorgebracht
worden sei, das der Zentralbankrat nicht schon in den
seinem Beschluß vorangegangenen Erörterungen gewürdigt
hatte".[419]

Die Form des Schuldenabbaus entsprach zwar nicht den
klassischen Mitteln eines Wartezimmers oder Konsoli-
dierungskredits, wie er mit Argentinien vereinbart worden war,[420] hatte aber den Vorteil, daß die Schuldentilgung ohne Festlegung und Einsatz von Devisen nur
durch einvernehmliche Steuerung des Warenaustausches
herbeigeführt werden konnte. In Brasilien wurden beim
"Treue-Verfahren" die de facto-Abwertung des Brasil-
Dollars und die Blockierung von Märkten durch den
deutschen Transithandel kritisiert.[421]

**4. Verhandlungen im Jahre 1953 über zusätzliche und
ergänzende Vereinbarungen**

Die im Mai 1952 unterbrochene Lizensierung deutscher
Importe wurde Anfang 1953 wieder aufgenommen, da
Staatspräsident Vargas erst im November die am 29. August 1952 geschlossene Übereinkunft genehmigt hatte.[422] Der dadurch verursachte Stau von Anträgen löste
sich durch verstärkte Ausgabe von Lizenzen im Laufe des

---

419) Protokoll 130. Sitzung des ZBR, 1./2.10.1952, in:
HA Bestand 61.
420) Siehe vorstehend II.2.6., S. 91.
421) Vgl. o. Verf., Deutschland und Brasilien. Bedeutsame Erklärung über die künftigen Beziehungen, in:
Übersee-Rundschau, Hamburg, 5 (1953) Heft 18, September, S. 446.
422) Vgl. BWM Abt. V, Wochenbericht 17.- 22.11.1952,
in: BA B102/5910 Heft 2.

166

ersten Halbjahres 1953 auf.[423] Der brasilianische
Schuldensaldo stieg in dieser Zeit, wie erwartet, weiter an und erreichte im April 1953 seinen Höchststand
mit 95,6 Mio US $.[424] Zur gemeinsamen Überprüfung der
Situatiion nach Einführung des "Treue-Verfahrens" und
des brasilianischen Freikursgesetzes [425] wurden ab
Mitte Mai in Bonn zwischen Delegationen beider Länder
Besprechungen aufgenommen. Diese fanden am 25. Juni
1953 ihren vorläufigen Abschluß mit der Unterzeichnung
eines Zusatzprotokolls zum Warenabkommen und dem Austausch von Noten.[426]

Hiernach sollte hinsichtlich der Auswirkungen des
"Treue-Verfahren" und des Freikursgesetzes die weitere
Entwicklung abgewartet werden. Die Forderung der Brasilianer auf Herausnahme des Kaffees aus der deutschen
Devisenerwerbsregelung zur Erschwerung von Transitge-
schäften lehnte die deutsche Seite ab; man einigte sich
schließlich darauf, anstelle des bisherigen Verhältnisses von 80:20 den deutschen Importeuren die Bezahlung des brasilianischen Kaffees je zur Hälfte in
Brasil-Dollar und US Dollar zum offiziellen Kurs vorzu-
schreiben. Die Bank deutscher Länder hielt sich die
Möglichkeit offen, zum bisherigen Verhältnis zurückzu-
greifen, falls das Disagio für Brasil-Dollar fünfzehn
Prozent übersteigen sollte. Diese zunächst auf drei Mo-

423) Vgl. DB Halbjahresbericht I/53, in: BA B102/6077
Heft 3.
424) Vgl. ebenda.
425) Nach Deutsch-Südamerikanischer Bank, Hamburg,
Wirtschaftsbericht Brasilien Nr. 42, S. 192, wurde
mit Gesetz Nr.1.807, 7.1.1953, neben dem offiziellen
Devisenmarkt (Mittelkurs 18,50 Cr = 1 US $) ein Devi-
senfreimarkt mit Notierungen nach Angebot und Nachfrage
geschaffen (ca 40 Cr = 1 US $).
426) Vgl. AA an BMF, BWM u.a. mit anliegendem Zusatzprotokoll und Briefwechseln, 25.6.1953 und 29.6.1953,
in: HA Bestand 11650.

nate befristete Regelung trat dreißig Tage nach Unterzeichnung in Kraft.

In dem beigefügten Schriftwechsel wurden Besprechungen von Sachverständigen zur Regelung der Fragen auf dem Gebiet der gewerblichen Schutzrechte vereinbart. Hierbei wurde die bereits 1950 vorgetragene Bitte um Auskunft über die derzeitige Verwendung der deutschen Schutzrechte wiederholt. Maltzan teilte als Delegationsleiter in einem weiteren Schreiben mit, daß die Bundesregierung der Bank deutscher Länder empfehlen werde, vorläufig keine Dollarzahlungen für die die Swingmarge überschreitenden Beträge anzufordern. Vorsorglich wies er darauf hin, daß im Falle einer geplanten Vergabe brasilianischer Einfuhrlizenzen nach der Referenzperiode 1946 bis 1949 die deutschen Exporteure, die inzwischen z.T. mit hohen Kosten Absatzorganisationen aufgebaut hätten, wegen der kriegsbedingten Handelsunterbrechung benachteiligt würden. Ein Protokoll zur Ergänzung der Vereinbarung über den Zahlungsverkehr enthielt redaktionelle Anpassungen und wurde von der Bank der deutschen Länder am 25. Juni 1953 in Frankfurt und vom Banco do Brasil am 30. September 1953 in Rio de Janeiro unterzeichnet.[427]

Nach Vorbereitung durch Prentzel in Rio de Janeiro nahm Maltzan am 10. August 1953 dort die Verhandlungen mit der brasilianischen Regierung wieder auf. Am 3. September 1953 wurde eine "Gemeinsamen Erklärung" als Zusammenfassung der Verhandlungsergebnisse unterzeichnet und am nächsten Tag der Presse übergeben.[428] Hierin wurde

427) Vgl. AA, beglaubigte Abschrift, ebenda.
428) Vgl. Presse- und Informationsamt der Bundesregierung, Mitteilung an die Presse Nr. 898/53, 4.9.1953, in: BA B102/58073.

168

nach Darlegung der Entwicklung der Beziehungen nach dem
Zweiten Weltkrieg und der Wiederaufnahme diplomatischer
Beziehungen die einmütige Auffassung vertreten, "daß es
einem dringenden Bedürfnis entspricht, die zwischen
beiden Seiten noch ungelösten Probleme endgültig zu regeln und neue Grundlagen für eine wirtschaftliche Annäherung beider Länder zu schaffen".[429] Brasilien
hatte zwar zwischenzeitlich eine Reihe von Verfügungen
über die Aufhebung von Kriegsgesetzen und über
Kriegsentschädigungen erlassen,[430] im Frühjahr 1953
schien aber nach Abschluß der Londoner Schuldenkonfe-
renz die Möglichkeit für eine abschließende Bereinigung
gegeben zu sein.

Im einzelnen wurde in der Erklärung ausgeführt, daß
"die Frage des deutschen Vorkriegvermögens unter Wahrung der berechtigten Interessen beider Teile in abseh-

---

429) Ebenda, Präambel.
430) Hierzu dienten folgende Gesetzdekrete:
Nr. 8.104, 18.10.1945, Schenkung der enteigneten Pa-
tente etc. bzw. ihrer Erträgnisse an die Fundacâo
Brasil Central (Fürsorgestiftung),
Nr. 19.955, 16.11.1945, Aufhebung des Kriegszustandes;
Beibehaltung der Beschränkungen für Feindangehörige,
Nr. 8.553, 4.1.1946, Errichtung der Comissâo de Repara-
coes de Guerra (Kriegs-Reparations-Kommission),
Nr. 9.347, 10.6.1946, Aufhebung der Hemmung der Lauf-
zeit von Patenten etc. mit Wirkung vom 31.12.1946,
Nr. 9.658, 26.8.1946, Verkaufsbedingungen bei Ver-
wertung der Feindvermögen in Staatseigentum,
Nr. 23.179, 10.6.1947, Entschädigungszahlung für
Kriegsschäden; sofortiger Verkauf von Vermögenswerten
der im Ausland ansässigen Feindangehörigen,
Nr. 291, 22.6.1948, Freistellung von Beschlagnahme des
Neuerwerbs nach dem 28.6.1948 in Brasilien Ansässiger,
Nr. 25.147, 29.6.1948, Zahlungsplan für Kriegsentschä-
digungen,
Nr. 1.224, 4.11.1950, Freistellung der Vermögen von
Deutschen mit Wohnsitz in Brasilien; Aufrechterhaltung
aller Beschränkungen für im Ausland ansässige Feindan-
gehörige, nach BdL, Otto Böhmer, Brasilien Übersicht.

barer Zeit befriedigend gelöst werden sollte",[431] und
daß nach Maßgabe eines am nächsten Tage zu unterzeich-
nenden Abkommens die deutschen gewerblichen Altschutz-
und Urheberrechte wieder auf die ursprünglichen deutschen Inhaber übertragen werden würden.[432] Des weiteren bestand die Absicht, Verhandlungen aufzunehmen, um
einen Freundschafts-, Handels- und Schiffahrtsvertrag
sowie einen Konsularvertrag abzuschließen und gemeinsam interessierende Fragen auf dem Gebiet des Sozial-
wesens und Kulturaustausches zu regeln. Außerdem sollten durch eine gemischte Kommission der Güteraustausch
und deutsche Investitionen in Brasilien den wirtschaftlichen Verhältnissen angepaßt und gefördert werden.[433]

Die beabsichtigte Regelung der Altvermögensfrage scheiterte am Einspruch der Alliierten Hohen Kommission, die
sich die Behandlung dieses Problems weiterhin vorbe-
hielt, ohne jedoch tätig zu werden.[434] Nach dem in der
Erklärung angekündigten und am 4. September 1953 unterzeichneten Abkommen über die Rückgabe der deutschen gewerblichen Schutz- und Urheberrechte konnte der Antrag
auf Rückerstattung nur für die sich im Besitze des
Staates befindlichen, nicht verschenkten oder zur Benutzung Dritter überlassenen Rechte gegen Bezahlung einer Gebühr gestellt werden. Diese Vereinbarung wurde im
Oktober 1953 durch Runderlaß bekanntgegeben,[435] im Mai
1954 als Gesetz beschlossen[436] und trat nach Austausch
der Ratifikationsurkunden in Bonn am 23. Mai 1958 in

431) Pressemitteilung Nr. 898/53, Ziffer 1. Diese Frage
wird nachstehend beim Themenkreis "Altvermögen" in
III.7., S. 187 ff, behandelt.
432) Vgl. Pressemitteilung Ziffer 2, ebenda.
433) Vgl. Ziffern 3 bis 5, ebenda.
434) Siehe vorstehend I.2., S. 24.
435) Vgl. RA Nr. 90/53, 8.10.1953, in: Bundesanzeiger
Nr. 212, 3.11.1953.
436) Vgl. BGBl II Nr. 7, 20.5.1954.

Kraft.[437] Die Verzögerung der Rechtswirksamkeit wurde
wegen eines von den Brasilianern hergestellten Junk-
tims mit der Altvermögensregelung verursacht;[438] der
Senat hatte deswegen das entsprechende Gesetz erst im
Dezember 1957 verabschiedet.[439] Der wirtschaftliche
Nutzen des Abkommens war fast zwanzig Jahre nach
Kriegsbeginn äußerst gering; es besaß nur als juri-
stischer Abschluß eine gewisse Bedeutung.

Anders lagen die Interessen bei dem gleichzeitig unterzeichneten "Zweiten Zusatzprotokoll" zum Warenabkommen
von 1950, das am 1. Oktober 1953 in Kraft trat.[440] In
Erwartung einer positiven Entwicklung wurde in den
beigefügten Warenlisten die jeweiligen Volumina von 115
Mio US $ auf 142 Mio US $ erhöht und die Zahl der Positionen in der Liste A von 50 auf 34 und in der Liste B
von 164 auf 78 reduziert. In Liste A wurden die Werte
u.a. für Kaffee von 30 auf 65 Mio US $,[441] Kakao von
4 auf 6 Mio US $ und Erze von 4 auf 6,5 US $ gesteigert; in Liste B wurde die letzte Position "Investitionsgüter" mit 42 Mio US $ veranschlagt.

In einem Notenaustausch[442] erklärte sich die Bundesregierung bereit, den Kapitaltransfer sowie die Einbringung von Sachleistungen für Investitionen zu gestatten

---

437) Vgl. BGBl II Nr. 16, 10.7.1958.
438) Siehe nachstehend III.7., S. 187 ff.
439) Vgl. Decreto Legislativo Nr. 30/57, 13.12.1957,
nach DB Rio de Janeiro an AA, 18.12.1957, in: BA
B102/57585.
440) Vgl. RA Nr. 90/53, 8.10.1953.
441) Nach K. Wyneken, Die Handelsbeziehungen zwischen
Deutschland und Brasilien, S.137, wurde die Steigerung
begünstigt durch die inzwischen erfolgte deutsche
30%ige Kaffeesteuersenkung und die Kaffeepreiserhöhung
um ca. 30% durch Produktionsausfall infolge von Frösten
in den Staaten São Paulo und Parana.
442) Vgl. RA Nr. 90/53, 8.10.1953.

und sich um die Schaffung der Voraussetzungen für eine
Finanzierung bis zu fünf Jahren für die in der Warenliste in Ansatz gebrachte Summe zu bemühen. Die "Deutsch-
Brasilianische Kommission für wirtschaftliche Entwicklung" (kurz "Gemischte Kommission" genannt) sollte anhand der ihr zur Verfügung gestellten Unterlagen
Investitionspojekte prüfen und den Regierungen Empfehlungen geben;[443] hierzu wurden detaillierte Bestimmungen über ihren Aufbau und Verfahrensvorschriften erlassen. Im weiterhin beigefügten Schriftwechseln wurden
brasilianische Lieferschwierigkeiten und deutsche Lie-
ferwünsche ephemerer Art behandelt.

Zusammenfassend ist festzustellen, daß die im Jahre
1953 getroffenen Übereinkünfte noch rein bilateraler
Natur waren.

**5. Vorbereitende Verhandlungen zur Umstellung des Han-
delsverkehrs auf multilaterale Basis und Bildung des
"Haager-Clubs"**

Der weitere Wiederaufbau der Wirtschaftsbeziehungen
wurde zunächst durch das im Oktober 1953 von Finanzminister Aranha eingeführte Verfahren für Lizensierungen
und Devisenzuteilungen behindert.[444] Dieses System der
Importagien und Exportbonifikationen sollte den Export
und damit die Beschaffung von Devisen anreizen, Finanz-
mittel für Kredithilfen an die Landwirtschaft ohne
Geldemission beschaffen, den Import von Luxusgütern und
anderen non-essentials drosseln und die Entstehung von
Ungleichgewichten in Zahlungsbilanzen vermeiden.[445]

---

443) Siehe nachstehend III.8., S. 191 ff.
444) Siehe vorstehend III.1., S. 155 f.
445) Vgl. Deutsch-Südamerikanische Bank, Wirtschaftsbericht Brasilien Nr. 42, S. 192 - 200.

Es eröffnete aber auch die Möglichkeit einer willkürli-
chen Festsetzung der Agien und Boni für einzelne Währungen und damit für gezielte Diskriminierungen; diese
praktizierten die Brasilianer mit dem deutschen Brasil-
Dollar gegenüber dem frei konvertierbaren Dollar und
anderen harten Währungen.[446]

Die Bundesregierung war der Überzeugung, daß derartige
Praktiken, wie sie besonders in Schwellenländern mit
gelenkter Wirtschaft angewandt wurden,[447] nur durch
den Abbau der Handelsschranken und die Multilateralisierung des Zahlungsverkehrs beseitigt werden könnten.
Als ersten Schritt in diese Richtung führte sie am
1. April 1954 die "beschränkt konvertierbaren DM"
ein.[448] Auf seiner Südamerikareise im Frühjahr 1954
war es daher ein besonderes Anliegen des
Bundeswirtschaftsministers, für die Umstellung des
Handels- und Zahlungsverkehrs vom Bilateralismus auf
multilaterale Basis zu werben. Während er in Argentinien in dieser Frage bei seinen Gesprächspartnern nur
auf eine höfliche dilatorische Reaktion gestoßen
war,[449] konnte er bei seinem anschließenden Besuch in
Brasilien in dieser Frage eine prinzipielle Einigung
mit Finanzminister Aranha erzielen und die Aufnahme
von Verhandlungen in Kürze vereinbaren.[450] In der Nie-

446) Vgl. W.E. Paulus, Die wirtschaftliche Entwicklung
und Wirtschaftspolitik Brasiliens, S. 93 ff.
447) Siehe vorstehend II.2.3., S. 64 f.
448) Vgl. BWM, Tätigkeitsbericht Abt. V, 4.10.1954, in:
BA B102/56562.
449) Siehe vorstehend II.2.5., S. 82.
450) Es kann wohl angenommen werden, daß Erhard - analog zu Argentinien (siehe II.2.5., S. 83 f) - zur
offiziell nicht erwähnten Frage der Altvermögen vertraulich die Empfehlung für Verhandlungen mit einer zu
bildenden deutschen Interessengemeinschaft gegeben hat.

derschrift über die Besprechung[451] wurden provisorische Sofortmaßnahmen festgehalten. So sollten das bisherige System der Einzelkontingente für die Einfuhr
deutscher Waren durch globale Devisenzuteilungen für
verschiedene Kategorien ersetzt und die Versteigerungen der Devisen für die deutschen Einfuhren
gleichzeitig an allen brasilianischen Börsen durchgeführt werden. Den Kurs für den "deutschen Abkommensdollar" (meistens Brasil-Dollar genannt) auf dem
Devisenfreimarkt wollte der Banco do Brasil auf der Basis des offiziellen Kurses plus eines Agios festsetzen,
das dem Durchschnitt des in der Vorwoche für Kategorie
drei entsprach, jedoch nicht über neunzig Prozent des
US-Dollars auf dem Freimarkt lag.

Die Unruhen in Brasilien, der Freitod von Präsident
Vargas im August 1954, der anschließende Rücktritt
Aranhas und die Regierungsumbildung[452] bewirkten eine
Verhandlungspause bis zur Eröffnung der Internationalen Messe in São Paulo aus Anlaß des vier-
hundertjährigen Bestehens dieser Stadt am 15. November
1954. An der Eröffnungsfeier nahmen als Vertreter der
Bundesregierung Botschafter Oellers und die Herren
Prentzel vom Bundeswirtschaftsministerium und Tüngeler
von der Bank deutscher Länder teil. Auf dieser Messe
präsentierte sich die Bundesrepublik zum ersten Mal
nach dem Zweiten Weltkrieg in Südamerika als größte
ausländische Ländervertretung mit einhundertzweiund-
siebzig Firmenständen, einem Gemeinschaftsstand von
einhundertfünfzig Betrieben des deutschen Handwerks,

451) Vgl. Niederschrift über die Besprechung zwischen
dem Bundeswirtschaftsminister Professor Dr. Erhard und
dem Finanzminister der Republik der Vereinigten Staaten
von Brasilien Oswaldo Aranha, 14.4.1954, in: PA Nr.415-
2841.
452) Siehe vorstehend III.1., S. 156.

174

einer Sonderschau der Bundesregierung "Schönheit in Stahl", vier Pavillions auf dem Freigelände und dem einhundert Meter hohen, das Ausstellungsgelände über- ragenden Mannesmann-Turm.[453] Damit dokumentierte die Bundesrepublik eindrucksvoll ihr großes Interesse am südamerikanischen und insbesondere am brasilianischen Markt.

Anschließend nahmen Prentzel und Tüngeler in Rio de Janeiro mit der neuen Regierung Verhandlungen über die weitere Gestaltung der Wirtschaftsbeziehungen auf. Das Handelsabkommen, mit dessen Hilfe der brasilianische Schuldensaldo inzwischen weitgehend abgebaut worden war,[454] sollte bis zu seinem nächsten Ablauftermin am 9. Mai 1955[455] unverändert in Kraft bleiben. Die Brasilianer wünschten danach einen Übergang zum Zah- lungsverkehr in freien US-Dollar, während die deutsche Seite wegen der angespannten Dollar-Situation in Brasi- lien hierfür die Beko-DM vorschlug. Die Bank deutscher Länder war bereit, hierzu als Erleichterung für eine Übergangszeit einen verzinslichen Kredit mit festen Rückzahlungsraten einzuräumen.[456] Die Parteien einig- ten sich, hierüber nach interner Prüfung in Kürze die Verhandlungen fortzuführen.

453) Vgl.Generalkonsulat Sâo Paulo an AA, 18.11.1954, in: BA B102/5990 Heft 2.
454) Kontostand 20,603 Mio US $ am 30.11.1954 bei ei- nem Swing von 11,5 + 2 Mio US $.
455) Die Jahresfristen für die Vertragslaufzeit rechne- ten ab 10.5.1952, dem Tag des Austausches der Ratifika tionsurkunden.
456) Vgl. Protokoll 181. Sitzung des ZBR, 19.11.1054, in: HA Bestand 81.

Diese Besprechungen fanden in der Zeit vom 28. März bis
2. April 1955 in Bonn statt.[457] Hierbei kamen die
Braslianer nicht mehr auf den Wunsch der Umstellung des
Zahlungsverkehrs auf freie Dollar zurück sondern akzeptierten die DM und deren Zulassung zu Devisenversteigerungen. Ergänzend schlug die brasilianische Delegation vor, daß ersteigerte Pfund- oder DM-Beträge
zur Einfuhr sowohl aus Großbritannien als auch aus der
Bundesrepublik berechtigen sollten. Die Brasilianer
hatten erkannt, "daß durch bilaterale Abkommen der
echte Wettbewerb zwischen den Lieferländern Brasiliens
ausgeschaltet und die Einfuhren nicht unerheblich verteuert" würden; das wollte sich Brasilien bei seinem
beschränkten Devisenaufkommen nicht länger leisten.[458]

In diesem Zusammenhang berichteten die Brasilianer über
Besprechungen mit England, in denen sie zur grundsätzlichen Einigung gekommen seien über eine multilaterale
Verwendung von Pfund-Beträgen für die Einfuhr aus anderen Ländern und zum Umtausch in andere Währungen
einschließlich des US Dollar. Im Gegenzug hätten sie
England das Recht zugestanden, brasilianische Waren zu
transitieren, hierbei jedoch zur Auflage gemacht, daß
bei Reexporten in Hartwährungsländer ihnen harte Währungen zu erstatten seien. Die Brasilianer schätzten
ihre jährlichen Pfund-Erträge aus Exporten nach England auf ca. 30 bis 35 Mio Pfund; hiervon würden 6
Mio für die Rückzahlung der Schulden und ca. 15 Mio
Pfund für Erdölkäufe aus dem Sterling-Raum verwendet.
Auf eine höhere Schuldentilgung bei einem größeren

457) Vgl.Deutsch-Südamerikanische Bank, Wirtschaftsbericht Brasilien Nr. 42, S. 167.
458) BWM, Zusammengefaßter Vermerk über Besprechungen
mit der brasilianischen Delegation vom 28.3. bis
2.4.1955, 2.4.1955, in: BA B102/58071.

Handelsvolumen als 35 Mio Pfund hätten die Engländer verzichtet, um einen Spielraum für englische Exporte zu belassen. Bei diesen englischen Zugeständnissen wurden gleiche brasilianische Exportbonifikationen wie bei Verkäufen in US-Dollar zugesagt. Mit der Bundesrepublik wollten die Brasilianer ein ähnliches Abkommen abschliessen und dabei das Brasil-Dollar-Verfahren aufgeben, da sie deswegen von anderen Handelspartnern zunehmend unter Druck gesetzt würden.

Von der deutschen Delegation unter Führung von Prentzel wurden Bedenken vorgebracht, daß bei multilateraler Gestaltung des Zahlungsverkehrs in Beko-DM die Gefahr bestünde, daß größere DM-Beträge in Dollar umgetauscht und zu Lasten des deutschen Exportes anderweitig verwandt werden könnten.[459] Dem hielten die Brasilianer entgegen, daß bisher ihre Dollareinnahmen zur Bezahlung lebenswichtiger Importe aus dem Dollarraum - z. B. von Erdöl - ausgereicht hätten, und daß die ebenso wichtigen Weizenimporte von 1,2 Mio t aus Argentinien und 0,3 Mio t aus Uruguay in weicher Währung bezahlt werden würden. Sie wollten keine Garantie dafür geben, daß nicht gelegentlich DM in Dollar umgetauscht werden würden, erklärten sich aber für diese Fälle bereit, den braslianischen Importeuren die Möglichkeit einzuräumen, Dollar für den Import deutscher Waren zu ersteigern; generell wollten sie keine Diskriminierung des deutschen Außenhandels gegenüber dem in Hartwährungen abgewickelten Geschäften zulassen.

Als weiteres Problem sprach die deutsche Delegation die im Vergleich zum Weltmarktniveau überhöhten

---

459) Argentinien bot ein Beispiel für die mißbräuchliche Verwendung der Beko-DM, siehe vorstehend II.2.7., S. 95 ff.

brasilianischen Preise besonders für Kaffee an. Diese
Preisgestaltung hätte sich prohibitiv auf die deutschen
Einfuhren ausgewirkt, sodaß der brasilianische
Schuldensaldo in jüngster Zeit wieder angestiegen
sei.[460] Die Brasilianer entgegneten, daß sie zwar in
der Vergangenheit durch ihre Preispolitik einen schüt-
zenden Schirm über die anderen kaffeeerzeugenden Länder
gespannt hätten, inzwischen aber durch die Erhöhung der
Exportbonifikation die Wettbewerbsfähigkeit der brasilianischen Erzeugnisse auf dem Weltmarkt verbessert
hätten in der Hoffnung, damit eine Steigerung der Exporte zu erreichen. Beim Kaffee sei daher in Kürze eine
Preisberuhigung zu erwarten.

Die Brasilianer berichteten weiterhin, daß sie wegen
einer Neugestaltung des Handelsverkehrs nicht nur mit
England sondern auch mit anderen Staaten Fühlung aufgenommen hätten. Danach hofften sie, daß einer von ihnen
mit England und der Bundesrepublik abgeschlossenen
multilateralen Handels- und Zahlungsvereinbarung
Holland, Belgien und Österreich, wahrscheinlich auch
Schweden und Dänemark, beitreten würden. Dann wäre
Brasiliens Position stärker, Ländern, wie Frankreich
und Italien, von bilateralen Vereinbarungen abzubringen; dabei schienen sie entschlossen zu sein, notfalls
die Waffe der Diskriminierung durch unterschiedliche
Exportbonifikationen gegenüber diesen Ländern einzusetzen. Von deutscher Seite wurde betont, daß die Bundesregierung es begrüßen würde, wenn bereits im Anfangs-
stadium neben England auch die Niederlande ihren Handelsverkehr mit Brasilien multilateralisieren würden.

---

460) Nach BdL, Kontenstände, in: HA Bestand 3235, war
der brasilianische Schuldensaldo von 20,603 Mio US $ am
30.11.1954 auf 33,450 Mio US $ am 31.3.1955 gestiegen
und betrug am 31.5.1955 noch 28,377 Mio US $.

Die Brasilianer teilten dann mit, daß sie jetzt auslaufende, bilaterale Verträge nur kurzzeitig verlängern würden; das war wohl als Hinweis auf die anstehende Verlängerung des deutsch-brasilianischen Abkommens gemeint.

Zur Frage der Abdeckung des Schuldensaldos beim Übergang des Zahlungsverkehrs auf multilaterale Basis erklärten die Brasilianer weder gewillt noch in der Lage zu sein, den Saldo vertragsgemäß in Gold oder in harter Währung auszugleichen, selbst wenn er zu diesem Zeitpunkt auf die vereinbarte Swingmarge zurückgeführt sein sollte; ihnen schwebte hierfür eine Konsolidierung von sechs bis sieben Jahren nach englischem Muster vor. Die Bank deutscher Länder war zwar bereit, den Schuldensaldo zu konsoldieren, wollte aber für die Tilgung zu gegebener Zeit besondere Modalitäten vereinbaren.[461]

Mit diesen prinzipiellen Übereinkünften waren die Grundlagen für eine Umstellung des Zahlungsverkehrs zwischen Brasilien und der Bundesrepublik auf eine multilaterale Basis erarbeitet worden;[462] nun war eine Abstimmung mit den vorgesehenen europäischen Partnern erforderlich. Hierzu trafen sich Vertreter der Regierungen und der Zentralbanken Großbritanniens, der Niederlande und der Bundesrepublik am 4. Mai 1955 in den Haag zu einer Besprechung, die von den Zentralbanken vorbereitet worden war; Belgien, das sich an einer Teilnahme interessiert zeigte, entsandte Beobachter. Hierbei wurde in diesem Kreise Übereinstimmung über die

---

461) Nach Protokoll 192.Sitzung ZBR, 27./28.4.1955, in: HA Bestand 85, Kombination von fixen Raten und Abzweigungen von Zahlungen.
462) Vgl. BWM, Zusammengefaßter Bericht, 2.4.1955.

Voraussetzungen für eine Umstellung des Handels- und
Zahlungsverkehrs mit Brasilien auf eine multilaterale
Basis erzielt und das Ergebnis schriftlich festgehalten. Die Teilnehmer forderten gleiche Behandlung der
Währungen der beteiligten Länder sowohl untereinander
als auch gegenüber anderen Währungen einschließlich des
US Dollar und die Zulassung des Transithandels mit
brasilianischen Waren zwischen den Partnerländern ohne
Beschränkung. Bei der Behandlung der rückständigen
Forderungen an Brasilien einigte man sich auf die allgemein gehaltene Formel, "daß die beteiligten Länder
bei der Regelung dieser Frage die Gesamtlinie des
multilateralen Charakters der neuen Waren- und Zah-
lungsregelungen mit Brasilien im Auge behalten" sollten. Die drei Regierungen sagten sich gegenseitige laufende Unterrichtung über den Stand der Verhandlungen
mit Brasilien auf Botschafterebene zu. Schließlich
wurde noch beschlossen, andere europäische Staaten zum
Beitritt zum "Haager-Club" aufzufordern, wie er nach
dem Tagungsort der ersten Sitzung allgemein genannt
wurde.[463)]

6. Multilateralisierung des Handels-und Zahlungsver-
kehrs

Die Bundesrepublik war an einer baldigen Aufnahme von
Verhandlungen mit Brasilien stark interessiert, weil
die Brasilianer wegen der seit Anfang 1955 ständig
steigenden Agien infolge starker Nachfrage ab Mai 1955
die Versteigerungen von Brasil-Dollar an ihren Börsen

---

463) Vgl. BdL, Tüngeler, Kurzbericht über eine am 4.
Mai 1955 in den Haag zwischen einer englischen,
holländischen und deutschen Regierungsdelegation geführte Besprechung betr. Multilateralisierung des
Zahlungsverkehrs mit Brasilien, 5.5.1955, in: HA Bestand 11.651.

180

eingestellt und damit deutsche Exportabschlüsse verhindert hatten.[464] Die Verhandlungen einer deutschen
Delegation, die wiederum von Prentzel geleitet wurde,
begannen am 22. Mai in Rio de Janeiro und wurden am 1.
Juli 1955 mit der Unterzeichnung eines Vertragswerkes
abgeschlossen.[465] Um einer Ratifikationsbedürftigkeit
auf brasilianischer Seite und damit einer Verzögerung
des Inkrafttretens der Vereinbarungen vorzubeugen, wurden Briefwechsel als Vertragsform gewählt.[466]

Die Verhandlungen gestalteten sich schwierig, da nach
dem Rücktritt des Finanzministers Gudin Mitte April
1955 das Außenministerium auch in Fragen des Zahlungs-

464) Vgl. Deutsch-Südamerikanische Bank, Wirtschafts-
bericht Brasilien Nr. 42, S. 167.
465) Vgl. RA Nr. 59/55, 22.7.1955, in: Bundesanzeiger
Nr. 141, 30.7.1955, und BdL, vertrauliche Schreiben,
Anlage zu Bericht, 5.7.1955, in: HA Bestand 11.653.
466) Nach RA Nr. 59/55 Schlußerklärung, 1.7.1955,
Briefwechsel betreffend:
1. Vereinbarung über den Zahlungsverkehr mit
   Anlage Nr. 1, Protokoll betreffend Zahlungsverkehr,
   Anlage Nr. 2, Protokoll betreffend Warenverkehr,
   Anlage Nr. 3, Brief betreffend Übergangsbestimmungen für den Zahlungsverkehr,
2. Beendigung der Vereinbarungen über den Warenverkehr
   vom 17.8.1950,
3. Auslegung des Artikels IV des Protokolls, 17.8.1950,
4. Schriftwechsel über die wirtschaftliche Zusammenarbeit, 4.9.1953,
5. Verwendung von DM-Beträgen durch Brasilien im
   US-Dollarraum,
6. Inkrafttreten der Ziffer 2 Protokoll betr.Waren-
   verkehr in der Bundesrepublik Deutschland,
7. Transithandelsgeschäfte mit brasilianischen Waren,
8. deutsche Investitionslieferungen.
Nach BdL, Bericht, 5.7.1955, Vertrauliche Briefe
betreffend:
1. Wareneinfuhren aus der sowjet-besetzten Zone
   Deutschlands nach Brasilien,
2. Multilaterale Verwendung brasilianischer DM-
   Guthaben außerhalb des deutschen Währungsgebietes.

und Handelsverkehrs die Führung übernommen hatte.[467]
Den Herren der brasilianischen Delegation unter Führung
des Leiters der Außenhandels- und Konsularabteilung,
Staatsminister Barbosa da Silva, mußten häufig Grund-
begriffe und Zusammenhänge des multilateralen Systems
erläutert werden, um das notwendige Verständnis für
deutsche Vorschläge zu finden.[468]

Die Vereinbarungen beinhalteten Bestimmungen sowohl zur
Erfüllumg der im Ergebnisbericht des Haager Clubs vom
4. Mai 1955 gestellten Forderungen als auch zur Regelung von deutsch-brasilianischen Angelegenheiten.[469]
So wurde als Datum für den Beginn des auf Beko-DM umzu-
stellenden Handelsverkehrs der 1. August 1955 festgelegt. Die deutschen Importe sollten jedoch noch solange
in Brasil-Dollar abgerechnet werden, bis diese aufgebraucht waren; hierfür wurde ein Zeitraum von ca. vier
Monaten angenommen. Die deutschen Exporte waren dagegen
sofort in Beko-Mark abzurechnen, sodaß Brasil-Dollar
nicht mehr anfielen. Da die Brasilianer für ihre Exporte bis zum Aufbrauch der Brasil-Dollar keine DM erhielten, räumte die Bank deutscher Länder dem Banco do
Brasil für das bei ihr zu errichtende Beko-DM-Konto
eine Kreditlinie bis zu 80 Mio Beko-DM zur Bezahlung
deutscher Exporte in der Übergangszeit ein. Dieser
mit drei Prozent zu verzinsende Überbrückungskredit
sollte ab 1. Februar 1956 mit zwölfeinhalb Prozent der

---

467) Vgl. Vorsitzender der deutschen Delegation, Aufzeichnung über deutsch-brasilianische Wirtschaftsverhandlungen, 20.7.1955, in: BA B102/58074.
468) Vgl. BdL, Rudolf Zepp an Nicolai, 16.6.1955, in:
HA Bestand 11.651.
469) Vgl. Auszug aus Protokoll HPA-Sitzung Nr. 23/55,
12.7.1955, in: BA B102/58071.

182

monatlichen deutschen Einfuhrzahlungen, mindestens jedoch monatlich mit 1,5 Mio DM, getilgt werden.[470]

Man rechnete damit, daß Großbritannien und die Niederlande ihren Zahlungsverkehr bis Mitte August auf
multilaterale Basis umstellen und die Brasilianer
dann die Versteigerung von ACL-Dollar[471] aufnehmen
würden; der ACL-Dollar war die Verrechnungswährung
des Haager-Clubs, die jederzeit in eine der Mitglieds-
währungen zum offiziellen Kurs umgetauscht werden
konnte. Bis zum Inkrafttreten der multilateralen Regelung verpflichteten sich die Brasilianer, Beko-DM-Beträge des Überbrückungskredites grundsätzlich nur zu
Käufen in der Bundesrepublik zu verwenden. Zur Frage
einer Umwandlung von Beko-DM in US Dollar erklärten
sie, daß derartige Währungsmanipulationen nicht beab-
sichtigt seien. Beim Warenverkehr machte die deutsche
Delegation die Einschränkung, daß "wegen notwendiger
Verhandlungen mit anderen Ländern und technischer Vorbereitung durch Behörden der Bundesrepublik Deutschland
und der Bank deutscher Länder Einfuhren brasilianischer
Waren in die Bundesrepublik Deutschland über andere
Länder nicht vor dem 1. Oktober 1955 durchgeführt werden können".[472] Zur Sicherung vor späteren Über-
raschungen diente die Vereinbarung einer kurzfristigen Kündigungsmöglichkeit.[473]

---

470) Vgl. Protokoll 197. Sitzung des ZBR, 5.7.1955, in:
HA Bestand 86, und RA 59/55, 22.7.1955, Schlußerklärung Dokument 1, Brief betreffend Übergangsbestimmungen für den Zahlungsverkehr.
471) Siehe nachstehend XIV.
472) RA 59/55, 22.7.1955, Schlußerklärung Dokument 6,
Brief über das Inkrafttreten der Ziffer 2 des Protokolls betreffend Warenverkehr in der Bundesrepublik
Deutschland.
473) Nach RA 59/55, Dokument 1, Briefwechsel betreffend
Handels-und Zahlungsverkehr, sollten bei wesentlichen
Änderungen sofort Verhandlungen aufgenommen und, falls

Dieses Vertragswerk war Gegenstand einer Besprechung am 19. Juli 1955 in Bonn mit einer britischen und einer niederländischen Delegation und belgischen Beobachtern.[474] Nach einem Lob für die gute Information und Kooperation der deutschen Delegation mit den Botschaften in Rio de Janeiro übten Engländer und Holländer Kritik an den vereinbarten deutschen Übergangsregelungen im Zahlungsverkehr. Der Abbau der schon längere Zeit als störend empfundenen Brasil-Dollar durch Verrechnung mit brasilianischen Importen über Monate während der Anfangszeit wurde als nicht "in der Gesamtlinie des multilateralen Charakters" der Absprachen des Haager Clubs liegend angesehen;[475] die Engländer erblickten hierin einen einseitigen deutschen Vorteil, da durch die gewählte Regelung beim Übergang eine Konsolidierung der brasilianischen Schulden vermieden werde, wie sie England bereits mit langfristigem Ziel vereinbart habe. Diesem berechtigten Vorwurf konnte die deutsche Seite nur mit dem Hinweis auf die Kurzfristigkeit dieser Lösung begegnen. Die Beanstandung des in diesem Zusammenhang gewährten DM-Überbrückungskredites wurde mit der Erklärung ausgeräumt, daß dieser auch von den anderen Teilnehmern für benötigte DM benutzt werden könne. Kritik fand weiterhin, daß die Tilgung dieses Kredites kommerzialisiert den deutschen Einfuhren angepaßt worden sei, während an England feste Raten gezahlt würden. Diesem Vorwurf wurde entgegengehalten, daß die englischen Monatsraten sechzehn bis zwanzig Prozent der brasilianischen Im-

---

innerhalb von 2 Monaten keine neue Vereinbarung getroffen wurden, die vorgesehene Kündigungsfrist von 3 auf 1 Monat verkürzt werden.
474) Vgl. Brazil, Informal Note of Discussions in Bonn on July 19th, in: PRO FO 371 - 114079 AB 1121/21.
475) Siehe vorstehend III.5., S. 177 ff.

porte ausmachten, während auf deutscher Seite nur maximal zwölfeinhalb Prozent dieser Zahlungen für die
Tilgung benutzt und damit dem Handelsverkehr entzogen
würden.

Auf die Frage nach der Art der Verhandlungen und technischen Vorbereitungen, die die Einfuhr brasilianischer
Waren über Mitgliedsländer erst nach dem 1. Oktober
1955 zuließen, antwortete Dr. Stedtfeld vom
Bundeswirtschaftsministerium, daß hiermit einer Forderung deutscher Importeure nach einer Übergangszeit
nachgekommen worden sei, um sich auf die englische und
niederländische Konkurrenz auf dem deutschen Markt bis
zur nächsten Ernte vorbereiten zu können. Nach briti-
scher Darstellung löste diese offenherzige Erläuterung
bei den Engländern und Niederländern äußerstes Erstau-
nen und bei den Deutschen große Verwirrung aus. Der
deutsche Verhandlungsführer sagte schließlich eine Prüfung der Angelegenheit zu.[476)]

Am Ende der Sitzung erklärten die Niederländer, unver-
züglich die Verhandlungen in Rio de Janeiro aufnehmen
zu wollen. Diese wurden am 15. August 1955 mit der Paraphierung eines dem deutschen Vertrag vom 1. Juli entsprechenden Abkommens abgeschlossen. Da Großbritannien
aufgrund der bestehenden Verträge jederzeit umstellen
konnte, wurde das multilaterale System am 22. August
1955 mit der ersten brasilianischen Versteigerung von
450.000 ACL-Dollar in Gang gesetzt. Die von dem Banco
do Brasil erfolgten Zuteilungen steigerten sich und be-

---

476) Vgl. Brazil, Informal Note of Discussions, July
19th.

trugen bereits in der folgenden Woche mehr als den doppelten Betrag.[477)]

Bei der Umstellung des deutschen Zahlungsverkehrs betrug der brasilianische Schuldensaldo bei der Bank deutscher Länder am 1. August 1955 25,743 Mio Brasil-Dollar, fiel bis Ende August auf 12,479 Mio, bis Ende September auf 6,163 Mio Brasil-Dollar und war Mitte Oktober, d.h. innerhalb von zweieinhalb statt der geschätzten vier Monate, aufgebraucht.[478)] Die zur Überbrückung eingeräumte Kreditlinie von 80 Mio Beko-DM wurde infolge der Verkürzung der Aufbrauchzeit für den Brasil-Dollar entsprechend geringer ausgenutzt und erreichte in der Spitze nur 55 Mio Beko-DM.[479)]

Ab Juli 1955 wurde ein multilaterales Vertragswerk ausgearbeitet, in das die Verträge der Club-Mitglieder mit Brasilien und die Club-Regeln integriert wurden. Als es nach mühevollen Abstimmungen unterschriftsreif war, lehnten die Brasilianer im Dezember 1955 die Unterzeichnung mit der Begründung ab, daß vertragliche Bindungen nicht erforderlich seien, da der multilaterale Handelsverkehr in den letzten Monaten ohne diese einwandfrei abgewickelt werden konnte.[480)] Der Haager Club wurde am 17. November 1955 durch den Beitritt Belgiens und Luxemburgs, Anfang Juli Italiens und

---

477) Vgl. BWM, Wochenbericht Abt. V, 7.11.1955, in: BA B102/5915 Heft 2.
478) Vgl. BdL, Kontenstände, in: HA Bestand 3235.
479) Vgl. BdL, R. Zapp, Abkehr vom Bilateralismus im Handels- und Zahlungsverkehr mit Brasilien, 2.2.1956, in: HA Bestand 11.651.
480) Vgl. Confidential Telegram from Commonwealth Relation Office, 23.12.1955, in: PRO FO 371 AB 1121/147.

186

Österreichs sowie im August 1956 Frankreichs erweitert.[481]

Die Bundesrepublik hatte bis 31. Mai 1956 an den brasilianischen Exporten in den ACL-Dollarraum im Werte von fast 150 Mio ACL-$ einen Anteil von etwa fünfundvierzig Prozent[482] und an den brasilianischen Importen einschließlich der Regierungsgeschäfte im Gesamtwert von ca. 132 Mio ACL-$ von fünfundfünfzig Prozent.[483] Von Ende August 1955 bis Ende Mai 1956 ergab sich ein Saldo von 16,3 Mio ACL-$ zu Gunsten Brasiliens,[484] wodurch die Erfüllung der brasilianischen Zahlungsverpflichtungen für Kapitaldienste an die Club-Mitglieder gesichert war. Die Zusammensetzung des Clubs erwies sich als vorteilhaft, da zwischen den überwiegend brasilianische Waren importierenden Ländern England und Holland und den vorwiegend nach Brasilien exportierenden Ländern Deutschland und Belgien durch das multilaterale System Ausgleichsmöglichkeiten gegeben waren. Der Haager Club gab als erste europäische Gemeinschaft, die ihren Handels- und Zahlungsverkehr mit einem überseeischen Land nach dem Zweiten Weltkrieg erfolgreich auf eine multilaterale Basis stellte, ein Beispiel für den richtigen Weg zur liberalen Weltwirtschaft. Für die Bundesrepublik blieb aber für eine Normalisierung der Wirtschaftsbeziehungen zu Brasilien noch das Problem des deutschen Altvermögens zu lösen.

---

481) Vgl. AA, Allgemeine Instruktion, Oktober 1956, S. 58, in: PA Ref. 306, Bd. 24.
482) Vgl. DB an AA, Wirtschaftsbericht I/1956, 3.9.1956, in: BA B102/6080 Heft 2. Die Anteile betrugen für England 26,0%, Holland 21,2% und Belgien 7,5%.
483) Vgl. ebenda. England hatte einen Anteil von 18,1%, Holland von 15,0% und Belgien von 11,9%.
484) Vgl Anlagen zu DB, Wirtschaftsbericht I/56, 3.9.1956, ebenda.

7. Regelung des Altvermögens

Nachdem eine offizielle Regelung des Altvermögens in Brasilien 1953 an den Vorbehaltsrechten der Alliierten Hohen Kommission gescheitert war,[485] schlossen sich interessierte Firmen, einer Anregung des Bundeswirtschaftsministeriums folgend, zu einem Konsortium zusammen und nahmen Verhandlungen mit der Agencia Especial de Defesa Economica do Banco do Brasil S.A.(AGEDE) als brasilianischem Verhandlungspartner auf. Der von der AGEDE im Juni 1955 aufgestellte Ablösungsplan für beschlagnahmte deutsche Vorkriegsvermögen wies Werte von insgesamt 295 Mio Cruzeiro aus, die gegen Zahlung einer pauschalen Ablösungssumme von 140 Mio Cruzeiro zuzüglich einer Kostenerstattung in Höhe von ca. 10 Mio Cruzeiro freigegeben werden sollten.[486] Die Konsortialfirmen waren an den auszulösenden Vermögenswerten mit etwas mehr als der Hälfte beteiligt.[487] Die brasilianischen Forderungen wurden zwar als überhöht angesehen, da sie zu einem großen Teil nicht direkt mit Kriegsfolgen zusammenhingen, zur Vermeidung weiterer Verzögerungen wurden sie aber von den Konsortialfirmen akzeptiert.

Bei der Aufbringung des Ablösungsbetrages entstanden Schwierigkeiten, da die Brasilianer sich weigerten, die im Vorkriegsvermögen enthaltene Bargeldsumme von 45 Mio Cruzeiro aufzurechnen. Das Konsortium sah sich gezwungen, für diesen Betrag ein entsprechendes Darlehen bei einer deutschen Bank aufzunehmen und erbat hierfür

---

485) Siehe vorstehend III.4., S. 169.
486) Nach BWM Abt. V, Wochenbericht, 3.9.1955, (140 Mio Cruzeiros = 8 Mio DM), in: BA B102/5916.
487) Vgl. o. Verf. (vermutlich Konsortium), Vermerk, 5.7.1955, in: BA B102/57669.

eine Bundesbürgschaft für das politische Risiko. Diese
wurde vom Bundesfinanzminister erst nach einer Intervention durch den Bundeswirtschaftsminister übernommen.[488]

Im August 1956 wurde das Dekret über "Freigabe von Vermögenswerten und Rechten im Ausland wohnender Deutscher" vom brasilianischen Staatspräsidenten unterzeichnet;[489] es wurde im Oktober durch einen Vertrag
über die Bedingungen für die Durchführung zwischen der
AGEDE, dem Konsortium und dem Vertreter der deutschen
Botschaft ergänzt.[490] Die Mitwirkung der deutschen
Botschaft war nach der Unterzeichnung der Pariser Verträge im Mai 1955 möglich geworden und gab dem Vorhaben
den erwünschten offiziellen Charakter. Von den nachweislich Berechtigten war innerhalb von vierundzwanzig
Monaten nach Erlaß des Dekretes die Freigabe bei der
AGEDE zu beantragen. Die Bewertung der einzelnen Vermögenswerte hatte eine Wirtschaftsprüfungsfirma in Brasilien vorgenommen. Für die Aufteilung wurde die Deutsche
Revisions- und Treuhand-Gesellschaft eingeschaltet. Deren Aufgabe bestand darin, sowohl die vom Konsortium
aufgebrachte Pauschalabfindung und die angefallenen Kosten des Konsortiums für Verhandlungen etc. als auch
die freigegebenen Vermögenswerte und Liquidationserlöse von rund 180 Mio Cruzeiros auf alle Begünstigten, d. h. auch auf diejenigen, die nicht dem Konsortium angehörten, zu verteilen. Die Berechtigten hatten zuvor der brasilianischen Regierung und ihren
Agenten uneingeschränkte Entlastung für die Verwaltung
der Vermögenswerte während der Zeit, in der diese der

---

488) Vgl. BWM an BMF, 23.11.1955, ebenda.
489) Vgl. Dekret Nr. 39.869, 30.8.1956, Übersetzung
ebenda.
490) Vgl. Vertrag, 9.10.1956, Übersetzung ebenda.

Kriegsgesetzgebung unterlagen, schriftlich zu erteilen.
Dieser Erklärung war eine Bescheinigung beizufügen, daß
keine Verbindlichkeiten gegenüber dem Konsortium als
Verhandlungsführer bestanden.[491]

Das Bundeswirtschaftsministerium sah die Bedeutung der
Regelung in der "Freigabe wichtiger noch lebender deutscher Niederlassungen und von mehr als 100 Grundstücken
erheblichen Ausmaßes" sowie in der Schaffung der
Voraussetzungen für die Ratifizierung des Warenzeichen-
abkommens von 1953.[492] Eine andere Bewertung nahm
Hastedt vor, der zu dem Schluß kam, daß der Substanzverlust des deutschen Auslandsvermögens in Brasilien
mit über fünfundachtzig Prozent angenommen werden
könne.[493]

Zusammenfassend ist festzuhalten, daß Brasilien sich
seit 1953 um eine Bereinigung der Kriegsfolgen bemüht
und dadurch eine Vertrauensbasis hergestellt hat, die
sich positiv auf die Entscheidungen der deutschen Wirtschaft für Investitionen in Brasilien ausgewirkt hat.

8. Deutsche Direktinvestitionen in Brasilien

Die Grundrechte der brasilianischen Verfassung, wonach
alle vor dem Gesetz gleich sind,[494] galten grundsätzlich auch für Ausländer, wenn auch mit einigen Ein-

---

491) Vgl. ebenda und BWM Abt. V, Wochenbericht,
3.9.1956.
492) Vgl. ebenda.
493) Vgl. Pedro G. Hastedt, Deutsche Direktinvestitionen in Lateinamerika. Ihre Entwicklung seit dem Ersten Weltkrieg und ihre Bedeutung für die Industrialisierung des Subkoninents, Göttingen 1970, S. 104 f.
494) Vgl. Artikel 153 § 1, nach Francisco Florence,
Gerd W. Rothmann, Investitionsrecht in Brasilien, São
Paulo 1971, S. 7.

schränkungen. So stand es ihnen zwar frei, in Brasilien
Eigentum, einschließlich Landbesitz, zu erwerben und zu
unterhalten, es war ihnen aber zur Wahrung nationaler
Interessen untersagt, sich an der Ausbeutung von Boden-
schätzen, der Gewinnung von Elektrizität, Erdöl und deren Verarbeitung, an Fluglinien, der Küstenschiffahrt,
dem Fischfang sowie Presse, Rundfunk- und Fernsehan-
stalten zu beteiligen.[495] Ausländische Gesellschaften
durften nur mit Genehmigung der Regierung in Brasilien
tätig werden oder Anteile an brasilianischen Gesellschaften erwerben; für die Errichtung einer Firma als
Zweig- oder als Eigenunternehmen mußte eine Gewerbege-
nehmigung eingeholt werden. Bei der Beantragung war
der Nachweis über die legale Errichtung der Stammfirma
im Heimatland, die ununterbrochene Anwesenheit eines
bevollmächtigten verantwortlichen Vertreters, gleich
welcher Nationalität, sowie über die Führung des Zu-
satzes "do Brasil" oder "para o Brasil" zum Firmennamen
des Stammhauses zu erbringen. Über die Höhe der Ka-
pitalausstattung bestanden keine Vorschriften.[496]

Die für deutsche Investitionen am häufigsten gewählten
Gesellschaftsformen waren bei Personengesellschaften
die "sociedade por quotas de responsabilidade limitada", abgekürzt "Limitada" oder "Ltda", die ungefähr
der deutschen GmbH entsprach, und bei Kapitalge-
sellschaften die "sociedade por acoes, sociedade
anomina (S.A.)", die der deutschen Aktiengesellschaft
ähnelte.[497] Vom deutschen Investor war zu beachten,
daß nach dem "Zwei-Drittel-Gesetz" genannten brasilianischen Arbeitsgesetz (Codigo de Trabalho), in Handels-

---

495) Vgl. ebenda.
496) Vgl. Deutsch-Südamerikanische Bank, Wirtschaftsbericht Brasilien Nr. 42, S. 203 f.
497) Vgl. ebenda, S. 204 f.

und Industrieunternehmen zwei Drittel aller Arbeitnehmer brasilianische Staatsangehörige sein und zwei Drittel der Arbeitsentgelte an Brasilianer gezahlt werden
mußten.[498)

Die Einbringung von Kapitalien in das Land wie auch
Rücküberweisungen waren zwar prinzipiell erlaubt, der
Wechselkurs richtete sich aber nach der Bedeutung der
Investitionen für die brasilianische Wirtschaft. Als
von "unzweifelhaftem Interesse" (indubitavel interesse)
wurden Investitionen für den Aufbau und die Entwicklung
der Basisindustrien und der von der Nationalen Indu-
strie-Entwicklungskommission gebilligten Projekte angesehen; hierfür wurden die Kapitaleinfuhr und -ausfuhr
sowie die Überweisung von Zinsen bis zu acht Prozent
p.a. zum offiziellen Kurs gestattet, für darüber hin-
ausgehende Transaktionen fand der Freikurs Anwendung.[499) Bei Investitionen von "besonderem Interesse" (especial interesse) wurden das eingeführte Kapital und eine spätere Ausfuhr zum Freikurs, Dividenden
bis zu zehn Prozent zum offiziellen Kurs abgerechnet.
Der Freikurs wurde auch bei Investitionen von "hervor-
ragendem Interesse" (relevante interesse) berechnet; in
diesem Fall war der Transfer von Dividenden auf zehn
Prozent beschränkt und die Kapitalausfuhr frühestens
zehn Jahre nach Inbetriebnahme in limitierten Jahres-
raten zum offiziellen Kurs gestattet.

Um Devisen zu sparen, erteilte die SUMOC ab 1955 Einfuhrlizenzen ohne Devisendeckung (licencas de importa-

---

498) Vgl. ebenda, S. 203.
499) Der Freikurs, durch Gesetz Nr. 1.8o7, 7.1.1953,
eingeführt, richtete sich nach Angebot und Nachfrage
und lag wesentlich über dem offiziellen Kurs. Siehe
vorstehend III.4., S. 166.

cão sem cobertura cambial) für Einfuhren von vollständigen Ausrüstungen oder in Ausnahmefällen für die
Vervollständigung oder Verbesserung bestehender Einrichtungen; hierbei mußte sichergestellt sein, daß
keine Zahlung in Devisen erfolgt.[500] Im Jahr 1955 wurden auf diesem Wege deutsche Investitionsgüter im Wert
von ca. 5 Mio US $ eingeführt.[501]

Die ab 1952 gestatteten, wenn auch zunächst eingeschränkten Möglichkeiten für deutsche Investitionen im
Ausland[502] und die verhältnismäßig günstigen Voraussetzungen hierfür in Brasilien, veranlaßten die beiden
Regierungen, Kapitalinvestitionen im Rahmen der im August 1952 geschlossenen Vereinbarungen grundsätzlich zu
gestatten und zu fördern.[503] Die Bundesregierung nahm
hierauf durch das Genehmigungsverfahren des Bundeswirtschaftsministeriums sowie ab Ende 1953 zusammen
mit Brasilien über die "Gemischte Kommission" Einfluß.[504] Den Unterlagen des Bundeswirtschaftsministeriums zufolge[505] wurden von 1952 bis September 1956,
dem Datum des Inkrafttretens der allgemeinen Genehmigung für Investitionen bis zu drei Mio DM, einhundert-
vier Genehmigungsverfügungen für Direktinvestitionen
in Brasilien erteilt; davon wurden fünfzehn später un-
ausgenutzt zurückgegeben. Nur in Ausnahmefällen wurden
Anträge nicht genehmigt.

---

500) Vgl. SUMOC Instrucâo Nr. 113, 17.1.1955, in:
Deutsch-Südamerkanische Bank, Wirtschaftsbericht Brasilien, Nr. 42, S. 200.
501) Vgl. F.O. Ehlert, Brasilien - Land der Zukunft ?,
Teil II, in: Mitteilungen der Bundsstelle für Aussen-
handelsinformation, 6.(1956) Nr. 18, S. 2.
502) Siehe vorstehend I.2., S. 20 ff.
503) Siehe vorstehend III.4., S. 169.
504) Siehe vorstehend III.4., S. 171 f.
505) Vgl. BA B102/6833 bis 6845, Niederlassungen und
Beteiligungen im Ausland.

Im Einzelnen war 1952 ein Antrag wegen zu niedriger Lizenzforderung abgelehnt worden, im Jahres 1953 wurde trotz der Intervention eines sehr prominenten Politikers nach eingehender Untersuchung wegen Unzuverlässigkeit des Antragstellers ein Antrag dilatorisch behandelt und bis 1955 nicht entschieden. Ein genehmigtes Vorhaben kam 1953 wegen des zwischenzeitlichen Konkurses der brasilianischen Firma nicht zur Durchführung. Eine deutsche Firma verlor im Jahre 1954 ca. 265.000 DM, weil die bereits durchgeführte Überweisung wegen fehlender vertraglicher Regelung infolge Konkursanmeldung des brasilianischen Partners als Darlehen in der Konkursmasse unterging. Die Genehmigung für den Weitertransport von bereits nach Amsterdam geschafften Maschinen nach Brasilien zur dortigen Errichtung einer Fabrik für die Herstellung von Reißverschlüssen wurde 1953 verweigert; der Verbleib der Ausrüstung blieb bis 1955 unklar. Als Beanstandung der Brasilianer wurde von der deutschen Botschaft in Rio de Janeiro mitgeteilt, daß Druckereimaschinen als Sachwerteinlage ca. fünfhundert Prozent überbewertet worden waren. Einer Firma wurde die Genehmigung für die Errichtung einer Walzengravieranstalt und später für den weiteren Ausbau erteilt, obwohl der Fachverband hiergegen protestiert hatte.

In mehreren Fällen wurden von den Antragstellern Anträge wegen unsicherer wirtschaftlicher oder politischer Verhältnisse in Brasilien zurückgezogen und später erneut eingereicht und genehmigt. Einigen Großfirmen wurden Übertragungen von Anteilen auf andere Tochtergesellschaften in Brasilien oder auf Holdinggesellschaften in Drittländern genehmigt; bei letzteren er-

gaben sich dadurch nicht erfaßte Verschiebungen in der
deutschen Länderstatistik. Die erteilten Genehmigungen
wurden häufig - zum Teil mehrere Male - verlängert und
einige zurückgegeben, weil sich bei der Durchführung in
Brasilien Verzögerungen oder Veränderungen ergeben hatten.

Bei den vom Bundeswirtschaftsministerium in der Zeit
von 1952 bis 1954 erteilten Genehmigungen für deutsche
Investitionen im Ausland erreichte Brasilien mit 68,9
Mio DM den größten Anteil von allen Ländern;[506] in
dieser Zeit waren brasilianischen Angaben zufolge deutsche Investitionen im Werte vo nahezu 50 Mio DM durchgeführt worden.[507] Bis 31. August 1956 erhöhten sich
die Genehmigungen für deutsche Investitionen in Brasilien auf ca. 264 Mio DM und erreichten damit einen Anteil von fast einem Viertel des Gesamtvolumens.[508]

An dieser positiven Entwicklung hatte die Tätigkeit der
"Deutsch-Brasilianischen Gemischten Kommission für
wirtschaftliche Entwicklung" einen bedeutenden Anteil.[509] Im Tätigkeitsbericht dieser Kommission für
die Zeit von der ersten Sitzung am 11. Dezember 1953
bis Ende 1955[510] wurden die behandelten Projekte in
drei Gruppen eingeteilt. Die erste Gruppe umfaßte brasilianische Regierungsunternehmen; hier wurden acht

---

506) Siehe Statistischen Anhang XIII.2.3.
507 Vgl. Wilhelm Beutler, Die Mitarbeit der deutschen
Industrie an der wirtschaftlichen Entwicklung Brasiliens, in: Übersee-Rundschau, Hamburg, 6 (1954), Heft
9/10, S. 54.
508) Siehe Statistischen Anhang XIII.2.3.
509) Siehe vorstehend III.4., S. 171 f.
510) Vgl. Tätigkeitsbericht der Deutsch-Brasilianischen
Gemischten Kommission für wirtschaftliche Emtwicklung
in Rio de Janeiro seit ihrer Gründung bis zum 31. Dezember 1955, o. Dat., in: BA B102/58843.

Projekte im Gesamtwert von ca. 21 Mio US $ mit Fi-
nanzierungen zwischen drei bis fünf Jahren zur Ausführung empfohlen. In der zweiten Gruppe wurden für industrielle Unternehmen ohne deutsche Kapitalbeteiligung
Empfehlungen für sechs Projekte im Gesamtwert von ca.
13 Mio US $ mit gleichen Finanzierungzeiten und in ei-
nem Falle von sieben Jahren beschlossen und an die Regierungen weitergeleitet. Die Werte der Lieferungen
für die einzelnen Projekte lagen im Durchschnitt bei
ca. 2,5 Mio US $. Die dritte Gruppe betraf Empfehlun-
gen für dreizehn Projekte von industriellen Unternehmen
mit deutscher Kapitalbeteiligung im Gesamtwert von ca.
47 Mio US $ und 60 Mio Cruzeiros; hierbei wurde unter-
schieden zwischen Investitionen in Sachwerten und durch
Kapitaleinlagen bei Finanzierungen von unterschiedlicher Dauer.

Zu dem Vorhaben der Firma Daimler Benz A.G., Stuttgart,
eine Fabrik für die Herstellung von Lastwagen und stationären Dieselmotoren in Brasilien zu bauen, meldete
die Kommission im Februar 1954 Bedenken an und empfahl
eine Verringerung der beantragten Devisen; neben Investitionen in Cruzeiros und von Sachwerten war nämlich
der Transfer von 14,4 Mio Brasil-Dollar in einem
Jahr vorgesehen. Damit wäre mehr als ein Drittel des
für Investitionen im Handelsvertrag vorgesehenen Betrages von einer Firma verbraucht worden. Gleichzeitig
lag der Kommission das Projekt der Volkswagen G.m.b.H.,
Wolfsburg, zur die Errichtung einer Produktionsstätte
für den Bau von Personenkraftwagen, kleinen Lastwagen
und stationären Benzinmotoren vor; hierfür sollten
30,4 Mio US $ über sieben Jahre finanziert und ein Be-
trag in Cruzeiros eingebracht werden. Auch der Firma

Volkswagen wurde 1954 zu einer Verringerung des beantragten Devisenbetrags geraten.

Nachdem sich durch die Multilateralisierung des Han-
dels- und Zahlungsverkehrs die Finanzierungsmöglichkeiten verbessert hatten, empfahl die Kommission
den Regierungen im Jahre 1955 die Genehmigung des
Daimler-Benz-Projektes und 1956 von acht Investitionen
im Gesamtwert von ca. 10 Mio US $, darunter auch die
der Firma Volkswagen.[511] Durch die allgemeine deutsche
Genehmigung für Direktinvestitionen im Ausland bis zu 3
Millionen DM im September 1956 entfiel ein wesentlicher
Teil der Aufgaben für die Gemischte Kommission.[512]
Die positive Entwicklung der Investitionen hielt auch
weiterhin an; dem Bericht der Bundesbank zufolge erreichten die bis 1961 erfaßten Netto-Zugänge an deut-
schen Direktinvestitionen in   Brasilien 639,7 Mio
DM.[513]

9. Vergleichende Betrachtung der deutschen Wirtschafts-
beziehungen zu Argentinien und Brasilien

Die deutschen Direktinvestitionen in Brasilien und Argentinien erreichten zusammengefaßt bis 1961 fast neunzig Prozent des Gesamtvolumens in Südamerika; hierbei
wurden in Brasilien viermal mehr Investitionen getätigt
als in Argentinien.[514] Dieses Verhältnis lag auch bei
den bis Mitte 1956 erteilten Genehmigungen vor; vor der

---

511) Vgl. Exzerpt aus Sitzungsprotokollen der Gemischten Kommission, ebenda.
512) Siehe vorstehend I.2., S. 23 f.
513) Vgl. Monatsberichte der Deutschen Bundesbank, Dezember 1965, Nr. 12, Tab. 6, S. 26.
514) Vgl. ebenda.

Revolution in Argentinien war der brasilianische Wert
Ende 1954 nur dreimal höher gewesen.[515]

In den Jahresstistiken des Handelsverkehrs schlugen
sich die jeweiligen politischen, ökonomischen und
klimatischen Geschehnisse in beiden Ländern durch erhebliche Schwankungen nieder. Während der zwölf Jahre
von 1950 bis 1961 waren aber die deutschen Gesamt-
umsätze mit beiden Ländern etwa gleich hoch; bei Argentinien glichen sich Ein- und Ausfuhren aus und bei Brasilien übertrafen die deutschen Ausfuhren um sieben
Prozent die Einfuhren. Den deutschen Nutzen der
Multilateralisierung für den Handelsverkehr beweisen
die Exportüberhänge von achtundzwanzig Prozent bei
Argentinien und ca. vierundzwanzig Prozent bei Brasilien in der Zeit von 1958 bis 1961.[516]

Zusammenfassend ist festzustellen, daß in der Wiederaufbauphase Brasilien aufgrund seiner relativ freieren
Politik besonders bei Direktinvestitionen mehr profi-
tiert hat als Argentinien; die Handelsbeziehungen zur
Bundesrepublik haben sich für beide Staaten Ende der
fünfziger Jahre in etwa angeglichen.

---

515) Siehe Statistischen Anhang XIII.2.2. und 2.3.
516) Siehe ebenda 1.11.3., 1.1.2. und 1.2.2.

IV. Die Wirtschaftspolitik der Bundesrepublik Deutschland mit Chile

1. Einführung

Die Republik Chile, das dritte Land der ABC-Staaten Südamerikas, erstreckt sich vom 17. Grad bis zum 56. Grad südlicher Breite in einer Länge von 4.330 km bei einer Breite von 170 bis 350 km mit einem Gebietsumfang von 741.767 qkm. Zwischen dem Kamm der Anden und dem Pazifischen Ozean gelegen, wird Chile in seiner Oberflächenstruktur durch die von der Küste bis zu zweitausend Meter aufsteigende Höhenkette, der dahinter liegenden Längstalsenke und dem aufragenden Hochgebirge der Anden geprägt. In den trockenen Wüstengebieten des Nordens werden vor allem Kupfer und Salpeter abgebaut, die für die chilenische Wirtschaft eine große Bedeutung besitzen. Mittelchile mit seinem den Mittelmeerländern vergleichbarem Klima ist das Hauptagrargebiet und wichtigste Siedlungsland. Im ozeanisch feucht-kühlen, stark bewaldeten Südchile wird vorwiegend Schafzucht und Holzwirtschaft betrieben.[517]

Die Bevölkerung betrug im Jahre 1953 7,3 Millionen Einwohner, von denen ca. zwanzig bis dreißig Prozent europäischer Abstammung, fünf Prozent Indianer und der Rest Mestizen spanisch-indianischer Herkunft waren; die Homogenisierung schreitet voran.[518]

Die Zahl der in Chile lebenden deutschen Staatsangehörigen wurde 1956 von der deutschen Botschaft in Santiago de Chile auf ca 8.000 Personen geschätzt. Von den

---

517) Vgl. Ibero- Amerika. Ein Handbuch, S. 250 ff.
518) Vgl. ebenda, S. 249 f.

dreißig- bis vierzigtausend Deutsch-Chilenen besaßen
etwa ein Viertel ebenfalls die deutsche Staatsangehörigkeit, ohne sich dessen bewußt zu sein. Dies traf
insbesondere für die in Chile geborenen Nachkommen
deutscher Staatsangehöriger zu, die aufgrund des chilenischen Rechts durch Geburt in Chile (jus soli) die
chilenische neben der deutschen Staataangehörigkeit erworben hatten. Da die Eheschließung nach chilenischem
Recht weder den Erwerb noch den Verlust einer
Staatsangehörigkeit begründete, galten Chileninen, die
durch Heirat die deutsche Staatsangehörigkeit erworben
hatten, in Chile weiterhin als chilenische Staatsangehörige, während Deutsche, die nach deutschem Recht
durch Heirat ihre Staatsbürgerschaft verloren hatten,
in Chile weiterhin als Deutsche behandelt wurden. Die
Zahl der rassisch verfolgten Deutschen belief sich nach
Angaben der Deutschen Israelitischen Gemeinde in Santiago auf etwa zwölftausend Personen; diese besaßen
zwar einen Rechtsanspruch auf Wiedererwerb der deutschen Staatsangehörigkeit, machten hiervon aber nur zum
Teil Gebrauch.[519]

Die Entwicklung Chiles von der spanischen Kolonie zum
Schwellenland vollzog sich in der eingangs für Südamerika insgesamt geschilderten Weise.[520] Beim
Ausbruch des zweiten Weltkrieges amtierte als
Staatspräsident Pedro Aguirre Cerda, der 1938 als Führer der Volksfront, einer Verbindung von Radikalen und
Kommunisten, in dieses Amt als Nachfolger des zweimaligen, gemäßigten Präsidenten Arturo Alessandri gewählt
worden war. Cerda führte Sozialreformen durch, sah sich
dann aber durch das schwere Erdbeben Anfang 1939 und

---

519) Vgl. DB Santiago de Chile an AA, 14.2.1954, in: PA
Ref. 306, Bd. 29.
520) Siehe vorstehend I.1., S. 1 ff.

den Ausbruch des Zweiten Weltkrieges vor große Probleme gestellt.[521] Als Cerda 1941 vor Ablauf der sechsjährigen Amtsperiode starb, wurde Juan Antonio Rios zum Präsidenten gewählt, der eine Regierung der Mitte bildete. Die noch vor seinem Amtsantritt verkündete Neutralität Chiles hielt er zunächst aufrecht, befolgte dann aber die Empfehlungen und Beschlüsse der panamerikanischen Konferenzen.[522] So brach Chile im Januar 1943 die diplomatischen Beziehungen zu Deutschland ab,[523] erließ in der Folgezeit, wie Brasilien,[524] eine Reihe von Dekreten mit weitgehenden Einschränkungen für Angehörige der Feindmächte und deren Vermögen,[525] erklärte aber Deutschland nicht den Krieg. Rios verstarb 1946 während seiner Amtszeit als Staatspräsident und Gabriel Gonzales Videla wurde als

---

521) Vgl. Ibero-Amerika. Ein Handbuch, S. 282.
522) Siehe vorstehend I.1., S. 7.
523) Vgl. Dekret Nr. 182, 20.1.1943, nach BdL, Otto Böhmer, Chile. Übersicht, o. Dat., S. 31, in: HA Bestand 11.664.
524) Siehe vorstehend III.1., S. 153, Anmerkung 390.
525) Die wichtigsten Dekrete betrafen:
Nr. 736, 1.3.1943, Meldepflicht für Feindvermögen,
Nr. 402, 19.1.1944, Zwangsliquidierung deutscher Banken,
Nr. 427, 20.1.1944, Sperre von Dividenden von Aktien in Feindbesitz,
Nr. 874, 18.2.1944, Neuanmeldung von Feindvermögen,
Nr. 463, 19.7.1944, Durchführung wirtschaftlicher Kontrollmaßnahmen,
Nr. 641, 28.9.1944, Einziehung von Dividenden auf Sperrguthaben,
Nr. 422, 18.5.1945, Hinterlegung von Sperrvermögen bei der Nationalbank,
Nr. 605, 18.7.1945, Durchführung des Zwangsverkaufs blockierter Vermögen,
Nr. 844, 22.9.1945, Aufbringung der Kosten der staatlichen Kontrolle usw.,
Nr. 740, 11.7.1946, Errichtung einer Kommission zur Prüfung der Kriegsschädenansprüche,
Nr.169, 31.1.1947, Begründung einer Kommission zur Abwicklung der noch schwebenden Fragen,
nach O. Böhmer, Chile, S. 31 f, ebenda.

Nachfolger von einer linken Koalition einschließlich
der Kommunisten gewählt. Nach einem Generalstreik zur
Durchsetzung politischer Forderungen wurde 1948 die
kommunistische Partei verboten, die diplomatischen Beziehungen zur Sowjetunion abgebrochen und eine Koalition der Konservativen und Radikalen gebildet. Bei
Wahlen erhielt 1952 General Carlos Ibanez del Campo,
der von 1925 bis zur Weltwirtschaftskrise Staatspräsident gewesen war, fast die Hälfte aller Stimmen. Er
versuchte die durch Inflation, Schwierigkeiten im
Außenhandel u.ä. entstandenen sozialen und wirtschaftlichen Probleme durch Stabilisierungsmaßnahmen, wie
Lohnstopp u.ä., zu lösen.

Die Bemühungen um eine Eindämmung der inflationären
Entwicklung wurde von dem 1958 gewählten Kandidaten
der Liberalen und Konservativen Jorge Alessandri, dem
Sohn des zweimaligen Präsidenten Arturo Alessandri,
während seiner Amtszeit bis 1964 fortgesetzt.[526]

Die Wiederaufnahme der Wirtschaftsbeziehungen Chiles zu
Westdeutschland begann unter Staatspräsident Gonzales
Videla, der sich durch den Abbruch diplomatischer Be-
ziehungen zur Sowjetunion im "Kalten Krieg" eindeutig
auf die Seite der westlichen Alliierten gestellt hatte.
Seine Regierung schloß Anfang 1949 mit den Militär-
regierungen der drei westlichen Besatzungszonen ein
Zahlungsabkommen ab.[527]

---

526) Vgl. Ibero-Amerika. Ein Handbuch, S. 282 f.
527) Siehe vorstehend I.1., S. 9, Anmerkung 18.

2. Zahlungsabkommen mit den Militärregierungen vom 11. Mai 1949

Das Zahlungsabkommen zwischen der Regierung der Republik Chile und den Militärregierungen für Westdeutschland wurde am 14. April 1949 in Frankfurt paraphiert und trat mit der Unterzeichnung am 11. Mai 1949 für ein Jahr mit üblicher Verlängerungs- und Kündigungsmöglichkeit in Kraft.[528) Form, Aufbau und Inhalt entsprachen im wesentlichen dem damals üblichen deutschen Muster. Im einzelnen wurde vereinbart, Zahlungen über das in US Dollar bei der Bank deutscher Länder zu führende Verrechnungskonto für Einfuhren von Salpeter und bearbeitetem oder unbearbeitetem metallischem Kupfer auszunehmen und diese in US Dollar in New York zu leisten. Im Gegenzug waren Ausfuhren von Kohle und Koks nach Chile ebenfalls in US Dollar in New York zu begleichen. Außerdem sollten zehn Prozent des Wertes der von der ECA veranlaßten Einfuhren aus Chile sowie die von den Besatzungsstreitkräften direkt in Chile gekauften Importe nicht über das Verrechnungskonto abgewickelt werden.

Die Anlagen mit den Warenlisten A und B beliefen sich auf jeweils 11,35 Mio US $; sie waren nicht erschöpfend und konnten einvernehmlich ergänzt werden. In der Liste A waren Einfuhren aus Chile von Nichteisenerzen und -konzentraten für 3,3 Mio, Getreide 2,3 Mio und Hülsenfrüchten 2,0 Mio US $ vorgesehen. Die Liste B für Ausfuhren nach Chile war, wie üblich, breit gefächert; der größte Posten mit 6 Mio US $ war für Maschinen, Fahrzeuge und Stahlkonstruktionen reserviert. Als Voraussetzung für die Erteilung von Lizenzen wurde bestimmt,

---

528) Vgl. Übersetzung, in: BA B102/56796.

daß Verhandlungen über Spezifikationen, Preise, Liefer-
und sonstige Bedingungen zufriedenstellend abgeschlossen sein müßten; Preise und Bedingungen, die nicht mit
den Tagesnotierungen auf dem Weltmarkt übereinstimmten,
wurden als unbefriedigend angesehen. Auf Verlangen
konnte eine "Gemischte Kommission" zusammentreten.

Salden waren auf Verlangen des Gläubigers vierteljähr-
lich und bei Überschreitung des Betrages von 0,5 Mio US
$ auszugleichen. Auf Vorschlag des chilenischen Gene-
ralkonsuls in Frankfurt sollte das Recht auf Forderung
von Dollarzahlungen beim Überschreiten des Swings von
0,5 Mio US $ befristet bis zum 31. Oktober 1950 nicht
ausgeübt werden.[529] Die vom Bundeskanzler bei der
Alliierten Hohen Kommission hierzu beantragte Genehmigung[530] wurde von dieser erteilt[531] und durch
Briefwechsel der befristete Verzicht auf Zahlungs-
anforderungen sowohl bei Swingüberschreitung als auch
für den vierteljährlichen Saldenausgleich vereinbart.[532] Eine weitere Verbesserung durch Notenaustausch wurde dadurch erreicht, daß nur noch die deutschen Kupferbezüge in US $ zu bezahlen waren und damit
chilenische Salpeterlieferungen über das Verrechnungskonto abgewickelt werden konnten.[533]

---

529) Vgl. Consulado General de Chile an BdL, 2.12.1949,
ebenda.
530) Vgl. Bundeskanzler an Vorsitzenden der Alliierten
Hohen Kommission mit anliegendem Memorandum, 5.4.1950,
ebenda.
531) Vgl. Alliierte Hohe Kommission Generalsekretär an
Ministerialdirigent Blankenhorn, AGSEC (50) 826,
26.4.1950, ebenda.
532) Vgl. Consulado General de Chile an BWM, 4.8.1950,
in: BA B102/2704.
533) Vgl. RA Nr. 18/50, 11.8.1950, in: Bundesanzeiger
Nr. 156, 16.8.1950.

3. Handelsvertrag und Abkommen über den Zahlungs- und Warenverkehr vom 2. Februar 1951

Um die wirtschaftlichen Beziehungen der Bundesrepublik zu Chile auszubauen, nahm am 4. September 1950 eine aus sieben Mitgliedern bestehende deutsche Delegation unter Führung von Dr. Ludwig Imhoff, Ministerialdirigent im Bundeswirtschaftsministerium, in Santiago de Chile Vertragsverhandlungen auf. Diese mußten zum Teil als Einzelgespräche geführt werden,[534] da Unstimmigkeiten wegen der Zulassung von Beobachtern der Alliierten Hohen Kommission entstanden waren.[535] Am 18. Oktober 1950 wurden ein Handelsvertrag und ein Abkommen über den Zahlungs- und Warenverkehr paraphiert und am 2. Februar 1951 in Hamburg unterzeichnet.

Im Abkommen über den Zahlungs- und Warenverkehr[536] waren in den Warenlisten die Volumina von 11,35 Mio US $ auf 27,5 Mio US $ erhöht worden. Die wichtigsten Positionen bzw. Positionsgruppen waren in der Warenliste A für deutsche Einfuhren:

Kupfer-, Mangan- und Bleierze	9,0 Mio US $,
land-u. fischwirtschaftliche Erzeugnisse	7,0 Mio US $,
Schafwolle und -häute	5,5 Mio US $,
Salpeter	2,5 Mio US $,
Rundholz	1,5 Mio US $,

in Warenliste B für deutsche Ausfuhren:

Maschinen, Geräte und Werkzeuge	10.7 Mio US $,
Chemikalien	4,8 Mio US $,
Beförderungsmittel und Zubehör	4,7 Mio US $,

---

534) Vgl. Delegationsmitglied Heinrichs, Zweiter Vermerk über Sitzung, 5.9.1950, in: BA B102/2704.
535) Siehe vorstehend I.1., S. 16.
536) Vgl. RA Nr. 9/51, 15.1.1951, in: Bundesanzeiger Nr. 36, 21.2.1951.

| verschiedene Fertigwaren | 3,2 Mio US $, |
| Eisen und Stahl | 2,1 Mio US $. |

Die Warenlisten sollten für ein Jahr gelten und drei
Monate vor Ablauf neue ausgehandelt werden. Bemerkenswert war, daß gegenüber dem Abkommen von 1949 keine
deutschen Lieferungen von Kohle und Koks vorgesehen waren und daß die chilenischen Lieferungen von Kupfererzen und -konzentraten zum Teil über das Verrechnungskonto liefen. In einer Anlage C waren die zur
Verrechnung zugelassenen Zahlungen detailliert aufgeführt.

Auf Wunsch der Chilenen wurde das Verrechnungskonto
beim Banco Central geführt. Als Swing wurde ein Betrag
von 2,5 Mio US $ vereinbart, der durch ein besonderes
Abkommen zwischen den Zentralbanken bis auf 8 Mio US $
erhöht werden konnte. Der beim Außerkrafttreten des Abkommens vom 11. Mai 1949 festgestellte Saldo wurde auf
das Verrechnungskonto vorgetragen. Das Abkommen trat
am 17. Februar 1951, d.h. fünfzehn Tage nach seiner Unterzeichnung, in Kraft. In einem beigefügten Briefwechsel erklärte sich die Bundesregierung bereit, für chilenisches Kupferhalbzeug Einfuhrbewilligungen bis zu
einem Betrag von 2 Mio US $ zu erteilen, wenn Chile
die Einfuhren von deutschen Waren nach ihrer freien
Wahl im gleichen Werte genehmigen würde.[537] Ein weiterer Notenaustausch bestimmte die Gültigkeit der pflan-
zensanitären Bestimmungen des Einfuhrlandes.

---

537) Nach BdL, Hasserodt, Vierter Vermerk über Einzel-
besprechungen 7., 8. und 11.9.1950, waren die Kupfer-
minen nur zum geringen Teil in chilenischen Händen, die
meisten Minen gehörten amerikanischen Gesellschaften,
die Kupfer nur gegen US $ abgaben, in: BA B102/ 2704.

Der Handelsvertrag[538] wurde am 7. Januar 1952 als Gesetz verkündet[539] und trat nach Austausch der
Ratifikationsurkunden in Santiago de Chile am 1. April
1953 in Kraft;[540] hierin wurde die Meistbegünstigung
beim Handels- und Schiffahrtsverkehr vereinbart, wobei
die Nachbarstaaten und im Rahmen einer Zollunion gewährten Vergünstigungen ausgenommen wurden. Weitere Bestimmungen betrafen die Förderung der beiderseitigen
Schiffahrt, die Versteuerung der Einkünfte am Ort der
Leitung des Schiffahrtsunternehmens sowie die Bildung
von ständigen gemischten Kommissionen in beiden Ländern. Dem Vertrag waren Noten beigefügt über den Austausch von Wissenschaftlern, Technikern und Landwirten,
die Einbeziehung von Groß-Berlin, deutsche Zollfreiheit
für Einfuhren von Salpeter im ersten Vertragsjahr sowie
über die Behandlung deutscher gewerblicher Schutzrechte
in Chile.

Zu letzterem wurde festgelegt, daß beide Parteien den
natürlichen und juristischen Personen des anderen Staates beim Erwerb, Besitz und Erneuerung von gewerblichen
Schutzrechten Inländerbehandlung gewähren und die vor
dem 23. Dezember 1943 in Chile eingetragenen deutschen
Schutzrechte nicht Gegenstand neuer Beschlagnahmen,
Einziehungen oder Übertragungen auf Dritte sein sollten. Die Einfuhr von Waren, bei denen deutsche Alt-
rechte Verwendung fanden, war zwar grundsätzlich zugelassen, ausgenommen waren aber Fälle, in denen auf
Dritte übertragene Schutzrechte verwendet wurden, sofern die deutschen Eigentümer sich nicht über den Gebrauch mit den Erwerbern verständigt hatten. Diese Lö-

---

538) Zur Ratifikationsbedürftigkeit siehe vorstehend
I.2., S. 17 f.
539) Vgl. BGBl II Nr. 2, 21.1.1952.
540) Vgl. BGBl II Nr. 8, 29.5.1953.

sung, der auch die Vertreter der betroffenen Firmen zustimmten,[541] war deswegen praktikabel, da in Chile
deutsche Patente und Marken u.ä. nur in Einzelfällen
durch besondere Erlasse verkauft oder versteigert worden waren. Mit dem Notenaustausch war in Chile bereits
1950 das Problem der deutschen gewerblichen Schutzrechte gelöst worden.

4. Kündigung der Abkommen vom 2. Februar 1951 und die Überbrückungszeit

Bei der Erfüllung der Verträge auf Lieferung von chilenischem Elektrolytkupfer traten in der zweiten Hälfte
des Jahres 1951 Verzögerungen auf; das deutsche Mitglied des "Gemischten Deutsch-Chilenischen Wirtschaftsausschusses" in Santiago de Chile wurde angewiesen, bei
der chilenischen Regierung auf Erfüllung der eingegangenen Verpflichtungen zu drängen.[542] Im Mai 1952 ver-
schärfte sich die Devisensituation in Chile wegen einer Verknappung und fehlender Übersicht.[543] Die chilenische Regierung verfügte daher für den Außenhandel
einen Stop für bisher genehmigungsfreie Einfuhren, die
Meldepflicht für laufende Aufträge und die Verpflichtung, Einfuhrgenehmigungen einzuholen.[544]

Von diesen Maßnahmen war auch der deutsche Außenhandel
betroffen und die deutsche Botschaft überreichte Anfang
Juli 1952 im Außenministerium eine Verbal-Note; in die-

---

541) Vgl. Delegationsmitglied Heinrichs an BWM,
14.9.1950, in: BA B102/2704.
542) Vgl. BWM an AA, Text für Kabel an Schütte,
Santiago de Chile, 3.8.1951, in: BA B102/6086 Heft 2.
543) Nach DB Santiago de Chile an AA, 2.7.1952, hatten
die chilenischen Banken für 2,6 Mio US $ Incasso-Auf-
träge vorliegen, aber nur ca. 1 Mio US $ verfügbar,
ebenda.
544) Vgl. DB an AA, 11.6.1952, in: BA B102/56791.

ser wies sie darauf hin, daß Einfuhrgenehmigungen im
Werte von fast 7 Mio US $ für vor dem 24. April 1952
ordnungsgemäß erteilte, inzwischen registrierte Aufträge ausstünden. Außerdem wurde darauf aufmerksam gemacht, daß seit etwa zwei Monaten beträchtliche Mengen
deutscher Waren in Häfen zur Verladung bereitlägen, die
nicht verschifft werden könnten, weil die chilenischen
Konsulate wegen Fehlens der nachträglich geforderten
Einfuhrgenehmigungen die Verschiffungspapiere nicht
legalisierten. Die deutschen Hersteller seien nicht bereit, die hierdurch entstehenden Lagerkosten, Zinsver-
luste etc. länger zu tragen. Um unverzügliche Behebung
der geschilderten Mißstände wurde gebeten.[545]

Eine weitere Erschwerung des Handelsverkehrs mit Chile
stellte die nach Vertragsabschluß verfügte Freigabe
des Kurses für den Verrechnungsdollar, auch "deutscher
Dollar" genannt, dar. Die chilenischen Exporteure erhielten für die über das Verrechnungskonto abgewickelten Geschäfte Gutschriften in "deutschen Dollar", die
sie auf dem freien Markt an Importeure verkaufen mußten; hierbei hatte sich durch Angebot und Nachfrage ein
Disagio gebildet.[546]

Die chilenischen Exporteure von Kupfererzen verlangten
daraufhin entgegen den vertraglichen Vereinbarungen
entweder die Bezahlung in freien Dollar oder einen um
das Disagio erhöhten Preis. Die deutschen Abnehmer sahen sich nicht in der Lage, diesen Mehrpreis zu übernehmen, und beantragten die Zuteilung von freien Dollar. Bei genereller Erfüllung dieser Forderung hätte

---

545) Vgl. DB an AA, anliegend Übersetzung der Verbal-
Note, 8.7.1952, ebenda.
546) Vgl. "Treue-Verfahren" mit dem Brasildollar, siehe
vorstehend III.3., S. 159 ff.

sich der für die Bezahlung deutscher Exporte verfügbare
Betrag an Verrechnungsdollar erheblich vermindert mit
der Folge einer weiteren Erhöhung des Disagios. Hierauf
spekulierten einige chilenische Importeure und ver-
zögerten die Auslösung versandbereiter deutscher Waren.[547]

Der Handelspolitische Ausschuß beschloß Anfang Oktober
1952, der Norddeutschen Affinerie, Hamburg, außerhalb
des Verrechnungsverkehrs einmalig einen Betrag von
750.000 freien Dollar für Kupferimporte zur Verfügung
zu stellen. Er vertrat die Auffassung, "daß die Ursache
des Disagios in der ohne ihre Mitwirkung nach Abschluß
des Zahlungsabkommens vorgenommenen Freigabe der Kurse
zu erblicken sei und es daher Sache der chilenischen
Regierung sei, geeignete Mittel zu ergreifen, die die
dauernde Kursgleichheit zwischen dem freien und dem
"deutschen" Dollar gewährleisten".[548] Diese Stellungnahme sollte der Botschafter der chilenischen Regierung
vortragen. Falls die chilenische Regierung sich zur
Einleitung entsprechender Maßnahmen nicht in der Lage
sehen sollte, wurde er zur Erklärung ermächtigt, daß
die Bundesregierung erwäge, der chilenischen Regierung
an Stelle des geltenden Zahlungsabkommens Verhandlungen
über neue Vereinbarungen vorzuschlagen.[549] Die Demarche stand unter Zeitdruck, da eine eventuell erforderlich werdende Kündigung des Abkommens drei Monate
vor dem 15. Februar, d.h. bis zum 16. November, erfolgt
sein mußte, wenn nicht eine automatische Verlängerung
um ein weiteres Jahr eintreten sollte.

---

547) Vgl. BWM Abt. V C 5, Vermerk, 30.9.1952, in: BA
B102/56971.
548) BWM an AA, 13.10.1952, ebenda.
549) Vgl. ebenda.

Dieser Zeitpunkt war in Chile ungünstig, da der im September gewählte, als deutschfreundlich geltende Staatspräsident Carlos Ibanez del Campo am 4.November 1952 sein Amt antrat[550] und in der Übergangszeit keine Entscheidung zu erhalten war. Der Handelspolitische Ausschuß entschloß sich zur Kündigung des Abkommens entgegen der politisch motivierten Empfehlung des Botschafters; er nahm hierbei in Kauf, daß im Falle eines Scheiterns von Verhandlungen der Handelsverkehr durch beiderseitige Zahlungen in freien Dollar eingeengt werden würde.[551]

Die Botschaft übereichte zeitgerecht das Kündigungsschreiben des Abkommens zum 16. Februar 1953, schlug gleichzeitig die Anwendung der Bestimmungen in den folgenden drei Monaten, d.h. bis zum 16. Mai 1953, und die kurzfristige Bildung einer gemischten Kommission vor; diese sollte die in letzter Zeit aufgetretenen Schwierigkeiten beseitigen sowie Normen und Methoden zur Steigerung des Warenverkehrs und zur reibungslosen Abwicklung des Zahlungsverkehrs ausarbeiten.[552] In einer Antwortnote bestätigte das chilenische Außenministerium Anfang Dezember 1952 die Kündigung und akzepierte die weiteren Vorschläge.[553]

Der Botschafter empfahl dem Auswärtigen Amt, die Verhandlungen von deutscher Seite zunächst durch Mitglieder der Botschaft führen zu lassen, und bat um

---

550) Siehe vorstehend IV.1., S. 201.
551) Vgl. BWM Abt. V C 5, Vermerk, 3.11.1952, in: BA B102/56791.
552) Vgl. DB an chilenisches Außenministerium, Übersetzung, 12.11.1952, ebenda.
553) Vgl. RA Nr. 10/53, 31.1.1953, in: Bundesanzeiger Nr. 25, 6.2.1953.

einen entsprechenden Erlaß.[554] Nach vorbereitenden Ressortbesprechungen beauftragte der Handelspolitische Ausschuß die Botschaft mit Vorverhandlungen und gab hierfür die Weisung, bei der künftigen Regelung des Zahlungsverkehrs entscheidenden Wert auf eine Kursangleichung des deutschen Abkommensdollar an den freien US $ zu legen und beim Warenverkehr von der starken Detaillierung der Warenlisten abzugehen. Abschließende Verhandlungen sollten in Santiago de Chile durch eine besondere Delegation im April geführt werden.[555]

Zu einer ersten Terminverschiebung und entsprechenden Verlängerung des gekündigten Abkommens kam es auf Wunsch der Chilenen im April wegen der ungeklärten innenpolitischen Lage.[556] Die für Juli/August geplanten Abkommensverhandlungen wurden abgesagt, weil die chilenische Kupferhütte Paipote der Norddeutschen Affinerie den Lohnveredlungsvertrag mit Kaufoption für Kupfer gekündigt hatte, aus dem Embargo-Abkommen ausgetreten war und damit für Kupferbezüge eine veränderte Situation entstanden war.[557]

Bei den vorgesehenen Verhandlungen wollte die Bundesregierung auch eine Regelung der Fragen des Altvermögens und der Schutzrechte herbeiführen; hierzu hatte sich die chilenische Regierung bereit erklärt.[558] Das Auswärtige Amt bat daher Anfang Oktober die Alliierte Hohe Kommission um Genehmigung, hierüber Verhandlungen mit Chile führen zu dürfen; es bezog sich dabei auf

---

554) Vgl. DB an AA, 13.12.1952, in: BA B102/56790.
555) Vgl. BWM an AA, 17.2.1953, ebenda.
556) Vgl. AA an BWM, 10.4.1953, ebenda, und RA Nr. 50/53, 9.6.1953, in: Bundesanzeiger Nr. 120, 20.6.1953.
557) Vgl. HPA Nr. 29/53, Sitzung 29.9.1953, TOP 6, 19.10.19953, in: BA B102/56791.
558) Vgl. ebenda.

212

das generelle Ersuchen des Bundeskanzlers vom 31. Juli
1953, die Überleitungsbestimmungen des Londoner Schuldenabkommens zur Regelung des deutschen Auslandsvermögens anwenden zu dürfen. Die ablehnende Antwort der
Alliierten Hohen Kommission wurde damit begründet, daß
das Londoner Schuldenabkommen nichts mit der Frage der
deutschen Auslandsvermögenswerte zu tun habe und infolgedessen nicht einzusehen sei, weshalb es erforderlich
sei, der Bundesregierung einen Spielraum für Verhandlungen über Auslandsvermögen zu gewähren. Wörtlich
wurde dann ausgeführt: "Die Alliierte Hohe Kommission
hat infolgedessen mit einiger Überraschung Versuche der
Bundesregierung zur Kenntnis genommen, diesbezügliche
Verhandlungen ohne vorherige Genehmigung zu führen, wie
z.B. im Verlauf der Handelsbesprechungen mit Brasilien". Für Verhandlungen mit Chile wurde die erbetene
Genehmigung ausdrücklich versagt.[559]

Vor seiner Abreise hatte Panhorst, Ministerialrat im
Bundeswirtschaftsministerium, der als Leiter der Delegation benannt worden war, Gelegenheit, in Hamburg die
Ansichten und Wünsche der am Handel mit Chile interessierten Wirtschaftskreise kennenzulernen. Hierbei wurde
ihm mitgeteilt, daß man ein Einspielen des chilenischen
Kupferpreises auf Weltmarktbasis erwarte, die Zusam-
menziehung der land- und fischwirtschaftlichen Erzeugnisse zu einem Globalkontingent sich zum Ausgleich von
Ernteausfällen als vorteilhaft erwiesen habe, bei Salpeter der Markt für Transitgeschäfte weitgehend durch
chilenische Verrechnungsabkommen abgedeckt sei, die
chilenischen Preise für deutsche Importe von Wolle
überhöht seien, sodaß Geschäfte zum größten Teil über

559) Vgl. Rat der Alliierten Hohen Kommission an
Bundeskanzler, vertraulich, AGSEC (53) 891, 16.10.1953,
in: BA B102/56792.

England abgewickelt würden, und auch Holzeinfuhren am
Preis gescheitert seien. Darüber hinaus wurde Panhorst
darauf hingewiesen, daß deutsche Exporte sowohl durch
den zeitweiligen Ausgabestop von chilenischen Importlizenzen als auch durch den hohen Stand des "deutschen
Dollars" von 145 Pesos - gegenüber 110 Pesos für den
freien US $ - stark behindert worden seien.

Die Bank deutscher Länder hatte wegen chilenischer
Swingüberschreitungen zwischenzeitlich insgesamt 5 Mio
US $ angefordert und auch erhalten; es wurde daher
von seiten des Außenhandels zur Vermeidung von Verzögerungen in der Auszahlung für wünschenswert gehalten,
den Swing zu erhöhen und ihn auf zwanzig bis dreißig
Prozent des effektiven Handelsvolumens festzusetzen.
Zur Frage der Umstellung des Zahlungsverkehrs auf freie
Dollar sprachen sich besonders die Herren der Privat-
banken dagegen aus und plädierten für die Beibehaltung
des Verrechnungsverfahrens bei anzustrebender Ausschaltung der Kursschwankungen des Verrechnungsdollars.[560]

Für die Mitte November 1953 in Santiago de Chile beginnenden Verhandlungen[561] wurden der Delegation vom
Handelspolitischen Ausschuß Verhandlungsziele vorgegeben. Danach war auf dem Zahlungsgebiet weiterhin der
gebundene Zahlungsverkehr anzustreben, sofern die Frage
der Einführung eines festen Kurses oder einer aus-
reichenden Kurspflege befriedigend gelöst werden könne;
anderenfalls sollte vorgeschlagen werden, das Zahlungsabkommen aufzuheben und den Zahlungsverkehr künftig in

---

560) Vgl. Ibero-Amerikanischer Verein Hamburg-Bremen,
Protokoll Chile-Sitzung am 12.10.1953 in der Handelskammer Hamburg, 26.10.1953, ebenda.
561) Vgl. AA an BWM u.a., 16.10.1953, in: BA
B102/56791.

freien US Dollar abzuwickeln. Hierbei müsse aber sichergestellt sein, daß von seiten Chiles Einfuhrbewilligungen für deutsche Waren in dem Umfange erteilt
würden, wie deutscherseits Zahlungen für chilenische
Ausfuhrgüter erfolgten. Die Höhe des Swings sollte von
dem realisierbaren Vertragsvolumen abhängen, wobei dieser nur zum Ausgleich saisonaler Schwankungen dienen
und nicht als fester Kredit verwendet werden sollte.
Beim Warenverkehr sollte der Schwerpunkt auf die Einfuhr von Kupfer gelegt werden; hierbei wurde damit gerechnet, daß die Norddeutsche Affinerie zwischenzeitlich einen neuen Kontrakt abschließen würde.[562]

5. Zahlungs- und Warenabkommen vom 10. Dezember 1953

In Santiago de Chile wurde nach dem Empfang der Delegation durch den Staatspräsidenten und den proto-
kollarisch vorgeschriebenen Antrittsvisiten bei verschiedenen Ministerien und anderen Stellen in der Eröffnungssitzung am 12. November 1953 aus den Verhand-
lungsdelegationen Unterkommissionen für Zahlungs- und
Warenverkehr sowie gewerbliche Schutzrechte gebildet.[563]

In seinem ersten Bericht gab der Delegationsleiter
einleitend "zum besseren Verständnis der taktischen Situation eine kurze Darstellung der besonders eigenarti-
gen Währungsverhältnisse Chiles".[564] Danach waren vor
Jahren Vorzugskurse zur Verbilligung der Importe lebenswichtiger Lebensmittel, wie Zucker, Getreide, eingeführt und zum Ausgleich dieser Subventionen Exporte,

---

562) Vgl. AA an DB, 26.10.1953, ebenda.
563) Vgl. Deutsche Delegation, Bericht Nr. 1,
21.11.1953, in: BA B102/56792.
564) Ebenda.

wie z.B. Salpeter, zu entsprechend höheren Kursen abgerechnet worden. Die jetzige Regierung habe mit dem Abbau der mehr als zehn verschiedenen Kurse begonnen und
im Einvernehmen mit dem IWF den Kurs für 1 US $ auf 110
Peso und entsprechend die Kurse für die einzelnen
Verrechnungswährungen festgelegt; hierbei sei für
einen "deutschen Dollar" 145 Peso bestimmt worden. Der
An- und Verkauf von Devisen sei zwar Aufgabe der chilenischen Banken, die Kurse würden aber von Zentralstel-
len, wie CONDECOR und Caja de Credito de Minero[565]
empfohlen und durch die Lizensierungspolitik des Banco
Central gesteuert. Der Kurs von 145 Pesos für einen
"deutschen Dollar" begünstige deutsche Importe und er-
mögliche sie z.t. erst preislich; für die meisten deutschen Exportwaren sei der chilenische Markt trotz der
Schlechterstellung aufnahmefähig geblieben. Eine Diskriminierung bei öffentlichen Auschreibungen, z.B. für
Großanlagen, sei nicht eingetreten, da bei öffentlichen
oder halböffentlichen Aufträgen die Vorzugskurse für
alle Länder gleich seien.[566]

Bei den bisherigen Verhandlungen seien die vorgetrage-
nen Argumente für chilenische Maßnahmen zur Festsetzung
eines für alle Länder und Währungen gleichen Wechsel-
kurses im Prinzip zwar anerkannt, aber darauf hingewiesen worden, daß es sich um eine interne chilenische
Angelegenheit handele, die nicht bilateral geregelt
werden könne. Zur deutschen Empfehlung, bei nicht befriedigender Regelung der Kursfrage zum freien Dollar-
Zahlungsverkehr überzugehen, wurden nach dem Bericht
von den Chilenen starke Bedenken wegen der hierbei zu
erwartenden negativen Konsequenzen für den Han-

---

565) Siehe nachstehend XIV.
566) Vgl. Deutsche Delegation, Bericht Nr. 1,
21.11.1953.

delsverkehr geäußert. Auch der deutsche Vorschlag, das jeweilige Guthaben auf dem Verrechnugskonto mit drei Prozent p.a. zu verzinsen, wurde von den Chilenen als nicht tragbar und dem Charakter des Swings als Erleichterung für den Handelsaustausch widersprechend bezeichnet.

Die Delegation kommentierte die Frage eines einheitlichen chilenischen Kurses für alle Währungen dahingehend, daß bei Herabsetzung auf den Kurs für den US $, d.h. auf 110 Peso, für den preislich begünstigten deutschen Export sehr bald mit einem chilenischen Importstop zu rechnen sei, um ein Überangebot an deutschen Verrechnungsdollar zu verhindern; die preislich benachteiligten deutschen Importe würden dann wahrscheinlich nahezu zum Erliegen kommen und als Folge davon würden durch den Mangel an entsprechenden Devisen auch die deutschen Exporte stark eingeschränkt werden. Eine Angleichung des Kurses des US $ an den deutschen Verrechnungsdollar auf 145 Peso würde die Importe wichtiger Nahrungsmittel in Chile verteuern und so zu untragbaren innenpolitischen Konsequenzen führen. Feste Wechselkurse würden eine Kurspflege durch Interventionen der Zentralbank voraussetzen, die aber nicht möglich seien, weil der Banco Central nach seinen Statuten keine Kursrisiken übernehmen darf. Ein Zahlungsverkehr in freien Dollar würde die gleichen negativen Folgen zeitigen, wie bei einer Herabsetzung des "deutschen Dollar" auf den Kurs des US Dollar.

Nach übereinstimmender Meinung von Delegation, Botschaft, Deutsch-Chilenischer Handelskammer und den dortigen Außenhandelskreisen wurde die Beibehaltung des bisherigen Systems empfohlen. Hierbei wurde eine

chilenische Zusage, den Kurs für den deutschen Verrechnungsdollar durch entsprechende Steuerung der Einfuhrpolitik nicht unter den Kurs für den US Dollar sin-
ken zu lassen, für erreichbar gehalten; dagegen glaubte
man nicht, eine Verzinsung der Guthaben auf dem
Verrechnungskonto durchsetzen zu können. Die Delegation bat daher um neue Weisungen für die Fortsetzung
der Verhandlungen über ein Zahlungsabkommen.[567]

Zum Stand der Verhandlungen über den Warenverkehr wurde
im Delegationsbericht mitgeteilt, daß für deutsche Importe in Warenliste A insgesamt 19 Mio US $ für
landwirtschaftliche Erzeugnisse, Eisenerze, Salpeter,
Holz, Schafwolle u.a. vorgesehen seien und die Kupferbezüge im günstigsten Falle 23 Mio US $ erreichen könn-
ten. Voraussetzung hierfür sei allerdings eine in Aussicht gestellte chilenische Gesetzesänderung, wonach in
Zukunft auch Kupfer aus Minen amerikanischer Gesellschaften gegen Verrechnungsdollar verkauft werden
könnte. Eine weitere Unsicherheit bei der Frage der
Kupferbezüge bildete die Tatsache, daß der Vertrag mit
der Norddeutschen Affinerie noch nicht abgeschlossen
worden war, weil die Caja de Credito de Minero
überraschenderweise kurz vor Verhandlungsbeginn eine
Ausschreibung veranlaßt hatte.[568] Der Grund für die
dadurch bewußt herbeigeführte Verzögerung waren die inzwischen in Deutschland eingeleiteten Ermittlungen wegen der Verbringung von in Hamburg umgeschmolzenem chilenischen Kupfer in den Ostblock.[569] In dieser Angele-

---

567) Vgl. Deutsche Delegation an AA, 21.11.1953,
ebenda.
568) Vgl. Deutsche Delegation, Bericht Nr. 1,
21.11.1953.
569) Nach BWM Abt. V A 6, Vermerk, 1.10.1953, in: BA
B102/56792, hatten die Alliierten festgestellt, daß
10.000 t Kupfer von Hamburg nach Rumänien mit falschen,

218

genheit erhielt Panhorst am 23. November die Weisung:
"Eingriffe in schwebende Verfahren von staatswegen be-
kanntlich unmöglich. Daher ist jeder Versuch einer
Kopplung zwischen Hamburger Kupferverschiebung und
Handelsvertragsverhandlungen grundsätzlich abzulehnen... Gesamteindruck: chilenische Botschaft anschei-
nend bestrebt, Bereinigung vorzunehmen."[570]

In der dritten Unterkommission für gewerbliche Schutzrechte versuchte die deutsche Delegation vergeblich,
die Chilenen zum Abschluß eines bilateralen Abkommens
über die Anerkennung der Prioritäten von Anmeldungen in
einem anderen Land zu bewegen; die Chilenen sahen hierfür keine Notwendigkeit.[571] Eine Diskussion über Altschutzrechte hatten die Chilenen bereits bei Bildung
der Unterkommission mit der Begründung abgelehnt, daß
diese Fragen bereits 1950 auf Regierungsebene geregelt
worden seien.[572] Da zudem die auf Firmenebene vorgesehenen Vereinbarungen zum größten Teil abgeschlossen waren oder hierüber noch verhandelt wurde,[573] stellte
sich die von deutscher Seite gewünschte Bildung der Unterkommission als überflüssig heraus.

---

vom chilenischen Wirtschaftsattachè in Frankfurt
Müller-Hess ausgestellten Endverbleibnachweisen verschifft worden waren. 1.450 t Kupfer konnten in Antwer-
pen bei der von Müller-Hess veranlaßten Umladung auf
ein russisches Schiff festgehalten und weitere für Ant-
werpen bestimmte Partien in Hamburg beschlagnahmt werden. Nach BWM an AA, 13.5.1954, in: BA B102/56794, wurden die Ermittlungen der Staatsanwaltschaft Hamburg
gegen die Norddeutsche Affinerie eingestellt, da sie
nicht an den Manipulationen beteiligt war, und von der
chilenischen Botschaft die bevorstehende Abberufung des
Müller-Hess mitgeteilt.
570) AA an DB, Kabel Nr. 114, 23.11.1953, in: BA
B102/56792.
571) Vgl. BWM Abt. V D 4, Vermerk, 6.1.1954, in: BA
B102/6088.
572) Siehe vorstehend IV.3., S. 206 f.
573) Vgl. BWM Abt. V D 4, Vermerk, 6.1.1954.

Der Handelspolitische Ausschuß erteilte Ende November
neue Weisungen, die den Vorschlägen der Delegation entsprachen.[574] Zur Auflage wurde gemacht, durch vertraulichen Briefwechsel die Verpflichtung, den deutschen
Verrechnungskurs nicht unter den des freien US $ absin-
ken zu lassen, sicherzustellen und bei Nichteinhaltung
die deutsche Handlungsfreiheit vorzubehalten. Des weiteren sollte die Möglichkeit des Übergangs zum
Zahlungsverkehr in Freidevisen nach sechs Monaten geprüft werden und das Abkommen nach einem Jahr automatisch auslaufen, wenn es nicht durch gegenseitige Vereinbarungen verlängert würde. In den folgenden Verhandlungen gelang es Anfang Dezember 1953, zu einer Übereinkunft über das Zahlungs- und Warenabkommen und seine
Anlagen mit der chilenischen Delegation zu gelan-
gen.[575]

Beim Zahlungsabkommen hatte die chilenische Seite
zunächst hartnäckig auf der Erhöhung eines unverzins-
lichen Swings bestanden, wozu die Delegation nicht au-
torisiert war; als Kompromiß wurde ein Briefwechsel
vereinbart, in dem eine Überprüfung dieser Frage bei
tatsächlicher Steigerung des Handelsverkehrs vorgesehen
wurde. Beim Warenverkehr zeigte sich, daß bis zum Erlaß
des geplanten Gesetzes über die Zulassung von Kupfer-
verkäufen gegen Verrechnungsdollar noch geraume Zeit
vergehen würde. Der Posten für Kupferbezüge wurde daher
auf 18 Mio US $ und das Volumen der Warenlisten auf
35,1 Mio US $ festgesetzt.

---

574) Vgl. AA Maltzan an DB, Kabel Nr. 120, 27.11.1953,
in: BA B102/56792.
575) Vgl. Deutsche Delgation, Bericht Nr. 2, 3.12.1953,
ebenda, und RA Nr. 5/54, 21.1.1954, in: Bundesanzeiger
Nr. 21, 31.1.1954.

Ein Kompensationsgeschäft in sogenannten "Wein-Dollar" wurde brieflich abgeschlossen; danach sollten gegen deutsche Importe von Wein, Schwefel und Kaninchenfellen im gleichen Wert non-essentials, wie Erzeugnisse der Foto-, Schmuckwaren-, Besteck- und Porzellanindustrie nach Chile exportiert werden, jedoch maximal bis zu einem Wert von fünf Prozent der allgemeinen deutschen Käufe in Chile. Vertraulich wurden Verhandlungen und vorzeitige Kündigungsmöglichkeiten beim Absinken des Kurses für den "deutschen Dollar" vereinbart. Eine weitere vertrauliche Note betraf die Vermeidung von Kursunterschieden bei Ausschreibungen staatlicher oder halbstaatlicher chilenischer Stellen.[576] Beide Abkommen und ihre Anlagen wurden am 10. Dezember in Santiago de Chile unterzeichnet und traten am 17. Dezember 1953 mit einer Gültigkeit bis zum 31. Dezember 1954 in Kraft.[577]

6. Verhandlungen auf Ministerebene, Aufweichen und Auslauf des Clearingsystems und Umstellung auf freien Handels- und Zahlungsverkehr

Auf seiner sogenannten Goodwill-Reise durch Mittel- und Südamerika besuchte der Bundeswirtschaftsminister, von Peru kommend, vom 31. März bis 5. April 1954 Chile, ehe er nach Argentinien[578] und Brasilien[579] weiterflog.[580]

Bei dem mit Empfängen, Banketten, Ehrungen und Reisen angefüllten Programm hatte Erhard auch einige Male

---

576) Vgl. Text, in: BA B102/56792.
577) Vgl. RA Nr. 5/54, 21.1.1954.
578) Siehe vorstehend II.2.5., S. 77 f.
579) Siehe vorstehend III.5., S. 172 f.
580) Vgl. BWM, Kurzbericht Panhorst, o. Dat., in: BA B102/6088 Heft 2.

Gelegenheit, Ausführungen zur deutschen Politik der sozialen Marktwirtschaft zu machen, die auf großes Interesse stießen. Mit der chilenischen Regierung vereinbarte er die Entsendung von deutschen Finanz- und Wirtschaftssachverständigen zur Beratung der chilenischen Regierung bei der Ausarbeitung einer neuen Wirtschafts- und Finanzpolitik. Weiterhin sollten Experten beider Regierungen zusammen mit Vertretern privater Wirtschafts- und Finanzkreise einige Projekte auf ihre Durchführungsmöglichkeiten überprüfen; hierbei handelte es sich um den Aufbau einer chilenischen Zuckerindustrie, die Einführung des Zuckerrübenanbaus, die Errichtung einer chemischen Papierfabrik durch die Otto Wolff Gruppe, Köln, einer Montagefabrik und später bei Bezahlung durch chilenische Kupferlieferungen einer Fertigungsanlage für Fahrzeuge durch MAN, Augsburg, sowie einer Montageanlage der Nordwestdeutschen Fahrzeugwerke.[581]

Zum Gegenbesuch weilten der chilenische Wirtschaftsminister Jorge Silva Guerra und der Kolonisationsminister Mario Montero Schmidt vom 9. bis 23. September 1954 in der Bundesrepublik. Am Schluß der Besprechungen wurde eine "Vertrauliche Niederschrift" unterzeichnet.[582] Hierin wurden Verhandlungen in Bonn vor Ablauf des Jahres mit dem Ziel vorgesehen, den Zahlungsverkehr auf Beko-DM umzustellen. In einem beigefügten Memorandum wurde das System erläutert und die Möglichkeit der Gewährung eines befristeten Übergangskredites angedeutet. Die Chilenen trugen den Wunsch auf die Beteiligung deutschen Kapitals im Rahmen einer wirtschaftlichen Zusammenarbeit für listenmäßig

---

581) Vgl. DB an AA, 6.4.1954, in: BA B102/56793.
582) Vgl. VRA Nr. 10/54, 6.10.1954, in: BA B102/27168.

zusammengestellte chilenische Projekte sowie auf weitere deutsche Ansiedlungen in Chile vor. Hinsichtlich der bei dem Besuch des Bundeswirtschaftsministers in Chile verabredeten Entsendung von Studienkommissionen sollten noch besondere Vereinbarungen getroffen werden.

Das Ergebnis der Besprechungen wurde Ende Oktober 1954 in einer "Gremiumsitzung Chile" mit interessierten Vertretern aus Industrie, Handel und Banken diskutiert. Hierbei warnten diese vor der Einführung des Beko-DM-Zahlungsverkehrs und rieten, das Clearingsystem mit Chile beizubehalten.[583]

Ende 1954 wurde das Zahlungs- und Warenabkommen vom 10. Dezember 1953 durch Notenwechsel bis zum 31. März 1955 verlängert.[584] Im Januar 1955 überreichte die chilenische Botschaft der Bundesregierung eine Note, in der die Verlängerung des Abkommens bis Ende 1955 vorgeschlagen wurde, da zur Zeit eine Änderung des chilenischen Devisensystems geprüft werde. Der Handelspolitische Ausschuß stimmte der erbetenen Vertragsverlängerung zu;[585] gleichzeitig bat er, spätestens im September Verhandlungen über ein neues Zahlungs- und Warenabkommen in Bonn aufzunehmen.[586]

Im "Gemischten Deutsch-Chilenischen Regierungsausschuß" wurde Ende März 1955 über die deutschen Kupferbezüge in Chile im Jahre 1954 berichtet. Diese beliefen sich auf

---

583) Vgl. BWM, Aktennotiz über Gremiumssitzung Chile, 20.10.1954, in: BA B102/56794.
584) Vgl. RA Nr. 100/54, 6.11.1954, in: Bundesanzeiger Nr. 237, 9.12.1954.
585) Vgl. RA Nr. 27/55, 12.4.1955, in: Bundesanzeiger Nr. 75, 20.4.1955.
586) Vgl. BWM an AA, 4.3.1955, HPA-Beschluß, in: BA B102/56794.

insgesamt ca. 35 Mio US $, wovon die Hälfte aus der chilenischen Pequena Mineria in Verrechnungsdollar und die andere Hälfte aus der Gran Minera über London oder New York in freien Dollar abgerechnet worden waren. Im laufenden Jahre erwartete man Kupferimporte aus Chile im Werte von 20 Mio aus der Pequena Mineria und für 25 bis 30 Mio $ aus der Gran Minera. Diese Angaben ließen erkennen; daß die Möglichkeiten des gebundenen Zahlungsverkehrs weitgehend erschöpft waren und andere Wege gesucht werden mußten.[587]

Im Sommer 1955 kam es in Chile zu Unruhen[588] und zur 44. Kabinettsumbildung in knapp drei Jahren mit starker Beteiligung des Militärs.[589] Da unter diesen Umständen die chilenische Regierung keinen klaren wirtschaftspolitischen Kurs verfolgen konnte,[590] war eine weitere Verlängerung der im Dezember 1953 geschlossenen Abkommen bis zum 30. Juni 1956 erforderlich.[591]

Anfang April 1956 wurden in Bonn im "Gemischten Deutsch-Chilenischen Regierungsausschuß" die deutschen Kupferbezüge aus Chile im vorangegangenen Jahr behandelt. Danach war insgesamt - d.h. einschließlich der Bezüge über Drittländer - Kupfer im Werte von 375 Mio DM aus Chile bezogen worden; in der deutschen Statistik wurden bei Gesamtbezügen im Werte von 351 Mio DM[592] die Kupferimporte mit 308 Mio DM ausgewiesen; über das

587) Vgl. Protokoll der dritten Sitzung des Gemischten Deutsch-Chilenischen Regierungsausschusses am 28.3.1955 beim Bundesministerium für Wirtschaft, o. Dat., in: BA B102/56796.
588) Vgl. DB an AA, 12.7.1955, in: BA B102/6090 Heft 2.
589) Vgl. DB an AA, 18.8.1955, ebenda.
590) Vgl. DB an AA, 27.10.1955, in: BA B102/56794.
591) Vgl. RA Nr. 90/55, 21.12.1955, in: Bundesanzeiger Nr. 249, 24.12.1955.
592) Siehe Statistischen Anhang XIII.1.3.1.

Verrechnungskonto waren mit 173 Mio DM etwa die Hälfte
der deutschen Gesamtbezüge und mit 110 Mio DM etwa
dreißig Prozent der Kupferimporte gelaufen. Für das
laufende Jahr 1956 wurde mit insgesamt steigenden Kup-
ferbezügen bei einem Rückgang der Kupferimporte im
Clearingverfahren gerechnet. Der Grund hierfür lag in
Bestimmungen des im März 1956 zwischen der Caja de
Credito Minero und der Norddeutschen Affinerie abgeschlossenen mehrjährigen Vertrages; hiernach konnten
von dem bei der Norddeutschen Affinerie umgearbeiteten
Kupfer künftig nur sechzig Prozent von der Affinerie
gekauft werden; vierzig Prozent mußten der chilenischen
Regierung überlassen werden. Damit war in der Handelsbilanz ein Rückgang des Verrechnungsvolumens um 45
bis 50 Mio DM zu befürchten, da ein anderweitiger Ausgleich nicht erwartet werden konnte.[593] Die sich
hieraus ergebenden negativen Konsequenzen für deutsche
Exporte, deren Umfang sich nach dem Verrechnungsvolumen
der Importe richtete, erforderten zwingend eine Abkehr vom Bilateralismus und eine Umstellung auf eine
multilaterale Basis. Diese Umstellung wurde dadurch erleichtert, daß Chile im April 1956 seine Außenhandels-
bestimmungen liberalisiert, hierbei die Präferenz- und
Spezialkurse abgeschafft und eine Liste für genehmigungsfreie Importe aufgestellt hatte.[594]

Aus terminlichen Gründen stimmte die Bundesregierung
einer ausdrücklich letzten Abkommensverlängerung bis
zum 30. September 1956 zu,[595] setzte aber nach Ablauf

593) Vgl. BWM, Protokoll der vierten Sitzung des Gemischten Deutsch-Chilenischen Regierungsausschusses am
4.4.1956 beim Bundesministerium für Wirtschaft, o.
Dat., in: BA B102/56796.
594) Vgl. DB an AA, 16.2.1956, in: BA B102/56795.
595) Vgl. RA Nr. 47/56, 5.7.1956, in: Bundesanzeiger
Nr. 131, 10.7.1956.

dieser Frist das Zahlungs- und Warenabkommen vom 10. Dezember 1953 außer Kraft und erklärte einseitig, daß sich der Zahlungsverkehr vom 1. Oktober 1956 an in frei konvertierbarer Währung abwickeln werde. Der Handelsvertrag vom 2. Februar 1951 wurde hiervon nicht berührt.[596)]

Anfang Oktober 1956 traf eine chilenische Delegation in Bonn zu Verhandlungen ein und am 2. November 1956 wurde eine Vereinbarung über den Waren- und Zahlungsverkehr unterzeichnet und rückwirkend ab 1.Oktober in Kraft gesetzt.[597)] Hiernach sollte sich der Warenverkehr nach den Grundsätzen, Rechten und Pflichten des GATT sowie nach den in beiden Ländern bestehenden Freilisten richten, die gegebenenfalls zu erweitern waren. Für das Abkommen wurde eine Kündigungsfrist von drei Monaten vereinbart.

Der Zahlungsverkehr war in frei konvertierbarer Währung abzuwickeln. Die im Abkommen vom 10. Dezember 1953 vorgesehene Liquidationsregelung wurde als gegenstandslos erklärt und zur Abwicklung der vor dem 1. Oktober 1956 abgeschlossenen Geschäfte das US $-Verrechnungskonto beim Banco Central bis zum 30. Juni 1957 offengehalten. Die Deutsche Bundesbank traf mit dem Banco Central eine Konsolidierungsvereinbarung zur Rückführung einer Kreditlinie von 6 Mio US $ innerhalb von drei Jahren bei gestaffelten Zinssätzen bis zu drei

---

596) Vgl. RA Nr. 67/56, 26.9.1956, in: Bundesanzeiger Nr. 190, 29.9.1956, sowie RA Nr. 69/56 vom gleichen Tage mit Eingruppierung Chiles als Land des Dollarraumes gemäß Anlage 2 des RA Nr. 37/56, ebenda.
597) Vgl. RA Nr. 83/56, 15.11.1956, in: Bundesanzeiger Nr. 230, 27.11.1956.

Prozent.[598] Auf Ersuchen einer der Vertragsparteien sollte eine "Gemischte Regierungskommission" in Santiago oder in Bonn zusammentreten. Im Rahmen ihrer Möglichkeiten wollte die Bundesregierung deutsche Investitionen fördern und anregen, sowie technische Hilfe durch Entsendung von Experten und Ausbildung chilenischer Fachkräfte in Deutschland vermitteln. Zur Vertiefung der wirtschaftlichen Zusammenarbeit sollte der weiterhin gültige Handelsvertrag vom 2. Februar 1951 ausgebaut werden.

Die mit Chile vereinbarten Rahmenbedingungen öffneten den Weg für einen liberalen Handels- und multilateralen Zahlungsverkehr und stellten damit einen Schritt in die Richtung einer gewünschten offenen westlichen Weltwirtschaft dar.

7. Regelung des Altvermögens

Da Verhandlungen zur Lösung des Problems der Altvermögen von der Alliierten Hohen Kommission 1953 untersagt worden waren,[599] verfügte die chilenische Regierung von sich aus die Einzelfreigabe bisher gesperrter Vermögen[600] und ließ im November 1953 durch ihren Botschafter der Bundesregierung ein Memorandum überreichen.[601] Darin bestätigte sie ihre Bereitschaft,

598) Vgl. Protokoll 231. Sitzung des ZBR, 14.11.1956, in: HA Bestand 98.
599) Siehe vorstehend IV.4., S. 212 f.
600) Vgl. Dekret Nr. 135, 27.2.1953, in: BdL, Otto Böhmer, Chile Übersicht, S. 32.
601) Der deutsche Botschafter behauptete, daß diese einseitige Erklärung der chilenischen Regierung auf seine Anregung erfolgt sei, und daß die chilenische Regierung in der Angelegenheit des beschlagnahmten Kupfers eine Gegenleistung erwarte, nach DB an AA, 13.5.1954, in: BA B102/56793. Zu letzterem vgl.

die Vorschriften über die Beschlagnahme des deutschen
Vermögens außer Kraft zu setzen, sowie die Vermögen
unter Abzug von Verwaltungskosten etc. zurückzugeben.
Soweit solche Vermögenswerte – insbesondere
Warenzeichen – bereits Dritten übertragen worden
waren, sollte die Möglichkeit eines Rückkaufes zu
günstigen Bedingungen eröffnet werden. Die chilenische
Regierung gab der Hoffnung Ausdruck, daß die freigegebenen Vermögen in Chile belassen und darüber hinaus
im Zuge der Entwicklung der beiderseitigen wirtschaftlichen Beziehungen neues deutsches Kapital in Chile investiert werden würde.[602]

Im April 1954 wurde eine weitere Verfügung von der chilenischen Regierung erlassen.[603] Danach wurden auf Antrag Beschlagnahmen aufgehoben[604] und der Banco
Central angewiesen, unter Abzug der Unkosten gegen
eine Freistellungserklärung den Berechtigten die
Liquidationserlöse in Peso auszuzahlen. Im August 1957
waren von den neunzehn zwangsweise liquidierten
deutschen Firmenvermögen in fünfzehn Fällen die
Liquidationserlöse erstattet worden, die Firmen Mannesmann und Günter Wagner verhandelten noch und Prozesse
liefen bei chilenischen Gerichten wegen der Vermögen

---

vorstehend S. 218, Anmerkung 570 (Kabel an Panhorst,
23.11.1953).
602) Nach BdL, O. Böhmer, Chile Übersicht, Memorandum,
12.11.1953.
603) Vgl. Dekret Nr. 2.469, 5.4.1954, nach DB an AA,
9.8.1957, in: HA Bestand 4649.
604) Nach DB an AA, 13.5.1954, in: BA B102/56793,
stimmte der Beirat der CORFO am 11.5.1954 dem Verkauf
der Firmen Quimica und Merck an die Stammhäuser zu.
Nach DB an AA, 9.8.1955, in: HA Bestand 4648,
Vermögensfreigaben nach Dekret Nr.1.222, 2.6.1955, von
Kosmos, Agencia Maritimas, Philipp Holzmann Corp.,
Schering Chile Ltda., und nach Dekret Nr. 232 von Versicherungsgesellschaften Albingia, Norddeutsche,
Allianz, Aachen Münchner und Mannheimer.

des "Banco Aleman Transatlantico" und " Banco Germanico de la America del Sud".[605)]

Obwohl die Regelung des Altvermögens in Chile als fair bezeichnet werden kann, trat insbesondere durch den Währungsverfall ein hoher Substanzverlust bis zu neunzig Prozent und mehr ein.[606)]

8. Deutsche Investitionen und Siedlungen in Chile

Die von Chile gewünschten ausländischen Investitionen wurden dadurch erleichtert, daß die hierfür erforderlichen Genehmigungen und Vorschriften sich in einem üblichen Rahmen hielten. Für einen längeren Aufenthalt in Chile benötigten Ausländer eine Einwanderungsgenehmigung, die in der Regel nach einem Jahr auf Dauer erteilt wurde; sie waren dann den Inländern gleichgestellt. Es herrschte Gewerbefreiheit; zur selbstständigen Betätigung in Industrie und im Handel war ein Patent der zuständigen Stadtverwaltung erforderlich; um in die Rolle der Importeure bzw. Exporteure eingetragen zu werden, mußte ein ausreichendes Betriebskapital nachgewiesen werden; die Gründung von Gesellschaften richtete sich nach den Bestimmungen des Handelsgesetzbuches (Codigo de Comercio). Die Einbringung von Kapital (Aporte de capital) war frei, sie mußten jedoch beim Banco Central registriert werden. Genehmigungen waren einzuholen für die Einfuhr von Rohstoffen, Halb- und Fertigfabrikaten beim CONDECOR, von Maschinen und Anlagen beim Wirtschaftsministerium.[607)]

---

605) Vgl. DB an AA, 9.8.1957, in: HA Bestand 4649.
606) Vgl. ebenda.
607) Vgl. DB an AA, Anlage zu Bericht, 23.6 1953, in: BA B102/56791.

Nach einem Bericht der CORFO waren insgesamt in der
Zeit von 1953 bis Mitte 1957 von den 235 eingegangenen
Anträgen 98 genehmigt, 68 zurückgewiesen und die rest-
lichen zwar gebilligt aber formell noch nicht genehmigt
worden.[608] In der Reihenfolge der in Chile inve-
stierenden Länder stand die Bundesrepublik an sechster
Stelle hinter den USA, Italien, Panama, England und Ka-
nada. Die deutschen Investitionen in Chile waren in den
Jahren von 1952 bis 1954 sehr gering,[609] nahmen bis
Mitte 1957 zwar zu, beschränkten sich aber auf wenige
Objekte. Die fünfzehn genehmigten deutschen Anträge im
Werte von ca. 2,9 Mio US $[610] betrafen Projekte der
Saatzucht, der Herstellung von Fischmehl, Chemikalien,
Präzisionsinstrumenten und Mopeds; im Prinzip gebil-
ligt, aber noch nicht formell genehmigt waren sechs
deutsche Vorhaben im Werte von ca. 12,8 Mio DM zur
Herstellung von Nähmaschinen, Nylongarn und für eine
Fahrzeugmontage; schwebend waren acht deutsche Anträge
im Werte von ca. 52 Mio DM; hierbei beliefen sich die
Projekte der Firma Krupp auf 30 Mio DM und der Firma
Ferrostaal auf 21 Mio DM.[611]

Außer den Direktinvestitionen wurden nach dem Zweiten
Weltkrieg Einwanderungen aus Deutschland gefördert;
die Zahl der Einwanderer schätzte die Botschaft Anfang
1956 auf etwa 4.000 Personen.[612] Bei etwa der Hälfte
handelte es sich um Handwerker und Facharbeiter, die
mit ihren Familien in Chile im Rahmen des Auswan-

608) Vgl. DB an AA, 19.8.1957, in: HA Bestand 4649.
609) Siehe Statistischen Anhang XIII.2.2. und 2.3.
610) Nach Statistischem Anhang XIII.2.3. waren es bis
31.8.1956 9,52 Mio DM.
611) Vgl. DB an AA, 9.8.1956.
612) Vgl. DB an AA, 14.2.1956, in: PA Ref. 306, Bd.
29.

derungsprogramms des ST. Raphael-Vereins mit Unterstützung der "Comision Catolica Internacional de Migra-
cion" untergebracht wurden. Mit Hilfe des "Zwischen-
staatlichen Komitees für Europäische Auswanderung" und
mit finanzieller Unterstützung der Bundesregierung waren bis Mitte 1954 fast tausend Personen nach Chile
ausgewandert.[613] Aufgrund einer Initiative des
Staatspräsidenten Gonzales Videla wurden im Oktober
1952 und im Februar 1953 je zwanzig deutsche Familien
auf kleinbäuerlichen Parzellen in der Nähe seiner Ge-
burtsstadt La Serena angesiedelt. Infolge des Zusammen-
treffens einiger unglücklicher Umstände, wie verzöger-
ter Fertigstellung der Gebäude und Umzäunung, besonders
aber wegen mangelnder Kenntnisse, Erfahrungen und Qua-
lifikation zum Anpassen und Durchhalten verließen siebzehn der im Februar eingetroffenen Familien bereits im
November 1953 die Siedlung und kehrten nach Deutschland
zurück. Obwohl die verlassenen Parzellen kurzfristig an
andere deutsche Siedler übergeben wurden, stellte die
Presse diesen Vorgang als Belastung für das Verhältnis
zu Deutschland dar.[614]

Unberührt von diesem Zwischenfall bekundeten in persönlichen Schreiben sowohl Staatspräsident Videla dem Bun-
despräsidenten als auch der Kolonialminister dem Bun-
desinnenminister ihr Interesse an der Förderung deutscher Einwanderungen. Das Kolonialministerium schlug
hierzu die Gründung einer "Deutsch-Chilenischen Sied-
lungsgesellschaft" (Sociedad Chilena-Aleman de Colonisation, abgekürzt SOCHALCO,) vor. Bei grundsätzlich po-
sitiver Einstellung zu diesem Projekt verhandelten
sowohl eine deutsche Delegation in Chile als auch die

---

613) Vgl. AA Ref. 205, Anlage 3, 3.9.1954, in: BA
B102/56793.
614) Vgl. ebenda.

Minister bei ihren wechselseitigen Besuchen hierüber,
ohne zu einem Ergebnis zu kommen.[615] Auf einen vom
Auswärtigen Amt im Juli 1955 als Verbalnote überreich-
ten umfangreichen Fragebogen[616] blieb eine Antwort
aus; der deutsche Botschafter teilte später mit, daß
auf chilenischer Seite das Interesse an dem Projekt erloschen sei.[617]

9. Zusammenfassende Betrachtung

Zu den Vertragsverhandlungen im Jahre 1953 stellt sich
die Frage, ob der Handelspolitische Ausschuß aus-
reichend informiert und gut beraten war, als er sich zu
einer Kündigung der Abkommen von 1951 entschlossen und
die ersten Verhandlungsziele festgelegt hatte, oder ob
nicht der Abschluß eines Zusatzprotokolls, wie es in
dieser Zeit mit Argentinen vereinbart wurde,[618] zweck-
mäßiger und politisch empfehlenswerter gewesen
wäre.[619]

Der gespaltene chilenische Kupfermarkt und seine große
Bedeutung für die deutsche verarbeitende Industrie be-
stimmten weitgehend die deutsche Handelspolitik mit
Chile; die zunehmend erzwungene Abwicklung der Kupferbezüge in freien Dollar trockneten den bilateralen
Markt so aus, daß auch im übrigen Handels- und Zahlungsverkehr zu freien US Dollar übergegangen werden
mußte.

---

615) Vgl. BMI, Vermerk, 4.11.1953, in: BA B102/6087
Heft 1.
616) Vgl. AA an DB, 27.7.1955, in: BA B102/6090.
617) Vgl. DB an AA, 23.1.1956, ebenda.
618) Siehe vorstehend II.2.2., S. 41 ff.
619) Die Gründe für die Fehleinschätzung und -ent-
scheidung des HPA konnte nicht ermittelt werden, da die
Akten nicht zugänglich sind.

Die Bedeutung des ansässigen Deutschtums[620] und der
Einwanderer und ihr Einfluß auf die deutschen Wirtschaftsbeziehungen mit Chile sind schwer faßbar, da
sich direkte Einwirkungen nur in Einzelfällen nachweisen lassen. Bei der traditonell engen wirtschaftlichen
und kulturellen Verbundenheit mit Chile sollte aber die
Mittlerrolle der Deutschstämmigen zu ihrem oder ihrer
Vorfahren Heimatland und ihr Einfluß auf diese Beziehungen weder überschätzt noch negiert werden.

---

620) Nähere Ausführungen hierzu u.a.: Christel Con-
verse, Die Deutschen in Chile, in: Hartmut Fröschle
(Hrsg.), Die Deutschen in Lateinamerika, S. 301 - 372.

V. Die Wirtschaftspolitik der Bundesrepublik Deutschland mit Kolumbien

1. Einführung

Die Republik Kolumbien, zwischen dem 12. Grad nördlicher und 4. Grad südlicher Breite gelegen, grenzt als einziges südamerikanisches Land an Atlantik und Pazifik. Mit einer Fläche von mehr als einer Mio qkm bei einer Länge in Nord-Süd-Richtung von eintausend km und einer West-Ost-Breite von fast dreitausend km besitzt es das viertgrößte südamerikanische Territorium.

Die Einwohnerzahl betrug im Jahre 1958 13,5 Millionen, von denen über die Hälfte Mestizen (Weiße/Indianer), ein Fünftel Weiße, ein Siebtel Mulatten (Weiße/Neger) und der Rest Neger, Zambos (Indianer/Neger) und Indianer waren.[621] Die Zahl der in Kolumbien lebenden Deutschen wurde in dieser Zeit auf etwa neuntausend Personen geschätzt. Die bedeutendste Gruppe bestand aus Alteingesessenen, die zum größten Teil inzwischen die kolumbianische Staatsangehörigkeit angenommen hatten. Einen weiteren Teil bildeten die von 1933 bis 1940 nach Kolumbien Emigrierten, von denen inzwischen eine große Zahl die deutsche Wiedereinbürgerung betrieben hatte. Beide Gruppen standen sich oft feindlich gegenüber; Das gemeinsame Interesse an der Erhaltung bzw. dem Wiederaufbau von deutschen Schulen und anderen Einrichtungen bot nach dem Krieg Ansatzpunkte für ein Zusammenwachsen.[622] Im Laufe der Nachkriegszeit gab es daneben in Kolumbien eine zunehmende Anzahl von sogenannten "Kontraktdeutschen"; hierbei handelte es sich vor-

---

621) Vgl. Ibero-Amerika. Ein Handbuch, S. 219 ff.
622) Vgl. AA, Allgemeine Instruktion für den neuen Botschafter, 25.8.1956, in: PA Ref. 306, Bd. 45, S. 40 f.

nehmlich um Angestellte von Industrieunternehmen, Angehörige des Entwicklungsdienstes und Lehrern an deutschen Schulen; sie arbeiteten für eine begrenzte Zeit
in Kolumbien, lebten in dieser Zeit dort mit ihren
Familien und kehrten dann in die Bundesrepublik zurück
oder wurden in ein anderes Land versetzt; ihre Tätigkeit trug zur Festigung der wirtschaftlichen und
kulturellen Beziehungen bei.[623]

Geographisch spalten sich die Anden in Kolumbien in die
drei Hauptäste Cordillera Occidental, Central und
Oriental; diese prägen mit den jeweils dazu gehörenden
Tiefländern das Land. Im tropischen Klimabereich gelegen, gehört mehr als zwei Drittel der Fläche zur
"tierra caliente" mit Jahresmitteltemperaturen zwischen
dreiundzwanzig und dreißig Grad; in der darüberliegen-
den Höhenlage zwischen etwa eintausend bis zweitausend
Meter Höhe liegt die "tierra templada" mit ca. einem
Sechstel der Fläche; es folgen bis dreitausend Meter
die "tierra fria" und darüber die unwirtliche "tierra
helada". Die Vegetation ist entsprechend breit gefächert.

Kaffee, der in dem oberen Teil der "tierra caliente"
und in der ""tierra templada" auf kleinen Plantagen mit
jährlich zwei Ernten angebaut wird, bildete das wirtschaftliche Rückgrat des Landes;[624] hierauf entfielen
in den Jahren von 1948 bis 1957 jeweils drei Viertel
und mehr des gesamten Ausfuhrwertes. Kolumbien ran-
gierte in dieser Zeit an zweiter Stelle der kaffeepro-

---

623) Vgl. Dieter Allgaier, Die Deutschen in Kolumbien,
in: Hartmut Fröschle (Hrsg.), Die Deutschen in Lateinamerika, S. 440. Die Zahl der Kontraktdeutschen in Kolumbien wurde für 1976 auf 6.000 Personen geschätzt.
624) Der Drogenanbau und -export spielte damals für das
Land noch nicht die heutige Rolle.

duzierenden Länder der Welt hinter Brasilien.[625] Der kolumbianische Kaffee wurde zu siebzig bis achtzig Prozent nach USA exportiert, die wiederum fast zwei Drittel der Importwaren lieferten. So ergab sich für Kolumbien eine doppelte Abhängigkeit einerseits von den Schwankungen der Ernteergebnisse und Weltmarkpreise des Hautproduktes Kaffee und andererseits von der Wirtschaftsmacht USA als Abnehmer und Lieferant.

Kolumbien sah sich daher bei Eintritt der USA in den Zweiten Weltkrieg im Dezember 1941 gezwungen, die diplomatischen Beziehungen zu Deutschland abzubrechen, am 27. November 1943 den Krieg zu erklären und entsprechend den Empfehlungen und Beschlüssen der panamerikanischen Konferenzen[626] einschränkende Maßnahmen gegen Angehörige der Feindmächte und deren Vermögen zu ergreifen.[627] Nach dem 1945 verkündeten Gesetz Nr.39

---

625) Vgl. Ibero-Amerika. Ein Handbuch, S. 219 ff.
626) Siehe vorstehend I.1., S. 7.
627) Die wichtigsten Dekrete betrafen:
Nr. 59, 17.1.1942, Kontrolle von Vermögenswerten,
Nr. 181, 29.1.1942, Überwachung von Ausländern,
Nr. 555, 28.2.1942, Treuhandverwaltung von Feindvermögen,
Nr. 1.500, 25.6.1942, Verfügungsverbot für Guthaben und Wertpapiere in Feindbesitz,
Nr. 1.772, 18.7.1942, Höchstsatz für Lebensunterhalt,
Nr. 1.013, 24.5.1943, Errichtung der "Kontrollabteilung für Auslandsvermögen",
Nr. 1.207, 18.6.1943, Liquidierung von in Feindbesitz befindlichen Gesellschaften,
Nr. 2.622, 29.12.1943, Treuhandverwaltung bis zur Zahlung der Reparationen,
Nr. 2.643, 30.12.1943, Tätigkeitsverbot auf gewissen Gebieten,
Nr. 2.644, 30.12.1943, Hemmung von Verfallfristen für gewerbliche Schutzrechte,
Nr. 2.652, 31.12.1943, Verkauf der unter Treuhand stehenden Vermögenswerte,
Nr. 1.723, 25.7.1944, Durchführung der Enteignung,
Nr. 1.449, 18.8.1944, Meldung von Entschädigungsansprüchen gegen Deutschland,

wurde das gesamte deutsche Vermögen mit einer hundert-
prozentigen Steuer belegt. Ausgenommen hiervon waren
Träger des Ordens de Boyaca und deutsche Personen, die
damals mehr als fünfunddreißig Jahre in Kolumbien gelebt hatten; den halben Steuersatz mußten Deutsche zahlen, die mit Kolumbianern verheiratet waren oder kolumbianische Kinder hatten.[628]

Innenpolitisch kam es im April 1948 nach der Ermordung
eines führenden linksliberalen Oppositionspolitikers
zum spontanen Ausbruch von Gewalttätigkeiten in Bogota
und bürgerkriegsähnlichen Zuständen in verschiedenen
Teilen des Landes; diese forderten im Laufe der Zeit
ungefähr zweihunderttausend Menschenleben. Den Unruhen
setzte der Befehlshaber der Streitkräfte, General Rojas
Pinilla, durch einen Militärputsch am 13. Juni 1953 ein
Ende; im Sommer 1954 wurde er für vier Jahre zum
Staatspräsidenten gewählt. Als die Guerillatätigkeiten
erneut zunahmen und nach Ausrufung eines Generalstreiks
blutige Straßenschlachten tobten, übernahm im Mai 1957
eine Militärjunta die Regierungegewalt, zwang Pinilla
zum Rücktritt und zum Verlassen des Landes. Aufgrund
einer durch eine Volksabstimmung mit großer Mehrheit im
Dezember 1957 gebilligten "Verständigungsverfassung"
sollte das Land für zwölf Jahre von der aus Liberalen
und Konservativen gebildeten "Nationalen Front" (Frente
Nacional) regiert werden. Nach dieser Verfassung hatten
die beiden Parteien abwechselnd den Staatspräsidenten

Gesetz Nr. 39, 14.12.1945, Entnahme von Reparationszah-
lungen zu Lasten der beschlagnahmten deutschen Vermögen,
nach BdL, O. Böhmer, Columbien Übersicht, o. Dat., S.
53 f, in: HA Bestand 11.664.
628) Vgl. o. Verf., Behandlung deutscher Vermögenswerte
in Columbien, in: Übersee-Rundschau, 1 (1949), Nr. 2,
S. 59 f.

und die Abgeordneten, Senatoren und Exekutivorgane in gleicher Zahl - ohne Rücksicht auf den Ausgang von Wahlen - zu stellen.[629)

2. Bilateraler Handels- und Zahlungsverkehr

Die Wirtschaftsbeziehungen zu Westdeutschland wurden nach dem Zweiten Weltkrieg von den Besatzungsbehörden wieder aufgenommen.[630) Die "Junta de Control de Cambios, Importaciones y Exportaciones" der Republik Kolumbien und die amerikanischen, britischen und französischen Militärregierungen für Deutschland paraphierten am 14. Juni 1949 ein bilaterales Abkommen mit einem Warenaustausch von 15 Mio US $, das am 21. Juni 1949 in Kraft trat. Bei dem Banco de la Republica in Bogota wurde ein Konto unter der Bezeichnung "Bank deutscher Länder Dollar Trade Memorandum Account" geführt, über das alle im Handelsverkehr zwischen Kolumbien und den Besatzungszonen zu leistenden Zahlungen von und für Rechnung der JEIA, USA oder ECA verbucht wurden. Die Warenlisten enthielten den Vorbehalt, daß die Lieferungen der Waren von der Preisgestaltung, Spezifikation und Liefermöglichkeit abhängen sollten. Die Warenliste A beinhaltete landwirtschaftliche Produkte; hierbei waren Kaffee mit 4 Mio, Tabak mit 2 Mio und Mais, Reis und Häute mit je 1 Mio US $ enthalten; in der Liste B waren industrielle Produkte, aber keine deutschen Rohstoffe aufgeführt. Für den Bezug von Bananen im Werte von 3 Mio US $ wurde nach einem zum Abkommen gehörenden Notenwechsel beim Banco de la Republica ein "Bank deutscher Länder Special Import Amortisation Account" eingerichtet; dieses mußte durch zusätzliche Warenausfuh-

---

629) Vgl. Ibero-Amerika. Ein Handbuch, S. 246 f.
630) Siehe vorstehend I.1., S. 9, Anmerkung 18.

ren deutscher Konsumgüter gemäß einer besonderen Anlage ausgeglichen werden.[631]

Nach Gründung der Bundesrepublik Deutschland wurden
die gegenseitigen Warenbezüge mit Genehmigung der Alliierten Hohen Kommission durch einen Notenwechsel am 2.
Februar 1950 um 5 Mio auf 20 Mio US $ aufgestockt.
Hierbei wurden die Kaffeebezüge von 4 Mio auf 8 Mio,
die Tabaklieferungen von 2 Mio auf 3,5 Mio US $ erhöht;
den Wunsch der Kolumbianer, mehr Bananen abzunehmen,
lehnte die Bundesregierung wegen Fehlens der technischen Voraussetzungen für die Abwicklung ab.[632] Das
von den Militärregierungen geschlossene Abkommen wurde
wegen seines vorläufigen Charakters mit Genehmigung der
Alliierten Hohen Kommission am 14. März zum 16. Juni
1950 gekündigt.[633] Neue Vereinbarungen wurden einen
Tag vor Ablauf des alten Abkommens paraphiert und traten nach Unterzeichnung am 14. August 1950 in Kraft.
Die Gesamtwerte wurden in den Warenlisten auf jeweils
37 Mio US $ erhöht. Bei den deutschen Einfuhren wurden
u.a. festgesetzt: für Kaffee 18 Mio, Bananen 5 Mio, Tabak 3,5 Mio, Öl 3 Mio und Rohrzucker 2 Mio US $. Für
die Einfuhr der Bananen wurde ein Verteilungsplan mit
Monatskontingenten aufgestellt, der sowohl auf die
kolumbianische Bananenernten als auch auf die deutsche
Obsterzeugung Rücksicht nahm. Die umfangreiche Liste
für deutsche Ausfuhren war wertmäßig nicht spezifiziert.

631) Vgl. deutscher und englischer Abkommenstext mit
Anlagen, 14.6.1949, in: HA Bestand 11.657.
632) Vgl. RA Nr. 7a/50, 13.5.1950, (im Bundesanzeiger
nicht veröffentlicht).
633) Vgl. BWM an Außenministerium in Bogata, 14.3.1950,
in: BA B102/2704.

Das Verrechnungskonto wurde nunmehr bei der Bank deutscher Länder geführt; der Swing wurde mit zehn Mio US $ und ein Vorswing mit acht Mio US $ vereinbart. Bei ununterbrochener sechsmonatiger Überschreitung des Vorswings war der Mehrbetrag auf Verlangen des Gläubigers auszugleichen. Zur Beobachtung und Erleichterung der Durchführung des Vertrages wurde die Bildung von "Gemischten beratenden Kommissionen" in Deutschland und Kolumbien beschlossen. Nach einem Schlußprotokoll waren baldmöglichst Verhandlungen über einen Handelsvertrag aufzunehmen.[634]

Mitte Oktober 1951 reiste eine deutsche Delegation unter Leitung von Panhorst nach Bogota mit dem Auftrag, einen Vertrag zu schließen, der von den Bestimmungen des zwischen dem Deutschen Reich und dem Freistaat Columbien geschlossenen Freundschafts-, Handels- und Schiffahrtsvertrag vom 23. Juli 1892[635] ausgehen sollte.[636] Bei den Verhandlungen setzten bereits über die Frage der Partner der Vereinbarungen Schwierigkeiten ein.[637] Der deutsche Wunsch, die Abschlüsse zwischen den Regierungen - und nicht wie zuletzt mit einer Junta als nachgeordneter Behörde - zu treffen, stieß bei den Kolumbianern auf Bedenken für die Waren- und Zahlungsabkommen, wurde aber für den Handelsvertrag akzeptiert. Nach den Bestimmungen der kolumbianischen Verfassung bedürfen nämlich Regierungsabkommen und jede spätere Ergänzung oder Änderung der Ratifikation durch

634) Vgl. Bekanntmachung des Abkommens im Bundesanzeiger Nr.156, 16.8.1950, und RA Nr. 23/50, 5.9.1950.
635) Der Vertrag vom 23.7.1892 war vom kolumbianischen Außenministerium auf Anfrage, 8.4.1942, als gültig (virtualmente vigente) bezeichnet worden, in: BA B102/58078.
636) BWM Abt. V B 2, Vermerk, 30.8.1951, ebenda.
637) Vgl. Deutsche Delegation, Berichte Nr. 1 bis 9, 15.10. bis 8.12.1951, ebenda.

das Parlament; eine Anwendung der Vertragsbestimmungen
vor der Ratifikation war nicht zulässig.[638]

Die Kolumbianer schlugen als Vertagspartner für das
Handels- und Zahlungsabkommen die "Oficina de Registro
de Cambios" vor, eine den Weisungen der Regierung unterstehende zentrale Behörde, die für den Abschluß und
die Durchführung von Abkommen über den Waren- und Zahlungsverkehr mit dritten Ländern zuständig war. Panhorst bat die Bundesregierung, seine Bevollmächtigung
zur Vertragsunterzeichnung im Namen der deutschen Bundesregierung auf das Bundeswirtschaftsministerium abzuändern, um dem vorgesehenen kolumbianischen Partner
zu entsprechen; dem Vorschlag wurde vom Handelspolitischen Ausschuß zugestimmt. Zwischen den genannten
Parteien wurden am 17. Dezember 1951 in Bogota Abkommen über den deutsch-kolumbianischen Waren- und Zahlungsverkehr unterzeichnet, die zwei Monate später in
Kraft traten.[639]

Die spezifizierten Warenlisten A und B wiesen einen Betrag von 45 Mio US $ auf. Mit 25,7 Mio war auf der Einfuhrseite Kaffee der weitaus größte Posten, gefolgt
von Zucker mit 6 Mio US $; bei Bananen war mit 4,1 Mio
US $ ein Kompromiß erzielt worden. Im Warenaustausch
wurde ein Gleichgewicht angestrebt; Transit- sowie
Tausch- und Kompensationsgeschäfte sollten nur nach
vorheriger Vereinbarung zulässig sein.

---

638) Die Gültigkeit des mit der Bundesregierung geschlossenen Abkommens vom 14.8.1950 war daher in Frage
gestellt.
639) Vgl. RA Nr. 12/52, 18.1.1952, in: Bundesanzeiger
Nr. 23, 2.2.1952.

Im Zahlungsabkommen wurde die Weiterführung des
Verrechnungskontos bei der Bank deutscher Länder und
die Anwendung der amtlichen Kurse beim An- und Verkauf
von US $ vereinbart. Der Swing wurde auf 11 Mio US $
erhöht und einer Überschreitung dieser Marge bis zu einer Summe von achtzig Prozent der Gesamtsumme der erteilten Inkasso-Aufträge in einem Notenaustausch zugestimmt; hierzu wurden Meldungen und Gegenmeldungen per
Ultimo und eine Nachprüfung bei größeren Abweichungen
als zwanzig Prozent beschlossen. Die Swingerweiterung
wirkte sich zu Gunsten der deutschen Seite aus, da infolge höherer Ausfuhren[640] auf dem Verrechnungskonto
ein deutscher Debetsaldo zu verzeichnen war und eine
Änderung nicht erwartet wurde.[641]

Im Runderlaß wurde bekanntgegeben, daß der kolumbianische Außenminister schriftlich zugesagt habe, alle
deutschen gewerblichen Schutzrechte, die sich in der
Verfügungsmacht des kolumbianischen Staates (Fondo de
Estabilizacion) befänden, den deutschen Eigentümern
oder ihren Rechtsnachfolgern auf Antrag entschädigungslos und gebührenfrei zurückzugeben. Eine entsprechende
Vereinbarung sollte als Zusatzprotokoll dem in Kürze
abzuschließenden Handels- und Schiffahrtsvertrag beigefügt werden; hierüber wurde aber wegen einiger Irrita-
tionen später nicht mehr verhandelt. Die deutsche Seite
war nämlich verärgert, weil die kolumbianischen Ausschreibungen für deutsche Exporte nicht termingerecht
erfolgt waren und ein im Oktober 1952 erlassenes Dekret die deutsche Schiffahrt und Versicherungen diskriminierte; nach diesem wurden Importlizenzen nur noch

640) Siehe Statistischen Anhang XIII.1.4.1.
641) Vgl. BWM, Niederschrift über Kolumbien-Sitzung,
26.7.1951, in: BA B102/58078.

242

auf Basis fob[642] erteilt, sämtliche Frachten in Landeswährung in Kolumbien zahlbar gestellt, Überweisungen ins Ausland nur in Höhe von siebzig Prozent der Gesamtfracht zugelassen und die restlichen dreißig Prozent der Bezahlung von Unkosten im Lande vorbehalten.[643]

Eine weitere vorübergehende Trübung des deutsch-kolumbianinischen Verhältnisses trat bei Beendigung eines privaten Bananenabkommens ein.[644] Eine deutsche Bananenimporteurgruppe hatte nach Abschluß des Handelsabkommens vom Dezember 1951 mit den Bananenproduzenten von St. Martha einen Jahresvertrag für die Abnahme von Bananen im Werte der vorgesehenen Quote von 4,1 Mio US $ zu einem Preis von 100 $ pro Tonne abgeschlossen. Sie hatten den Vertrag durch monatlich drei Abholungen von jeweils 1.200 - 1.400 t in drei der deutschen Importeurgruppe gehörenden Bananen-Spezialmotorschiffen Anfang März 1953 erfüllt und rechtzeitig darauf hingewiesen, daß zwischenzeitlich der Preis auf dem Weltmarkt gesunken sei. Zudem befürchteten sie einen weiteren Preisverfall, wenn nach der Liberalisierung der Bananenimporte aus dem belgischen Kongo große Posten auf den europäischen Markt geworfen würden. Obwohl die Qualität der kolumbianischen Bananen einige Male Anlaß zu Beanstandungen gegeben hatte, erklärten sie sich bereit, bei einem Tonnenpreis von 85 US $ nicht nur den

---

642) Bei der Übernahme einer Ware fob (free on bord) bestimmt der Importeur den Verfrachter und Versicherer, während bei dem Übergang cif (cost insuranc freight) dies dem Exporteur obliegt.
643) Vgl. BWM Abt. V C 4 an V C 5, 8.12.1952, und AA Ref. A 3, Vermerk über Besprechung deutsch-columbianischer Schiffahrtsfragen, 20.5.1953, in: BA B102/6303 Heft 1.
644) Vgl. Deutsche Gesandtschaft Bogota an AA, 10.3.1953, in: BA B102/6092 Heft 2.

Vertrag zu verlängern, sondern ihn auch um 1 Mio US $ aufzustocken. Die kolumbianischen Partner lehnten das Angebot ab und bestanden auf dem bisherigen Tonnenpreis von 100 US $.

Dieser kommerziell übliche Vorgang des Aushandelns von Konditionen bekam dadurch einen anderen Akzent, daß die "Bananeros" in der kolumbianischen Presse eine Kampagne gegen die deutsche Importgruppe wegen angeblicher Monopolisierung des Bananenexportes nach Deutschland und diktatorischen Auftretens einzelner Personen entfachten. Da auf Veranlassung des deutschen Gesandten auf diese Anschuldigungen nicht eingegangen wurde, setzte die gut organisierte kolumbianische Gruppe ihren politischen Einfluß beim Staatspräsidenten ein, dem sie in einem dreiseitigen Memorandum ihre Ansichten und Wünsche darlegte. Dieser gab es an den Außenminister weiter, der den deutschen Gesandten Mitte Februar 1953 ins Ministerium bestellte. In der Besprechung hielt der sichtlich erzürnte und erregte Außenminister dem Gesandten - z.T. durch Zitate aus dem Memorandum - vor, daß die deutsche Bananenimporteurgruppe unter Ausnutzung ihres Monopols zu Ungunsten der kolumbianischen Produzenten die Preise zu drücken versucht, falsche Angaben über vorliegende Preise gemacht und hinsichtlich Preis und Zeit Ultimaten gestellt habe. Schließlich erklärte der Außenminister, daß die kolumbianische Regierung derartige Methoden nicht akzeptieren könne und hiergegen energisch protestiere. Nach einigen sachlichen Erwiderungen erreichte der Gesandte, daß am Nachmittag des gleichen Tages die Unterredung in Gegenwart des in Bogota ansässigen Vertreters der deutschen Importgruppe fortgesetzt wurde.

Dieser konnte anhand seiner Unterlagen nicht nur die Unhaltbarkeit der Vorwürfe sondern auch die ernsthafte Bereitschaft seiner Gruppe nachweisen, zu einem Abschluß auf der den Marktverhältnissen angepaßten Preisbasis von 85 US $/t zu kommen. Die Unterredung wurde vom Außenminister mit dem Hinweis beendet, daß er dem Staatspräsidenten berichten und sich wieder mit dem Gesandten in Verbindung setzen würde.[645] Einige Tage später wurde, Pressemitteilungen zufolge, die Frage des Bananenabkommens im Ministerrat behandelt jedoch keine Beschlüsse gefaßt. Das Außenministerium kam auf die Angelegenheit nicht mehr zurück und die weitere Verhandlungen wurden wieder kommerziell geführt.[646]

Trotz der aufgezeigten und weiterer im Bundeswirtschaftsministerium über die Zuständigkeit für Kaffeeausschreibungen aufgetretener Schwierigkeiten erwies sich das Jahr 1953 für den deutschen Außenhandel mit Kolumbien als erfolgreich; im Vergleich zu 1952 konnte bei nahezu gleichen Importen der deutsche Export erheblich gesteigert[647] und damit der deutsche Passivsaldo auf dem Verrechnungskonto abgebaut werden. Die Bundesrepublik war mit einem Anteil von 6,4 Prozent an den kolumbianischen Gesamteinfuhren zum zweitgrößten Lieferland - mit großem Abstand hinter den USA - aufgerückt und erhoffte sich durch Beteiligung an den großen kolumbianischen Investitionsvorhaben eine Verstetigung,

---

645) Vgl. ebenda.
646) Nach DG an AA, 28.12.1953, in: BA B102/6303 Heft 1, zeigten die bisherigen Importeure in den weiteren Verhandlungen bei einer Bereitschaft der Bananeros 88 $/t zu akzeptieren, kein Entgegenkommen, sodaß eine andere deutsche Firmengruppe mit französischen Schiffen den Import kolumbianischer Bananen übernahm.
647) Siehe Statistischen Anhang XIII.1.4.1.

wenn nicht sogar eine Steigerung der deutschen Ausfuhren.[648]

3. Freier US Dollar-Zahlungsverkehr

Um diese Entwicklung zu fördern, begannen am 1. Juni
1954 in Bonn mit einer kolumbianischen Delegation
Verhandlungen über die Neuregelung des deutsch-kolumbianischen Waren- und Zahlungsverkehrs. Die auf deutscher Seite von Seeliger geleiteten Verhandlungen erwiesen sich als schwieriger als zunächst erwartet, da
bei Dissensen in einzelnen Punkten Zugeständnisse bei
anderen Fragen zurückgezogen wurden. Auf der Warenseite
einigte man sich zwar auf den Verzicht von Warenlisten,
die kolumbianische Seite wollte aber deutsche Abnahmeverpflichtungen für Kaffee und Bananen festlegen; das
war für die deutsche Seite aus prinzipiellen Gründen
nicht akzeptabel. Den deutschen Vorschlag, für die Einfuhren von Kaffee aus Brasilien, Kolumbien und dem mit-
telamerikanischen Raum Relationen festzulegen, lehnten
die Kolumbianer ab,[649] weil sie durch eine "Kaffee-
relationsklausel" ihr nationales Prestige verletzt sahen. Als Kompromiß wurde dem Warenabkommen ein Notenaustausch beigefügt wurde, in dem die deutsche Regierung für das erste Abkommensjahr aufgrund der Erfahrungen in früheren Jahren auf der Basis der damaligen
Preise die Einfuhrmöglichkeiten für Kaffee auf 60 Mio
US $, Bananen 4,5 Mio, Tabak 3 Mio und Verschiedenes 6
Mio, insgesamt also auf 73,5 Mio US $ schätzte. Dabei
handelte es sich nicht um Kontingente sondern um Erwartungen bei offenen Ausschreibungen, sodaß diese Lö-

---

648) Vgl. AA, Aufzeichnung, 19.6.1954, in: BA
B102/58080.
649) Vgl AA, Aufzeichnung, 13.7.1954, ebenda.

sung eine Liberalisierung darstellte.[650] Ein entsprechendes Warenabkommen wurde am 27. August 1954 geschlossen und trat einen Monat später in Kraft.[651]

Auf der Zahlungsseite hielten die Bundesregierung und
die Bank deutscher Länder den Zeitpunkt für eine Umstellung auf einen Zahlungsverkehr in freien Dollar
gekommen.[652] Dieses Vorhaben stieß auf einer Sitzung
mit Vertretern von Industrie, Handel, Banken und Verbänden auf nahezu einhellige Ablehnung und man plä-
dierte für die Beibehaltung des derzeitigen
Verrechnungsverkehrs.[653]

Ungeachtet dieser Einwendungen stellte die Bundesregierung den Zahlungsverkehr mit Kolumbien auf freie Dollar
um; die günstige Verrechnungssituation erlaubte eine
kurzfristige Überleitung ohne besondere Maßnahmen.[654]
So erübrigte sich der Abschluß eines Zahlungsabkommens,
da der Swing und das Verrechnungskonto entfielen und
der am Tage des Inkrafttretens des neuen Abkommens
festgestellte Saldo sofort von der Schuldnerbank zu
Gunsten der Gläubigerbank in New York beglichen werden
sollte. Für die banktechnische Durchführung der Überleitung veröffentlichte die Bank deutscher Länder eine
"Mitteilung betreffend Weisung über den deutsch-kolumbianischen Zahlungsverkehr".[655]

650) Vgl. Deutscher Bundestag, Beirat des Bundestages
für handelspolitische Vereinbarungen, Kurzprotokoll 11.
Sitzung, 21.9.1954, ebenda.
651) Vgl. RA Nr. 74/54, 8.9.1954, in: Bundesanzeiger
Nr. 184, 24.9.1954.
652) AA, Aufzeichnung Seeliger, 19.6.1954, in: BA
B102/58080.
653) Vgl. BWM, Niederschrift über die Columbien-
Aussprache, 7.4.1954, ebenda.
654) Vgl. BWM Abt. V A 12, Vermerk, 2.8.1954, ebenda.
655) Vgl. BdL, Mitteilung Nr. 7.094/54, 22.9. 1954, in:
Bundesanzeiger Nr. 184, 24.9.1954.

Die weitere Entwicklung des deutsch-kolumbianischen
Handelsverkehrs hing wesentlich von den Kaffebezügen
ab. Der Preis für kolumbianischen Kaffee hatte an der
New Yorker Börse nach 0,55 US $ pro lb ex dock New
York im Januar 1953 im April 1954 die Rekordhöhe
von 0,97 US $ pro lb[656]) erreicht und war bis zum 13.
August auf 0,81 US $ gefallen. Am 14. August 1954 än-
derte Brasilien, die führende Weltmacht auf dem Kaffeemarkt, das Abrechnungsverfahren mit der Folge, daß die
Preise weiter sanken und der Absatz stockte.[657]) Da am
Anfang einer Baisse der Handel zunächst seine Läger
räumt, zurückhaltend disponiert und die weitere
Entwicklung abwartet, gehen auf dem Weltmarkt gleichzeitig Preise und Absatz zurück.[658]) In dieser Situation orderten auch die deutschen Kaffeeimporteure vorsichtig; es wurde daher von September bis Dezember
1954 nur vierzig Prozent Kaffee im Vergleich zum Vorjahr eingeführt.[659]) Die Entwicklung des gesamten deutschen Handelsverkehrs mit Kolumbien zeigte jedoch nach
der deutschen Jahresstatistik weiterhin positive Ten-
denzen mit steigendem Trend.[660])

Aufgrund der schlechten Lage auf dem Kaffeemarkt versuchte die kolumbianischer Seite, die in dem Briefwechsel vom 27.August 1954 geschätzten deutschen Abnahmen von kolumbianischem Kaffee im Werte von 60 Mio
US $ in eine Abnahmeverpflichtung umzumünzen. Anhand
des eindeutigen Textes wies die deutsche Seite diese

656) 1 amerikanisches lb = 453,6 gr.
657) Vgl. DB Bogota an AA, Jahresbericht 1954,
31.3.1955, in: BA B102/6093 Heft 1.
658) Vgl BWM Abt. V B 2 an AA, 24.11.1954, und DB an
AA, 24.2.1955, in: BA B102/58424.
659) Vgl. DB an AA, Jahresbericht 1954, 31.3.1955.
660) Siehe Statistischen Anhang XIII.1.4.1.

Interpretation zurück; hierbei machte sie darauf aufmerksam, daß die eingetretene Entwicklung nicht die Folge deutscher Maßnahmen und die Zurückhaltung bei Kaffeekäufen in gleicher Weise auch bei den nordamerikanischen Importeuren festzustellen sei.[661]

Nach vorheriger Ankündigung wurde am 25. Juni 1955 dem deutschen Botschafter in Bogota das Kündigungschreiben des deutsch-kolumbianischen Abkommens vom 27. August 1954 überreicht. Hierbei wurde ihm erklärt: "Die Kündigung dürfe deutscherseits keineswegs etwa als unfreundliche Geste betrachtet werden sondern lediglich als notwendige Anpassung der kolumbianischen Einfuhrpolitik an die tatsächlichen Gegebenheiten und zwar in erster Linie an die Kaffee-Exporte".[662] Da Befürchtungen bestanden, daß bei einem vertragslosen Zustand deutsche Anbieter bei öffentlichen Ausschreibungen nicht berücksichtigt werden würden,[663] war sowohl die Bundesregierung als auch die kolumbianische Regierung daran interessiert, das gekündigte Abkommen durch Verlängerungen solange in Kraft zu belassen, bis der Anschluß an eine neu ausgehandelte Vereinbarung gewährleistet war. Durch Notenwechsel wurden daher achtmal Verlängerungen bis Oktober 1957 vereinbart.[664] Bei der

---

661) Vgl. BWM Abt. V B 2 an AA, 22.3.1855, in: BA B102/6303 Heft 2.
662) DB an AA, 28.6.1955, ebenda.
663) Vgl. VAR Nr. 2/58, 5.2.1958, in: HA Bestand 2.853.
664) Die Gültigkeit des zum 26.9.1955 gekündigten Warenabkommens wurde verlängert:
bis 27.12.1955 durch Notenaustausch, 26.10.1955 rückwirkend, vgl. RA Nr. 85/55, 9.12.1955, in: Bundesanzeiger Nr. 251, 29.12.1955,
bis 27.6.1956, vgl. RA Nr. 4/56, 7.1.1956, in: Bundesanzeiger Nr. 8, 12.1.1956,
bis 27.12.1956, vgl. RA Nr. 31/56, 29.5.1956, in: Bundesanzeiger Nr. 109, 8.6.1956,
bis 11.3.1957, vgl. RA Nr. 13/57, 21.2.1957, in: Bundesanzeiger Nr. 46, 7.3.1957,

ersten Verlängerung bestand die kolumbianische Seite
darauf, in einem zusätzlichen Briefwechsel eine Bestimmung zu vereinbaren, die im Falle des Eintretens eines
Ungleichgewichtes in der Handelsbilanz den Partnern das
Recht gab, nach rechtzeitiger Unterrichtung der "Gemischten Regierungskommission" Maßnahmen zur Wiederherstellung des Gleichgewichtes zu treffen; als Grenze
des Gleichgewichtes wurden hierbei fünf Mio US $ ge-
nannt.[665]

Im Handelsverkehr gaben die kolumbianischen Transfer-
verzögerungen von ca. sechs Monaten Anlaß zu einer Un-
ruhe bei den deutschen Exporteuren. Anfang Juni 1956
beschlossen daher die zuständigen Ressorts, für das
Konvertierungs- und Transferrisiko bei Ausfuhrgarantien
und -bürgschaften im Kolumbiengeschäft durch die bun-
deseigene Hermes-Versicherung die Karenzzeit von drei
auf sechs Monate zu verlängern und die Pau-
schalgarantien aufzuheben. Die Kolumbianer erblickten
hierin ein Urteil über ihre Kreditwürdigkeit und rea-
gierten mit der Sperrung der Einfuhrlizenzen für alle
deutschen Waren ab 13. Juli 1956.

Eine Handhabe für diese Maßnahme bot ihnen die erwähnte
5 Mio US $-Grenze der Gleichgewichtsklausel, da der
deutsche Aktivsaldo in dieser Zeit 9,7 Mio US $ be-

---

bis 10.5.1957, vgl. RA Nr. 23/57, 9.4.1957, in: Bundesanzeiger Nr. 74, 16.4.1957,
bis 10.8.1957, vgl. RA Nr. 29/57, 13.5.1957, in:
Bundesanzeiger Nr. 95, 18.5.1957,
bis 10.9.1957, vgl. RA Nr. 47/57, 16.8.1957, in:
Bundesanzeiger Nr. 162, 24.8.1957,
bis 10.10.1957, vgl. RA Nr. 53/57, 17.9.1957, in:
Bundesanzeiger Nr. 181, 20.9.1957.
665) Vgl. AA, Allgemeine Instruktionen für den neuen
Botschafter in Kolumbien, 25.8.1956, S. 27.

trug.[666] Eine Antwort auf die gegen diese Maßnahme am 3. August 1956 überreichte Verbalnote der deutschen Botschaft und die Diskussion in der Sitzung der "Gemischten Regierungskommission" am 23. August ergaben, daß die kolumbianische Seite nicht bereit war, die lizenzeinschränkenden Maßnahmen zurückzunehmen, bevor gewährleistet sei, daß sich der Passivsaldo durch verstärkte kolumbianische Ausfuhren vermindern würde; hierbei wurde besonders die Möglichkeit eines Kaffeetransithandels in die Ostblockstaaten erwähnt.[667] Da in diesem Falle mit Dollar gekaufte Waren gegen beschränkt konvertierbare Währungen weiterverkauft würden, wurde der Vorschlag von Bundeswirtschaftsministerium abgelehnt; hierbei spielte eine Rolle, daß eine solche Transitierung gegen die bestehenden Restriktionen verstoßen und damit die deutsche Delegation auf der im Oktober beginnenden GATT-Tagung berechtigten Angriffen ausgesetzt sein würde; außerdem wollte man einen Präzedenzfall für andere Waren und Länder vermeiden.[668] Der kolumbianische Botschafter wurde von Seeliger über die Ablehnung eines Kaffeetransithandels in Ostblockstaaten informiert.

Zu dem kolumbianischen Vorschlag, die Transferrückstände im Wege einer Konsolidierung abzudecken, erklärte Seeliger, daß hiergegen von der deutschen Regierung nichts einzuwenden sei, sofern auch andere Länder einbezogen und die Interessen der deutschen Exporteure gewahrt würden.[669] Nachdem die Transferrückstände bis zum Ende 1956 eine Höhe von 32 Mio US $ erreicht hat-

---

666) Vgl. ebenda S. 29.
667) Vgl. DB an AA, 25.8.1956, in: BA B102/58424.
668) Vgl. BWM Abt. V A 10, Vermerk, 27.9.1956, ebenda.
669) Vgl. AA, Aufzeichnung Seeliger, 30.10.1956, ebenda.

ten, wandte sich die kolumbianische Regierung an eine
deutsche Bankengruppe unter Führung der Deutsch-Südamerikanischen Bank mit dem Angebot auf sofortige
Barzahlung von sechzig Prozent und Tilgung des Restes
von vierzig Prozent in dreißig gleichen Monatsraten,
die durch vierprozentige Dollar-Schuldverschreibungen
der Regierung und der Notenbank gesichert würden. Der
Handelspolitische Ausschuß stimmte dieser Regelung
zu.[670]

Der deutsche Botschafter, der mit der Verhandlungsführung über ein Handelsabkommen betraut worden war,
trug im Juli 1957 dem neuen kolumbianischen Außenminister den Wunsch der Bundesregierung vor, das am 10.
August 1957 ablaufende Warenabkommen um dreißig Monate
zu verlängern. Diesen Vorschlag lehnte der Außenminister ab und erklärte, daß angesichts der besorgniserre-
genden Lage im Lande, die die neue Regierung vorgefunden habe,[671] Kolumbien vorübergehend zum bilateralen
System übergehen müsse; falls Deutschland hierzu aus
verständlichen Gründen nicht bereit sei, würde er einen
vertragslosen Zustand vorziehen, bis sich die
wirtschaftliche Lage gebessert habe.[672]

Dem Botschafter gelang es, den neuen Finanzminister,
der bisher Mitglied der "Gemischten Regierungskommission" gewesen war, und den Präsidenten der Federacion
Nacional de Cafeteros, der vielfache Verbindungen zu
deutschen Wirtschaftskreisen unterhielt, davon zu überzeugen, daß ein vertragsloser Zustand negative Auswirkungen auf die deutsch-kolumbianischen Wirtschaftsbe-

---

670) Vgl. Protokoll HPA 5/57, 12.3.1957, in: BA
B102/58081.
671) Siehe vorstehend V.1., S. 236.
672) Vgl. DB an AA, 11.6.1957, in: BA B102/58081.

ziehungen hervorrufen würde. Mit Unterstützung der beiden Herren und durch den Hinweis, daß seit Anfang des
Jahres eine Unausgeglichenheit im deutsch-kolumbianischen Warenverkehr nicht mehr bestand, konnte der
Außenminister von seiner bisherigen Einstellung abge-
bracht werden.

Das kolumbianische Außenministerium unterbreitete einen
Entwurf für ein neues Abkommen, das im wesentlichen auf
den Grundsätzen des Vertrages vom 27. August 1954 basierte.[673] Bei den Verhandlungen traten durch das
Festhalten der Kolumbianer an der Gleichgewichtsklausel
als conditio sine qua non Probleme auf. Von deutscher
Seite wurde auf den dadurch hervorgerufenen Rückfall in
den Bilateralismus und die zu erwartenden negativen Reaktionen in den internationalen Gremien ohne Erfolg
hingewiesen, sodaß ein Scheitern der Verhandlungen zu
befürchten war.[674] Um einen vertragslosen Zustand zu
vermeiden, einigte man sich schließlich darauf, die
Vereinbarung dieser Klausel vertraulich zu behandeln
und sie von deutscher Seite nicht anzuwenden.[675]

Am 9. November 1957 wurde nach mehrmonatigen Verhandlungen ein Handelsabkommen in Bogota vom deutschen Botschafter für die Bundesrepublik und vom kolumbianischen
Außenminister für die Republik Kolumbien unterzeichnet,
das am 11.November 1957 in Kraft trat.[676] Hierin waren
die Bildung einer "Gemischte Regierungskommission" und

673) Vgl. DB an AA, 25.7.1957, ebenda.
674) Vgl. BB an AA, 24.10.1957, BWM Abt.VI an Abt.V,
8.11.1957, BB A 2, Vermerk, 13.11.1957, und BWM Abt.
VI B 3 an Alternate Executive Director International
Monetary Fund, 13.12.1957, in: HA Bestand 2853.
675) Vgl. VRA NR. 2/58, 5.2.1958, in: HA Bestand 2853.
676) Vgl. RA Nr. 2/58, 5.2.1958, in: Bundesanzeiger Nr.
49, 12.3.1958.

die Schätzungen der deutschen Einfuhr entfallen, die
Genehmigungen für die Wiederausfuhr von Kaffee erleichtert und die Kündigungsfrist auf vier Monate verkürzt.

Bei einer Betrachtung des deutsch-kolumbianischen Handelsverkehrs während der ersten zwölf Jahre der Bundesrepublik stellt das Jahr 1957 einen Wendepunkt dar;
der deutsche Aktivsaldo in unterschiedlicher Höhe -
ausgenommen 1952 - verwandelte sich ab 1958 zunehmend
in einen Passivsaldo.[677] Der Grund hierfür dürfte in
der durch Schwankungen auf dem Kaffeemarkt und durch
Überschätzung der eigenen Möglichkeiten hervorgerufenen
angespannten Devisensituation Kolumbiens zu finden
sein; hierdurch wurde die strukturelle und industrielle
Entwicklung Kolumbiens und damit die Lieferungen deutscher Investitionsgüter eingeschränkt, während der
deutsche Bedarf an kolumbianischen Erzeugnissen, insbesondere an Kaffee, zugenommen hatte.

Der prozentuale Anteil Kolumbiens an dem deutschen Handelsverkehr mit Südamerika betrug ca. zehn Prozent,[678]
während er bei Investitionen nur etwas mehr als vier
Prozent erreichte.[679] Ob hier ein Zusammenhang mit den
- im Gegensatz zu Argentinien und Brasilien - aus-
gebliebenen deutschen Einwanderungen und damit dem Fehlen deutscher Siedlungen besteht, kann nicht bewiesen,
sondern nur vermutet werden.

---

677) Siehe Statistischen Anhang XIII.1.4.1.
678) Siehe ebenda 1.11.1. und 2.
679) Siehe ebenda 2.2.

4. Behandlung deutscher Altvermögen und Rückgabe der Altschutzrechte

Beim deutschen Altvermögen kam die Ende 1945 gesetzlich
angeordnete hundertprozentige Sondersteuer auf deutsches Vermögen für die in Kolumbien nicht ansässigen
Personen und Firmen einer Vermögenseinziehung
gleich.[680] Der Gesamtbetrag der 1942 blockierten deutschen Vermögenswerte wurde nichtamtlich mit 150 Mio
col. Peso angegeben.[681] Die Treuhandverwaltung wurde
1953 aufgehoben und Vermögenswerte, die nach Abführung
der Entschädigungszahlung keinen höheren Gesamtwert als
2.000 $ kolumbianischer Währung hatten, konnten den
rechtmäßigen Eigentümern gegen Quittierung der Ab-
schlußrechnung ausgehändigt werden.[682]

Günstiger verhielt es sich mit den deutschen Schutzrechten. Diese waren ebenfalls im Rahmen der Ausnahme-
gesetzgebung enteignet und unter die treuhänderische
Verwaltung des "Fondo de Estabilizacion" gestellt
worden; zum Teil waren sie in dessen Besitz verblieben
oder von ihm genutzt worden, einige waren vermietet und
nur wenige verkauft worden. Die entschädigungslose und

---

680) Siehe vorstehend V.1., S. 235 f, und vgl. O.
Böhmer, Stand der beschlagnahmten deutschen Vorkriegsvermögen, S. 312.
681) Durch ein Ende 1958 ergangenes Urteil des Obersten
Gerichtshofes wurde die Enteignungsgesetzgebung an Hand
eines durch eine Verfassungsbeschwerde anhängig gemachten Einzelfalles zwar für verfassungswidrig und
rechtsunwirksam erklärt, die Auswirkung auf andere Ent-
eignungsfälle blieb aber zweifelhaft. Es wurde eine
gemischte deutsch-kolumbianische Kommission gebildet,
die Vorschläge für eine gerechte Lösung des Vermögen-
sproblems ausarbeiten sollte, nach ebenda.
682) Vgl. Dekret Nr 2.186, 21.8.1953, nach BdL, O.
Böhmer, Columbien Übersicht, S. 78. Eine Nachbesserung
erfolgte in einem Abkommen vom 4.8.1962, nach BGBl II
Nr. 257, 21.3.1964, und Nr. 664, 26.5.1964.

gebührenfreie Rückgabe der in der Verfügungsmacht des Fonds stehenden Schutzrechte war Ende 1951 in Bogota vereinbart worden; diese Regelung sollte als Zusatzprotokoll dem in Kürze abzuschließenden Handels- und Schiffahrtsvertrag beigefügt werden.[683]

Nachdem es zu einem Vertragsabschluß nicht gekommen war, wurden am 19. Mai 1954 zwischen der kolumbianischen Regierung und der deutschen Botschaft in Bogota Noten ausgetauscht, in denen die Rückgabe der Schutzrechte erneut vereinbart wurde. Ausgenommen hiervon waren acht deutsche Marken,[684] die an Dritte verkauft worden waren. Das Inkrafttreten der Regelung wurde wiederum von dem Abschluß eines Vertrages abhängig gemacht. Nach Unterzeichnung des Abkommens über den Warenverkehr am 27. August 1954 in Bonn,[685] wurden am gleichen Tage in einem Briefwechsel ergänzende Einzelheiten, wie Antragstellung, Fristen, Bescheinigungen, Freistellung der kolumbianischen Regierung, festgelegt und dann beide Noten veröffentlicht.[686] Vereinbarungsgemäß erließ die kolumbianische Regierung anschließend ein Dekret über Durchführungsbestimmungen für die Rückgabe der Schutzrechte.[687]

683) Vgl. RA Nr. 12/52, 18.1.1952, sowie vorstehend V.2., S. 241 f.
684) Nach Note, 19.5.1954, Ziffer 6, in: RA Nr. 75/54, 10.9.1954, handelte es sich um: Aguila, Angelito, Blankit, Corneta, Campesino con canasta y aves de Coral, Royal, Ozalid und Traspulpin,
685) Siehe vorstehend V.3., S. 246.
686) Vgl. RA Nr. 75/54, 10.9.1954, in: Bundesanzeiger Nr. 184, 24.9.1954.
687) Vgl. Dekret Nr. 3.109, 22.10.1954, nach BdL, O.Böhmer, Columbien Übersicht, S. 593.

5. Deutsche Beteiligung an Messen in Bogata

Für die Bundesrepublik, die in hohem Maße wirtschaftlich vom Export abhing, war für eine Präsentation
deutscher Erzeugnisse und zur Kontaktpflege die Teilnahme an internationalen Messen von besonderer Bedeutung. Demzufolge schaltete sich die deutsche Botschaft
in die Vorbereitungen für eine Teilnahme deutscher Firmen an der für den Sommer 1954 geplanten Internationalen Messe in Bogota ein. Nach Überwindung zahlreicher
Hindernisse wurde die I. Internationale Messe in Bogota
nach zweimaligen Terminverschiebungen am 29. Oktober
1954 durch den kolumbianischen Staatspräsidenten auf
dem Stand der Firma Daimler Benz in der deutschen
Ausstellungshalle eröffnet; dahin war wegen eines
plötzlich einsetzenden Unwetters die auf dem Aus-
stellungs-Freigelände vorgesehene Eröffnungszeremonie
verlegt worden. Von den neunzehn ausstellenden Ländern
war die Bundesrepublik mit sechsundfünfzig Firmen am
stärksten vertreten.[688]
Im folgenden Jahr beteiligte sich die Bundesrepublik an
der II. Internationalen Messe in Bogota mit einem In-
formationsstand, der den Mittelpunkt einer Gemein-
schaftsausstellung bildete. Mit 221 Ausstellern lag
die Bundesrepublik wieder an der Spitze der ausländischen Teilnehmer. Auf der ersten Messe waren hauptsächlich Konsumgüter, auf der zweiten vorwiegend Produk-
tionsmittel ausgestellt worden;[689] bei der III. im
Herbst 1956 zeichnete sich eine gewisse Branchenkonzen-
tration, z.B. durch eine "Auto-Halle", ab.[690]

---

688) Vgl. DB an AA, 4.11.1954, ebenda.
689) Vgl. Ausstellung- und Messe-Ausschuss der deutschen Wirtschaft e.V., Presse-Mitteilung, 12.12.1955,
in: BA B102/5996 Heft 2.
690) Vgl. derselbe, Presse-Mitteilung, 26.11.1956,
ebenda.

VI. Die Wirtschaftspolitik der Bundesrepublik Deutschland mit Ecuador

1. Einführung

Die Republik Ecuador ist nach dem Äquator, der das Land durchschneidet, benannt; sie erstreckt sich vom ersten Grad nördlicher bis zum sechsten Grad südlicher Breite und bedeckt bei einer Länge von ca. achthundert km in Nord-Süd-Richtung und einer Ost-West-Breite von ca. sechshundert km eine Fläche von ca. 284.000 qkm. Zu Ecuador gehören die tausend km entfernt im Pazifik gelegenen Galapagos-Inseln mit einer Fläche von 7.340 qkm. Als kleinster der Andenstaaten zählte es 1958 vier Millionen Einwohner, von denen nach Schätzungen über die Hälfte Mestizen, über ein Viertel Indianer, knapp ein Zehntel Weiße und der Rest Mulatten und Neger waren.[691)]

Ecuador gliedert sich in drei natürliche Regionen, die nach Bodengestalt, Klima, Vegetation und Besiedlung sehr verschieden sind. Das aus den Anschwemmungen der Gebirgsflüsse gebildete Küstentiefland, "Costa" genannt, besitzt eine Breite von fünfzig bis einhundertfünfzig Kilometer, liegt in der tropisch heißen Zone mit Tropenregen; nach Süden nehmen die Niederschläge ab mit entsprechend veränderter Vegetation. In der "Costa" liegt das wirtschaftliche Schwergewicht; dort werden Bananen, Kakao und Kaffee erzeugt, die zusammen über neunzig Prozent der Ausfuhren bilden; auf der Halbinsel Santa Elena befinden sich Erdölfelder. Im andinen Hochland, als "Sierra" bezeichnet, werden die inneren Hochbecken in zwei- bis dreitausend Meter Höhe von zwei

---

691) Vgl. Ibero-Amerika. Ein Handbuch, S. 285 ff.

parallelen Hauptketten der Anden durch zum Teil noch
aktive Vulkane umschlossen und durch Querriegel getrennt. In dem milden Klima lebt die Masse der Bevölkerung, gedeihen Kulturpflanzen der gemäßigten Zone und
wird Viehzucht betrieben. Das östliche feuchtheiße
Tiefland "Oriente" ist von wasserreichen Amazo-
naszuflüssen zergliedert, von immergrünem Regenwald bedeckt und nahezu unbewohnt.[692]

Die Wirtschaft Ecuadors basierte in den fünfziger Jahren fast ausschließlich auf der Landwirtschaft. In
dieser Zeit errang Ecuador die Weltspitze im Bananen-
handel; er löste den mit Kakao als bisheriges Hauptausfuhrprodukt ab. Über sechzig Prozent der Ein- und Ausfuhren wurden mit den USA abgewickelt, sodaß eine wirtschaftliche Abhängigkeit existiert.[693]

Einwanderungswellen aus Europa hat es in Ecuador, im
Gegensatz zu den ABC-Staaten, nicht gegeben sondern nur
einzelne Einreisende. Während des Dritten Reiches kamen
bis zum Ausbruch des Zweiten Weltkrieg ca. drei- bis
viertausend Flüchtlinge deutscher Sprache nach Ecuador.
Einige betrachteten das Land nur als vorläufigen Unter-
schlupf und zogen bei erster sich bietender Gelegenheit
weiter, meist nach USA oder Israel.[694]

Im Zweiten Weltkrieg hatte Ecuador Anfang 1942 die diplomatischen Beziehungen zu Deutschland abgebrochen,
und entsprechend den Empfehlungen und Beschlüssen der
panamerikanischen Konferenzen[695] einschränkende Maß-

---

692) Vgl. ebenda, S. 286 f.
693) Vgl. ebenda, S. 290 ff.
694) Vgl. Arthur Weilbauer, Die Deutschen in Ecuador,
in: Hartmut Fröschle (Hrsg.), Die Deutschen in
Lateinamerika, S. 380 - 385.
695) Siehe vorstehend I.1., S. 7 .

nahmen gegen deutsche Personen und Firmen ergriffen.[696] Ab 1945 wurden schrittweise Beschlagnahmungen
rückgängig gemacht und Entschädigungen gezahlt.[697] Die
Gesamthöhe der deutschen Vorkriegsvermögen wurde auf 2
bis 3 Mio US $ geschätzt.[698]

Die präsidiale Republik Ecuador wurde in der Zeit von
1948 bis 1960 von drei gewählten Präsidenten regiert.
Unter der Präsidentschaft von Galo Plaza Lasso trat
1948 eine allgemeine Beruhigung ein, nachdem sein Vorgänger Valesco Ibarras gestürzt, verhaftet und ins Aus-

696) Die wichtigsten Dekrete betrafen:
o. Nr., 29.1.1942, Abbruch diplomatischer Beziehungen,
Nr. 854, 11.6.1943, Übernahme der "Schwarzen Listen"
der USA,
Nr. 380, 28.7.1943, Errichtung des "Kontrollamts für
blockierte Vermögen",
Nr. 3.029, 10.5.1944, Übertragung beschlagnahmter Pa-
tente und Warenzeichen an staatliche Fürsorgeinstitute,
Nr. 291, 5.7.1944, Zwangsweise Umwandlung blockierter
Guthaben in "bonos a cambio",
Nr. 488, 21.7.1944, Errichtung einer Prüfungskommission
für Übertragungsakte,
Nr. 610, 10.8.1944, Ermächtigung des Sozialministeri-
ums, beschlagnahmte deutsche Warenzeichen frei zu verkaufen, nach BdL, O. Böhmer, Ecuador Übersicht, o.
Dat., S. 127, in: HA Bestand 11.664.
697) Die wichtigsten Dekrete betrafen:
Nr. 19, 2.3.1945, Rückgängigmachung aller während der
Kriegszeit durchgeführter Konfiskationen,
o. Nr., 13.7.1945, Verfahrensordnung für die Rücküber-
tragung blockierter Vermögen,
Nr. 90, 23.4.1946, Entsperrung der Vermögen von ecuadorianischen Staatsangehörigen,
Nr. 1.572, 2.8.1946, Übertragung des Eigentums an beschlagnahmten Schutzrechten an das Sozialministerium,
Gesetz, 19.2.1947, Zuständigkeit des Obersten Gerichtshofes für Rückerstattung entsperrter Vermögen,
Nr. 435 b, 12.3.1948, Teilweise Verwendung der
Importabgabe für Entschädigungszahlungen für beschlagnahmte Feindvermögen,
Nr. 777, 30.4.1949, Emission von Staatsbonds zur Entschädigung deutscher Eigentümer, nach ebenda, S. 127 f.
698) Vgl. O. Böhmer, Stand der beschlagnahmten deutschen Vorkriegsvermögen, S. 313.

land verbannt worden war. Plaza bemühte sich um eine geordnete Verwaltung. Sein Nachfolger wurde der aus dem Exil zurückgekehrte Jose Maria Valesco Ibarra, der ab 1952 zum dritten Mal die Geschicke Ecuadors für vier Jahre leitete. Er stellte auf innenpolitischem Gebiet den Straßenbau, die Elektrifizierung und die Bewässerung in den Vordergrund. Mit Camilo Ponce Enriquez kam 1956 der erste konservative Präsident in diesem Jahrhundert an die Macht; er verfolgte eine vorsichtige Politik des Ausgleiches. Sein Nachfolger wurde 1960 sein Vorgänger Valesco Ibarra, der jedoch in seiner vierten Präsidentschaft scheiterte.[699]

2. Bilateraler Handels- und Zahlungsverkehr

Nach dem Zweiten Weltkrieg wurden die Wirtschaftsbeziehungen zu Ecuador von den alliierten Besatzungsmächten aufgenommen. Im Oktober 1949 fanden in Frankfurt zwischen Vertretern der Alliierten Hohen Kommission unter Beteiligung des im Aufbau befindlichen Bundeswirtschaftsministeriums Verhandlungen mit dem Konsul von Ecuador in Amsterdam als Vertreter seiner Regierung statt,[700] die am 25.Oktober 1949 zur Paraphierung von Handels- und eines Zahlungsabkommens führten; sie wurden von der Alliierten Kommission am 14. November 1949 und von dem Bevollmächtigten der ecuadorianischen Regierung am 16. Januar 1950 unterzeichnet und traten an diesem Tage in Kraft.[701]

---

699) Vgl. Ibero-Amerika. Ein Handbuch, S. 305.
700) Die Alliierte Hohe Kommission war nach dem Inkrafttreten des Besatzungsstatutes am 21.9.1949 und vor dem Abschluß des Petersberger Abkommens am 22.11.1949 für die Vertragsverhandlung noch zuständig.
701) Vgl. RA Nr. 4/50, 13.5.1950, in: Bundesanzeiger Nr. 88, 9.5.1950.

Im Handelsabkommen wurde vereinbart, daß möglichst
bald Verhandlungen über ein Meistbegünstigungsabkommen
aufgenommen und Diskriminierungen in der Zwischenzeit
unterlassen werden sollten; Patente, Warenzeichen und
Muster waren auf Antrag für Staatsangehörige des Partners einzutragen, zu erteilen und zu schützen. Auf Verlangen konnte eine "Gemischte Kommission" gebildet werden. Für Tausch- und Kompensationsgeschäfte sollten
keine Genehmigungen gewährt werden. Die Vertragsdauer
betrug ein Jahr. In der Warenliste A waren Einfuhren
aus Ecuador im Werte von 5,5 Mio US $ vorgesehen, hier-
bei je 1,5 Mio US $ für Reis und Kakao, 1 Mio US $ für
Ölsaaten sowie je 0,5 Mio $ für Kaffee und Bananen. Auf
Verlangen der ecuadorianischen Regierung wurde durch
Briefwechsel vom 14. Dezember 1949 das Bananen-
kontingent und damit die Gesamtsumme um 0,5 Mio US $
erhöht. Die Warenliste B war nicht spezifiziert. Bei
dem im Vergleich zu den ABC-Staaten geringen Grad der
Industrialisierung lag der Anteil der Konsumgüter bei
der deutschen Ausfuhr hoch. Im Zahlungsabkommen wurde
die Kontoführung beim Banco Central de Ecuador und ein
Swing von 2 Mio US $ vereinbart; beim Erreichen von
achtzig Prozent dieser Marge sollte die "Gemischte Kommission" Maßnahmen für einen Ausgleich vorschlagen.

Nach mehrmaligen Verlängerungen[702] wurden Mitte 1953
in Quito Verhandlungen über ein neues Abkommen aufgenommen. Nach den vorgeschriebenen protokollarischen Besuchen fand die Eröffnungssitzung am 30. Juni 1953
statt; die Verhandlungen, die auf deutscher Seite unter

702) Vgl. RA Nr. 20/52, 8.2.1952, in: Bundesanzeiger
Nr. 34, 19.2.1952, RA Nr. 112/52, 28.10.1952, in:
Bundesanzeiger Nr. 216, 6.11.152, RA Nr. 12/53,
30.1.1953, in: Bundesanzeiger Nr. 23, 10.2.1953, und
RA Nr. 63/53, 17.7.1953, in: Bundesanzeiger Nr. 140,
24.7.1953.

der Leitung von Panhorst standen,[703] wurden Ende Juli
mit der Einigung über vier Dokumente und den dazu gehörenden Briefwechseln abgeschlossen und am 1. August
1953 unterzeichnet.[704]

In dem Handelsvertrag wurde die unbedingte und unbeschränkte Meistbegünstigung auf dem Gebiete der Zölle,
Abgaben und Steuern sowie bei Investitionen vereinbart;
ausgenommen hiervon waren, wie üblich, Vergünstigungen,
die Nachbarstaaten oder im Rahmen einer Zollunion gewährt wurden. In einem beigefügten Briefwechsel erklärten beide Staaten ihre Bereitschaft, trotz der Ratifikationsbedürftigkeit des Vertrages seine Bestimmungen bereits ab 1. Oktober 1953 anzuwenden und bis zu
diesem Zeitpunkt die Gültigkeit der Abkommen vom 16.
Januar 1950 zu verlängern. Damit gelangte die Bundesrepublik ab Oktober 1953 in den Genuß der Vorzugszölle,
die Ecuador dritten Ländern einräumte. Der deutsche
Vorschlag, in den Vertrag Regelungen auf den Gebieten
des Niederlassungsrechtes und der Schiffahrt aufzunehmen, wurde von ecuadorianischer Seite abgelehnt.[705]
Der Vertrag wurde am 14. Juli 1954 als Gesetz verkündet[706] und trat am folgenden Tage nach Austausch
der Ratifikationsurkunden offiziell in Kraft.

Dem Handelsabkommen, dem zweiten am 1. August 1953
unterzeichneten Dokument, waren keine Warenlisten
beigefügt; es waren nur die ecuadorianischen Erzeugnisse aufgeführt, deren Abnahme gefördert werden
sollte. Die Aufgaben des zu bildenden "Gemischten

---

703) Vgl. Deutsche Delegation, Berichte Nr. 1 bis 4,
2.7. bis 4.8.1953, in: BA B102/58017.
704) Vgl. RA Nr. 83/53, 10.9.1953, in: Bundesanzeiger
Nr. 192, 6.10.1953.
705) Vgl. Deutsche Delegation, Berichte Nr. 1 und 3.
706) Vgl. BGBl II Nr. 13, 16.7.1954.

Regierungsausschusses" wurden ausführlich definiert. Auf ecuadorianischer Seite war das Abkommen ratifikationsbedürftig; die entsprechende Urkunde wurde anläßlich des Austausches der Ratifikationsurkunden des Handelsvertrages überreicht.

Beim Zahlungabkommen stieß die deutsche Delegation mit dem Vorschlag, die Zahlungen auf frei konvertierbare Währungen umzustellen, auf Ablehnung. Man konnte sich schließlich darauf einigen, dem Abkommen einen Brief-wechsel beizufügen, in dem der Wunsch für einen baldi-gen Übergang des Zahlungsverkehrs in frei konvertier-bare Währung zum Ausdruck kam.[707] Die von ecuadoriani-scher Seite gewünschte Erhöhung des bisherigen Swings von 2 Mio US $ wurde von der deutschen Delegation abge-lehnt, da bei einem Austauschvolumen von maximal 8 Mio US $ ein Swing in Höhe von fünfundzwanzig Prozent aus-reichend bemessen sei.[708] Das Zahlungsabkommen trat zwei Monate nach seiner Unterzeichnung in Kraft.

Das vierte Dokument betraf die Vereinbarung über deut-sche gewerbliche Schutzrechte. Sie war auf ecuadoriani-scher Seite ratifikationsbedürftig und beinhaltete, daß die aus Anlaß des Zweiten Weltkrieges ergangenen ein-schränkenden Bestimmungen für deutsche gewerbliche Schutzrechte und Firmennamen nicht mehr angewendet und Schutzrechte, soweit sie sich im Eigentum des ecua-dorianischen Staates befanden, ohne irgendwelche Lei-stungspflicht an die früheren deutschen Berechtigten zurückübertragen werden sollten; literarisches und

---

707) Vgl. Deutsche Delegation, Bericht Nr. 2.
708) Vgl. Deutsche Delegation, Bericht Nr. 3.

künstlerisches Eigentum war wie gewerbliche Schutzrechte zu behandeln.[709]

3. Umstellung des Zahlungsverkehrs in freie US-
Dollar

Der Handelsverkehr mit Ecuador hatte sich nach Abschluß
der Abkommen vom 1.August 1953 zufriedenstellend entwickelt. Da der deutsche Aktivsaldo sich in einen
Passivsaldo verwandelt hatte, hielt die Bundesregierung
den Zeitpunkt für gekommen, den Zahlungsverkehr, wie
vorgesehen, auf freie Dollar umzustellen. Die deutsche
Gesandtschaft kündigte daher mit Schreiben vom 29. Juni
fristgerecht das Zahlungsabkommen zum 30. September
1954 und schlug den Übergang zum Zahlungsverkehr in
freien US $ sowie die Abdeckung des dann bestehenden
Saldos vor. Der Handelsvertrag und das Handelsabkommen
von 1953 blieben hiervon unberührt.

In der Antwortnote wies die ecuadorianischen Gesandtschaft darauf hin, daß im Zahlungsabkommen eine Über-
gangsfrist von sechs Monaten vereinbart worden sei und
daß demnach die Liquidationsperiode am 30. April 1955
enden werde; bis dahin solle das Verfahren festgelegt
werden, das anstelle des bisherigen Zahlungsabkommens
treten werde.[710] Nach Gesprächen sowohl zwischen den
Zentralbanken als auch auf diplomatischer Ebene teilte

709) Ein in die Abgeordnetenkammer eingebrachter Gesetzentwurf, die Beschlagnahme und den Weiterverkauf
der Patente und Fabriknamen der Firmen Schering, Bayer
und I.G.-Farben rückgängig zu machen, scheiterte aus
rechtlichen Gründen am Veto des Staatsprädidenten. Da
nur noch die Firma Schering begünstigt worden wäre, er-
ledigte sich der Vorschlag, nach BdL, O. Böhmer, Ecuador Übersicht, S. 145 f.
710) Vgl. Ecuadorianische Gesandtschaft Deutschland an
AA, 25.11.1954, in: BA B102/58086.

das Auswärtige Amt in einer Antwortnote der ecuadorianischen Gesandtschaft mit, daß die Bank deutscher Länder darauf verzichtet habe, den Verrechnungsverkehr am
30. September 1954 durch Überweisung des bestehenden
deutschen Aktivsaldo zu beenden; die Liquidationsperiode würde nach deutscher Auffassung am 1. Oktober 1954 beginnen und am 31. März 1955 enden. Die
baldige Aufnahme von Gesprächen würde begrüßt.[711]

Zur Vorbereitung der Verhandlungen wurde im Bundeswirtschaftsministerium eine Besprechung mit den an Wirtschaftsbeziehungen zu Ecuador interessierten Vertretern
von Industrie, Handel und Banken abgehalten. Diese waren der Meinung, daß die jetzige Zahlungsregelung beibehalten und die Höhe des Swings vom tatsächlichen Wa-
renvolumen abhängig gemacht werden solle. Notfalls
könne der Zahlungsverkehr zwar über Beko-DM-Konten abgewickelt werden, hierbei dürfe aber nur ein geringer
Prozentsatz der Guthaben zu Zahlungen nach Dritt-Län-
dern gestattet sein.[712]

Die Bundesregierung blieb auch in diesem Falle trotz
dieser Empfehlungen bei ihrer Absicht, den Zahlungsverkehr auf freie Dollar umzustellen, und zog bei einer
strikten Ablehnung der Ecuadorianer die Beko-DM-Lösung
als eine Möglichkeit in Erwägung. Bei den in Bonn am 7.
März 1955 begonnenen Verhandlungen, die auf deutscher
Seite wiederum von Panhorst geleitet wurden, blieb die
ecuadorianische Delegation zunächst hartnäckig bei ihrer Forderung, den gebundenen Zahlungsverkehr beizubehalten. Der Handelspolitische Ausschuß beschloß daraufhin am 22. März, "in etwa nachzugeben, d.h. weitere

---

711) Vgl. AA, Verbalnote, 4.2.1955, ebenda.
712) Vgl. BWM Abt. V B 2, Besprechung über Handelsverkehr mit Ecuador, 17.12.1954, ebenda.

sechs Monate zu warten, aber in einem Protokoll von
Ecuador zu verlangen, sich damit einverstanden zu erklären, daß am 1.Oktober d.J. ohne weitere Verhandlungen der freie Dollar-Verkehr beginnt."[713] Nach einer
Unterbrechung konnten die Verhandlungen am 22. April
1955 mit der Unterzeichnung eines Protokolls über die
Regelung des Zahlungsverkehrs und eines Briefwechsels
abgeschlossen werden. Die Umstellung des Zahlungsverkehrs wurde zum 31. Dezember mit einer Übergangszeit
bis 31. März 1956 zur Abwicklung laufender Geschäfte
vereinbart; anschließend war der auf dem Konto bestehende Schuldsaldo abzudecken.[714] Mit Beginn des Jahres
1956 gehörte Ecuador zu den Ländern des Dollarraumes;
dementsprechend wurden "die zulässigen Zahlungswege"
und "die Aufhebung mengenmäßiger Beschränkung bei der
Einfuhr" bekanntgegeben.[715]

Bei Betrachtung der Entwicklung des deutsch-ecuadoria-
nischen Handelsverkehrs fällt auf, daß bis 1952 ein
deutscher Ausfuhrüberschuß zu verzeichnen war, das Jahr
1953 mit nahezu ausgeglichenen gegenseitigen Bezügen
eine Wende brachte und ab 1954 ein deutscher Einfuhr-
überschuß eingetreten war, der sich ab 1957 nach der
Umstellung des Zahlungsverkehrs in freie $ verstärkte.
Die relativ geringen Veränderungen bei der deutschen
Ausfuhr sind wohl auf die Devisenknappheit in Ecuador
zurückzuführen.[716]

---

713) BWM Abt. V B 2, Vermerk für Minister, 22.3.1955,
ebenda.
714) Vgl. RA Nr. 31/55, 6.5.1955, in: Bundesanzeiger
Nr. 109, 9.6.1955.
715) Vgl. RA Nr. 91/55, 21.12.1955 und RA Nr. 92/55,
22.12.1955, in: Bundesanzeiger Nr. 252, 30.12.1955.
716) Siehe Statistischen Anhang XIII.1.5.

Da Ecuador, in erster Linie Einflußgebiet der USA,[717] vorwiegend am Ausbau seiner Infrastruktur und der Modernisierung der Landwirtschaft interessiert war, blieb es zwar ein interessanter Markt für den Absatz deutscher Konsumgüter, die deutsche Investitionstätigkeit blieb aber nach dem Zweiten Weltkrieg dort sehr gering; bis 1954 war nur ein Antrag über ca. 120.000 DM genehmigt und bis 1961 knapp viereinhalb Mio DM dort investiert worden.[718] Auch die Zahl in Ecuador ansässigen Deutschsprachigen blieb gering.[719]

4. Deutsche Siedlungsprojekte

Nach dem Zweiten Weltkrieg zeigte sich Ecuador an der Ansiedlung deutscher Landwirte interessiert. Im Jahre 1953 wurde von der ecuadorianischen Regierung das Angebot unterbreitet, fünfhundert deutsche Familien auf je ein- bis zweihundert Hektar eines abgelegenen, unerschlossenen Regierungslandes anzusiedeln. Die deutschen Behörden lehnten das Projekt als undurchführbar ab. Im Jahre 1954 wurde eine Großsiedlung auf den Galapagos-Inseln geplant; auch dieses Projekt wurde nicht weiter verfolgt, weil nach dem Gutachten von Sachverständigen Millionen erforderlich gewesen wären, um überhaupt erst die Voraussetzungen für eine Ansiedlung zu schaffen. Auch ein drittes Projekt, an dem sich auch eine deutsch-ecuadorianische Plantagengesellschaft beteili-

717) Vgl. AA, Allgemeine Instruktionen, 22.2.1957, in: PA Ref. 306, Bd. 35, S. 7.
718) Siehe Statistiscgen Anhang XIII.2.2. und 2.3.
719) Nach A. Weilbauer betrug 1976 die Zahl der Eingebürgerten deutsch-sprachiger Herkunft rund 1.500, wozu noch etwa die gleiche Zahl vorübergehend Ansässiger, den sogenannten "Kontraktdeutschen", kam, vgl. H. Fröschle (Hrsg.), Die Deutschen in Lateinamerika, S. 385.

gen wollte, erwies sich wegen fehlender Voraussetzungen als undurchführbar.[720]

Als der ecuadorianische Botschafter im Herbst 1956 im Auswärtigen Amt den Wunsch vortrug, die Frage der Ansiedlung deutscher Landwirte in Ecuador zu besprechen, wurde ihm am 26. Oktober 1956 eine Verbalnote überreicht. Hierin wurde unter Hinweis auf die bisherigen Erfahrungen mitgeteilt, daß es für wenig zweckmäßig gehalten würde, über Siedlungsprojekte im voraus generelle Vereinbarungen zu treffen, da jedes derartige Projekt einzeln geprüft und beraten werden müsse. Die Bundesregierung bat, ihr zunächst mitzuteilen, welche Pläne und Möglichkeiten für die Ansiedlung deutscher Landwirte bei der Regierung von Ecuador bestehen. Sie war "vor allem daran interessiert, zu erfahren, in welcher Gegend die Siedlungen errichtet werden sollen, wie das Klima dort ist, welche Beschaffenheit der Boden hat, welche Absatzmöglichkeiten vorhanden sind, welche Verkehrsverbindungen bestehen, ob und gegebenenfalls welche Garantien für die Erhaltung der kulturellen Eigenart der Siedlung gegeben werden können und ob und gegebenenfalls in welchem Umfang Wirtschaftsbeihilfen vorgesehen sind."[721] Da die angekündigte ecuadorianische Antwortnote ausblieb, wurde die Angelegenheit später als erledigt betrachtet.

---

720) Vgl. AA, Allgemeine Instruktionen, 22.2.1957.
721) Nach: AA, Allgemeine Instruktionen, 22.2.1957, Anlage IV S. 2 f, ebenda.

VII. Die Wirtschaftspolitik der Bundesrepublik Deutschland mit Peru

1. Einführung

Die Republik Peru, zwischen dem dritten und dem achtzehnten Grad südlicher Breite am Pazifik gelegen, umfaßt bei einer Länge in Nord-Süd Richtung von ca. 2.000 km und einer Ost-West Breite von ca. 1.200 km eine Fläche von rund 1.300.000 qkm und ist damit das drittgrößte Land Südamerikas. Die Bevölkerung wurde 1958 mit etwa 10,2 Millionen Einwohnern angegeben, von denen nach Schätzungen mehr als die Hälfte Weiße und Mestizen und die andere knappe Hälfte Indianer waren.[722]

In Peru, das nicht als ein Einwandererland wie Brasilien, Chile und die La-Plata-Staaten galt, wurde die Zahl der Deutschsprechenden Anfang 1932 auf ca. dreitausend Personen geschätzt; nach 1933 kamen etwa fünfhundert deutsche Juden nach Peru.[723] Zu Beginn des Zweiten Weltkrieges wurde eine Reihe Deutscher des Landes verwiesen. Nach Kriegsende dauerte es etwa vier Jahre, bis deren Rückwanderung abgeschlossen war. Ende 1963 wohnten in Peru rund dreitausend Deutsche und ca. fünftausend Deutschstämmige.[724]

Peru, das Land alter Kulturen und das Reich der Inka, ist topographisch durch drei Großlandschaften geprägt. "Costa" wird die im Süden bis zu fünfzig im Norden bis zu einhundertvierzig Kilometer breite und ca. zweitau-

---

722) Vgl. Ibero-Amerika. Ein Handbuch, S. 325.
723) Vgl. Georg Petersen und Hartmut Fröschle, Die Deutschen in Peru, in: Hartmut Fröschle (Hrsg.), Die Deutschen in Lateinamerika, S. 701.
724) Vgl. ebenda, S. 707.

senddreihundert Kilometer lange Küstenebene genannt.
Sie besteht aus einer Wüsten- und Steppenlandschaft, in
deren dicht besiedelten Bewässerungsoasen Baumwolle,
Zuckerrohr und Reis angebaut wird; auf knapp einem
Zehntel der Gesamtfläche Perus leben fast ein Drittel
der Bevölkerung. Landeinwärts erhebt sich zwischen dem
massiven Zug der Westkordillieren mit über sechstausend
Metern hohen Bergen und den aus mehreren Gebirgszügen
gebildeten Ostkordillieren das Andenhochland "Sierra";
dort wohnen auf zwei Drittel der Gesamtfläche mehr als
die Hälfte der Einwohner Perus. Auf der "puna" genannten, dicht besiedelten Hochfläche und in den Hochge-
birgstälern werden Getreide, Kartoffeln, Gemüse, Obst,
Tabak und Kakao angebaut und auf großen Weideflächen
Schafe und Lamas gezüchtet. Der Ostabhang der Anden und
die tropischen Regenwaldgebiete des Amazonas-Tieflandes
bilden die Gebiete der tropischen heißen "Montana" mit
riesigen, wenig erschlossenen Waldgebieten und einzelnen Savanneninseln, in denen etwa ein Zehntel der Bevölkerung lebt.[725] Der wirtschaftliche Schwerpunkt
lag zwar in der Landwirtschaft, deren Erzeugnisse
reichten aber nicht zur Versorgung der Bevölkerung aus.

Die Hauptstütze für den Außenhandel bildeten der Berg-
bau mit reichen Blei-, Kupfer-, Zink-, Silber- und
Goldlagern, Kohle- und Eisenerzvorkommen sowie die
Erdölgewinnung. Die Minenindustrie und die Erdölför-
derung befanden sich mehrheitlich in ausländischem,
überwiegend nordamerikanischem Besitz. Die USA waren
zugleich der dominierende Handelspartner Perus.[726]

725) Vgl. ebenda, S. 696 f.
726) Vgl. Ibero-Amerika. Ein Handbuch, S. 332 ff.

Im Jahre 1941 kam es zwischen Peru und Ecuador zu ern-
sten, kriegsähnlichen Zusammenstößen im Amazonasgebiet,
wo es schon in spanischer Kolonialzeit des öfteren
Grenzzwischenfälle gegeben hatte. Durch Vermittlung der
USA und der ABC-Staaten konnte der Konflikt beigelegt
werden; im Protokoll von Rio de Janeiro vom 29. Januar
1942 wurde Peru eine Fläche von ca. 100.000 qkm zuge-
sprochen; dabei handelte es sich zum größten Teil um
unerschlossenes, kartographisch nicht erfaßtes Dschun-
gel- und Bergland.

In dieser Zeit brach Peru die diplomatischen Beziehungen zu den Dreierpaktmächten ab und ordnete entsprechend den Empfehlungen und Beschlüssen der panamerkanischen Konferenzen[727] ähnliche konfiskatorische Maßnahmen über die Feindvermögen an, wie sie in den meisten
südamerikanischen Ländern verfügt wurden.[728] Für in
Peru ansässige deutsche Staatsangehörige und noch bestehende Firmen wurden 1946 alle Kriegsbeschränkungen
aufgehoben und blockierte Guthaben freigegeben.[729]

Im Oktober 1948 brach eine von den linksgerichteten
Gruppen der "Alianza Popular Revolucionaria Americana"
(APRA abgekürzt) unterstützte Marinerevolte in Callao
aus. Der Kommandant von Arequipa, General Manuel
Odria, schlug sie nieder und übernahm die Macht, in der
er im Juli 1950 durch Wahl zum Staatspräsidenten bestä-
tigt wurde. Er bemühte sich um die Stabilisierung der
Wirtschaft durch Festigung der Währung und Förderung

---

727) Siehe vorstehend I.1., S. 7.
728) Siehe vorstehend Argentimien II.1., S. 29 f,
Brasilien III.1., Anmerkung 390, Chile IV.1., Anmerkung
525, Kolumbien V.1., Anmerkung 627 und Ecuador VI.1.,
Anmerkung 696.
729) Vgl. O. Böhmer, Stand der beschlagnahmten deutschen Vorkriegsvermögen, S. 320.

der peruanischen Erdölindustrie. Ihm folgte 1956 der als konservativ geltende Dr. Manuel Prado nach, der als Staatspräsident bereits von 1939 bis 1945 amtiert hatte. Er amnestierte den APRA-Führer Raul Haya de la Torre, der aus mehrjährigem Exil nach Peru zurückkehrte, 1962 mit relativer Mehrheit zum Präsidenten gewählt wurde, jedoch dem Druck der Militärs weichen mußte.[730)]

2. Handelsabkommen vom 20. Juli 1951

Um dem nach Gründung der Bundesrepublik Deutschland anlaufenden Handelsverkehr einen vertraglichen Rahmen zu geben, wurde nach Verhandlungen in Frankfurt am 12. Mai 1950 ein Handelsabkommen zwischen der Bundesrepublik Deutschland und der Regierung der Republik Peru paraphiert, das aber anschließend nicht unterzeichnet wurde. Zu diesem ungewöhnlichen Vorgang berichtete das deutsche Mitglied der inzwischen in Lima gebildeten "Gemischten Kommission", daß höhere Regierungsstellen eine - milde ausgedrückt - indifferente Haltung gegen Deutschland einnahmen und z.T. nicht überzeugt waren, daß das heutige Deutschland nichts mehr mit dem "Nazitum" zu tun hat. Über Hintergründe und Zusammenhänge der Verzögerungstaktik wollte er sich schriftlich nicht äußern.[731)]

---

730) Vgl. Ibero-Amerika. Ein Handbuch, S. 352.
731) Das Deutsche Mitglied der Gemischten Kommission an AA, 24.7.1951, in: PA Ref.415, Bd. 82.
In diesem Zusammenhang sei erwähnt, daß die Botschaft an das AA am 8.5.1953 von einem jüdischen Boykott deutscher Erzeugnisse in Peru bei der Wiederaufnahme der Handelsbeziehungen mit Deutschland berichtete, der nach Errichtung der Botschaft und deren Fühlungnahme zu jüdischen Kreisen abbröckelte, nach BA B102/6138 Heft 1.

Mit dem Eintreffen des Gesandten und bevollmächtigten Ministers Perus in Bonn wurden die Verhandlungen wieder aufgenommen und am 20.Juli 1951 ein von beiden Parteien zu ratifizierendes Handelsabkommen unterzeichnet.[732] Es beinhaltete die Meistbegünstigung bei Ein- und Ausfuhr mit Ausnahme der benachbarten Länder, im Rahmen einer Zollunion oder Freihandelszone sowie Ländern des Sterling-Blocks gewährten Vergünstigungen.[733] Die Meistbegünstigung galt auch für die Schiffahrt einschließlich der mit gecharteten Schiffen; die Küstenschiffahrt wurde jedoch ausgenommen. Beim Erwerb, Besitz und Erneuerung von Patenten, Warenzeichen, Firmennamen sowie von Urheber- und Verlagsrechten an Werken der Literatur, Tonkunst und der bildenden Künste wurde Inländerbehandlung vereinbart. Der Zahlungsverkehr sollte wie bisher in frei verfügbaren US-Dollar abgewickelt werden. Gemischte Kommissionen wurden in Deutschland und Peru mit wechselnder Besetzung von zwei und einem Delegierten gebildet. Die Gültigkeitsdauer des Abkommen betrug ein Jahr mit automatischer Verlängerung, wenn es nicht neunzig Tage vor Ablauf gekündigt worden war.[734]

Die Warenlisten A und B bildeten Unterlagen für die Verteilung auf die Warengruppen; die Gesamtbeträge stellten keine Höchstbeträge dar, die Listen waren

---

732) Da das Abkommen zunächst vertraulich behandelt werden sollte, wurde es vom BWM mit VAR Nr. 10/51, 6.8.1951, nur den zuständigen Stellen bekanntgegeben.
733) Diese Ausnahme wurde z.T. bedeutungslos durch den Beitritt der Bundesrepublik zum GATT am 1.10.1951, d.h. vor dem Inkrafttreten des Abkommens.
734) Der spanische Text lautete: "El plazo de duracion del presente Convenio sera de un ano, y se considerara automaticamente prorrogado, por el mismo termino, salvo denuncia de cualesquiera de las Altas Partes Contrantes, noventa dias ante de su expiracion."

nicht erschöpfend und konnten einvernehmlich ergänzt
oder geändert werden. Die Summe der Warenlisten betrug
jeweils 12 Mio US $; in Liste A für deutsche Einfuhr
aus Peru waren Baumwolle für 4,2 Mio, Rohwolle für 3,2
Mio, Erze für 2,4 Mio und Rohzucker für 1,5 Mio US $
vorgesehen. In Liste B für deutsche Ausfuhr nach Peru
waren Erzeugnisse des Maschinen- und Apparatebaus und
für den Transport mit 4,0 Mio, Metalle, Halbzeug und
Fertigerzeugnisse mit 3,0 Mio und chemische und phar-
mazeutische Erzeugnisse mit 2,4 Mio US $ aufgeführt.

In einer dem Abkommen beigefügten Note regte Panhorst
die Gründung einer peruanisch-deutschen Handelskammer
in Lima an. Das Schlussprotokoll enthielt die Berlin-
und eine Gleichgewichts-Klausel[735] sowie die Übereinkunft, keinerlei Diskriminierungen bei Transaktionen
anzuwenden. Des weiteren wurde die Absicht erklärt, den
Wirtschaftsverkehr und den Austausch von Wissenschaftlern und Technikern zu fördern. In der Bundesrepublik wurde das Abkommen am 29. Januar 1952 als Gesetz verkündet[736] und trat am 14. Juni 1952 mit dem
Austausch der Ratifikationsurkunden in Bon in
Kraft.[737]

Es ist bemerkenswert, daß die Bundesregierung bereits
Mitte 1951 ein Handelsabkommen auf der Basis des
Zahlungsverkehrs in freien US-Dollar, wenn auch mit bilateralen Warenlisten, abgeschlossen hat, da sich erst
in der zweiten Hälfte 1951 ein Ausgleich in der Han-

735) Siehe vorstehend Kolumbien V.3., S. 249 f.
736) Vgl. BGBl II Nr. 3, 2.2.1952.
737) Vgl. Bekanntmachung, 8.7.1952, in: BGBl II, S. 634.

delsbilanz eingestellt[738] und die Verfügbarkeit der US
$ gebessert hat. Noch vor Wiederaufnahme diplomatischer
Beziehungen waren mit Peru die für den Wiederaufbau des
Handelsverkehrs wichtigen Fragen geregelt mit Ausnahme
der Probleme des Altvermögens der nicht in Peru ansässigen Deutschen.

3. Der Besuch des Bundeswirtschaftsministers im März 1954

Ein besonderes Ereignis war der sogenannte Goodwill-Be-
such des Bundeswirtschaftsministers in Peru in der Zeit
vom 27. bis 31. März 1954. Hierbei gab der Staatspräsident Odria am 30. März ein Bankett im Regierungs-
palast zu Ehren des Ministers und seiner Begleitung.
Er benutzte die Gelegenheit, um in feierlicher Form das
am gleichen Tag von ihm unterzeichnete Dekret über die
Aufhebung der durch die peruanischen Kriegsgesetzgebung
für deutsche natürliche und juristische Personen noch
bestehenden Behinderungen zu überreichen.[739]

Bei der im Dekret verkündeten Gesamtregelung wurde der
Vorbehalt gemacht, daß die Rechte Dritter nicht berührt
und durchgeführte Liquidationen deutschen Eigentums
nicht rückgängig gemacht werden sollten. Dieses Prinzip
galt aber nicht für beschlagnahmte Einrichtungen, die
humanitären, kulturellen und wissenschaftlichen Zwecken
dienten. So wurden z.B. die Gebäude und Grundstücke der

---

738) Monatsdurchschnittswerte 1951 Einfuhr 1.227 Mio
und Ausfuhr 1.215 Mio DM, nach BWM Abt. V, Beitrag zum
Tätigkeitsbericht, 23.9.1952, in: BA B102/565.
739) Nach DB Lima an AA, 1.4.1954, in: PA Ref. 415, Bd.
82, wurde dem Bundeswirtschaftsminister und dem Botschafter das Großkreuz des peruanischen Verdienstordens
verliehen; die Begleitung des Ministers hatte zuvor ihrem Rang entsprechende Stufen des Ordens erhalten.

früheren deutschen Schule in Lima, das Eigentum der deutschen Wohltätigkeitseinrichtungen sowie das Gebäude des deutschen Clubs in Arequipa zurückgegeben. Erwähnenswert ist auch die Freigabe des Vermögens der früheren Zweigstelle des Banco Aleman Transatlantico in Lima sowie einer Bürgschaft von 1 Mio Sol, die in dem Prozeß um die Selbstversenkung deutscher Schiffe in Peru gestellt worden war. Die bei der früheren deutschen Gesandtschaft hinterlegten privaten Depots, aus Familienpapieren, Schmuck, Geldwerten u.ä. bestehend, waren bei Rückgabe nicht angetastet worden.[740]

Hinsichtlich der deutschen Patente und Warenzeichen hatte Peru den Standpunkt vertreten, daß sie durch die seinerzeitige Beschlagnahme nur in Obhut genommen worden seien, um Übergriffe Dritter zu vermeiden. Ein Verkauf dieser Warenzeichen an Dritte wurde als Betrug an den zukünftigen Käufern der von den Erwerbern hergestellten Produkte mit diesen Warenzeichen angesehen.[741] Ausnahmen bildeten der Namenszug "SCHERING" und einige Marken der Firma Merck, Darmstadt, die an deren ehemalige nordamerikanische Tochtergesellschaften verkauft worden waren.

Während seines Aufenthaltes in Lima verhandelte Erhard mit der peruanischen Regierung auch über das Dreiecksgeschäft Argentinien - Peru - Bundesrepublik.[742] Er erhielt hierbei von der peruanischen Regierung die Zu-

---

740) Die bei der staatlichen Depositenkasse hinterlegten Erlöse aus Liquidation und Verkauf deutschen Eigentums wurden später in Zusammenarbeit mit der Botschaft aufgeteilt. Siehe Dekret, o.Nr., 3o.3.1954, nach PA Ref. 415, Bd. 82.
741) Dieser Rechtstandpunkt war diametrial zu der Rechtsauffassung in Argentinien, siehe vorstehend II.2.1., S. 35 f.
742) Siehe vorstehend II.2.5., S. 79, Anmerkung 208.

sicherung, eine Abnahmeverpflichtung für argentinische
Agrarprodukte zu übernehmen; diese übermittelte er bei
seinem anschließenden Argentinienbesuch Staatspräsident
Peron in einer Besprechung am 8. April 1954.[743] Die in
der vorgesehenen Konstruktion liegenden Risiken waren
ungleich auf die Partner verteilt; am geringsten waren
sie für Argentinien, das relativ kurzfristig die Hüt-
tenwerksanlage aus Deutschland erhalten und langfristig
Überschußprodukte an Peru liefern sollte; für Peru, das
eine langfristige Abnahmeverpflichtung gegenüber Argentinien abgeben sollte, bestand die Gefahr, daß Argentinien seine Verpflichtungen, z.B. bei Mißernten, Schwankungen der Weltmarktpreise u.ä., nicht immer wie vorgesehen erfüllen würde; die deutschen Lieferanten erwarteten, unabhängig vom peruanisch-argentinischen Verhältnis, von Peru die Verpflichtung zur pünktlichen
Zahlung der Raten. Die auf den ersten Blick imponie-
rende Idee des geschilderten Dreiecksgeschäftes erwies
sich daher bei näherer Betrachtung als nicht reali-
sierbar.

4. Interpretation des Handelsabkommens vom 20. Juli 1951

Der deutsch-peruanische Handelsverkehr entwickelte sich
positiv;[744] von 1952 bis 1955 verdreifachte sich die
deutsche Einfuhr und erhöhte sich die Ausfuhr um ein
Drittel. Da der Zahlungsverkehr in freien US $ abge-
wickelt wurde, spielte die Ungleichgewichtigkeit im
Handelsverkehr zu Lasten der Bundesrepublik imzwischen
keine gravierende Rolle mehr; es störten aber die 1951
vereinbarten Abnahmeverpflichtungen, z.B. von Zucker.

---

743) Siehe ebenda.
744) Siehe Statistischen Anhang XIII.1.7.

Um hiervon freizukommen, nahm die Botschaft mit der Außenhandelsabteilung des Handels- und Finanzministeriums Ende 1955 Verhandlungen auf. Bei diesen Besprechungen vertrat das peruanische Ministerium den Standpunkt, daß das deutsch-peruanische Handelsabkommen seit dem 14. Juni 1954 keine Gültigkeit mehr besitze, da es von den Parteien nicht fristgemäß verlängert worden sei. Zur Begründung wurde der Artikel VII[745] so ausgelegt, daß es nach der ersten automatischen Verlängerung jedes Mal hätte erneuert werden müssen, weil das Wort "jeweils" in dem Text fehlte. In einer Ressortbesprechung in Bonn wurde festgestellt, daß gegen die vorgetragene "Interpretation des Textes rechtlich nichts einzuwenden sei, obwohl an eine jeweilige automatische Verlängerung gedacht und in einer früheren Fassung des Textes auch das Wort jeweils enthalten war".[746] Die Botschaft wurde beauftragt, zu klären, ob die vorgetragene Interpretation des Vertragstextes vom Gesamtkabinett getragen werde. Als Ergebnis seiner Demarche teilte der Botschafter Anfang 1956 mit, daß "die zuständigen Herren des hiesigen Außenministeriums sowie des Finanz- und Handelsministeriums nochmals verbindlich erklärt haben, daß die peruanische Regierung das deutsch-peruanische Handelsabkommen vom Jahre 1951 seit dem 14.Juni 1954 als nicht mehr gültig betrachten."[747]

Ende Mai 1956 überreichte der peruanische Botschafter im Auswärtigen Amt eine Note; diese beinhaltete, "daß seine Regierung der Auffasung ist, daß, da das am 20. Juli 1951 unterzeichnete Handelsabkommen mit Schlußpro-

---

745) Siehe Wortlaut vorstehend VII.2., S. 273, Anmerkung 734.
746) AA, Kurzprotokoll Ressortbesprechung, 6.12.1955, in: BA B102/58123.
747) DB an AA, 10.1.1956, ebenda.

tokoll von keiner der vertragschließenden Parteien gekündigt worden ist, dieses vom 14.6.1956 ab automatisch
als um ein weiteres Jahr verlängert gilt." Gleichzeitig
bat sie um Vorschläge für den Verhandlungsbeginn eines
neuen Handels- und Schiffahrtsabkommen.[748] Als Antwort
teilte das Auswärtige Amt der peruanischen Botschaft in
einer Verbalnote im August mit, daß die Bundesregierung
den Abschluß eines neuen Handels- und Schiffahrtsvertrages lebhaft begrüßen würde; nach Abschluß der bereits im Gange befindlichen Vorarbeiten würde sie sich
erlauben, den Entwurf eines solchen Vertrages als
Grundlage für die aufzunehmenden Verhandlungen zu über-
senden. Hinsichtlich des Handelsabkommens vom 20. Juli
1951 sei die Bundesregierung der Ansicht, daß die dem
Abkommen beigefügten Warenlisten nicht mehr dem
gegenwärtigen Stand der Handelsbeziehungen entsprächen
und daher als nicht mehr maßgebend betrachtet werden
sollten.[749]

Die Note wurde von der peruanischen Seite Ende November
1956 beantwortet. Zu dem deutschen Vorschlag, die Warenliste als ungültig zu betrachten, wies die peru-
nische Seite auf die in Artikel V des Vertrages vorgesehene Möglichkeit hin, die Warenlisten durch Notenwechsel abzuändern oder zu ergänzen. Wenn die Warenlisten für ungültig erklärt würden, käme das einer Aufhebung des Artikels V und damit einer Revision des Vertrages gleich, die nur mit parlamentarischer Zustimmung
erfolgen könne. Die peruanische Regierung lehnte daher
den Vorschlag ab und verwies auf die Möglichkeit, alle
Fragen, die im Zusammenhang mit dem augenblicklichen

---

748) Peruanischen Botschaft an AA, Note, 29.5.1956,
ebenda.
749) Vgl. AA an Peruanische Botschaft, Verbalnote,
17.8.1956, ebenda.

Stand des Warenaustausches stehen, bei den vorgesehnen
Vertragsverhandlungen zu behandeln und zu lösen.[750] Im
April 1957 wurde vom Auswärtigen Amt die Verbalnote der
Peruanischen Botschaft vom November 1956 beantwortet.
Darin erklärte die Bundesregierung, daß sie ihren
Wunsch auf Wegfall der Warenlisten nicht mehr auf-
rechthalte sich aber vorbehalte, Wünsche auf Abände-
rung oder Ergänzung der Warenlisten vorzubringen und
demnächst einen Entwurf für einen neuen Handels- und
Schiffahrtsvertrag zu übermitteln.[751]

5. Zusammenfassende Betrachtung

Bei einer zusammenfassenden Betrachtung des Handelsverkehrs kann festgestellt werden, daß die positive Entwicklung[752] durch die frühzeitige Liberalisierung des
Zahlungsverkehrs in freie US $ wesentlich gefördert
wurde. Die faire Lösung der kriegsbedingten Probleme
des Vorkriegsvermögens und der Schutzrechte trugen zum
ungestörten Wiederaufbau der Wirtschaftsbeziehungen
bei. Der Grund für die geringen deutschen Direktinvestitionen[753] dürfte neben der ungünstigen geographi-
schen Lage in dem sogenannten Achtzig-Prozent-Gesetz
gelegen haben. Danach war vorgeschrieben, daß die sich
in Peru niederlassenden ausländischen Firmen mindestens
achtzig Prozent peruanisches Personal beschäftigen und
diesem achtzig Prozent der Löhne und Gehälter zahlen
mußten.[754]

---

750) Peruanische Botschaft an AA, 30.11.1956, ebenda.
751) Vgl. AA an Peruanische Botschaft, Verbalnote,
17.4.1957, ebenda. Ein solcher Vertrag wurde bisher
nicht abgeschlossen.
752) Siehe Statistischen Anhang XIII.1.7.1.und 2.
753) Siehe ebenda 2.2. und 3.
754) Vgl. Ley No. 7505 del 8 de abril de 1932, nach
Deutschem Mitglied des Gemischten Deutsch-Peruanischen

VIII. Die Wirtschaftspolitik der Bundesrepublik Deutschland mit Bolivien

1. Einführung

Die Republik Bolivien, der Bolivar, der Befreier Südamerikas, den Namen gab, ist ein Binnenland, zwischen
dem zehnten und dreiundzwazigsten Grad südlicher Breite
in tropischer Zone gelegen; sie umfaßt eine Fläche von
rund 1 Mio qkm und besitzt eine Längsausdehnung von
Nord nach Süd von ca. 1.500 km und eine Ost-West-Breite
von ca. 1.300 km. Die Einwohnerzahl betrug im Jahre
1957 3,27 Millionen, sodaß durchschnittlich auf einem
Quadratkilometer nur drei Einwohner lebten. Über die
Hälfte der Bevölkerung waren Indianer, ein Drittel
"Cholos" genannte Mestizen und nur jeder achte ein Wei-
ßer.[755]
Die Zahl der in Bolivien lebenden Deutschen wurde 1950
auf dreitausendzweihundert Personen geschätzt. In der
Zeit von 1954 bis 1968 wanderten Gruppen deutschspre-
chender Mennoniten aus Paraguay und Kanada ein und
gründeten Dorfkolonien. Durch weitgehende Absonderung
von der übrigen Bevölkerung traten sie zwar politisch
und wirtschaftlich kaum in Erscheinung, ihr vorbildliche, einfache, urchristliche Lebensweise stärkte aber
das deutsche Ansehen.[756]
Nominelle Hauptstadt war Sucre, der Regierungssitz befand sich in La Paz, der größten Stadt des Landes.[757]

Wirtschaftsausschusses, 25.1,1952, in: BA B102/6138
Heft 1.
In Brasilien galt analog eine 2/3-Klausel, siehe vorstehend III.8., S. 190 f.
755) Vgl. Ibero-Amerika. Ein Handbuch, S. 133 ff.
756) Vgl. Reinhard Wolff und Hartmut Fröschle, Die
Deutschen in Bolivien, in: Hartmut Fröschle (Hrsg.),
Die Deutschen in Lateinamerika, S. 146.
757) Vgl. Ibero-Amerika. Ein Handbuch, S. 135.

Das Kerngebiet mit ca. achtzig Prozent der Bewohner ist das "Altiplano" genannte Hochland. Es liegt zwischen den West- und den Nordostkordilleren und deren nach Süden umschwenkender Fortsetzung; nach Südosten geht das "Altiplano" in ein dichtbewaldetes Bergland mit tiefen Tälern über. Das feuchtheiße Tiefland im Osten und Norden ist unterteilt in das Buschland des bis zum Paraguay-Fluß reichenden "Chaco boreal" und das meist savannenbedeckte "Beni-Tiefland".[758] Die Wirtschaft des Landes wird mit "einem Bettler auf einem goldenen Stuhl" verglichen; trotz reicher Naturgaben und einer geringen Bevölkerung besaß es in den fünfziger Jahren den niedrigsten Lebensstandard Südamerikas. Bei dem Reichtum an Mineralien lag der wirtschaftliche Schwerpunkt in der Erzförderung, die ca. neunzig Prozent der Staatseinnahmen erbrachte. Der Erzanteil an der Ausfuhr betrug bis 1955, dem Beginn des Exportes von Erdöl, über fünfundneunzig Prozent und bestand hauptsächlich aus Zinn.

Im Zweiten Weltkrieg hatten die USA in Texas City eine Zinnraffinerie zur Verhüttung des niedriggradigen bolivianischen Zinnerzes errichtet und nahmen etwa die Hälfte der bolivianischen Zinnerze ab.[759] Zwei Drittel der bolivianischen Zinnproduktion befand sich bis zu ihrer Enteignung im Jahre 1952 im Besitze von drei großen ausländischen Unternehmungen, nämlich der Patino-, der Hochschild- und der Aramayo-Gruppe.[760] Bei dieser Monostruktur war Bolivien in hohem Maße von dem Zinnmarkt abhängig und daher krisengefährdet. Auf dem für Agrarkulturen wenig geeigneten "Altiplano" wurde

---

758) Vgl. Reinhard Wolff und Hartmut Fröschle, Die Deutschen in Bolivien, S. 146.
759) Vgl. Ibero-Amerika. Ein Handbuch, S. 145.
760) Vgl. ebenda S. 140 f.

Landwirtschaft mit primitive Methoden betrieben, während die fruchtbaren "Llanos" des Tieflandes kaum erschlossen waren. Als Folge wurden Lebensmittel nur in einem für die Ernährung der Bevölkerung nicht ausreichendem Maße produziert; sie mußten daher eingeführt werden.[761] Mitte der fünfziger Jahre entfielen bei bolivianischen Einfuhren fast zwei Drittel auf Fertigwaren, knapp ein Viertel auf Lebensmittel und der Rest auf Rohstoffe und Halbfabrikate; der Anteil an Investitionsgütern war in dieser Zeit sehr gering.[762]

Nach seiner Unabhängigkeit im Jahre 1825 verlor Bolivien in drei Kriegen etwa ein Drittel seines Gebietes und dabei auch den Zugang zum Meer. Der letzte, der Chaco-Krieg von 1932 bis 1935 gegen Paraguay, kostete Bolivien nicht nur große Gebiete im Südosten, sondern zerrüttete auch durch hohe Verluste die Wirtschaft des Landes. Im Zweiten Weltkrieg schloß sich Bolivien den Empfehlungen und Beschlüssen der panamerikanischen Konferenzen an[763] und erließ ensprechende Dekrete.[764] Bei der Durchführung der dekretierten Maßnahmen wurden Bankguthaben über 30.000 Bolivianos (damals ca.1.500 RM) auf ein Sperrkonto bei der bolivianischen Staats-

---

761) Vgl. ebenda S. 138.
762) Vgl. ebenda S. 146.
763) Siehe vorstehend I.1., S. 7.
764) Die wichtigsten "Decreto Supremo" betrafen:
11.12.1941, Blockierungsmaßnahmen gegen Deutschland,
12.12.1941, Übernahme der Schwarzen Listen der USA,
7.4.1943, Abbruch der Beziehungen zu Deutschland,
13.5.1943, Einsetzung von Zwangsverwaltern für blockiertes Feindvermögen,
4.12.1943, Erklärung des Kriegszustandes mit Deutschland,
7.10.1944, Enteignug der deutschen eingetragenen Patente und Warenzeichen,
9.12.1944, Enteignug feindlichen Vermögens,
nach BdL O. Böhmer, Bolivien Übersicht, S. 97 f, in: HA Bestand 11.664.

bank zusammengezogen und später als Darlehen an Staatsbetriebe ausgegeben. Die Enteignung deutscher Ge-
schäftsbetriebe bei Zusicherung einer Entschädigung und
ihre Übertragung auf bolivianische Staatsangehörige
wurde nur in wenigen Fällen durchgeführt, da die deutschen Firmen durch Aufnahme bolivianischer Partner
Zwangsmaßnahmen zuvorgekommen waren.[765] Anfang 1947
wurden die Beschränkungen für in Bolivien lebende
Feindangehörige und 1950 der Kriegszustand gegenüber
Westdeutschland aufgehoben und die Neuregistrierung gelöschter Schutzrechte gestattet.[766]

In der Politik standen sich in Bolivien zwei Gruppie-
rungen gegenüber: die der führenden Oberschicht,
"Rosca" genannt, und die linke Bewegung "Movimento
Nacionalista Revoluntario" (MNR). Nach dem Sturz und
der Ermordung des Major Gualberto Villaroel, der mit
Hilfe der MNR durch einen Putsch 1943 an die Macht gekommen war, übernahmen Mitte 1946 Anhänger der Rosca
mit Hilfe einer Militärregierung die Staatsgewalt. Sie
annullierten die am 6. Mai 1951 durchgeführte Wahl,
in der Dr. Victor Paz Estenssoro, der Führer des MNR,
zum Staatspräsidenten gewählt worden war; nach einem
blutigen Aufstand konnte er am 9. April 1952 das Amt
des Staatspräsidenten antreten.[767]

---

765) Vgl. O. Böhmer, Stand der beschlagnahmten deutschen Vorkriegsvermögen im Ausland, S. 311.
766) Die entsprechenden "Decreto Supremo" betrafen:
12.2.1947, Aufhebung der Blockierung für im Lande ansässige Deutsche,
30.3.1950, Aufhebung des Kriegszustandes gegenüber
Westdeutschland,
3.8.1950, Gestattung der Neuregistrierung gelöschter
Patente und Warenzeichen,
nach BdL, O. Böhmer, Bolivien Übersicht, S. 98.
767) Vgl. Ibero-Amerika. Ein Handbuch, S. 154.

2. Die Entwicklung der Wirtschaftssbeziehungen

In der Phase des Wiederaufbaus der deutschen Handelsbeziehungen nach dem Zweiten Weltkrieg bestanden zwischen
der Bundesrepublik und der Republik Bolivien keine Han-
dels- oder Zahlungsabkommen; die beiderseitigen Zahlungen wurden in freien US $ über New York abge-
wickelt.[768] Bei steigender Tendenz war 1951 und 1952
der Handel mit Bolivien nahezu ausgeglichen, 1953 und
1954 erfolgte ein starker Einbruch besonders bei den
deutschen Einfuhren.[769]

Der Einschnitt war durch wirtschaftspolitische Maßnahmen in Bolivien bedingt. Die Regierung Paz Estenssoro
hatte nämlich Ende 1952 die drei großen ausländischen
Zinngesellschaften enteignet und statt Entschädigungen
Gegenforderungen angemeldet. Als Folge gingen Produktion und Absatz von Zinn zurück und damit verschlechterte sich die wirtschaftliche Lage; im Mai 1953 mußte
die Landeswährung abgewertet werden.[770] Infolge der
Devisenknappheit wurden von bolivianischen Banken In-
kasso-Order nicht zeitgerecht eingelöst; dieses Verhalten führte zu einem Rückgang der Exporte nach Bolivien.[771] Als sich die wirtschaftliche Lage weiter zu-
spitzte, sah sich die bolivianische Regierung trotz der
Widerstände aus den Reihen der MNR gezwungen, Mitte
1953 mit den drei ausländischen Zinngesellschaften
Abfindungsverträge mit Entschädigungszahlungen aus der
laufenden Produktion abzuschließen; danach nahmen die

---

768) Vgl. AA, Allgemeine Instruktion an den neuen Botschafter, 17.11.1955, in: PA Ref. 306, Bd. 16.
769) Siehe Statistischen Anhang XIII.1.9.
770) Vgl. Helmut Stephan, Bolivien strebt nach Stabilität, in: Übersee-Rundschau, 6 (1954), S. 38.
771) Vgl. DG La Paz an AA, 4.5.1953, in: BA B102/6072.

USA und Großbritannien wieder bolivianisches Zinn ab.[772]

In dieser schwierigen Situation war die bolivianische Regierung an einer Intensivierung der Handelsbeziehungen mit der Bundesrepublik interessiert. Der bolivianische Gesandte trug Anfang Juli 1953 im Auswärtigen Amt die Bitte vor, daß Panhorst, der sich in Ecuador aufhielt[773], auf seiner Rückreise in La Paz Station machen und mit der bolivianischen Regierung Verhandlungen aufnehmen möge.[774] Der Handelspolitsche Ausschuß erteilte Panhorst die Genehmigung für den Besuch mit der Weisung, dort nur Informationen zu sammeln, aber keine Verhandlungen zu führen.[775]

Bei seinem Besuch in La Paz in der Zeit vom 15. bis 21. August 1953 wurde Panhorst unerwartet ein kompletter Entwurf für einen Handelsvertrag mit den dazu gehörenden Warenlisten vorgelegt. Er hatte Mühe, den Staatspräsidenten und seine anderen Gesprächspartner davon zu überzeugen, daß bei den augenblicklichen Verhältnissen in Bolivien der Abschluß eines Handelsvertrages verfrüht sei und daß stattdessen das Wiederaufleben des Freundschaftsvertrages vom 22. Juli 1908 geprüft werden sollte. Bei den Besprechungen wurden ihm in Bearbeitung befindliche Projekete deutscher Firmen im Gesamtwert von ca. 20 Mio US $ vorgelegt. Sie betrafen Lieferungen für eine hydro-elektrische Anlage, die Errichtung einer Zinnschmelze, Explosivstoff-Fabrik und Streichholz-

---

772) Vgl. H. Stephan, Bolivien strebt nach Stabilität, S. 38.
773) Siehe vorstehend VI.3., S. 265.
774) Vgl. Bolvianische Gesandtschaft an AA, 3.7.1953, in: PA Ref. 415 Bd. 20.
775) Vgl. Auszug aus Protokoll Sitzung HPA, 14.7.1953, ebenda.

fabrik. Panhorst brachte die Möglichkeit ins Gespräch, in einer Wanderausstellung deutsche landwirtschaftliche Maschinen und Geräte an verschiedenen Orten Boliviens im Rahmen der Anfang des Monats verkündeten Agrarreform vorzuführen. Diese Anregung wurde lebhaft begrüßt.[776]

An die Weisung, keine Vertragsverhandlungen aufzunehmen, scheint sich der deutsche Gesandte Dr. W. Gregor nicht gehalten zu haben; Dr. van Scherpenberg von der Handelspolitischen Abteilung des Auswärtigen Amtes wies ihn unmißverständlich brieflich auf die strikte Befolgung der erteilten Weisungen und das Unterlassen jeglicher Eigenmächtigkeiten hin.[777]

Für die deutsche wirtschaftspolitische Zurückhaltung gegenüber Bolivien lagen mehrere Gründe vor; der wichtigste war die Tatsache, daß das bolivianische Hauptausfuhrprodukt Zinnerz wegen seines niedrigen Prozentgehaltes bei der in Deutschland angewandten Schmelztechnik nur in geringen Mengen eingesetzt werden und Bolivien andere in der Bundesrepublik benötigte Erzeugnisse nicht in größerem Umfang anbieten konnte. Da bei Abschluß eines Handelsabkommens mit Sicherheit eine Gleichgewichtsklausel und deutsche Mindestabnahmen gefordert werden würden, wäre ein Ausgleich zwischen Im- und Export nur zu Lasten der deutschen Ausfuhr zu erzielen gewesen. Solange die begehrten deutschen Konsum- und Investitionsgüter gegen freie Dollar gekauft wurden, diente eine liberale Abwicklung des Handelsverkehrs mit Bolivien besser den deutschen Interessen als eine vertragliche Regelung. Hinzu kam, daß bei der damaligen politischen und wirtschaftlichen Lage Boliviens

---

776) Vgl. DG La Paz an AA, 24.8.1953, in: BA B102/6072.
777) Vgl. AA an DG, 8.10.1953, in: PA Ref. 415, Bd. 19.

eine längerfristige vertragliche Bindung nicht ratsam
erschien.

Mit der von Panhorst angeregten Prüfung einer Wiedereinsetzung des deutsch-bolivianischen Freundschafts-
und Handelsvertrags von 1908 erklärte sich Staatspräsident Estenssoro im April 1954 bei einem Besuch im
Hause des deutschen Gesandten einverstanden.[778] Bei
dieser Gelegenheit bedauerte er, daß Bundeswirtschaftsminister Erhard bei seiner Südamerikareise nicht Bolivien besuchte, da er es begrüßt hätte, mit ihm Gedanken
über die deutsch-bolivianischen Wirtschaftsbeziehungen
auszutauschen. Er regte an, die beiderseitigen
Gesandtschaften zu Botschaften zu erheben und Kontakte
zwischen den bolivianischen und den deutschen Gewerkschaften herzustellen, um den anti-kommunistischen
Gewerkschaftsführern innerhalb der bolivianischen Ge-
werkschaftsführung das Rückgrat zu stärken. Schließlich
bat der Staatspräsident, die Möglichkeiten für eine
deutsche Unterstützung bei der geplanten Errichtung einer Technischen Hochschule oder einer Bergakademie
durch Entsendung von Hochschullehrern und Wissenschaftlern zu prüfen.[779]

Um den deutsch-bolivianischen Handelsverkehr zu inten-
sivieren, bildeten sieben renommierte, in Bolivien ansässige Firmen eine deutsche Interessengruppe. Ihr
Ziel war es, den bolivianischen Importhandel, der vor
dem Zweiten Weltkrieg zu etwa siebzig Prozent in deutschen Händen gelegen hatte, wieder auf Vorkriegsniveau
zu bringen. Vertreter dieser Gruppe führten in Lima
mit dem während seiner Südamerikareise dort weilenden

---

778) Vgl. AA, Allgemeine Instruktionen, S. 17.
779) Vgl. AA an BWM ua., 23.4.1954, in: BA B102/6073.

Bundeswirtschaftsminister[780]) und seiner Begleitung
Gespräche über Finanzierungsmöglichkeiten für Warenlieferungen nach Bolivien. Die Gruppe wollte auf privater Basis einen Kredit für Importe der Güter des täglichen Bedarfs erhalten, um in Bolivien dem Druck konkur-
rierender Länder begegnen zu können.

Die bolivianische Regierung erklärte sich nach eingehender Prüfung bereit, mit der deutschen Firmengruppe
einen ähnlichen Kreditvertrag abzuschließen, wie sie
ihn mit einer englischen, einer belgischen Gruppe und
mit Herrn Salim Chacur aus Argentinien[781]) vereinbart
hatte. Mit Rücksicht auf diese und andere Verpflichtungen wünschte sie eine Begrenzung des Kredites auf 3 bis
max. 5 Mio US $.[782])

In Bonn wurde das Projekt Anfang Oktober 1954 im Interministeriellen Ausschuß für Ausfuhrgarantien und -bürg-
schaften behandelt und eine Indeckungnahme abgelehnt.
Die Gründe hierfür lagen darin, daß es sich um ein Glo-
bal- und kein Einzelgeschäft handelte, der deutsche
Handel Kredite für Lieferungen von Konsumgüter ablehnte

---

780) Siehe vorstehend VII.3., S. 275.
781) Nach diversen Berichten der DB La Paz an AA, (in:
BA B102/6072 bis 6074) war Salim Chacur argentinischer
Staatsangehöriger, schloß mit seinen von einer nordamerikanischen Finanzgruppe gestützten Firmen mit der bolivianischen Regierung Verträge ab über die Errichtung
einer Zündholzfabrik, einer Sprengstofffabrik, über die
Einräumung eines Kredites von 1,5 Mio US $ für die Ein-
fuhr von Gebrauchsgütern und später über die Gründung
einer Bank; er erhielt Sonderrechte für die Einfuhr von
argentinischem Vieh. Im April 1955 stellte er seine
Tätigkeit in Bolivien ein und hob die Fonds bei der
Zentralbank ab. Im September 1958 wurde er in Abwesen-
heit zu 6 Jahren Zwangsarbeit sowie zur Rückerstattung
vom mehr als 670.000 US $ verurteilt.
782) Vgl. Memorandum der Firmengruppe, 10.6.1954, und
Aide Memoire, Juli 1954, in: BA B102/6072 und 6460.

und das Bundesfinanzministerium kein Vertrauen zu Boliviens Bonität besaß.[783] Nach dieser negativen Entscheidung wurden Besprechungen mit der Treuarbeit und
der Deutsch-Südamerikanischen Bank geführt.[784] Die
Bank räumte mit Genehmigung der zuständigen deutschen
Behörden dem Banco Central de Bolivia zur Förderung
der Ausfuhr deutscher Waren einen Kredit über 3 Mio US
$ ein; dieser war in der ersten Hälfte 1956 bereits
ausgeschöpft.[785]

Zur Regelung des gegenseitigen Markenschutzes wurde
eine 1925 getroffene Vereinbarung[786] mit Wirkung vom
20. April 1955 durch Notenwechsel wieder in Kraft gesetzt. Die Noten des Jahres 1925 beinhalteten gegenseitige Inländerbehandlung bei Handels- oder Fabrikmarken
und Eintragungsgebühren sowie bei gewerblichen und
kaufmännischen Niederlassungen. In der Vereinbarung von
1955 wurde die Kündigungsfrist auf drei Monate
halbiert.[787]

Im Oktober 1955 stattete der bolivianische Wirtschaftsminister der Bundesrepublik einen Besuch ab. Hierbei
wurde zur Intensivierung der wirtschaftlichen und technischen Zusammenarbeit die Entsendung deutscher Sach-
verständiger für verschiedene Gebiete vereinbart. Diese
sollten auch Grundlagen für die Errichtung eines tech-
nisch-wissenschaftlichen Institutes schaffen. Außerdem

---

783) Vgl. Aktennotiz Ferdinand, Besprechung Großgeschäfte Bolivien beim BWM, 4.10.1954, in: BA
B102/6o72.
784) Vgl. AA an BWM, 5.10.1954, in: BA B102/6075.
785) Vgl. Bolivianische Botschaft an AA, 8.10.1956, in:
BA B102/6460.
786) Vgl. Bekanntmachung, 20.2.1925, in: RGBl II, S.
160.
787) Vgl. Bekanntmachung, 29.6.1955, in: RGBl II Nr.
16, 13.7.1955.

wurde der Vorschlag unterbreitet, künftig die Wirtschaftsbeziehungen auf eine vertragliche Grundlage zu
stellen.[788]

Im Handelspolitischen Ausschuß trug ein Jahr später im
Oktober 1956 der Vertreter des Auswärtigen Amtes hierzu
den Wunsch vor, kurzfristig den Vertrag von 1908 ohne
wesentliche Änderungen und Ergänzungen wieder in Kraft
zu setzen. Er begründete den Vorschlag mit Bestrebungen
des Ostblocks, seinen Einfluß auf die Länder Südamerikas zu verstärken. Verschiedene Ressorts äußerten
erhebliche Bedenken und Einwendungen gegen eine
Wiedereinsetzung des alten Vertrages.[789] Der Handelspolitische Ausschuß gab schließlich seine Zustimmung,
den Vertrag von 1908 für die Dauer von drei Jahren
mit einer Kündigungsfrist von drei Monaten wieder auf-
leben zu lassen.[790] Ende des Jahres 1956 änderte sich
die Situation in Bolivien durch eine Devisen- und
Handelsreform mit Einführung eines liberalen Außenhan-
delssystems.[791] Damit entfiel die Notwendigkeit für
eine vertragliche Regelung des Handels-und Zahlungsverkehrs.

In den ersten zwölf Jahren seit Bestehen der Bundesrepublik belief sich der Anteil Boliviens an der deutschen Einfuhr nur auf ca. ein Prozent des Südamerika-
marktes, während die deutschen Ausfuhren mit ca. zwei
Prozent doppelt so hoch waren.[792] Die politische In-

---

788) Vgl. Bolivianische Botschaft an BWM, 4.10.1955,
in: BA B102/6075.
789) Vgl. AA an BMJ u.a, 19.12.1955 und BWM Abt. V A 8
an V A 1b, 14.3.56, in: BA B102/ 6460.
790) Vgl. Auszug aus Protokoll HPA 23/56, 21.8.1956,
ebenda.
791) Vgl. Ibero-Amerika. Ein Handbuch, S. 155.
792) Siehe Statistischen Anhang XIII.1.9. und 1.11.

292

stabilität und der wirtschaftliche Rückstand mahnten
bei deutschen Direktinvestitionen zur Zurückhaltung;
sie waren daher so minimal, daß sie in den statistischen Tabellen nicht erwähnt wurden.[793]

---

793) Siehe ebenda 2. und 3.

IX. Die Wirtschaftspolitik der Bundesrepublik Deutsch-
land mit Paraguay

1. Einführung

Die Republik Paraguay, ein Binnenstaat mit einer Fläche von ca. 400.000 qkm, liegt in randtropischen Breiten beiderseits des südlichen Wendekreises. Der Rio Paraguay (indianisch Papageienfluß) teilt das Land in
zwei Hälften. Der westlich gelegene "Chaco" besteht
aus einer steinfreien, gegen den Rio Paraguay sich ab-
flachende Aufschüttungsebene mit Trockenwäldern, nach
Osten erheben sich Savannen und Galeriewälder zu hügli-
gen Plateaus in den Ausläufern des Brasilianischen
Berglandes. Der Rio Paraguay ist frei von Schnellen und
so der wichtigste Zufahrtsweg zum Atlantik.[794]

Die Grundpfeiler der Volkswirtschaft Paraguays bildeten
die Landwirtschaft mit Pflanzenanbau und Viehzucht sowie Holzgewinnung. Trotz seiner breiten landwirtschaftlichen Basis war Paraguay gezwungen, Getreide-
und Meiereiprodukte einzuführen. Bei den Ausfuhren
stand Holz mit durchschnittlich dreißig Prozent an der
Spitze, gefolgt von Baumwolle, Quebracho-Extrakt sowie
Fleisch und Fleischwaren. Der wichtigste Handelspartner
war Argentinien, das Getreide und Meiereiprodukte
lieferte. Die USA und Großbritannien versorgten Paraguay gegen Lieferungen von Fleisch und Häuten mit
Industrieerzeugnissen und flüssigen Brennstoffen.[795]
Durch diese Konstellation war der Wiederaufbau des
Handelsverkehrs zwischen Paraguay und der Bundesrepublik erschwert.[796]

---

794) Vgl. Ibero-Amerika. Ein Handbuch, S. 307.
795) Vgl. ebenda, S. 309 ff.
796) Siehe Statistischen Anhang XIII.1.6.1 und 2.

Die Bevölkerung Paraguays besteht überwiegend aus Mestizen spanischer und Guarani-indianischer Herkunft und spricht zum großen Teil Spanisch und Guarani. Die Einwohnerzahl betrug 1958 ca. 1,7 Millionen, von denen drei Viertel im weiteren Umkreis der Hauptstadt Asuncion lebten.[797] Der "Tripelallianzkrieg" von 1864 bis 1870 gegen Brasilien, Argentinien und Uruguay und der "Chaco-Krieg" von 1932 bis 1935 gegen Bolivien erforderten viele Opfer bei der Bevölkerung.[798] Nach 1935 lösten mehrere Regierungen - teils sozialistisch, teils konservativ orientiert - einander ab; seit 1950 amtierte nach bürgerkriegsähnlichen Unruhen Frederico Chaves als Staatspräsident. Im Mai 1954 wurde er durch eine Revolte gestürzt, an deren Spitze General Alfredo Stroessner stand; er wurde im August 1954 als gewählter Staatspräsident in sein Amt eingeführt, das er viele Jahre mit diktatorischen Vollmachten ausübte.[799]

Im Zweiten Weltkrieg folgte Paraguay in seiner Kriegsgesetzgebung den Beschlüssen und Empfehlungen der panamerikanischen Konferenzen;[800] es brach die diplomatischen Beziehungen zu Deutschland ab, erklärte den Kriegszustand und erließ einschneidende Gesetze und Dekrete über Personen und Vermögen der Feindmächte.[801]

---

797) Vgl. Ibero-Amerika. Ein Handbuch, S. 307.
798) Vgl. ebenda, S. 322 f.
799) Vgl. ebenda, S. 323.
800) Siehe vorstehend I.1., S. 7.
801) Die wichtigsten Dekret-Gesetze betrafen:
Nr. 10.793, 28.1.1942, Abbruch diplomatischer Beziehungen,
Nr. 11.061, 16.2.1942, Einschränkung der Rechte für geschäftliche Tätigkeiten,
Nr. 11.068, 16.2.1942, Beaufsichtigung finanzieller und geschäftlicher Transaktionen,
o. Nr., 27.3.1943, Kontrollmaßnahmen über Feindeigentum,

Die Mehrzahl der in Paraguay ansässigen Deutschen ent-
zog sich der Kriegsgesetzgebung durch Annahme der paraguayischen Staatsbürgerschaft, soweit sie nicht schon
vorher eingebürgert waren.[802] Durch einzelne Dekrete
wurden in den Jahren 1945 und 1946 acht Firmen liquidiert; der Erlös verfiel dem Staate zum Ausgleich für
angebliche Kriegsschädenforderungen, die mit 17 Mio
Guaranie beziffert wurden. Gerichtlich wurde später die
Freigabe einiger Liquidationserlöse herbeigeführt.[803]
Deutsches Kulturvermögen wurde in Einzelverfahren zurückgegeben.[804] Gegen deutsche gewerbliche
Schutzrechte hatte Paraguay keine Maßnahmen durch
Kriegegesetze ergriffen, sodaß mit der 1950
vereinbarten Inländerbehandlung eine tragbare Regelung
getroffen wurde. Ein Streitfall wegen einer
Neueintragung war in Paraguay dadurch entstanden, daß
ein Mannesmann gehörendes Warenzeichen nach seinem
Ablauf kurz nach dem Kriege von einer argentinischen
DINIE-Firma für diese eingetragen wurde.[805]

---

dto., 27.9.1943, Blockierung und Zwangsverwaltung von
Feindeigentum,
Nr. 7.190, 8.2.1945, Kriegserklärung,
Nr. 7.867, 23.3.1945, Meldepflicht für Güter aller Art
zur Verwaltung und Versteigerung,
Nr. 7.896, 26.3.1945, Blockierung aller Zahlungen an
Feindangehörige,
Nr. 8.087, 11.4.1945, Einrichtung von Internierungs-
zonen,
nach BWM Abt. V A 13, 20.5.1955, in: BA B102/57598.
802) Vgl. Hubert Krier, Die Deutschen in Paraguay, in:
Hartmut Fröschle (Hrsg.), Die Deutschen in
Lateinamerika, S. 668 f.
803) Vgl. O. Böhmer, Stand der beschlagnahmten deutschen Vorkriegsvermögen im Ausland, S. 319.
804) Vgl. Dekret Nr. 16.975, 26.1.1956, nach Anlage zu
DB Asuncion an AA, 6.2.1956, in: PA Ref. 306, Bd. 54.
805) Siehe vorstehend II.1., S. 30, II.2.1., S. 35 f,
und II.2.2.3., S. 49.

Bei der Einwanderung sowohl der im Dritten Reich Verfolgten als auch von führenden "Nazis" nach dem Kriege zeigte sich Paraguay liberal und großzügig; für viele war Paraguay nur die erste Anlaufstation auf dem Wege nach Argentinien oder in einen anderen amerikanischen Staat.[806] Während die deutschen Einwanderer sich häufig durch Heirat in wenigen Generationen assimilierten, bildeten die deutschsprachigen Mennoniten, die in drei Wellen 1926/7, 1930/32 und 1947 nach Paraguay kamen, geschlossene vorbildliche Siedlungen, die sie unter großen Opfern vorwiegend in der Wildnis des Chaco anlegten. Hierbei galt das Mennoniten Wort, daß die erste Siedlergeneration Tod, die zweite Not und erst die dritte Brot findet. Wegen ihres Fleißes, ihrer Tüchtigkeit, karitativen Leistungen und einfachen, religiös bedingten Lebensweise genossen sie hohes Ansehen. Aufgrund der ihnen gesetzlich zugesicherten Privilegien blieben sie von Maßnahmen der Kriegsgesetzgebung verschont.[807]

2. Handels- und Zahlungsverkehr

Die Bundesrepublik nahm am 18. Januar 1950 in Frankfurt mit einer paraguayischen Delegation Vertragsverhandlungen auf, die am 21. Februar zur Paraphierung von Handels- und Zahlungsabkommen sowie eines Schlußprotokolls führten; diese wurden am 18. April 1950 nach Genehmigung durch die Alliierte Hohe Kommission unterzeichnet und traten dreißig Tage später in Kraft.[808] Das Vertragswerk war nach bilateralem Schema aufgebaut.

---

806) Vgl. Hubert Krier, Die Deutschen in Paraguay, S. 668.
807) Vgl. ebenda, S. 659 ff, und Gesetz Nr. 524, 28.7.1921, ebenda, S. 661.
808) Vgl. Bundesanzeiger Nr. 88, 9.5.1950.

Im Handelsabkommen war eine Meistbegünstigung bei Zöllen, Abgaben und Gebühren vereinbart worden; damit
hätte es auf deutscher Seite der Ratifikation bedurft,
diese unterblieb aber. Die dem Abkommen beigefügten Warenlisten enthielten bei einem Gesamtvolumen von 5,2
Mio US $ jeweils 16 bzw. 17 Einzelpositionen; bei den
deutschen Einfuhren ergaben Baumwolle und Häute die
Hälfte des Einfuhrwertes. Die Gültigkeit betrug ein
Jahr mit stillschweigender Verlängerungsmöglichkeit.

Beim Zahlungsabkommen war ein bei der Bank deutscher
Länder zu führendes Verrechnungskonto in US $ verein-
bart worden. Bei einem doppelten Swing lag die erste
Grenze bei 1,5 und die zweite bei 2,5 Mio US $; bei
Überschreitung der ersten Linie konnte der Gläubiger
Ausgleich nur in der Höhe verlangen, in welcher der
Saldo während sechs Monaten ununterbrochen darüber gelegen hatte; wenn die zweite Swinggrenze überschritten war, konnte er den übersteigenden Teil des Saldos
sofort in US $, zahlbar in New York, abrufen. Beim Er-
reichen von achtzig Prozent der ersten Swinggrenze waren Verhandlungen über Maßnahmen zur Vermeidung einer
Überschreitung vorgesehen. Bei Beendigung des Abkommens sollte sechs Monate danach der Saldo in freien
Dollar ausgeglichen werden.

Im Schlußprotokoll kamen die Parteien überein, keinerlei diskriminierende Maßnahmen anzuwenden und bei Eintragung, Verlängerung und Erneuerung von Patenten, Marken etc. den Angehörigen der anderen Partei Inländerbehandlung zu gewähren.[809]

---

809) Vgl. BWM Abt. V B 5, Wochenbericht, 24.2.1950, in:
BA B102/2704.

298

Nachdem im Jahre 1951 die deutschen Einfuhren die Exporte übertroffen hatten, erfolgte 1952 bei den Einfuhren ein gravierender Einbruch bei weiterem Anstieg der Ausfuhren.[810] Der Rückgang der Einfuhren wurde dadurch verursacht, daß Paraguay Ausschreibungen zu Weltmarktpreisen nicht zuließ und zudem den deutschen Abkommensdollar gegenüber freien Dollar und anderen europäischen Währungen (England, Schweden, Holland, Dänemark, Schweiz) durch gestaffelte Exportsubsidien diskriminierte.[811]

Im Januar 1953 sagte die Bank deutscher Länder zu, bis zur vereinbarten Swinggrenze von 2,5 Mio US $ stillzuhalten; trotzdem mußte Paraguay wegen Überschreitungen zur Entlastung des Kontos zweimal 650.000 US $ in Pfund und einmal 124.000 US $ durch Kompensation mit Italien über die EZU zahlen. Da eine Wiederherstellung des Gleichgewichtes auf der bisherigen Basis nicht zu erwarten war, schlug die Bank deutscher Länder im August 1954 vergeblich vor, den Zahlungsverkehr durch die zusätzliche Verwendung weiterer Währungen multilateral aufzulockern und über Beko-DM-Konten abzuwickeln.[812] Im April 1955 sah sie sich gezwungen, ein "Wartezimmer" einzurichten;[813] die Botschaft in Asuncion wurde beauf- tragt, Vorverhandlungen für ein neues Waren- und Zahlungsabkommen zu führen. In den hierfür vom Handelspolitischen Ausschuß gegebenen Weisungen wurde die

810) Siehe Statistischen Anhang XIII.1.6.1.
811) Vgl. BdL Ländersachbearbeitung, Zusammenstellung Paraguay, 12.4. und 4.6.1954, in: HA Bestand 11.662.
812) Vgl. BdL an Banco Central del Paraguay, 19.8.1954, ebenda.
813) Siehe vorstehend II.3.1., S. 105, Anmerkung 254, und BdL, Rundschreiben V 5/55, 6.4.1955, in: HA Bestand 0624.

Neuregelung des Zahlungsverkehrs in den Vordergrund gestellt. Als Muster wurden die kürzlich mit Finnland und
Spanien abgeschlossenen Zahlungsabkommen über- sandt,
nach denen der Zahlungsverkehr über Beko-DM-Konten
auch in anderen Währungen abgewickelt wurde und Dol-
larklausel und Swingvereinbarung entfielen. Auf der
Handelsseite sollte eine Angleichung der paraguayischen
Preise an Weltmarktnotierungen gefordert werden.[814]
Die Abschlußverhandlungen wurden in Asuncion vom 12.
bis 25. Juli 1955 von einer Delegation unter Leitung
von Panhorst geführt[815] und mit der Unterzeichnung
von Vereinbarungen über den Handels- und
Zahlungsverkehr abgeschlossen.[816] Sie traten am
1.Oktober 1955 in Kraft und konnten jederzeit mit einer
Frist von drei Monaten gekündigt werden. Der Handels-
vereinbarung waren keine Warenlisten beigefügt; der
Transithandel wurde mit der brieflich vereinbarten
Auflage gestattet, daß die deutschen Transithändler zu
verpflichten seien, paraguayische Waren in frei konvertierbarer Währung zu bezahlen, sofern sie beim Weiterverkauf solche erhielten.

In der Vereinbarung über den Zahlungsverkehr wurde die
Führung eines zins- und spesenfreien Kontos in Deut-
scher Mark bei der Bank deutscher Länder für den Banco
Central del Paraguay festgelegt; hierüber konnten alle
Zahlung des Handels-und Zahlungsverkehrs in DM und an-
deren Währungen laufen. Im Zusatzprotokoll vom gleichen
Tag wurde klargestellt, daß es sich um ein Beko-DM-
Konto handelte und daß die DM-Guthaben weder für die

---

814) Vgl. AA an DB, 20.5.1955, in: HA Bestand 11.662.
815) Vgl. BdL, Protokolle über Sitzungen der Delegationen am 13. und 15.7.1955, o. Dat., und Vermerk,
27.7.1955, in: HA Bestand 11.662.
816) Vgl. RA Nr. 71/55, 23.8.1955, in: Bundesanzeiger
Nr. 187, 28.9.1955.

Bezahlung von Einfuhren aus dem US-Dollar-Raum noch zur Erfüllung sonstiger Verpflichtungen gegenüber dem US-Dollar-Raum verwendet werden durften. Der Schuldsaldo auf dem US-Dollar-Konto war bis zum 30. September 1955 vom Banco Central auf 1 Mio US $ zurückzuführen. In dieser Höhe räumte die Bank deutscher Länder einen Kredit in DM ein, der ab Januar 1956 durch monatliche Ratenzahlungen in drei Jahren zu tilgen war. Als Umrechnungskurs der DM wurde die offizielle Parität zum US $ festgesetzt und vereinbart, daß paraguayische Ausfuhren gegen DM mit solchen, die in frei konvertierbaren Devisen bezahlt wurden, gleich zu behandeln seien.

Am 30. Juli 1955 wurde ein separates Abkommen über die Gewährung der Meistbegünstigung und über gewerbliche Schutzrechte unterzeichnet, das ratifiziert wurde.[817] Damit wurde die Rechtsgültigkeit nachgeholt, die bei den im Jahre 1950 getroffenen Vereinbarungen gleichen Inhalts wegen Unterlassung der Ratifikationen fehlte.

Der Anteil Paraguays am deutsch-südamerikanischen Warenverkehr war gering und betrug stets weniger als ein Prozent. Bei starken Schwankungen in den einzelnen Jahren übertrafen die deutschen Ausfuhren während der ersten zwölf Jahre die Importe.[818] Auf dem kleinen paraguayische Markt waren 1954 insgesamt nur umgerechnet ca. 10 Mio DM an ausländischen Geldern angelegt.[819] Der Wert der deutschen Investitionen war so gering, daß er in der Aufstellung der Bank deutscher Länder am 31. August 1956 nicht aufgeführt wurde.[820]

---

817) Vgl. ebenda.
818) Siehe Statistischen Anhang XIII.1.6. und 1.11.
819) Vgl. Hans Blöcker, Paraguay, der verwunschene Garten Südamerikas, in: Übersee-Rundschau, 7 (1955), S. 28 f.
820) Siehe statistischen Anhang XIII.2.3.

X. Die Wirtschaftspolitik der Bundesrepublik Deutschland mit Uruguay

1. Einführung

Uruguay liegt zwischen dem dreißigsten und fünfunddreißigsten Grad südlicher Breite in gemäßigtem bis subtropischem Klima und besitzt bei einer Nord-Süd-Länge von ca. 530 km und einer West-Ost-Breite von ca. 460 km mit rund 187.000 qkm die kleinste Fläche der südamerikanischen Staaten. Am Atlantik gelegen, bildet im Süden der La Plata und im Westen der Rio Uruguay die Grenze zu Argentinien; im Norden stößt Uruguay an Brasilien. Das flachwellige Hügelland ist mit seinen Grasflächen, aus denen lichte Haine der Yatai-Palme ragen, weithin als Weideland genutzt.

Die Einwohnerzahl wurde 1958 mit 2,7 Millionen angegeben, die etwa zur Hälfte in Städten lebte.[821] Die Ureinwohner des Landes, die Charrua-Indianer, sind nahezu ausgestorben, sodaß die Bevölkerung überwiegend aus den Nachfahren der altspanischen Siedler und den seit dem 19.Jahrhundert eingewanderten Spaniern, Italienern und anderen Europäern besteht.[822] Bei der Volkszählung 1963 wurden in Uruguay 4.200 Personen deutscher Nationalität gezählt, die Zahl der Deutschsprachigen wurde auf das Doppelte geschätzt.[823]

Wirtschaftlich dominiert die Landwirtschaft und die industrielle Verarbeitung von landwirtschaftlichen Er-

---

821) Vgl. Ibero-Amerika. Ein Handbuch, S. 353.
822) Vgl. Hartmut Fröschle und Hans Hoyer, Die Deutschen in Uruguay, in: Hartmut Fröschle (Hrsg.), Die Deutschen in Lateinamerika, S. 742 f.
823) Vgl. ebenda, S. 743.

zeugnissen. Die auf den ausgedehnten Weideflächen gehaltenen Herden wiesen 1956 einen Viehbestand von über
7,4 Millionen Rindern und ca. 23,3 Millionen Schafen
auf. Die wesentlichen Ausfuhrerzeugnisse bildeten
Wolle, auch zu Kammzügen verarbeitet, Fleisch und
Häute. Beim Pflanzenanbau stand Weizen an erster
Stelle, dessen Überschüsse im Export abgesetzt wurden;
auch Leinöl und Leinkuchen gewannen als Exportartikel an Bedeutung. Der größte Handelspartner und Kapi-
talanleger war vor dem Zweiten Weltkrieg Groß- britannien; danach wurden die USA sowohl größter Abnehmer als
auch größter Lieferant Uruguays, gefolgt von Brasilien.

Bei Ausbruch des Zweiten Weltkrieges hatte Uruguay
seine Neutralität erklärt, brach aber nach dem Eintritt
der USA in den Krieg seine diplomatischen Beziehungen
zu Deutschland am 25. Januar 1942 ab und erklärte kurz
vor Kriegsende am 22. Februar 1945 Deutschland den
Krieg. Den Empfehlungen und Beschlüssen der panamerkanischen Konferenzen folgend,[824] wurden in Uruguay
deutsche Bankguthaben gesperrt und deutsche Unternehmen
unter staatliche Kontrolle gestellt; sie konnten aber
ihre Geschäftstätigkeit weiterführen, diese war aber
durch die Anwendung der "Schwarzen Listen" der USA erheblich behindert. 1949 wurden alle Beschränkungen aufgehoben und anschließend auf dem Verwaltungswege die
Vermögen von Personen und Firmen entsperrt. Eine deutsche Bankniederlasung wurde liquidiert und ein Handels-
schiff enteignet. Die deutschen Schutzrechte wurden
nicht angetastet.[825]

---

824) Siehe vorstehend I.1., S. 7.
825) Vgl. O. Böhmer, Stand der beschlagnahmten deutschen Vorkriegsvermögen im Ausland, S. 322.

Nach dem Koreakrieg stellten sich durch Sättigungser-
scheinungen bei den Hauptexportartikeln Uruguays
Absatzschwierigkeiten und Preisrückgänge ein. Die wirtschaftliche Situation verschlechterte sich zunehmend,
da in der Erwartung einer Fortdauer des Booms eine
Modernisierung der Produktionsmethoden und -einrichtun-
gen unterblieben und das Sozialsystem zu stark ausgebaut worden war.[826]

Politisch hatte sich ein Parteiendualismus zwischen den
agrarisch konservativ orientierten "Blancos" und den
"Colorados", die sich im wesentlichen aus der Arbeiterschaft und Angestellten rekrutierten, herausgebildet.
Diese beiden Parteien regierten von 1919 bis 1933 in
einem Kollegialsystem nach Schweizer Muster; neben einem Staatspräsidenten bildete der Staatsrat die oberste
staatliche Institution, in der auch die jeweilige Opposition proportional vertreten war.

Nach dem Kriege wurde durch eine Volksabstimmung das
kollegiale Regierungssystem ab 1. März 1952 wieder
eingeführt und das Amt des Staatspräsidenten
abgeschafft; den Vorsitz im Nationalen Regierungsrat
(Consejo Nacional de Gobierno) führte in jährlichem
Wechsel ein Ratsmitglied der stärksten Partei. Nach der
Wahl im Jahre 1954 setzte sich der Nationale
Regierungsrat aus sechs Vertretern der "Colorados" und
drei der "Blancos" zusammen; 1958 siegten die
"Blancos".[827]

---

826) Vgl. Ibero-Amerika. Ein Handbuch, S. 360 f.
827) Vgl. ebenda, S. 373.

2. Handels- und Zahlungsverkehr

2.1. Bilateraler Handels- und Zahlungsverkehr

Am 7. Oktober 1948 wurde in Frankfurt von dem bevollmächtigten Vertreter der Regierung der Republica Oriental del Uruguay und dem Generaldirektor der JEIA im Namen der amerikanischen und britischen Militärregierung ein Abkommen über den Handel zwischen Uruguay und dem Vereinigten Wirtschaftsgebiet Deutschland paraphiert und am 26. Oktober unterzeichnet; es trat rückwirkend vom 1.Oktober 1948 bis zum 30. September 1949 in Kraft und verlängerte sich automatisch um sechs Monate, wenn es nicht drei Monate vor Ablauf gekündigt worden war.[828] Von den beigefügten Warenlisten mit Gesamtbeträgen von jeweils 13,5 Mio US $ enthielt die für den deutschen Export nach Uruguay bestimmte nur Angaben über verfügbare Waren ohne Wertangaben, während die Liste der vorgesehenen Importe aus Uruguay einzelne Werte aufwies, z.B. für Wolle 3 Mio, Häute und Felle 2,5 Mio, Gefrierfleisch 2 Mio und für Speiseöl, -talg und Leinöl je 1 Mio US $. Ein- und Ausfuhrgenehmigungen sollten großzügig erteilt werden.

Nach dem Zahlungsabkommen waren alle Zahlungen für Waren, die von der JEIA, den USA oder der ECA zur Lieferung an das Vereinigte Wirtschaftsgebiet gekauft worden waren, auf dem beim Banco de la Republica Oriental del Uruguay geführten "Bizonal Dollar Trade Memorandum Account" zu verbuchen. Uruguay sollte für Einkäufe im Vereinigten Wirtschaftsgebiet Einfuhrlizenzen im Gegenwert von mindestens fünfundachtzig Prozent der auf

---

828) Vgl. o. Verf., Uruguay. Zum Abkommen mit dem Vereinigten Wirtschaftsgebiet, in: Übersee-Rundschau 1 (1949), Nr. 3, S. 65 f.

dem Konto verbuchten Dollarzahlungen für die uruguayische Lieferungen erteilen.[829] Während die JEIA im Rahmen des Abkommens Abschlüsse tätigte, kam Uruguay seinen Verpflichtungen zu Warenbezügen aus dem Vereinigten
Wirtschaftsgebiet nicht nach. Von Oktober bis einschließlich Dezember 1949 waren für Einfuhren aus
Deutschland auf dem Konto ca. 7.500 US $ und für Aus-
fuhren nach Deutschland ca. 1,3 Mio US $ verbucht.[830]
Um diesen Mißstand zu beheben, wurde ein neues Handels-
und Zahlungsabkommen ausgehandelt, in dem sowohl Wert-
angaben für die deutsche Ausfuhr als auch ein Swing
vereinbart wurde; es wurde am 11. Oktober 1949 von der
Alliierten Hohen Kommission paraphiert[831] und trat
nach der Ratifikation am 5. Juli 1950 in Kraft.[832] Das
Vertragsvolumen wurde von bisher 13,5 Mio auf 70 Mio
US $ erhöht und ein Swing von 10 Mio US $ festgelegt,
der bei Überschreitung durch zusätzliche Warenlieferungen ausgeglichen werden sollte. Die einzelnen Positionen der Warenlisten wurden, wie sich bald herausstellte, unrealistisch hoch angesetzt; z.B. wurde
das Kontingent für Wolle von 3 auf 20 Mio, Gefrier-
fleisch von 2 auf 12 Mio US $ erhöht; für Bezüge von
Kammzügen wurde eine Position mit 1,25 Mio US $ einge-
fügt.

Im Jahre 1950 war der Warenverkehr mit Uruguay nahezu
ausgeglichen.[833] Ab Ende 1950 litt er unter ausfuhr-

---

829) Vgl. Abschrift der Abkommen, in: BA B102/58029.
830) Vgl. o. Verf., Uruguay. Zum Abkommen mit dem
Vereinigten Wirtschaftsgebiet, S. 65 f.
831) Der Bundesregierung wurde die Erlaubnis zum Führen
von wirtschaftlichen Vertragsverhandlungen mit Dekret
AGSEC (49) Nr. 160, 12.11.1949, erteilt, siehe
vorstehend I.2., S. 16, Anmerkung 35.
832) Vgl. RA Nr. 16/50, 17.7.1950, in: Bundesanzeiger
Nr. 137, 20.7.1950.
833) Siehe Statistischen Anhang XIII.1.8.1.

hemmenden Bestimmungen des Banco de la Republica für Wolle, Häute und Felle, Weizen etc. So wurden Lieferkontrakte mit der Begründung, daß Wolle nur noch gegen freie Dollar verkauft würde, nicht mehr genehmigt und Verrechnungsdollar hierfür nicht mehr angekauft.[834] Am 7.Dezember 1950 teilte der Banco de la Republica der Bank deutscher Länder telegraphisch mit, daß er Exporte nach Deutschland nicht mehr zulassen könne, da die Swinggrenze von 10 Mio US $ erreicht sei. Zur Rechtfertigung dieser Behauptung rechnete er zu dem damaligen Kontostand von 4,9 Mio US $ zugunsten Uruguays die Kurssicherungskäufe hinzu, die er aufgrund vorliegender Kontrakte uruguayischer Exporteure mit deutschen Importeuren vorgenommen hatte. Dieses Verhalten war vertraglich nicht gedeckt und auch deswegen nicht zuläßig, da beim Erreichen von achtzig Prozent der vorgesehenen Kreditmarge die Gemischte Kommission hätte zusam- mentreten müssen, um über Maßnahmen für die Wieder- herstellung des Gleichgewichtes zu beraten. Der Banco de la Republica hob den Exportstop aufgrund deutscher Vorhaltungen kurze Zeit später auf.[835]

Die uruguayische Regierung kündigte das Abkommen von 1949 fristgerecht zum 31. Dezember 1951;[836] sie kam damit der Bundesregierung entgegen. Zur Vorbereitung von Vertragsverhandlungen reiste Ende Oktober 1951 Maltzan nach Montevideo und wickelte dort ein vom deutschen Mitglied des "Gemischten Deutsch-Uruguayischen Wirtschaftsausschußes" vorbereitetes Programm ab; dieses sah Empfänge beim Staatspräsidenten und den

---

834) Vgl. BWM Abt. V A 4 an V, 22.2.1951, in: PA Ref. 415, Bd. 87.
835) Vgl. ebenda.
836) Vgl. BWM Abt. V A 4, Aktennotiz, 22.8.1951, in: BA B102/58028.

zuständigen Kabinettsmitgliedern sowie Besprechungen
mit Vertretern der Wirtschaft vor. In Verhandlungen mit
Regierungsmitgliedern einigte man sich, mit den Verhandlungen Ende November in Bonn zu beginnen und den
jetzigen Ver- trag bis zum Inkrafttreten eines neuen
Abkommens zu verlängern. Als Richtlinie für die Ver-
tragsgestaltung wurde der Wegfall von Kontingentlisten,
die Herab- setzung des Swings auf 5 Mio US $, eine
Aktivierung der Gemischten Kommission, die Gewährung
von Meist- begünstigungen sowie die Unterlassung von
Diskriminierungen vereinbart. Bei der Aufgliederung
der Warenbezüge wünschte die deutsche Seite eine
stärkere Beteiligung an den Lieferungen von non-
essentials, während Uruguay mehr Fertig- und
Halbfabrikate, wie Wollgarne, Kammzüge und Leinöl,
exportieren wollte.[837]

Bei den vom 28. November bis 5. Dezember 1951 in Bonn
geführten Verhandlungen wurde die Frage eines Wieder-
auflebens des deutsch-uruguayischen Handels- und
Schiffahrtsvertrages vom 20. Juni 1892 zunächst diskutiert, dann aber fallengelassen, da wesentliche Punkte
bereits geregelt waren; z.B. waren Meistbegünstigungen
für den Handelsverkehr von Uruguay mit Dekret vom 2.
Mai 1951 und durch das deutsche Zolltarifgesetz vom 1.
Oktober 1951 sowie für die Schiffahrt durch den
deutsch-uruguayischen Notenaustausch von 16. November
1951 vereinbart und auch die Fragen der Behandlung von
Schutzrechten und Warenzeichen bereits geklärt worden.[838]

---

837) Vgl. BWM, Aufzeichnung Kutscher, 7.11.1951, in: BA
B102/58028.
838) Vgl. BWM Abt. V B 3, Zusammenfassende Aktennotiz,
10.12.1951, ebenda.

Für ein neues Zahlungsabkommen hatte die deutsche Delegation einen Entwurf vorgelegt, der die vereinbarte Er-
mäßigung des Swings von 10 auf 5 Mio US $ sowie eine
Dollarabrufklausel bei Überschreitung des Swing und Bestimmungen für die Abdeckung des Saldos vorsah; hierüber konnte eine Einigung erzielt und ein Zahlungsabkommen paraphiert werden; unterzeichnet sollte es aber
erst nach Einigung über zwei noch offene Punkte werden;
diese betrafen die von der uruguayischen Seite gewünschte Kürzung des den Swing überschreitenden Betrages um die Summe der Forderungen für mit Zahlungszielen
gelieferte Waren und die Bezahlung der unsichtbaren
Ein- und Ausfuhren. Bei letzteren handelte es sich um
Dienstleistungen, wie z.B. Frachten, die die deutsche
Seite über das Verrechnungskonto abbuchen wollte, während die uruguayische Delegation auf Zahlung in freien
Dollar bestand, weil das für sie Einnahmen von freien
Dollar in einer Höhe von jährlich ca. 8 Mio bedeutete.

Für ein neues Warenabkommen hatte die deutsche Delegation einen Entwurf mit Warenlisten, die auf ein Aus-
tauschtauschvolumen von ca. 45 Mio - statt bisher 70
Mio US $ - abgestellt waren, zur Diskussion gestellt.
Die uruguanische Seite lehnte diesen Vorschlag ab und
legte einen Gegenentwurf vor, in dem eine allgemeine
Regelung des Warenverkehrs ohne Kontingente, ohne
Wunschliste und ohne Gesamtvolumen vorgesehen war; eine
solche Regelung konnte die deutsche Delegation nicht
akzeptieren, weil dann keine Gewähr gegeben war für
die Abnahme deutscher non-essentials und für die
prompte Belieferung mit wichtigen Rohstoffen. Formell
wurde am Entwurf beanstandet, daß Elemente enthalten
seien, die nach deutschem Recht einer Ratifikation be-
durften, und daher in einen Handelsvertrag und nicht in

ein von der Bundesregierung abzuschließendes Handels-
oder Zahlungabkommen gehörten.[839] Da in der vorgesehenen Zeit eine Einigung über die offenstehenden Punkte
nicht erzielt werden konnte, wurde in einem Verhandlungsprotokoll festgelegt, daß die Verhandlungen unter
Berücksichtigung der im Laufe der Besprechungen vorge-
brachten Wünsche möglichst bald fortgesetzt werden
sollten.[840] Die Verlängerung der bisherigen Abkommen
bis zum 30. Juni 1952 oder zum Inkrafttreten von neuen
Abkommen wurde durch Notenwechsel am 30. November 1951
vereinbart.[841]

Mitte März 1952 schlug der uruguayische Gesandte vor,
die im Dezember abgebrochenen Verhandlungen etwa Mitte
April in Montevideo wiederaufzunehmen;[842] Anfang April
1952 wies er auf die Wirtschaftsschwierigkeiten in Uruguay hin und erklärte, daß die Aufnahme von Verhandlungen vor einer Stabilisierung der wirtschaftlichen Verhältnisse nicht zweckmäßig sein dürfte. Er
schlug daher eine nochmalige Verlängerung der bisherigen Abkommen bis zum Jahresende 1952 vor;[843] diese
Verlängerung wurde durch Briefwechsel am 17. Juni
1952 vorgenommen.[844] Auch im zweiten Halbjahr 1952
fanden keine Vertragsverhandlungen statt, sodaß eine
nochmalige Verlängerung der von Uruguay bereits zum
Ende 1951 gekündigten Abkommen erforderlich wurde.
Hierbei wollte die deutsche Seite zwei anstehende Pro-

839) Vgl. ebenda.
840) Vgl. Verhandlungsprotokoll, 5.12.1951, ebenda.
841) Vgl. RA Nr. 58/51, 15.12.1951, in: Bundesanzeiger
Nr. 245, 19.12.1951.
842) Vgl. BWM Abt. V B 3, Aktennotiz, 14.3.1952, in: BA
B102/58029.
843) Vgl. DG Montevideo an AA, 14.3.1952, in: BA
B102/6152.
844) Vgl. RA Nr. 70/52, 17.6.1952, in: Bundesanzeiger
Nr. 118, 21.6.1952.

bleme durch Notenaustausch regeln; es handelte sich um
die im Abkommen von 1949 nicht vereinbarte Verpflichtung, den bei Überschreitung der Swinggrenze fälligen
Betrag in freien Dollar statt durch Warenlieferungen
auszugleichen und um eine Bestimmung, daß Uruguay Einfuhrlizenzen für die Warenkategorien 1 bis 3 im Verhältnis von 65 : 25 : 10 erteilen sollte. Diese Wünsche
lehnte die uruguayische Seite ab und verschob eine Klärung auf die in Kürze abzuhaltenden Vertragsverhandlungen.[845] Das uruguayische Parlament beschloß, die
Abkommen letztmalig bis zum 30. Juni 1953 zu verlängern.[846]

Am 23. März 1953 begannen schließlich in Montevideo die
Vertragsverhandlungen einer deutschen Delegation unter
Leitung von Seeliger. In der ersten Sitzung wurden
Unterausschüsse für die Zahlungs-, die Warenseite,
Meistbegünstigung sowie Warenzeichen- und Patentfragen
gebildet.[847]

Für die Regelung des Zahlungsverkehrs legte die deutsche Seite den Entwurf eines Zahlungsabkommens vor, der
die Abwicklung in DM über Konten der Handelsbanken vorsah. Der Vorschlag wurde von der uruguayischen Delegation abgelehnt, weil er keine Adjustierungsklausel
für den Fall einer Wertänderung der DM enthielt. Da von
deutscher Seite eine solche Klausel, in die auch DM-
Termingeschäfte einbezogen werden sollten, nicht akzep-

---

845) Vgl. BWM Abt. V B 3, Vermerk, 6.11.1952, BWM an
Uruguayische Gesandtschaft, 10.12.1952, und Vorsitzender der Deutschen Delegation an Uruguayische Gesandtschaft, 22.12.1952, in: BA B102/58029.
846) Vgl. RA Nr. 4/53, 15.1.1953, in: Bundesanzeiger
Nr. 14, 22.1.1953.
847) Vgl. Deutsche Handelsdelegation Uruguay, Delegationsbericht Nr. 1, 27.3.1953, in: BA B102/58030.

tiert werden konnte, einigte man sich, die Abwicklung
des Zahlungsverkehrs auf US-Dollarbasis weiterhin beizubehalten, ihn jedoch zu dezentralisiern und die Zahlungen für unsichtbare Ein- und Ausfuhren einzubezie-
hen. Der Swing wurde von 5 auf 7 Mio US $ angehoben
und nunmehr die Verpflichtung zur Abdeckung durch Dol-
lar- oder Goldzahlungen bei Überschreitungen fest- gelegt. Bei Beendigung des Abkommens wurde die Möglichkeit offengehalten, im beiderseitigen Einvernehmen zur
Abwicklung langfristiger Geschäfte   Zahlungen in anderen Währungen als US $ oder durch Warenlieferungen zu
gestatten.   Die Vertragsdauer betrug ein Jahr mit
automatischer Verlängerung um jeweils ein weiteres
Jahr, wenn nicht drei Monate vor Ablauf gekündigt
wurde.[848)]

Beim Warenabkommen wurde auf Warenlisten mit Kontingen-
ten verzichtet. Aufgrund der negativen Erfahrungen
setzte die deutsche Seite die beiderseitigen Verpflichtungen durch, diskriminierende Handlungen zu unterlassen, die Ein- und Ausfuhrbedingungen zu veröffentlichen, sie für alle Handelspartner in gleicher
Weise anzuwenden sowie bei der Festsetzung des Anteils
und der Zusammensetzung der Einfuhren wenigstens die
beiden vorangegangenen Jahre zugrundezulegen. Eine paritätisch besetzte Gemischte   Kommission sollte in Montevideo   die Entwicklung des Handelsverkehrs beobach-
ten, Vorschläge für Verbesserungen vorlegen und Maßnahmen für die Beilegung etwaiger Meinungsverschiedenheiten empfehlen; hierzu wurden Einzelheiten in einem
Briefwechsel festgelegt. Nach dem Inkrafttreten am

---

848) Vgl. ebenda, Delegationsbericht Nr. 2, 9.4.1953,
Aufzeichnung über 3., 4. und 5. Sitzung der Arbeits-
gruppe Zahlungsverkehr am 6., 7. und 8. April 1953, und
über Vollsitzung am 9.4. und 12.4.1953, ebenda.

fünfzehnten Tag nach Aushändigung der Ratifikationsurkunde war das Warenabkommen für zwei Jahre gültig und verlängerte sich dann jeweils um ein Jahr, wenn es nicht drei Monate vor Ablauf gekündigt wurde.[849]

Nachdem bisher nur einseitige Erklärungen vorlagen, wurde zur Gewährung der Meistbegünstigung ein von beiden Seiten zu ratifizierender Handelsvertrag ausgehandelt; hierin wurde nunmehr bilateral die unbedingte und unbeschränkte Meistbegünstigung bei Zöllen, Nebenabgaben und Zollformalitäten sowie die Inländerbehandlung auf dem Gebiete der Schiffahrt vereinbart. Weitere Bestimmungen betrafen die üblichen Ausnahmen bei der Anwendung der Meistbegünstigung, die Ausstellung von Ursprungszeugnissen und die Behandlung des Transitwarenverkehrs.[850]

In den Sitzungen der Unterkommission "Gewerbliche Schutzrechte" fanden ins Detail gehende Aussprachen statt. Als Ergebnis stellte sich heraus, daß der Abschluß eines von deutscher Seite vorbereiteten Protokolls nicht erforderlich war, da kein Handlungsbedarf vorlag, weil Uruguay keine Maßnahmen gegen deutsche Patente und Warenzeichen ergriffen hatte.[851]

Der Handelsvertrag, die Abkommen über den Waren- und den Zahlungsverkehr und die dazugehörenden Anlagen wurden am 18. April 1953 in Montevideo unterzeichnet

---

849) Vgl. Delegationsbericht Nr. 1 und 2, ebenda.
850) Vgl. ebenda.
851) Vgl. Deutsche Delegation, Aufzeichnung über die Behandlung von Fragen auf dem Gebiete der Urheberrechte und der gewerblichen Schutzrechte, 17.4.1953, ebenda.

und anschließend veröffentlicht.[852] Der Handelsvertrag wurde am 19. Februar 1954 als Gesetz verabschiedet[853] und trat nach dem am 25. September 1954 erfolgten Austausch bzw. der Übergabe der Ratifikationsurkunden am 10. Oktober 1954 in Kraft.[854]

2.2. Multilateralisierung des Zahlungsverkehrs

Das Zahlungsabkommen vom 18. April 1953, das im Hinblick auf die gewünschte baldige Umstellung des Zahlungsverkehrs auf multilaterale Basis nur für ein Jahr abgeschlossen worden war, wurde von deutscher Seite fristgerecht zum erstmöglichen Termin, dem 9. Oktober 1955, gekündigt.[855] Während der Vertragslaufzeit waren die Importe aus Uruguay ins Stocken geraten,[856] weil die uruguayischen Exportpreise infolge überhöhter Produktionskosten trotz Subventionen und Wechselkursmanipulationen[857] über den Weltmarktnotierungen lagen.

Uruguay war daher bemüht, neue Absatzmärkte in der Sowjetunion und anderen Ostblockstaaten durch den Abschluß von Handelsverträgen zu erschließen; im Jahre 1954 lieferte es an die Sowjetunion Waren im Werte von etwa 20 Mio US $. Bei dieser geänderten uruguayischen Außenhandelspolitik legten das Auswärtige Amt und das Bundeswirtschaftsministerium großen Wert auf genaue

852) Vgl. RA Nr. 39/53, 13.5.1953, in: Bundesanzeiger Nr. 94, 20.5.1953.
853) Vgl. BGBl II Nr. 2, 27.2.1954.
854) Vgl. BGBl II Nr. 21, 18.10.1954.
855) Vgl. AA, Allgemeine Instruktionen, 17.4.1956, in: PA Ref. 306, Bd. 59.
856) Siehe Statistischen Anhang XIII.1.8.1.
857) Nach BdL, Vermerk, 7.2.1956, in: HA Bestand 1.192, bestanden 13 verschiedene Ankaufs- und 6 verschiedene Verkaufskurse, die zwischen 1,519 und 3,9 Peso für 1 US $ schwankten.

deutsche Vertragserfüllung; es wurde daher erwogen, Lieferungen von uruguayischen Wollkammzügen auszuschreiben, deren Bezug in der Warenliste vom 18. April 1953 vorgesehen war.

Der Grund für die bisherige Unterlassung lag darin, daß durch Manipulation der Wechselkurse für Wollkammzüge der Preis so niedrig gehalten wurde, daß er als Dumping angesehen wurde. Die Niedrigpreise waren vom IWF beanstandet, von Uruguay aber trotzdem beibehalten worden. Daraufhin hatten die USA Ausgleichszölle eingeführt und Frankreich, Belgien und die Bundesrepublik ein Import-Embargo für uruguayische Kammzüge verhängt. Auch bei erneuten Konsultationen des IWF im Jahre 1955 war Uruguay nicht bereit, die beanstandeten Preismanipulationen zu unterlassen; im IWF wurde daher 1956 über das weitere Vorgehen gegen Uruguay bei Beteiligung der Bundesregierung verhandelt; sie konnte sich daher nicht entschließen, die Lieferung von uruguayischen Kammzügen auszuschreiben.[858]

Die deutschen Exporteure nutzten 1954 die durch das uruguayische Einfuhrverfahren gestattete Möglichkeit der multilaterale Verwendung der Einfuhrlizenzen bei Importen aus Ländern mit nicht konvertierbarer Währung; danach wurden, wenn Zuteilungen in einer Verrechnungswährung erschöpft waren, Geschäfte auf dem Wege eines Switch über dritte Länder abgewickelt.[859] Ab September 1955 konnten auch Lizenzen für Importe von essentials vielseitig verwendet werden.[860]

---

858) Vgl. AA, Allgemeine Instruktionen, 17.4.1956, und BdL, Vermerk, 7.2.1956, ebenda.
859) Siehe Statistischen Anhang XIII.1.8.1.
860) Vgl. BWM Abt. V B 2, Bericht, 29.10.1955, in: BA B102/58031.

Nach der Kündigung des Zahlungsabkommens wurde durch
Notenwechsel vereinbart, den bisherigen Zahlungsweg bis
zum 9. April 1956 offenzuhalten.[861] In der Zeit von
Oktober 1955 bis Januar 1956 wurden wegen Überschreitungen der Swinggrenze mehr als 2 Mio US $ von der Bank
deutscher Länder angefordert und vom Banco de la Republica überwiesen.[862]

Ende Januar wurde in einer Ressortbesprechung die Umstellung des Zahlungsverkehrs auf das System der Beko-
DM zum 10. April 1956 als Ziel für Vertragsverhandlungen vorgegeben. Der Swing, der sich bei 7 Mio US $
bewegte, sollte durch die Lieferung von 100.000 t uruguayischen Weizen abgebaut werden.[863] In der Zeit vom
23. Februar bis 15. März 1956 führte eine deutsche Delegation in Montevideo Verhandlungen mit dem Ergebnis
der Einführung des multilateralen Zahlungssystem zum
gewünschten Termin. Die uruguayische Seite hatte sich
hierbei aufgeschlossen gezeigt, da der uruguayische
Handel bereits weitgehend von Transfermöglichkeiten
über das englische TAA-[864] und das deutsche Beko-DM-
System Gebrauch gemacht hatte. Zudem hatte der Banco de
la Republica Switchgeschäfte wegen der dadurch ver- ur-
sachten Verteuerung im März 1956 untersagt und künftig
Einfuhren aus Ländern mit nicht multilateralisierter
Währung nur noch unmittelbar gestattet.

---

861) Vgl. BdL, Mitteilung Nr. 7.074/55, 8.10.1955, in:
HA Bestand 2.853, und AA, Allgemeine Instruktion,
17.4.1956.
862) Vgl. BdL, Protokoll 210. Sitzung des ZBR,
11.1.1956, in: HA Bestand 91.
863) Vgl. AA Ref. 415, Aufzeichnung, 28.1.1956, in: BA
B102/58031, und BdL, Vermerk, 27.1.1956, in: HA Bestand
11.662.
864) Siehe Abkürzungsverzeichnis XIV.

Um eine Verzögerung des Inkrafttretens der Vereinbarung durch eine Ratifikation zu vermeiden, schlug die uruguayische Seite vor, den Weg eines Notenaustausches zwischen dem Vorsitzenden der deutschen Delegation und dem uruguayischen Außenminister zu wählen. Der Nationale Regierungsrat billigte zwar am 15. März 1956 die ausgehandelten Noten, verlangte aber deren Ratifikation. Um keinen vertragslosen Zustand entstehen zu lassen, wurden die Noten am 15. März unterzeichnet und am 10. April zwischen den Zentralbanken Vereinbarungen für den Zahlungsverkehr getroffen.[865] Hierin wurde der Zahlungsverkehr zwischen den beiden Ländern mit sofortiger Wirkung auf beschränkt konvertierbare Währungen umgestellt, für die Beko-DM die gleiche Behandlung wie für frei konvertierbare Währungen zugesagt und als Umrechnungskurs der DM die offiziell festgestellte Parität festgelegt.

Die zum Abbau des Swing vorgesehene Ausschreibung von 100.000t Weizen war wegen anderweitiger deutscher Verpflichtungen zunächst nur in Höhe von 40.000 t erfolgt; der deutsche Delegationsvorsitzende teilte dann in einer Note die Erhöhung auf 100.000 t zur Lieferung außerhalb des Abkommens und das Offenhalten des Abkommenskontos bis zur Abwicklung dieses Geschäftes mit.[866] Durch diese Transaktion konnte der Verrechnungssaldo ohne Kreditgewährung ausgeglichen und der Zahlungsverkehr ohne weitere Maßnahmen auf multilaterale Basis umgestellt werden.

---

865) Vgl. BdL Ländersachbearbeitung, Bericht, 19.3.1956, in: HA Bestand 11.662.
866) Vgl. RA Nr. 21/56, 5.4.1956, in: Bundesanzeiger Nr. 89, 9.5.1956.

Die Jahresstatistik des Handelsverkehrs mit Uruguay
zeigt ein ständiges Auf und Ab mit extremen Sprün-
gen.[867] Bei den Vierjahresperioden fällt auf, daß -
entgegen dem allgemeinen Trend - die Durchschnittswerte
für 1958 bis 1961 niedriger liegen als für die beiden
davor liegenden Perioden.[868] Dementsprechend sanken
die Beteiligung des deutsch-uruguayischen Handelsverkehrs am südamerikanischen Gesamtvolumen von rund sieben auf etwas mehr zwei Prozent[869] sowie die Anteile
an den Kredit- und Finanzierungszusagen.[870] Ob die
Gründe hierfür in der unsteten uruguayischen
Wirtschaftspolitik zu suchen sind, müßte gesondert
untersucht werden.

Obwohl Vorbelastungen aus der Kriegszeit fehlten, beliefen sich die deutschen Direktinvestitionen bis 1961
nur auf 13,3 Mio DM.[871]

---

867) Siehe Statistischen Anhang XIII.1.8.1.
868) Siehe ebenda 1.8.2.
869) Siehe ebenda 1.11.3.
870) Siehe ebenda 3.
871) Siehe ebenda 2.2.

XI.   Die   Wirtschaftspolitik   der   Bundesrepublik
Deutschland mit Venezuela

1. Einführung

Der Bundesstaat Venezuela liegt im Norden Südamerikas
in den Tropen zwischen dem zwölften Grad nördlicher
Breite und dem Äquator und umfaßt eine Fläche von ca.
912.000 qkm. Das Staatsgebiet Venezuelas gliedert sich
in drei verschiedene Landschaftszonen: Das Gebirgsland
der Anden, das Orinoco-Tiefland und das Guayana-Hoch-
land. Im Nordwesten spalten sich in der andinen Region
die Kordilleren und umschließen zwischen der Sierra
Perija an der kolumbianischen Grenze und der Kordillere
von Merida die Senke von Maracaibo mit dem gleichnami-
gen See, einer ca. 13.000 qkm großen Brachwasserlagune.
In der Tertiärschicht des Beckens ruhen große Erd-
ölvorkommen, der Reichtum des Landes. Die östliche
Fortsetzung der Merida-Kordilleren bildet das durch
mehrere Hochbecken gegliederte, erdbebenreiche karibi-
sche Küstengebirge mit dicht besiedelten, landwirt-
schaftlich genutzten Gebieten. Den Mittelteil des Landes nimmt das bis zu 400 km breite, ebene, nach Osten
geneigte Aufschüttungsgebiet des Orinoco-Tieflandes mit
seinen "Llanos" genannten Grasflächen ein. Das Bergland
von Guayana ist eine wellige, von Inselbergen und kup-
pelartigen Felsen überragte Hügellandschaft. Im Südwe-
sten greift das venezolanische Staatsgebiet ein Stück
in das Amazonas-Tiefland Kolumbiens und Brasiliens ein.

Die Einwohnerzahl Venezuelas betrug 1956 ca. 5,6 Millionen, größtenteils Mestizen und Mulatten.[872] Im
Jahre 1958 wurden 5.000 bis 6.000 deutsche Staatsange-

---

872) Vgl. Ibero-Amerika. Ein Handbuch, S. 375 f.

hörige sowie 5.000 bis 7.000 naturalisierte Venezola-
ner deutscher Herkunft nach einem vom Bundesamt für
Auswanderung in Köln herausgegebenen Merkblatt verzeichnet.[873] Durch Ansiedelung Deutscher entstand
1951 die bäuerliche Siedlung Turen ca. 600 km südlich
von Caracas.[874]

In der Binnen- und Außenwirtschaft Venezuelas dominierte das Erdöl, das damals von konzessionierten
ausländischen Unternehmen gefördert wurde, die etwa die
Hälfte der Gewinne an den venezolanischen Staat abfüh-
ren mußten. Mitte der fünfziger Jahre machten die Erd-
ölexporte etwa neunzig bis fünfundneunzig Prozent der
Gesamtausfuhr, ca. neunzig Prozent der Deviseneingänge
und sechzig Prozent der Staatseinnahmen des Landes aus.
Neben dem Erdöl gewann in dieser Zeit die Förderung
hochwertiger Eisenerze aus den 1947 am unteren Orinoco
entdeckten Lagerstätten an Bedeutung. Die traditionellen Exporterzeugnisse Venezuelas Kaffee, Kakao und
Häute erbrachten damals nur noch einen geringen Anteil
an den Einnahmen aus Exporten. Wichtigster Partner waren die USA, die sowohl mit großen Kapitalanlagen als
auch mit ca. vierzig Prozent an der Ausfuhr und mit
fast zwei Drittel an den Einfuhren Venezuelas 1957 beteiligt waren.[875]

Im Zweiten Weltkrieg hatte Venezuela, den Empfehlungen
und Beschlüssen der amerikanischen Konferenzen fol-

---

873) Vgl. Hartmut Fröschle, Die Deutschen in Venezuela,
in: Hartmut Fröschle (Hrsg.), Die Deutschen in Lateinamerika, S. 779.
874) Vgl. ebenda. Für 1977 werden Schätzungen von
25.000 bis 30.000 Deutsche in Venzuela erwähnt, wobei
die hohe Zahl durch die vorübergehende Anwesenheit von
Kontraktdeutschen bedingt sein dürfte.
875) Vgl. Ibero-Amerika. Ein Handbuch, S. 387.

gend,[876] einschränkende Maßnahmen gegen Personen und Vermögen der Feindmächte ergriffen.[877] So wurden die Anwendung der "Schwarzen Listen" der USA verfügt, die Bankguthaben von Feindangehörigen gesperrt und die Regierung ermächtigt, Enteignungen im Interesse des öffentlichen Wohls vorzunehmen. Daraufhin wurde die einzige Eisenbahnlinie des Landes, die von einem vorwiegend deutschen Unternehmen betrieben wurde, enteignet und in Staatseigentum überführt; die gesetzlich zugesicherte Entschädigung wurde später auf 7,5 Mio Bolivar festgesetzt. Am 12. Februar 1945 erklärte Venezuela Deutschland den Krieg[878] und am 6. Februar 1946 trat das Dekret Nr. 176 in Kraft, wonach grundsätzlich das gesamte in Venezuela befindliche Vermögen Deutschlands sowie seiner Staatsangehörigen zum Feindvermögen erklärt und entschädigungslos verstaatlicht wurde.[879]

Ausnahmen bildeten das eingebrachte Gut venezolanischer scher Ehefrauen, deren und ihrer Abkömmlinge Unterhalts- und Pflichtteilsansprüche sowie die Geschäftsanteile an sogenannten deutschen Gesellschaften, die nicht deutschen Beteiligten gehörten. Im Jahre 1947 konnten Freigabeanträge gestellt werden, denen fast durchweg stattgegeben wurde, sodaß nahezu allen in Venezuela ansässigen Deutschen ihr Vermögen zurückerstattet wurde. Der Erlös aus der Liquidation des nicht zurückerstatteten Vermögens wurde zunächst zur Abdeckung von gerichtlich anerkannten Reparationsansprüchen

876) Siehe vorstehend I.1., S. 7.
877) Analoge Dekrete der südamerkanischen Staaten sind vorstehend in den Anmerkungen des 1. Abschnittes der einzelnen Länderkapitel aufgeführt.
878) Vgl. O. Böhmer, Stand der beschlagnahmten deutschen Vorkriegsvermögen im Ausland, S. 322 f.
879) Deutsche Schutzrechte waren hierbei nicht erwähnt und wohl nicht einbezogen worden.

venezolanischer Staatsangehöriger verwendet;[880] den
übersteigenden Betrag, der sich auf ca. 5 Mio Bolivar
belief, wollte die venezolanische Regierung freigeben;
über die Modalitäten wurde ab 1956 mit der deutschen
Botschaft verhandelt. Hierbei ging es um die Fragen,
ob nach Abzug der Unkosten eine Pauschale an die Bundesregierung gezahlt oder individuell Erstattungen bei
Einschaltung der Botschaft oder einer gemischten Kommission als Treuhandstelle erfolgen sollen und in welcher Weise die venezolanische Regierung von Schadens-
ersatzansprüchen freigestellt werden kann.[881] Durch
den politischen Umsturz in Venezuela Anfang 1958 und
die nachfolgenden unsicheren Machtverhältnisse traten
Ver- zögerungen ein.[882]

Politisch wurde im Jahre 1948 die demokratisch gewählte
Regierung von einer Militär-Junta unter Führung von
Oberst Chalbaud gestürzt; nach dessen Ermordung übernahm Oberst Macos Perez Jimenez die Macht und wurde im
April 1953 von einer Nationalversammlung, die eine neue
Verfassung ausgearbeitet hatte, als Präsident Venezuelas legitimiert. Nachdem sich Perez Jimenez Ende 1957
unter Mißachtung der Verfassung durch eine Volksabstimmung für eine weitere Amtsperiode hatte bestätigen lassen, geriet sein Regime in Konflikte mit breiten Bevölkerungskreisen sowie mit Armee und Kirche; am 23.

---

880) O. Böhmer beziffert den Gesamterlös auf 10 Mio
und den Reparationsanspruch auf 5 Mio Bolivar, während
das AA den Gesamterlös mit 8,5 Mio und die
Reparationsansprüche mit 3,5 Mio Bolivar angibt. (1 US
$ = 3,35 Bolivar).
881) Vgl. AA, Allgemeine Instruktionen, 22.4.1955, DB
Caracas an AA, 15.3.1956 und 11.4.1956, in: PA Ref.
306, Bd. 61.
882) Vgl. O. Böhmer, Stand der beschlagnahmten
deutschen Vorkriegsvermögen, S. 323.

Januar 1958 wurde er durch eine Armeerevolte gestürzt und floh ins Ausland.

Eine Militärjunta unter Admiral Wolfgang Larrazabal übernahm vorübergehend die Macht, löste den Kongress auf und führte Ende des Jahres 1958 Neuwahlen durch. Zum Staatspräsidenten wurde der Kandidat der Demokratischen Aktion, Romulo Betancourt, gewählt, der bereits 1948 als Staatspräsident fungiert hatte.[883] Er trat das Amt im Februar 1959 an und übte es bis 1964 aus.

2. Vertragslose Wirtschaftsbeziehungen

Durch die großen Einnahmen an freien Dollar aus den Erdölgeschäften war Venzuela in der Lage, von einer Devisenbewirtschaftung und Reglementierungen im Außenhandel abzusehen. Diese liberale Wirtschaftsordnung bot den deutschen Exporteuren gute Chancen für den Absatz von Konsum- und Investitionsgütern, für die bei der schwachen industriellen Entwicklung des Landes ein großer Bedarf bestand. Hierbei kamen der deutschen Wirtschaft die früheren guten deutsch-venezolanischen Beziehungen zugute. In einem Freundschafts-, Handels- und Schiffahrtsvertrag zwischen dem Deutschen Reich und Venezuela waren am 26. Januar 1909 weitgehende Meistbegünstigungen[884] und in einer am 24. Dezember 1938 in Berlin unterzeichneten Zusatzvereinbarung für den Handelsverkehr eine Gleichgewichtsklausel zwischen Ein- und Ausfuhren vereinbart worden.[885] Das Auswärtige Amt und das Bundeswirtschaftsministerium waren sich einig, daß eine Wiederinkraftsetzung der Zusatzvereinbarung nicht in Betracht kommen könne,

---

883) Vgl. Ibero-Amerika. Ein Handbuch, S. 400.
884) Text in: RGBl 1909, S. 919.
885) Text in: RGBl 1938 II, S. 925.

dagegen die Wiederanwendung der Meistbegünstigungsklausel des durch die Kriegserklärung suspendierten
Freundschafts-, Handels- und Schiffahrtsvertrages von
1909 erstrebenswert sei.[886] Dieser von deutschen
Exporteuren unterstützte Wunsch wurde damit begründet,
daß die USA mit Venezuela am 28. August 1952 ein
Zusatzabkommen zum Handelsvertrag abgeschlossen
hatten, nach dem einerseits nie- drige Steuersätze in
den USA für venezolanisches Rohöl und Derivate und
andererseits Vorzugszölle in Venezuela für
amerikanische Waren gewährt wurden. Da Venezuela mit
Italien, Spanien, Belgien, Holland und der Schweiz
Abkommen mit einer Meistbegünstigungsklausel abgeschlossen hatte, mit Groß-Britannien eine solche wei-
tergalt und mit Frankreich ein entsprechender modus
vivendi vereinbart worden war, wurde von der deutschen
Gesandtschaft in Caracas ein Rückgang des deutschen Ex-
ports befürchtet, wenn deutsche Exportwaren nicht zu
ermäßigten Zollsätzen importiert werden könnten.[887]
Diese Annahme erwies sich als falsch, denn es gelang
der deutschen Exportwirtschaft trotz einer Behinderung
bei einigen Artikeln in dieser Zeit laufend Steigerungen im Handelsverkehr mit Venezuela zu erzielen.[888]

Der im Juli 1952 geäußerte Wunsch der venezolanischen
Regierung auf Abschluß eines Handelsvertrages wurde von
der Bundesregierung wegen der deutsch-nordamerikani-
schen Vertragsverhandlungen dilatorisch behandelt. Erst
im Dezember 1954 wurde die Gesandtschaft in Caracas ermächtigt, der venezolanischen Regierung die Bereit-

886) Vgl. AA, Abt. V an Abt. IV, 10.9.1952, in: PA
Ref.415, Bd. 94.
887) Vgl. DG Caracas an AA, Jahresbericht 1952, in: BA
B102/6153.
888) Siehe Statistischen Anhang XIII.1.10.1.

schaft der Bundesregierung mitzuteilen, in absehbarer Zeit in Vorbesprechungen einzutreten.[889] Dieses von der Vorgehensweise gegenüber anderen südamerikanischen Län- dern abweichende Verhalten der Bundesregierung war dadurch zu erklären, daß die in freien Dollar anfallenden hohen Exportüberschüsse aus den Venezuela-Geschäften sehr erwünscht und nur in einem ungebundenem Warenverkehr zu erzielen waren.

Diese wirtschaftspolitische Linie wurde auch im sogenannten Kaffeekonflikt beibehalten, als die einflußreiche "Asociacion Venezolana de Cafeteros" eine Pressekampagne gegen Deutschland wegen zu geringer Kaffeekäufe im Jahre 1953 in Gang setzte. In einem Memorandum bat sie den Staatspräsidenten, mit der Bundesregierung zur Beseitigung des Mißverhältnisses zwischen deutschen Lieferungen und Bezügen Kontingente für Kaffee-Lieferungen zu vereinbaren.[890] Die deutsche Gesandtschaft überreichte dem Außenministerium, das auch den Vorwurf der Bevorzugung Brasiliens und anderer lateinamerikanischer Kaffee-Exportländer erhoben hatte, ein Exposè über die Kaffeebezugssituation in Deutschland; sie wies darauf hin, daß die geringen Kaffee-Käufe in den vergangenen Jahren eine Folge der deutschen Devisenknappheit gewesen seien, inzwischen aber die hohe deutsche Kaffeesteuer gesenkt und der Import von Kaffee aus Venezuela im laufenden Jahr gesteigert worden sei. Hierbei wurden auch die Richtlinien für den deutschen Kaffee-Import erwähnt, wonach aus Brasilien ca. 45.000 t, Kolumbien 18.000 t, Afrika und Indonesien 13.500 t und aus den freien Dollar-Ländern, einschließlich Venezuela, weitere 13.500 t bezogen werden

---

889) Vgl. AA, Allgemeine Instruktionen, 22.4.1955.
890) Vgl. Memorandum, 6.6.1953, in: BA B102/6153.

sollten.[891] Das Bundeswirtschaftsministerium bedauerte diese Bekanntgabe der bisher nicht veröffentlichten Richtzahlen. Bei gleichbleibender guter Qualität und marktgerechten Preisen rech- nete es mit einer weiteren Steigerung der Abnahmen von venezolanischem Kaffee;[892] diese Erwartung wurde durch die Verdoppelung der Einfuhren venezolanischen Kaffees von 6 Mio DM in 1954 auf 12,6 Mio DM in 1955 er- füllt.[893]

Die deutschen Gesamtbezüge aus Venezuela im Werte von 132,8 Mio DM setzten sich im Jahre 1955 zusammen: aus sogenannten "nationalen" Produkten (Kaffee, Kakao u.a.) im Werte von 26,4 Mio DM, aus ca. 272.000 t Eisenerzen mit 15,3 Mio DM und Erdöllieferungen mit 91,1 Mio DM.[894] Letztere bestanden aus Rohöl für 63,3 Mio DM und Derivaten für 27,8 Mio DM; diese wurden nahezu ausschließlich über die Muttergesellschaften der in Venezuela tätigen ausländischen Firmen abgewickelt und damit in der venezolanischen Statistik nicht für Deutschland als Käuferland erfaßt. Diese statistische Verschiebung als Folge der Abrechnung über andere Länder traf auch auf deutsche Eisenerzimporte zu. Bei den venezolanisches Erdöl verarbeitenden Raffinerien in Aruba und Curacao kaufte die Bundesrepublik 1955 Derivate im Werte von 90,9 Mio DM; diese Bezüge von den niederländischen Antillen wurden in den Statistiken beider Länder nicht dem deutsch-venzolanischen Handelsverkehr zugerechnet.[895] Da sich die Importe aus

---

891) Vgl. DG an AA, Anlage zu Bericht, 10.10.1953, ebenda.
892) Vgl. BWM an AA, 12.11.1953, ebenda.
893) Vgl. DB an AA, Bericht, 22.5.1956, in: BA B102/6154.
894) Siehe Statistischen Anhang XIII.1.10.1.
895) Vgl. DB an AA, Bericht, 22.5.1956.

Aruba und Curacao im folgenden Jahre nahezu verdoppelten, hätten bei einer anderen statistischen Erfassung
1956 die deutschen Importe wertmäßig die deutschen Exporte nach Venzuela übertroffen.[896] Nach venezolanischer Statistik machten die Ausfuhren nach Deutschland
im Jahre 1956 nur ein Fünftel der deutschen Exporte
nach Venezuela aus;[897] mit dieser Argumentation bestand die venezolanische Regierung für die Gewährung
der Meistbegünstigung deutscher Erzeugnisse auf einem
vertraglich abgesicherten Ausgleich der Handelsbilanz
und auf einer festen Vereinbarung für die Abnahme von
venezolanischem Kaffee. Bei dieser venezolanischen Einstellung war die Bundesregierung an der Aufnahme von
Handelsvertragsverhandlungen nicht interessiert, zumal
sie für venzolanische Erzeugnisse die Meistbegünstigung
gewährte und Kaffeeeinfuhren ab 1. April 1955 liberalisiert hatte.[898] Als Lieferant nahm in dieser Zeit
die Bundesrepublik bereits den zweiten Platz ein -
mit großem Abstand hinter den USA;[899] dieser Rang
wurde ab 1955 auch durch die venezolanischen Statistik
bestätigt.[900]

Die Zweckmäßigkeit der deutschen Politik des ungebun-
denen Handelsverkehrs zeigte sich in laufenden Steige-

---

896) Nach o. Verf., Für Abschluß eines
Handelsabkommens, in: Übersee-Rundschau, 9 (1957), Heft
5, S. 27 ff, betrugen: der Direktbezug 1956 aus
Venezuela 50,290 Mio, via Aruba/Curacao 42,861 Mio =
Gesamtimport 93,151 Mio US $, und der Gesamtexport nach
Venezuela 88,429 Mio US $.
897) Nach Ibero-Amerika. Ein Handbuch, S. 392 f, betrug
der deutsche Anteil 1956 an der Einfuhr Venezuelas 295
Mio Bs. und an der Ausfuhr 60 Mio Bs.
898) Vgl. AA, Allgemeine Instruktionen, 22.4.1955, und
DB an AA, Berichte, 15.3. und 11.4.1956, in: PA Ref.
306, Bd. 61.
899) Vgl. DB an AA, Bericht, 22.5.1956.
900) Nach Ibero-Amerika. Ein Handbuch, S. 392.

rungen sowohl der Ausfuhren als auch der Einfuhren bis 1957 - unabhängig von deutschen Bezügen über Drittländer;[901] danach traten größere Schwankungen ein. Das Verhältnis zwischen Ein- und Ausfuhren betrug in den ersten beiden Vierjahresperioden etwa eins zu zwei und näherte sich in der dritten einem Ausgleich.[902]

Einen Aufschluß für die Veränderung gibt vielleicht ein Bericht der Botschaft. Hiernach herrschte am Ende des Jahres 1956 in venezolanischen Wirtschafts- und Regierungskreisen trotz des Aufschwunges ein Unbehagen, weil ein Überblick über die finanzwirtschaftlichen Verpflichtungen des Staates aus den fertiggestellten und eingeleiteten öffentlichen Arbeiten und Investitionen fehlte; man fragte sich, ob Venezuela wirklich so reich sei, wie es sich den Anschein gab.[903] Deutsche Investitionen wurden im wesentlichen für den Auf- und Ausbau von Absatzorganisationen vorgenommen.[904] Die Höhe der Garantien und Bürgschaften von ca. 122 Mio DM[905] war durch den Anfang 1953 der Siemens-Halske-Gruppe erteilten Auftrag für den Ausbau des Telefonnetzes von Caracas im Werte von ca. 40 Mio US $ bedingt.[906]

---

901) Siehe Statistischen Anhang XIII.1.10.1.
109) Siehe Statistischen Anhang XIII.1.10.2.
903) Vgl. DB an AA, Anlage zu Bericht, 26.11.1956, in: BA B102/6153.
904) Siehe Statistischen Anhang XIII.2.2.
905) Siehe ebenda 4.
906) Vgl. DG an AA, Halbjahresbericht I/1953, 22.12.1953, in: BA B102/6154.

XII.   Zusammenfassende   Betrachtung zum Wiederaufbau der Wirtschaftsbeziehungen zu Südamerika

Die gute Aktenlage ermöglichte es, die wirtschaftspolitischen und die wirtschaflichen Vorgänge beim Wiederaufbau der deutschen Wirtschaftsbeziehungen zu den
südamerikanischen Ländern nach dem Zweiten Weltkrieg
schwerpunktmäßig ausführlich darzustellen. Bei einer
zusammenfassenden Betrachtung kann festgestellt werden, daß der Wiederaufbau in relativ kurzer Zeit erfolgreich durchgeführt worden ist, hierbei aber große
Unterschiede zwischen den einzelnen Ländern aufgetreten
sind. Wesentliche Gemeinsamkeiten und Abweichungen bei
den Entwicklungen der südamerikanischen Strukturen und
der vertraglichen Rahmenbedingungen sollen nachstehend
zusammenfassend betrachtet und abschließend eine Wertung der Ergebnisse beim Wiederaufbau und der politischen Bedeutung aus deutscher Sicht vorgenommen werden.

1. Betrachtungen zur Entwicklung südamerikanischer Strukturen

Einleitend sollen die Unterschiede in der mentalen Entwicklung der Bevölkerung Nord- und Südamerikas durch
Vergleiche der prägenden europäischen Siedler herausge-
stellt werden.

Nach Nordamerika waren überwiegend protestantische
Westeuropäer eingewandert, die dem imperial absoluti-
stisch geprägten System mit seinen sozialen Gegensätzen
und der Enge ihrer Heimat entfliehen wollten. Sie fühl-
ten sich berufen, eine bessere demokratische Welt nach
ethischen und moralischen Grundsätzen auf der Basis eines puritanisch pietistischen Christentums zu schaf-

fen. So bildete sich bei diesen Einwanderern ein fast
messianisches Sendungsbewußtsein, das seinen Ausdruck
in Begriffen wie "Manifest Destiny", "God's Own Coun-
try" oder das "Neue Zion" fand und später dazu führte,
die Vorzüge der Demokratie und des "Way of American
Life" allen Völkern und hierbei insbesondere den südlichen Nachbarn bringen zu wollen. Bei dem Streben nach
Expansion durch den Zug nach Westen entstand eine
"Frontier"-Mentalität, die keineswegs christlich mit
den eingeborenen Indianern verfuhr.

Südamerika wurde zwischen den beiden katholischen Kö-
nigshäusern Spanien und Portugal entsprechend den Bestimmungen des Vertrages von Tordesillas aufgeteilt und
verwaltet.

Spanien betrieb dem Prinzip nach eine Politik der
Siedlungskolonisation, die auf Integration der eingeborenen Bevölkerung in ein nach spanischem Vorbild ge-
prägtes Gemeinwesen abzielte. Hierbei sollten die Eingeborenen durch Bekehrung zum Christentum zu "nützli-
chen Untertanen" gemacht werden, die den spanischen
Untertanen - zumindest rechtlich - gleichgestellt sein
sollten; nur die sich der Christianisierung ver-
sperrenden Eingeborenen unterlagen einem besonderen
Recht und durften mit Billigung der Kirche versklavt
werden. Die Krone erteilte privaten Unternehmern für
die Besitznahme und Besiedlung bestimmter Regionen sogenannte "Kapitulationen", in denen vor Durchführung
eines Entdeckungs- und Eroberungsunternehmens bereits
weitreichende rechtliche Festlegungen für die Zeit nach
dem erfolgreichen Abschluß und für die anschließende
Kolonisation getroffen waren.

Zeitlich fiel das Kriegsende gegen das maurische Grana-
da mit den ersten Entdeckungsfahrten nach Amerika zusammen; damit fanden die bisher im Kampf gegen die
Mauren eingesetzten Krieger weitere Betätigung mit der
Aussicht auf Beute, die sie sich in den eroberten Gebieten holen wollten; dort bildeten sie die feudale
Konquistadorengesellschaft mit der Institution der
"encomienda"; diese stellte rechtlich zwar nur eine
freiwillige Unterstellung der Eingeborenen unter den
Schutz eines Herren ohne Befugnisse für eine Jurisdik-
tion dar, de facto bewirkte sie aber neben Tributlei-
stungen eine rechtliche Bindung an ihre Herren wie bei
einer Grundherrschaft. Um dieser Entwicklung, die den
staatspolitischen Interessen Spaniens zuwiderlief, Ein-
halt zu bieten, baute die Krone ein feudales Verwal-
tungssystem mit Vizekönigen an der Spitze auf, förderte
den Einsatz von Missionaren und leitete damit die Entwicklung von Strukturen nach dem Vorbild der spanischen Monarchie ein.[907]

Das bevölkerungsarme Portugal verfolgte dagegen zunächst eine Politik der Gründung von kommerziellen
Stützpunkten; in diesen wurde mit den Eingeborenen
Tauschhandel betrieben; zivilisatorisch-missionarische
Zielsetzungen spielten dabei kaum eine Rolle. Erst als
andere Kolonialmächte Interesse an Brasilien bekundeten, vergab die portugiesische Krone an private Unter-
nehmer Küstenstreifen, die durch parallel in Ost-West-
Richtung angenommene Demarkationslinien begrenzt wurden, als Lehen mit der Auflage, für die Besiedlung und

---

907) Vgl. Horst Pietschmann, Die Conquista Amerikas:
ein historischer Abriß, in: Karl Kohut (Hrsg.), Der
eroberte Kontinent. Historische Realität, Rechtferti-
gung und literarische Darstellung der Kolonisation Amerikas, Frankfurt a. M. 1991, S. 17 ff.

Nutzbarmachung der Gebiete zu sorgen. Mitte des 16. Jahrhunderts wurde das Generalgouvernement in Bahia und damit eine zentrale Verwaltung der feudal lehns- rechtlichen Institutionen errichtet.[908]

Trotz unterschiedlicher Methoden prägten die feudal merkantilistischen Ausgangspositionen beider Kronen die politischen, sozialen und ökonomischen Strukturen Südamerikas während der Kolonialzeit. Da der Übergang zur Souveränität Anfang des 19. Jahrhunderts sich ohne revolutionäre Umwälzungen vollzog, blieben die führen- den und besitzenden Schichten weiterhin tonangebend.

Politisch bildete sich in Nordamerika eine festgefügte Föderation mit freier Marktwirtschaft, während in Süd- amerika in nachkolonialer Zeit nach vergeblichen Ver- suchen von Zusammenschlüssen politisch im wesentlichen die kolonialen Strukturen erhalten blieben. In ihren Staatsformen und Verfassungen folgten die Länder Süd- amerikas dem demokratisch rechtsstaatlichen Vorbild der Vereinigten Staaten; eine Ausnahme bildete Uruguay, das dem Schweizer Modell nachstrebte.[909] Auch während diktatorischer Phasen bemühten sich die jeweiligen Machthaber um rechtliche Legitimation, z.T. mit faden- scheinigen Argumenten, wie z.B Argentinien in der Schutzrechtsfrage.[910]

Wirtschaftspolitisch verfolgten die Länder Südamerikas nach dem Ersten und verstärkt nach dem Zweiten Welt- krieg das Ziel, durch Aufbau einer eigenen Industrie von Importen weitgehend unabhängig zu werden. Bei der Importsubstitution bestanden große Unterschiede zwi-

---

908) Vgl. ebenda.
909) Siehe vorstehend X.1., S. 303.
910) Siehe vorstehend II.2.1., S. 35.

schen den einzelnen Ländern;[911] am weitesten fortge-
schritten waren hierin die ABC-Staaten. Alle südamerikanischen Regierungen waren - wenn auch mit unter-
schiedlichem Erfolg - um die Verbesserung der mangel-
haften Infrastrukturen und um die Reduzierung der
Abhängigkeit vom Export landwirtschaftlicher Erzeugnisse bemüht; dieser war wegen der Monostrukturen besonders hart den Schwankungen des Weltmarktes ausgesetzt.

Einen weiteren Faktor der Instabilität bildete die mit
der Industrialisierung zusammenhängende Landflucht; sie
führte in den Großstädten zu Massenbewegungen, die
sich zu politischen Kräften entwickelten und für die
Verbesserung des Lebensstandards der Bevölkerung kämpf-
ten. Dadurch entwickelten sich, vereinfacht dargestellt, zwei gegensätzliche politische Richtungen: die
der konservativen Besitzenden und die der sozialistisch eingestellten Arbeitnehmer. Als Folge traten
häufig Machtwechsel aufgrund von Wahlen oder durch vom
Militär meistens unterstützte Umstürze ein, die zu
großen innen- und außenpolitischen Schwankungen und Unsicherheiten führten.

Bei genereller Wahrung des Rechtes der einzelnen Bürger
auf Eigentum, wodurch sich die südamerikanischen Wirtschaftsstrukturen grundsätzlich von der sozialisti-
schen Plan- oder Kommandowirtschaft des Ostblocks un-

---

911) Diese Phase wird in der Wirtschaftswissenschaft
als "Importsubstitutionsperiode" (vgl. Carlos von
Doellinger, Der historische Zusammenhang zwischen Auslandsinvestitionen und Außenhandel, Göttingen 1978)
oder als "take off" bezeichnet (vgl. Walt W. Rostow,
Stadien wirtschaftlichen Wachstums. Eine Alternative
zur marxistischen Entwicklungstheorie, Göttingen 1960,
S. 39 ff).

terschieden haben, waren die südamerikanischen Regierungen, einem weit verbreiteten Trend der Zeit folgend, überzeugt, nur mit Hilfe eines staatlichen Dirigismus die anstehenden Aufgaben lösen zu können. Die im einzelnen ergriffenen Maßnahmen variierten von Land zu Land und auch von Regierung zu Regierung; die Einstellungen zu ausländischem Einfluß durch im Lande tätige Gesellschaften, Direktinvestitionen, Kreditgewährung u.ä. reichten von der Förderung bis zur Ablehnung und Enteignung.

Zur Lenkung des Außenhandels wurden Währungskurse, Zölle u.ä. manipuliert; bei der Steuerung durch Subventionen und Diskriminierungen bediente man sich verschiedener Methoden, die zum Teil den von Hjalmar Schacht im "Neuen Plan" entwickelten ähnelten. Diese Maßnahmen führten zu einem allmählichen Verfall der Währungen und einem Anwachsen der Staatsverschuldung. Zu letzterem trugen auch häufig die in zunehmender Zahl entstandenen Staatsbetriebe bei, wofür Argentinien ein ausgeprägtes Beispiel in peronistischer Zeit bot.[912]

Wegen der labilen sozialen Strukturen wurden vielfach politisch motivierte Zugeständnisse gemacht, die weit über den Zuwachs der Produktivität hinausgingen; dadurch wurde die Preis- Lohnspirale in Bewegung gesetzt; die Folgen waren steigende Inflationsraten, weitere Arbeitskämpfe sowie soziale und wirtschaftliche Spannungen und Unsicherheiten.

In dieser schwierigen Situation suchten die südamerikanischen Staaten nach Partnern im Außenhandel, mit denen ein Ausgleich in einem gebundenen Handelsverkehr

---

912) Siehe vorstehend II.2.3., S. 63 ff.

aufgrund der sich ergänzenden Wirtschafsstrukturen erreichbar war. Nach den Erfahrungen aus der Zeit nach
der Weltwirtschaftskrise bot sich hierfür auch Deutschland an. Erste wirtschaftliche Kontakte nach dem Zweiten Weltkrieg hatten die Besatzungsmächte in Westdeutschland zu einigen südamerikanischen Staaten zugelassen. Diese wurden nach Gründung der Bundesrepublik
Deutschland intensiviert; es war nämlich ein vordring-
liches wirtschaftspolitisches Ziel der Bundesregierung,
einen starken Außenhandel wiederaufzubauen, um die Versorgung der Bevölkerung und Wirtschaft auf eigene Füße
zu stellen.[913] Der Schwerpunkt der Bemühungen lag zwar
im westeuropäischen Markt, in Übersee war aber Südamerika, das sich im sogenannten "Kalten Krieg" auf die
Seite des Westens gestellt hatte, traditionell ein be-
vorzugter Partner.

Da die Zahlungsbilanz der Bundesrepublik 1949 ein Defi-
zit von 3,7 Milliarden DM auswies,[914] deckte sich das
Interesse der Bundesregierung mit dem der südamerikanischen Staaten, den Handelverkehr auf Verrechungsbasis
aufzunehmen und hierfür einen vertraglichen Rahmen zu
schaffen. Ausnahmen bildeten Venezuela und Bolivien,
die zum Dollar-Zahlungsraum zählten.

Für die Struktur des Handelsverkehrs war der Stand der
industriellen Entwicklung des betreffenden Landes maßgebend. Länder, die in der Industrialisierung weiter
zurückgeblieben waren, wurden vorwiegend mit deutschen
Konsumgütern beliefert; von dort wurden Rohstoffe und
Agrarprodukte bezogen; hierbei wurde ein wertmäßiger

---

913) Vgl. BWM Abt.V, Die außenwirtschaftliche Situation
und die Aufgaben der Handelspolitik, 4.10.1954, in: BA
B102/56562.
914) Vgl. ebenda.

Ausgleich auf US $-Basis angestrebt. Für die exportie-
rende deutsche Konsumgüterindustrie war der Bedarf dieser Länder von Interesse, da er im allgemeinen höher
lag, als in den weniger entwickelten Ländern anderer
Kontinente.

Die Handelsstruktur mit den in der Industrialisierung
fortgeschrittenen südamerikanischen Ländern war ambiva-
lent. Einerseits waren sie gezwungen, die für den Aufbau der Industrie benötigten Ausrüstungen aus dem Ausland zu beziehen, und andererseits schützten sie ihre
anlaufende importsubstituierende Industrie vor ausländischen Importen durch entsprechende protektionistische
Maßnahmen. Damit zwangen sie die deutschen Hersteller
und hierbei besonders diejenigen, die bereits Ver-
triebsgesellschaften mit Ersatzteillagern und Kunden-
diensten in Südamerika aufgebaut hatten, zur Entscheidung, ob sie zur langfristigen Erhaltung ihrer Marktpo-
sition dort weitere Investitionen vornehmen wollten.
Bei positivem Entschluß war der nächste Schritt in der
Regel die Errichtung eines Montagebetriebes. In diesem
wurden zunächst vorwiegend importierte Teile zusam-
mengebaut und anschließend zunehmend einheimische Erzeugnisse verwendet, in manchen Ländern sogar nach einem vorgegebenen Plan mit prozentualen Anteilen. In
dieser Phase verbesserten sich durch die Präsenz im
Lande die Chancen für Importe von höherwertigen, dort
noch nicht hergestellten Erzeugnissen der investieren-
den Firma. In einer weiteren Stufe wurden dann kom-
plette Fertigungsstätten mit Zulieferungsbetrieben im
Lande errichtet und die Fertigungsprogramme mit der
Stammfirma abgestimmt.[915] Bei Großfirmen kamen noch

---

915) Vgl. hierzu die "product-cycle-Theorie" von R.
Vernon, wonach ein neues Produkt zuerst durch Innova-
tionen in einem entwickelten Markt erscheint, in der

Überlegungen für den "Interfirmenhandel" mit Schwester-
unternehmen im Ausland hinzu. Das Interesse der deutschen Unternehmungen am südamerikanischen Markt war so
ausgeprägt, daß die Direktinvestitionen in Südamerika
- insbesondere in Brasilien - im Verhältnis sowohl zum
Handelsvolumen als auch zu den Gesamtauslandsinve-
stitionen überproportional hoch lagen. Damit lag die
Bundesrepublik bei den ausländischen Investoren in Südamerika wieder an zweiter Stelle, dieses Mal mit großem
Abstand hinter den USA.

Bei der Lieferung von Investitions- und anderen lang-
lebigen Wirtschaftsgütern wurden von südamerikanischer
Seite langfristige Finanzierungen erwartet und hiervon
häufig der Zuschlag abhängig gemacht. Im Anfang stießen
derartige Wünsche in der Bundesrepublik wegen beschränkt verfügbarer Mittel auf Schwierigkeiten;[916]
später mußte geprüft werden, ob das betreffende Land in
der Lage sein wird, die eingegangenen Verpflichtungen
zu erfüllen.

Da gerade die von der deutschen Industrie angestrebten
Großgeschäfte mit langen Lieferzeiten und Zahlungszielen den erwarteten Ausgleich im bilateralen Handelsverkehr erschwerten oder sogar verhinderten und dadurch
sich allmählich eine DM-Lücke gebildet hatte, entstand
der Zwang zur Umstellung des Zahlungsverkehrs auf eine
multilaterale Basis.

Reifephase hierfür Investitionen im Ausland vorgenommen
werden und in der Standardisierungsphase es am Ende des
Produktlebens aus dem Ausland in das Ursprungsland importiert wird (C. v. Doellinger, Der historische
Zusammenhang zwischen Auslandsinvestitionen und
Außenhandel).
916) Siehe vorstehend II.2.3., S. 65 ff.

Die Durchführung der Umstruktuierung zum liberalen Handels- und multilateralen Zahlungsverkehr erfolgte in den einzelnen Ländern zeitlich und der Form nach differenziert. Als Abschluß der wirtschaftlichen Wiederaufbauphase nach dem Zweiten Weltkrieg kann 1958 wegen der Einführung der Konvertierbarkeit der DM im Zahlungsverkehr angesetzt werden. Buchheim markiert das Jahr 1958 sogar als eine Epochenwende auf dem Gebiet des Auslandszahlungsverkehrs in Westeuropa.[917]

2. Betrachtungen zur Entwicklung der vertraglichen Rahmenbedingungen

Bei der Betrachtung der vertraglichen Rahmenbedingungen sollen zunächst die von den Militärregierungen abgeschlossenen Abkommen[918] mit den später von der Bundesregierung vereinbarten verglichen werden.

Für deutsche Exporte nach Uruguay und Argentinien waren von den Militärregierungen diesen Ländern zwar Dollarüberhänge bei den Importen in die westlichen Besatzungszonen in Höhe von fünfzehn bzw. fünfundzwanzig Prozent zugestanden worden; da aber Warenlisten für deutsche Ausfuhren und die Festlegung eines Swings im Verrechnungsverkehr nicht vereinbart waren, benutzten diese beiden Länder ihre Ausfuhren zur Dollarbeschaffung, indem sie keine deutsche Waren in ihre Länder einführten. Dieses unilaterale Verfahren wurde schnellstens von der Bundesregierung durch Kündigungen und durch neue Vereinbarungen mit entsprechenden Bestimmun-

---

917) Vgl. Christoph Buchheim, Die Wiedereingliederung Westdeutschlands in die Weltwirtschaft 1945 - 1958, München 1990, S. 170.
918) Siehe vorstehend I.1., S. 9 f, und Anmerkung 18.

gen für einen bilateralen Handelsverkehr abge-
stellt.[919)]

Mit Chile waren aus dem Verrechnungssystem die Bezüge
von Salpeter und Kupfer und die deutschen Lieferungen
von Kohle und Koks ausgenommen; sie waren in freien US
Dollar zu begleichen. Damit waren gewichtige Posten dem
bilateralen Verrechnungssystem entzogen. Nach einigen
ergänzenden Notenwechseln wurden im Oktober 1950 neue
Abkommen ohne diese Mängel paraphiert.[920)] Mit Kolumbien sah das Abkommen für den Bezug von Bananen neben
dem Verrechnungsweg ein besonderes Konto vor, das
durch zusätzliche Ausfuhren ausgeglichen werden mußte;
auch diese Abkommen wurden zum frühesten Zeitpunkt
durch eindeutig bilaterale Vereinbarungen ersetzt.[921)]
Nur das von der Alliierten Hohen Kommission mit Ecuador
im November 1949 unterzeichnte Abkommen entsprach den
deutschen Vorstellungen; erst 1953 wurden neue, den
zwischenzeitlichen Entwicklungen angepaßte Vereinbarungen getroffen.[922)]

In der Aufbauzeit standen der Bundesregierung für Vertragsverhandlungen nur ein begrenzte Zahl von politisch
unbelasteten Herren mit entsprechenden Erfahrungen und
Qualifikationen als Delegationsleiter zur Verfügung; es
waren daher bevollmächtigte deutsche Vertreter im Range
von Ministerialräten, -dirigenten und in Ausnahmefällen -direktoren häufig entgegen den diplomatischen

---

919) Siehe vorstehend X.2.1., S. 304 f, und II.2.1., S.
31.
920) Siehe vorstehend IV.2., S. 202 f.
921) Siehe vorstehend V.2., S. 237 f.
922) Siehe vorstehend VI.2., S. 260 f.

Usancen die Gesprächspartner von südamerikanischen Staatspräsidenten und Ministern.[923)]

Bei den Verhandlungen über Warenabkommen stellten sich bei der Vereinbarung der Warenlisten und -kontingente häufig Schwierigkeiten bei der Abstimmung der Wünsche und Möglichkeiten der eigenen Seite mit denen des Partners ein. Beispiele hierfür boten einerseits die Forderung der Argentinier im Jahre 1951 nach größeren deutschen Lieferungen von Eisen- und Stahlerzeugnissen[924)] und andererseits der Wunsch Kolumbiens nach größeren Abnahmen von Bananen und Kaffee.[925)] Es bedurfte des Verhandlungsgeschickes und der Diplomatie der Delegationsleiter, um einen für beide Seiten tragbaren Kompromiß zu finden. Die Summe der einzelnen Posten ergab den Umfang der Warenlisten, der für Ein- und Ausfuhr angeglichen werden mußte. Im Laufe der Zeit wurden die Warenlisten flexibel und unverbindlich gehandhabt und Zusammenfassungen zu Warengruppen vorgenommen. Beim Übergang zum liberalisierten Handelsverkehr entfielen sie; der Warenverkehr wurde dann durch die Marktmechanismen von Angebot, Nachfrage und Preis geregelt.

Der Erfassung durch das Verrechnungssystem entzogen sich private Tausch- und Kompensationsgeschäfte; sie wurden daher in der Regel nicht genehmigt; dieser Grundsatz war in einigen Abkommen verankert.[926)] Dagegen fanden Dreiecksgeschäfte regierungsseitig Unter-

---

923) Inzwischen ist das Gegenteil eingetreten, da der deutsche Außenminister in den letzten Jahren ungewöhnlich häufig seine Kollegen und Staatspräsidenten im Ausland aufsucht, z.T. nur für wenige Stunden.
924) Siehe vorstehend II.2.2.2., S. 41 f.
925) Siehe vorstehend V.2., S. 240, und 3., S. 247 ff.
926) Als Beispiele siehe vorstehend V.2., S. 240, und VI.2., S. 261.

stützung, da sie den Warenverkehr über den bilateralen
Rahmen hinaus erweitern sollten. Als Beispiel sei das
nicht zustandegekommene deutsche Dreiecksgeschäft mit
Argentinien und Peru erwähnt,[927] bei dem der Bundeswirtschaftsminister auf seiner Südamerikareise im Frühjahr 1954 vermittelnd eingegriffen hat.[928]

Zur Erweiterung des Handelsvolumens wollte der Hamburger und Bremer Großhandel den Transithandel, den er mit
gutem Erfolg vor den Weltkriegen mit südamerikanischen
Produkten nach Nord-, Ost- und Südosteuropa betrieben
hatte, nach dem Zweiten Weltkrieg wieder aufnehmen. Da
im bilateralen Verkehr im allgemeinen der Grundsatz
galt, daß eingeführte Waren zum Verbrauch oder zur
Verarbeitung im Einfuhrland bestimmt sind, war für den
Weiterverkauf die Zustimmung des Liefer- bzw. Erzeuger-
landes erforderlich. Die südamerikanischen Handelspartner waren in der Regel an Weiterlieferungen ihrer Erzeugnisse nur in die Länder interessiert, mit denen sie
keine Handelskontakte unterhielten; sie machten daher
entsprechende Einschränkungen und verlangten ihr vorhe-
riges Einverständnis.[929]

Mit Brasilien wurde ein solches im Jahre 1952 erzielt,
als zum Abbau des brasilianischen Schuldensaldos die
später umstrittene Methode des "Treue-Verfahrens" vereinbart wurde, bei der die Importe durch ein Disagio
verbilligt wurden, um einen Weiterverkauf zu ermöglichen.[930]

---

927) Siehe vorstehend II.2.5., S. 79, Anmerkung 208.
928) Siehe ebenda und VII.3., S. 276 f.
929) Siehe vorstehend II.2.4., S. 75, V.2., S. 240,
IX.2., S. 299.
930) Siehe vorstehend III.3., S. 160 ff.

Bei der Bildung des Haager und des Pariser Clubs wurde
mit der Multilateralisierung des Zahlungsverkehrs ausdrücklich die uneingeschränkte Zulassung des Transithandels zwischen den Teilnehmern vereinbart und damit
auch diese Handelsvariante den Regeln des freien Marktes unterworfen.[931]

Ein kolumbianischer Vorschlag im Jahre 1956, zum Abbau
einer Swingüberschreitung Kaffee im Transithandel in
den Ostblock zu liefern, wurde von der Bundesregierung
abgelehnt; eine solche Transitierung hätte nämlich gegen vereinbarte Restriktionen verstoßen und einen Präzedenzfall für andere Erzeugnisse und Länder dargestellt. In diesem Fall hatten politische Überlegungen
den Vorrang vor ökonomischen.[932]

Die wechselseitige Meistbegünstigung wurde im Laufe der
Zeit zum Teil im Rahmen des GATT gewährt oder gesondert
vereinbart. Eine Ausnahme bildete Venezuela, das die
ihr einseitig gewährte Meistbegünstigung der Bundesrepublik ohne vertragliche Vereinbarungen eines Aus-
gleichs der Handelsbilanz und einer festen Kaffeeab-
nahme verweigerte; zu diesen Verpflichtungen war die
Bundesregierung bei dem vertragslos florierenden Handelsverkehr nicht bereit.[933]

Beim bilateralen Zahlungsverkehr waren die Höhe des
Swings und die bei Überschreitungen vorgesehenen Maßnahmen wichtige Faktoren. Da die Bundesregierung bei
Aufnahme der Handelsbeziehungen mit den südamerikanischen Staaten aufgrund früherer Erfahrungen mit größe-

---

931) Siehe vorstehend III.5., S. 179 ff, und II.3.3.1.,
S. 118 ff.
932) Siehe vorstehend V.3., S. 250.
933) Siehe vorstehend XI.2., S. 326 f.

ren Ein- als Ausfuhren und daher mit einem Passivsaldo
rechnete, war ihr zunächst ein breiterer Spielraum
durch einen höheren Swing willkommen. Als sich später
die deutsche Devisensituation besserte und im wesentlichen deutsche Aktivsalden auf den Verrechnungskonten
zu verzeichnen waren, wollte die Bank deutscher Länder
die Kreditmarge nur so hoch bemessen, daß sie zum Ausgleich saisonaler und anderer gelegentlicher Schwankungen ausreichte, aber nicht als ständiger unverzinster
Bankkredit verwendet wurde.

In diesem Sinne hatte die Bundesregierung z.B. mit Argentinien im November 1954 einen Swing vereinbart, der
sich im ersten Abkommensjahr mit 35 Mio US $ auf fün-
fundzwanzig Prozent des festgelegten Austauschvolumens
belief, im zweiten zwanzig und im dritten Jahr fünfzehn
Prozent des arithmetischen Mittels aus dem Gesamtbetrag
der auf dem Verrechnungskonto in dem vorhergehenden
Jahr verbuchten Gut- und Lastschriften betragen sollte
und bei durchgehender Inanspruchnahme gestaffelt zu
verzinsen war. Außer einer ersten Konsolidierung argentinischer Schulden wurde gleichzeitig die Möglichkeit geschaffen, Transaktionen über ein Beko-DM-Konto
abzurechnen. Hiervon machten die Argentinier reichlich
- z.T. zu nicht vereinbarten eigennützigen Zwecken -
Gebrauch. Als Folge errechnete sich der Swing für das
zweite Abkommensjahr wegen des Rückgangs der Buchungen
auf dem Verrechnungskonto nur auf 12 Mio US $.[934]

Dem Wunsch der Argentinier auf Erhöhung des Swings
schlossen sich die zuständigen Bundesministerien aus
politischen und wirtschaftspolitischen Gründen an, wäh-

---

934) Siehe vorstehend II.2.6., S. 91 f, und 2.7., S.
95 f.

rend die Bank deutscher Länder von der vertraglichen Vereinbarung nicht abweichen wollte, weil damit ihrer Ansicht nach ein Fehlverhalten der Argentinier durch mißbräuchliche Verwendung der Beko-DM zur Abdeckung anderweitiger Schulden belohnt werden würde. Die internen Auseinandersetzungen über das weitere Vorgehen wurden zeitweise durch die Revolution in Argentinien Mitte September 1955 unterbrochen, spitzten sich dann aber weiter zu; das Problem fand Mitte Dezember 1955 dadurch eine Lösung, daß die nachperonistische Regierung die vertraglichen Vereinbarungen im Sinne der Bank deutscher Länder anerkannt und den Betrag, der den Swing von 12 Mio US $ überstieg, überwiesen hat. Wie bei Swingüberschreitungen üblich, war auch in diesem Falle ein "Wartezimmer"[935] solange eingerichtet worden, bis für weitere Auszahlungen eine Deckung gegeben war.

Im Jahre 1952 wurde von Brasilien der vereinbarte Swing so gravierend überschritten, daß spezielle Verhandlungen und Vereinbarungen erforderlich wurden. Eine Lösung wurde schließlich mit den unkonventionellen Mitteln des "Treue-Verfahrens", das wohl noch die Handschrift von Hjalmar Schacht trug, gefunden. Hierbei wurden durch eine De-facto-Abwertung des Brasil-Dollars durch Disagien deutsche Importe verbilligt und Exporte verteuert; gleichzeitig wurde durch proportionale Steuerungen der Lizensierungen durch die Zentralbanken der Schuldensaldo abgebaut.[936]

Der von deutscher Seite angestrebte Übergang von dem bilateralen Verrechnungsverkehr der ersten Jahre auf

935) Siehe vorstehend II.3.1., S. 105, Anmerkung 253.
936) Siehe vorstehend III.3., S. 160 f.

eine multilaterale Basis des Zahlungsverkehrs vollzog
sich in folgender zeitlicher Staffelung:

im August 1954 mit Kolumbien ohne Überleitung bei so-
fortigem Kontoausgleich,[937]

ein Jahr später mit Brasilien im Rahmen des Haager
Clubs[938] und mit Paraguay bei Gewährung eines Über-
brückungskredites von einer Mio US $, rückzahlbar im
Laufe von drei Jahren,[939]

im April 1956 mit Uruguay, wobei sieben Mio US $ durch
den zusätzlichen Bezug von einhunderttausend Tonnen uru-
guayanischen Weizens ausgeglichen wurden,[940]

im Oktober 1956 mit Chile bei Einräumung eines im Laufe
von drei Jahren rückzahlbaren Kredits von sechs Mio US
Dollar [941] und schließlich

im November 1957 mit Argentinien im Rahmen des Pariser
Clubs.[942]

Zu erwähnen bleibt, daß die Beratergremien der deutschen Wirtschaft für Kolumbien und Ecuador vor den Umstellungen zwar gewarnt hatten, die Bundesregierung
aber dessen ungeachtet ihr marktwirtschaftliches Ziel
der Multilateralisierung verfolgt hat.

Im Rahmen des Haager Clubs verlief der Übergang ohne
Probleme; die vorhandenen Brasil-Dollar wurden nach
dem Stichtag durch Importe innerhalb von zweieinhalb
Monaten - statt der geplanten vier Monate - aufgebraucht und und der für deutsche Exporte in der Über-

---

937) Siehe vorstehend V.3., S. 246.
938) Siehe vorstehend III.6., S. 179 ff.
939) Siehe vorstehend IX.2., S. 299 f.
940) Siehe vorstehend X.2.2., S. 315 ff.
941) Siehe vorstehend IV.6., S. 224 ff.
942) Siehe vorstehend II.3.4.2., S. 142 ff. Bei dem
Verrechnungsland Peru war von Anfang an in freien US $
abgerechnet worden.

345

gangszeit vorgesehene Kredit mit 55 Mio Beko-DM - statt
der geplanten Spitze von 80 Mio - in Anspruch genommen;
dieser wurde kurzfristig kommerzialisiert getilgt.[943]

Für den Pariser Club mit Argentinien bildete zwar der
Haager Clubs das Modell, dort traten aber vor dem An-
laufen erhebliche, durch Argentinien verursachte
Schwierigkeiten auf. Die Bundesregierung hatte als
Voraussetzung für ihren Beitritt die vorherige Lösung
der Probleme der interdizierten deutschen Firmen, der
Altvermögen und -schutzrechte und der Traktoren-
lieferverträge gefordert, und hierfür bei den anderen
Clubmitgliedern Verständnis gefunden. Die Argentinier
versuchten dagegen ohne die Erfüllumg dieser Vorbedin-
gungen den deutschen Clubbeitritt herbeizuführen und
fanden sich erst unter dem Druck der anderen Clubteil-
nehmer zu Verhandlungen und Zugeständnissen bereit.
Nach fast eineinhalb Jahren wurde schließlich eine Einigung erzielt; u.a. wurden rund 98 Mio US $ argenti-
nische Handelsschulden bei festen Tilgungen bis 1965
konsolidiert; zusätzlich räumte die Deutsche Bundesbank einen Kredit in Höhe von 76 Mio DM ein, der bis
Mitte 1964 zusammen mit den restlichen 5 Mio US $ aus
dem ersten Konsolidierungskredit zurückgezahlt werden
sollte; beide Kredite waren mit dreieinhalb Prozent zu
verzinsen.[944]

Die Regelung der Altschutzrechte und -vermögen gestal-
tete sich ebenfalls sehr unterschiedlich; hierbei gab
es wiederum mit Argentinien große Schwierigkeiten. Die
Ausgangsposition war für alle südamerikanischen Länder
etwa gleich, da sie auf der panamerikanischen Konfe-

943) Siehe vorstehend III.6., S. 181 ff.
944) Siehe vorstehend II.3.4.2. und 3., S. 142 ff.

renz von Chapultepec kurz vor Kriegsende den verpflichtenden Charakter aller früheren Konferenzempfehlungen beschlossen hatten; dazu gehörte auch die Resolution von Bretton Woods vom Juli 1944, wonach die
deutschen Vermögen im Ausland enteignet werden sollten.[945] Die westlichen Besatzungsbehörden und später
die Alliierte Hohe Kommission untersagten der Bundesregierung, Verhandlungen über deutsche Altvermögen zu
führen, und behielten sich Bestimmungen hierüber bis
zum Inkrafttreten der Pariser Vertäge im Mai 1955 ausdrücklich vor.[946] Bei der Frage, ob Schutzrechte
als Vermögen im Sinne der Resolution zu betrachten
seien, gab es zwar unterschiedliche Auffassungen, die
Alliierte Hohe Kommission erhob aber keine Einwendungen
dagegen, daß die Bundesregierung hierüber Vereinbarungen traf.

Die freie Verfügung der Inhaber über ihre Altschutzrechte und die Eintragung neuer Rechte gestatteten 1950
von sich aus Bolivien, Paraguay und Uruguay.[947] Chile
hatte eine ähnliche Zusage im Oktober 1950 gegeben,
sie wurde aber erst im April 1953 rechtskräftig; hierbei wurden die zwischenzeitlich an Dritte weiterge-
gebenen Rechte ausgenommen, wie es auch bei anderen
Länder die Regel war.[948] Bei Kolumbien und Peru lag
ebenfalls zwischen den 1951 getroffenen Vereinbarungen
und dem Inkrafttreten 1954 wegen der Ratifikation ein
Zeitraum von drei Jahren.[949] Im Jahre 1953 wurden die
Schutzrechtsfragen mit Ecuador und Brasilien vertrag-

---

945) Siehe vorstehend I.1., S. 7.
946) Siehe vorstehend IV.4., S. 211 f.
947) Siehe vorstehend VIII.1., S. 284, IX.1., S. 295,
und X.1., S. 302.
948) Siehe vorstehend IV.3., S. 206.
949) Siehe vorstehend V.4., S. 254 f, und VII.2., S.
273, und 3., S. 275 f.

lich geregelt; in Brasilien erlangte diese wegen eines Junktims mit der Altvermögensregelung erst 1958
Rechtsgültigkeit.[950]

Mit Argentinien wurde im Oktober 1951 die Eintragung
neuer Schutzrechte und eine zwischenzeitliche privatrechtliche Lösung für Altschutzrechte vereinbart, im
Juli 1953 gab Argentinien einen Teil der nicht benutzten Schutzrechte zur Rückgabe frei und erst 1958 konnten Anträge auf Rückgabe der restlichen, von Argentinien zwischenzeitlich verwendeten Markenzeichen und
Firmennamen gestellt werden; den bisherigen argentinischen Benutzern mußte nach der Rückgabe noch ein Recht
auf Weiterverwendung für ein dreiviertel Jahr und auf
anschließenden Verkauf der mit diesen Zeichen und Namen
versehenen Waren eingeräumt werden.[951]

Argentinien vertrat in der Frage der Warenzeichen, Fa-
brik- und Handelsnamen die von anderen Ländern nicht
geteilte, rechtlich unhaltbare Auffassung, daß mit der
Beschlagnahme und Enteignung deutscher Niederlassungen
nicht nur die von diesen geführten deutschen Firmennamen und -zeichen sondern auch die Markenzeichen und
-namen der Stammhäuser, die die von den Niederlassungen
vertriebenen, in Deutschland hergestellten Erzeugnisse
trugen, in den Besitz des argentinischen Staates
übergegangen seien und dieser hierüber frei verfügen
könne.[952] So kam es 1951 wegen der Verwendung des Markenzeichens zur Beschlagnahme importierter Deutz-Motore; diese wurde zwar auf Veranlassung von Peron auf-

950) Siehe vorstehend VI.2., S. 261 und 263 f, und
III.4., S. 167 ff.
951) Siehe vorstehend II.2.2.3., S. 59, 2.4., S. 72 f,
und 3.4.1., S. 139 f.
952) Siehe vorstehend ebenda 2.1., S. 35.

gehoben, das Stammhaus mußte aber an die DINIE-Firma
für die Benutzung ihres Firmennamens und Markenzeichens
eine Lizenzgebühr zahlen;[953] eine DINIE-Firma hat sogar ein Mannesmann gehörendes Warenzeichen für sich in
Paraguay eintragen lassen.[954]

Nach dem Stand der Behandlung der beschlagnahmten deutschen Vorkriegsvermögen am 15. Dezember 1960 bildete
Böhmer verschiedene Gruppen:
zur Gruppe der Länder, in denen die deutschen Vermögenswerte nur blockiert waren und nach Kriegsende wieder freigegeben wurden, zählte Uruguay,
zu Ländern, die von sich aus die Beschlagnahme-
gesetzgebung nach Kriegsende aufgehoben und noch vorhandene Vermögen oder Liquidationserlöse zurückgegeben
oder Entschädigungen gezahlt haben, rechneten Bolivien,
Chile, Ecuador und Peru,
Argentinien und Brasilien wurden bei den Ländern aufgeführt, die nach inoffiziellen Besprechungen von sich
aus wenigstens teilweise noch vorhandene Vermögen oder
deren Liquidationserlöse zurückgegeben oder sich zu
Freigabe bereit erklärt haben,
Paraguay gehörte zur Gruppe der Länder, in denen deutsche Vermögenswerte liquidiert, die Liquidationserlöse
vom Staat konfisziert oder anderweitig verbraucht wurden,
bei Kolumbien und Venezuela stand die Regelung der
deutschen Vermögen Ende 1960 noch offen.[955]

Wenn man die bereits erwähnte Durchführung der Altver-
mögensrückgabe in den beiden großen südamerikanischen

---

953) Siehe vorstehend ebenda 2.2.3., S. 53.
954) Siehe vorstehend IX.1., S. 295.
955) Vgl. O. Böhmer, Stand der beschlagnahmten deutschen Vorkriegsvermögen im Ausland, S. 309 f.

Ländern Brasilien und Argentinien im einzelnen ver-
gleicht, so haben beide nach dem Besuch des Bundeswirtschaftsministers im Frühjahr 1954 eine Lösung
mit einer privatrechtlich zusammengeschlossenen Gruppe
deutscher Firmeninhaber durch Zahlung einer globalen
Ablösungssumme für Kriegsschäden und Verwaltungskosten
gesucht, die etwa der Hälfte der geschätzten Vermögenswerte entsprach. In Brasilien wurde im Jahre 1956 auf
dieser Basis nach Erlaß der entsprechenden Dekrete und
dem Abschluß eines Durchführungsvertrages, an dem auch
die Deutsche Botschaft beteiligt war, die Vermögenrück-
gabe abgewickelt.[956]

Argentinien forderte zusätzlich die Verpflichtung, Investitionen in die zurückerworbenen Firmen in einer
die Ablösungsumme übersteigenden Höhe innerhalb von
vier Jahren vorzunehmen. Nach Perons Sturz trat zunächst ein Stillstand und dann eine Verhärtung ein, da
die neue argentinische Regierung den Standpunkt vertrat, daß die Belastungen die eingebrachten deutschen
Vermögenswerte bei den DINIE-Firmen übersteigen. Erst
unter dem Zwang, die Multilateralisierung des Zahlungsverkehrs mit den europäischen Partnern des Pariser
Clubs nicht länger hinauszuzögern, kam eine Einigung
zustande, wonach die einzelnen Firmen 1958 meistbietend
versteigert wurden. Zu diesem Zeitpunkt war bei drei
Viertel der ehemaligen deutschen Eigentümer das Interesse an einem Rückerwerb erloschen und sie gaben kein
Versteigerungsangebot ab.[957]

Bei der dargestellten unterschiedlichen Behandlung der
Probleme der Altvermögen und -schutzrechte durch

---

956) Siehe vorstehend III.7., S. 188 f.
957) Siehe vorstehend II.2.8., S. 99 ff, und 3.4.1., S.
139 ff.

Brasilien und Argentinien war es verständlich, daß Brasilien wesentlich attraktiver für deutsche Direktinvestitionen war als Argentinien.

Hilfreich war hierbei die "Deutsch-Brasilianische Gemischte Kommission für wirtschaftliche Entwicklung".
Sie meldete zu Recht Anfang 1954 Bedenken gegen umfangreiche Investitionen für Produktionsstätten der Firma
Mercedes Benz an, weil damit ein Drittel der für Investitionen im bilateralen Abkommen vorgesehenen Beträge
von einer Firma in Anspruch genommen worden wäre; in
diesem und in einem ähnlich gelagerten Fall der Volkswagen A.G. empfahl sie eine Verringerung der beantragten Devisenbeträge. Hierdurch wurde klargelegt, daß
eine Realisierung größerer industrieller Projekte in
einem bilateralen Zahlungsverkehr nur unter Benachtei-
ligung anderer Investoren möglich gewesen wäre und daher eine Umstellung auf eine multilaterale Basis dringend geboten war; diese erfolgte im darauf folgenden
Jahr im Rahmen des Haager Clubs und damit war der Weg
für umfangreiche Investitionen in Brasilien frei.[958]

Die an ausländische Investoren in Brasilien gestellten
Bedingungen waren durchaus erfüllbar[959] und stellten
auch in anderen südamerikanischen Ländern im allgemeinen kein Hindernis dar. Die deutschen Rahmenbedingungen
für Direktinvestitionen im Ausland, deren Entwicklung
im Eingangskapitel anhand der Runderlasse für das Genehmigungsverfahren dargestellt wurde, dokumentierten
das Bemühen der Bundesregierung, diese schrittweise zu
erleichtern und zu fördern.[960]

---

958) Siehe vorstehend III.8., S. 194 ff.
959) Siehe vorstehend III.8., S. 189 ff.
960) Siehe vorstehend I.2., S. 19 ff.

3. Wertung der Ergebnisse beim Wiederaufbau und der politischen Bedeutung aus deutscher Sicht

Die Wiederaufbauphase der Wirtschaftsbeziehungen zu Südamerika stellt sich aus deutscher Sicht zusammen-gefaßt wie folgt dar:

Der Anteil Brasiliens an den in Südamerika bis 1961 durchgeführten deutschen Investitionen betrug siebzig Prozent und der Argentiniens siebzehn Prozent; Südamerika war am Gesamtvolumen der deutschen Auslandsinvestitionen mit fast einem Viertel außergewöhnlich hoch beteiligt; Brasilien lag an der Spitze aller Länder.[961] Entscheidende Faktoren für die umfangreichen deutschen Investitionen in Brasilien waren einerseits der Zwang zur Markterhaltung wegen der Importsubstitutionen und andererseits die guten Voraussetzungen infolge der fortgeschrittenen Industrialisierung, die eine Errichtung von Produktionsstätten für die Belieferung des großen südamerikanischen Marktes, zum Beispiel mit Kraftfahrzeugen, ermöglichte.

Die Entwicklung des Handelsverkehrs mit Südamerika zeigte ein anderes Bild als bei den Direktinvestitionen. Der Anteil des südamerikanischen Marktes am Gesamtvolumen des Außenhandels der Bundesrepublik schwankte zwischen fünf und acht Prozent und betrug für die Zwölfjahresperiode rund sieben Prozent.[962] Nachdem in der ersten Vierjahresperiode ein beachtlicher Ausfuhrüberschuß mit Südamerika erzielt worden war, stiegen in den folgenden beiden Vierjahresperioden die Einfuhren stärker als die Ausfuhren - im Gegensatz zum

961) Siehe Statistischen Anhang XIII.2.1. und 2.2.
962) Siehe Statistischen Anhang XIII.1.11.2.

allgemeinen Trend im deutschen Außenhandel. In den ersten zwölf Jahren der Bundesrepublik war der Warenverkehr mit Südamerika insgesamt nahezu ausgeglichen; im
einzelnen waren jedoch Überschüsse bei den deutschen
Ausfuhren nach Brasilien, Venezuela und Bolvien sowie
bei den Einfuhren aus Chile, Ecuador und Peru erzielt
worden; eine nahezu ausgeglichene Handelsbilanz bestand
bei Argentinien, Kolumbien, Paraguay und Uruguay.[963].
Die Aufgliederung des deutsch-südamerikanischen Handelsverkehrs nach Länderanteilen ergab in dem Zeitraum von zwölf Jahren bei Zusammenfassung von Ein- und
Ausfuhren im Durchschnitt für Argentinien und Brasilien
je knapp ein Viertel des Gesamtvolumnes, bei den übrigen südamerikanischen Ländern entsprach er in etwa der
Größe und wirtschaftlichen Bedeutung der einzelnen
Länder.[964]

Die großen Unterschiede der Anteile Südamerikas am
deutschen Gesamtvolumen beim Handelsverkehr mit ca.
sieben Prozent und bei den Direktinvestitionen mit rund
dreiundzwanzig Prozent verdeutlichen, daß bei der Entwicklung dieser Strukturen unterschiedliche Faktoren
maßgebend waren. Während sich der Handelsverkehr bei
Konsumgütern und Agrarerzeugnissen in der Regel kurzfristig nach Angebot und Nachfrage und bei Investitionsgütern mittelfristig in noch überschaubaren Zeit-
räumen abwickelte, waren bei Auslandsinvestitionen
langfristige Überlegungen und Faktoren entscheidend.
Dazu zählten u.a. die Größe des Marktes, seine Expan-
sionsmöglichkeiten, die erwartete Rendite des eingesetzten Kapitals, die politischen, sozialen und ökonomischen Verhältnisse, Einflüsse und deren erwartete

963) Siehe ebenda 1.11.1. und 1.1.2. bis 1.10.2.
964) Siehe ebenda 1.11.3.

Entwicklung sowie traditionelle und persönliche Bindungen und Kontakte.

Auf beiden Wirtschaftsgebieten gelang es der Bundesrepublik im Laufe der Wiederaufbauphase in Südamerika
wieder den zweiten Platz mit großem Abstand hinter den
USA jedoch vor den europäischen Wettbewerbern einzu-
zunehmen.

Diese positiven Entwicklungen der Wirtschaftsbeziehungen zu Südamerika besaßen bei der engen Verflechtung
von Wirtschaft und Politik eine große politische Bedeutung für die Bundesrepublik in ihrer Anfangsphase.

Bei Gründung der Bundesrepublik war Westdeutschland bereit im "Kalten Krieg" durch die von den westlichen
Militärregierungen abgeschlossenen Verträge mit der ECA
und OEEC in die westliche Seite integriert worden; die
bei der Währungsreform im Jahre 1948 mit Genehmigung
der Militärregierungen erlassenen "Leitsätzegesetze"
der VfW hatten eine Politik der sozialen Markt- wirtschaft eingeleitet.[965] Diese Richtungen der Außen- und
Innenpolitik blieben für die Bundesregierung maß- gebend trotz mancher Schwierigkeiten besonders vor der
Korea-Krise; sie fanden die grundsätzliche Billigung
und Unterstützung der Alliierten Hohe Kommission, da
diese politischen Grundeinstellungen in der Linie der
von den USA verfolgten Politik der "open door" und einer neuen liberalen Weltwirtschaftsordnung lagen.

Es stellt sich nun die Frage, warum gerade die südamerikanischen Staaten nach dem Zweiten Weltkrieg gegenüber den Ländern anderer Kontinente bevorzugt wurden

---

965) Siehe vorstehend I.2., S. 10 f.

sowohl bei der Aufnahme diplomatischer Beziehungen als
auch bei der Schaffung der für einen geordneten
Handelsverkehr erforderlichen Rahmenbedingungen. Als
Antwort hierauf sei vor allem auf die von Anfang an
bestehende gute Ergänzung der beiderseitigen Wirt-
schaftssstrukturen verwiesen; diese wurde durch Umfang
und Zusammensetzung der für die einzelnen Länder vereinbarten Warenlisten bestätigt. Für die deutschen Beziehungen war es im Vergleich zu den europäischen Konkurrenten damals von Vorteil, keine Rücksicht auf
++die Warenbezüge aus Kolonien und gegenüber den USA
auf die eigene Landwirtschaft nehmen zu müssen. Als
weitere Faktoren kamen die traditionell enge kulturelle
Ver- bundenheit, beginnend mit Alexander von Humboldt,
und die zahlreichen deutschen Auswanderer seit Anfang
des neunzehnten Jahrhunderts hinzu; deren Arbeiten und
Leistungen wurde in ihrer neuen Heimat allgemein ge-
chätzt und anerkannt. Wenn auch die deutschsprachigen
Einwanderer inzwischen meistens eingebürgert und zum
Teil mit der dort ansässigen Bevölkerung versippt waren, blieb doch eine Anhänglichkeit an ihre alte Heimat
oder die ihrer Vorfahren weitgehend erhalten. Diese
Bindung war auf den verschiedensten Gebieten für beide
Seiten von Nutzen; Deutschstämmige haben oft wertvolle
Vermittlerdienste in Politik und Wirtschaft geleistet.

Nach den zweimaligen Unterbrechungen durch die beiden
Weltkriege konnten auf diesen Fundamenten die kulturellen, ökonomischen und politischen Beziehungen in relativ kurzer Zeit vertrauensvoll wiederhergestellt
werden. Kurzfristig bildete hiervon die peruanische
Regierung eine Ausnahme, als sie 1950 die Unterzeichnung eines paraphierten Handelsabkommens mangels Vertrauen in die demokratische Haltung der Bundesregierung

verweigerte.[966] Die politische Akzeptanz der Bundesrepublik durch alle anderen südamerikanischen Staaten stellt einen Beweis für das tiefverwurzelte Vertrauen in das westliche Deutschland dar.

Bei den südamerikanischen Partnern hat auch der Wunsch eine Rolle gespielt, neben den politisch und wirtschaftlich stark dominierenden USA zu einem potenten europäischen Land ökonomische Beziehungen herzustellen und zu festigen. Die USA haben diese Entwicklung nicht behindert, obwohl sie hierzu die Möglichkeit über die Alliierte Hohe Kommission gehabt hätten. Das Verhältnis zwischen der Bundesrepublik und den USA auf dem südamerikanischen Markt war in dieser Zeit generell von einer gewissen Zurückhaltung und gegenseitigen Toleranz geprägt; es stand im Gegensatz zu dem aggressiven deutschen Vorgehen und entsprechenden Reaktionen der USA in der Zeit vor dem Zweiten Weltkrieg. Als Beispiel für die vorsichtige Haltung der Bundesregierung gegenüber den USA sei auf die zurückhaltende Stellungnahme des Bundeswirtschaftsministers zu dem vom argentinischen Staatspräsidenten bei dem Treffen am 8. April 1954 geäußerten Wunsch verwiesen, Argentinien bei der Erschließung seiner Erdölvorräte durch deutsche technische Beratung und Zulieferungen zu unterstützen. Erhard erklärte damals, daß die Bundesregierung nur in Abstimmung mit den interessierten nordamerikanischen Gruppen handeln werde, um Verstimmungen mit der in puncto Erdöl empfindlichen Regierung der USA zu vermeiden.[967]

---

966) Siehe vorstehend VII.2., S. 272.
967) Siehe vorstehend II.2.5., S. 80.

Das deutsche Interesse an wirtschaftlichen Verbindungen zu Südamerika war deswegen besonders ausgeprägt, da frühere bedeutende Märkte zum sowjetischen Einflußgebiet gehörend verlorengegangen waren. Von den im "Neuen Plan" der deutschen Reichsregierung in den dreißiger Jahren gesetzten wirtschaftspolitischen Schwerpunkten;[968] war z.B. nach dem Zweiten Weltkrieg nur Lateinamerika als Partner verblieben, da Südosteuropa, das zweite bevorzugte Interessengebiet, praktisch durch den "Kalten Krieg" ausgefallen war.

Die JEIA nutzte vor Gründung der Bundesrepublik die nach dem Krieg noch bestehenden oder wiederaufgenommenen traditionellen deutschen Handelsverbindungen zu Südamerika wirtschaftspolitisch zum Abschluß von Handelsvereinbarungen mit vier südamerikanischen Ländern;[969] anschließend vereinbarte die Bundesregierung in ihrem ersten Regierungsjahr mit weiteren vier südamerikanischen Staaten Handelsabkommen und schuf damit bereits zu einem frühen Zeitpunkt die von ihr für erforderlich gehaltenen vertraglichen Rahmenbedingungen für den Ausbau des Handelsverkehrs; hiervon wurden Bolivien und Venezuela von deutscher Seite aus ökonomischen Gründen ausgenommen. Südamerika wurde so zum Vorreiter bei der Wiederaufnahme von Wirtschaftsbeziehungen in Übersee.[970] Die auf Regierungsebene vor der Wiederaufnahme diplomatischer Beziehungen geschlossenen Verträge stellten politisch eine de facto-Anerkennung der Bundesrepublik dar.

---

968) Siehe vorstehend I.1., S. 5f.
969) Siehe ebenda S. 9 f.
970) Vgl. BWM Abt.V, Jahresbericht, 17.8.1950, in: BA B102/1798 Heft 1. In dieser Zeit wurde nur mit Indien und Pakistan als nichteuropäische Staaten Abkommen geschlossen.

Ein Beispiel für die traditionelle Freundschaft lieferte die chilenische Regierung, als sie bei den deutsch-chilenischen Wirtschaftsverhandlungen im September 1950 die Teilnahme von zwei Mitgliedern der französischen Botschaft in Santiago de Chile als "Observer" der Alliierten Hohen Kommission als eine Beeinträchtigung der Hoheitsrechte ablehnte; nach dem Bericht des deutschen Delegationsleiters wollte sie hierdurch die Forderung auf Gleichberechtigung des deutschen Vertragspartners unterstreichen.[971]

Politisch zu werten war auch, daß die Bundesregierung in den Handelsabkommen mit südamerikanischen Ländern die sogenannte "Berlin-Klausel" ohne Schwierigkeiten vereinbaren konnte. Dadurch wurde nicht nur dokumentiert, daß die südamerikanischen Vertragspartner im "Kalten Krieg" auf seiten der Westmächte standen, sondern auch ein vorwiegend politisch motiviertes Begehren der Bundesregierung akzeptiert. Die hieraus abzuleitende politische Bedeutung war für die Bundesrepublik von größerem Wert als der ökonomische Nutzen dieser Klausel.

Nachdem die Alliierte Hohe Kommission mit der Zweiten sogenannten kleinen Revision des Besatzungsstatuts am 6. März 1951 den Aufbau des Auswärtigen Amtes und eines diplomatischen Dienstes gestattet hatte,[972] wurden im gleichen Jahr in Brasilien, Argentinien und Uruguay und anschließend in allen anderen südamerikanischen Ländern - einschließlich Venezuela und Bolivien - diplomatische Vertretungen errichtet, als letzte im Januar 1953 die

971) Siehe vorstehend IV.3., S. 204, und BWM Abt. V A 4 an V B 1, 3.10.1950, ebenda.
972) Siehe vorstehend I.2., S. 12 f.

Gesandtschaft in Kolumbien.[973] Damit war in relativ
kurzer Zeit die politische Basis für den weiteren Ausbau und die Pflege der Beziehungen zu allen südamerikanischen Staaten geschaffen worden.

Für das inzwischen gefestigte Vertrauen in die politische Zuverlässigkeit der Bundesregierung sprach z.B.
das mit Brasilien im August 1952 vereinbarte sogenannte
"Tr+eue- Verfahren" zum Abbau brasilianischer Schulden
bei Beibehaltung des Warenaustausches. Hierdurch wurde
der deutsche Handelspartner einseitig gegenüber anderen
Schuldnern bevorzugt und sogar eine de facto-Abwertung
des Brasil-Dollars zugestanden. Dieses in seinen De-
tails vertraulich vereinbarte Verfahren führte dank der
konsequenten Handhabung von deutscher Seite zu dem gewünschten Erfolg, der brasilianischen Regierung trug es
aber herbe Kritik u.a. von anderen Schuldnern ein.[974]

Die sogenannte "Goodwill-Reise" des Bundeswirtschaftsministers nach Südamerika im Frühjahr 1954 war vor allem politisch motiviert und bedeutsam. Der für die Bundesrepublik wichtige südamerikanische Markt war durch
den vereinbarten Bilateralismus trotz guter Markt-
chancen im Export an Grenzen gestoßen, die nur durch
eine Umstellung auf multilaterale Basis zu überwinden
waren. Erhard unterzog sich daher mit einigem Erfolg
der politisch wichtigen Aufgabe, bei den besuchten Regierungen Verständnis für hierzu erforderliche Maßnahmen zu wecken. Sein weiteres delikateres Anliegen
bestand darin, Argentinien und Brasilien zu bewegen,
Verhandlungen über die dringend anstehenden Regelungen
der deutschen Altvermögen mit den auf privater Basis

---

973) Vgl. Auswärtiges Amt, Die Bundesrepublik
Deutschland und Lateinamerika, Bonn 1987, S. 179 ff.
974) Siehe vorstehend III.3., S. 159 ff.

zusammengeschlosssenen deutschen Eigentümern zu führen, nachdem die Alliierten der Bundesregierung die
Genehmigung hierzu versagt hatten.[975] Als Ergebnis
dieser diskret geführten Unterredungen wurden anschließend mit den entsprechenden privaten Vereinigungen Verhandlungen aufgenommen, bei denen das Bundeswirtschaftsministerium nur als Beobachter mit-
wirkte.[976]

Auf der Londoner Ministerkonferenz der OEEC-Länder über
Konvertibilitätsfragen Anfang 1954 war die Bundesregierung mit ihrer Empfehlung auf Ablehnung gestoßen, bei
der Umstellung des bilateralen Zahlungsverkehrs auf
multilaterale Basis gemeinsam vorzugehen, um hierdurch
die Möglichkeit einer Diskriminierung einzelner OEEC-
Partner auszuschalten.[977] Es stellte daher politsch
einen Wendepunkt dar, als Ende des Jahres Großbritannien, die Niederlande und Belgien eine wirtschaftliche
Zusammenarbeit in Übersee mit der Bundesrepublik bei
der Umstellung des Zahlungsverkehrs mit Brasilien suchten; bisher war sie nur im Rahmen der westeuropäischen
Integration als Partner akzeptiert worden. Der Haager
Club brachte der Bundesregierung auch dadurch einen politischen Erfolg, daß die von ihr mit Brasilien ausg-
g++ehandelten Verträge Modellcharakter für die Niederlande und Belgien besaßen und das zugrundeliegende System Vorbild für eine Umstellung vom bilateralen auf

---

975) Nach O. Böhmer, Stand der beschlagnahmten
deutschen Vorkriegsvermögen, S. 309, gehörten die
Alliierten zu den Signatarstaaten des Pariser
Reparationsabkommens vom 24.1.1946, nach dem deutsche
Vermögenswerte liquidiert und die Erlöse konfiziert
werden sollten.
976) Siehe vorstehend II.2.5., S. 83 ff, und III.4., S.
169, und 7., S. 187 ff.
977) Vgl. BdL an BWM, 3.7.1954, in: BA B102/56561, und
BWM an BdL, 25.9.1954, in: BA B102/56565.

einen beschränkt multilateralen Zahlungsverkehr wurde.[978]

Nachdem sich diese Konstruktion bewährt hatte, bildeten Anf+ang 1956 neun europäische Staaten, dabei die Haager-Club-Mitglieder sowie Frankreich und Italien, den Pariser Club mit Argentinien. Politisch und wirtschaftlich war die Bundesrepublik inzwischen als Partner so anerkannt und bedeutend, daß die neun Länder sie bei der Durchsetzung ihrer Forderungen an Argentinien unterstützten und erst nach deren Erfüllung die Regeln des Clubs fast ein einhalb Jahr später inkraftsetzten, obwohl sie in der Zwischenzeit Nachteile inkaufnehmen mußten.[979]

Diese Kooperationen in Südamerika bildeten Vorstufen zu den in den "Römischen Verträgen" getroffenen Vereinbarungen, durch die für die Bundesrepublik politisch und wirtschaftlich die Weichen bis heute gestellt wurden.

---

978) Siehe vorstehend III.6, S. 183 ff.
979) Siehe vorstehend II.3.3.2., S. 122 ff.

XIII. Statistischer Anhang

Tabellenverzeichnis: 361

1. Handelsverkehr   362

1.1. Argentinien

    1.1.1. Deutsche Ein- und Ausfuhr 1950 - 1961   362

    1.1.2. Periodisch zusammengefaßte Jahreswerte 363

1.2. Brasilien   364

    1.2.1. wie 1.1.1. (gilt auch für 1.3.1. bis
    1.10.1.)

    1.2.2. wie 1.1.2. (gilt auch für 1.3.2. bis
    1.10.2.)

1.3. Chile   365

1.4. Kolumbien   366

1.5. Ecuador   367

1.6. Paraguay   368

1.7. Peru   369

1.8. Uruguay   370

1.9. Bolivien   371

1.10. Venezuela   372

1.11. Südamerika   373

    1.11.1. Periodisch zusammengefasste Jahreswerte 373

    1.11.2. Anteile am Volumen der Bundesrepublik   373

    1.11.3. Anteile am südamerikanischen Volumen   373

2. Deutsche Direktinvestitionen   375

  2.1. Bundesrepublik und Anteile   375
     Südamerikas   1955 - 1961

  2.2. Anteile der Länder am südamerikanischen   375
     Volumen 1961

  2.3. Erteilte Genehmigungen 1954 und 1956   376

3. Kredit- und Finanzierungszusagen 1953 - 1956   377

4. Garantien und Bürgschaften 1953   378

---

1. Handelsverkehr

Quelle: Für 1939: Ibero-Amerika. Ein Handbuch, Hamburg,1960.
Für 1950 - 1961: Statistisches Bundesamt, aus
Fachserie 7 / Reihe 1, I.A. Ein- und Ausfuhr (
Spezialhandel, reiner Warenverkehr) nach Erdteilen und
Ländern.

1.1. Argentinien

1.1.1. Deutsche Ein- und Ausfuhr 1950 - 1961

Jahr	Einfuhr	Ausfuhr
1936	118,5 Mio RM	97,7 Mio RM
1950	274.947 TDM	104.468 TDM
1951	419.973 "	346.753 "
1952	274.104 "	331.536 "
1953	208.335 "	406.685 "
1954	587.182 "	320.794 "
1955	450.629 "	383.377 "

1956	614.089	"	415.145	"
1957	560.455	TDM	445.249	TDM
1958	542.413	"	535.690	"
1959	553.258	"	608.682	"
1960	548.320	"	629.847	"
1961	447.519	"	909.505	"

1.1.2. Periodisch zusammengefaßte Jahreswerte

Periode	Einfuhr		Ausfuhr	
1950 - 1953	294.340	TDM	297.361	TDM
1954 - 1957	553.089	"	391.141	"
1958 - 1961	522.877	"	670.931	"
1950 - 1957	423.715	"	344.251	"
1950 - 1961	456.769	"	453.144	"

1,2.   Brasilien

1.2.1.   Deutsche Ein- und Ausfuhr 1950 - 1961

Jahr	Einfuhr	Ausfuhr
1936	131,4 Mio RM	133,4 Mio RM
1950	86.938 TDM	147.420 TDM
1951	315.055 "	470.921 "
1952	312.661 "	646.558 "
1953	400.388 "	460.457 "
1954	668.228 "	588.242 "
1955	469.903 "	306.045 "
1956	483.378 "	326.778 "
1957	452.671 "	528.290 "
1958	377.206 "	643.420 "
1959	434.029 "	608.272 "
1960	5o2.853 "	541.926 "
1961	614.872 "	596.909 "

1.2.2. Periodisch zusammengefaßte Jahreswerte

Periode	Einfuhr	Ausfuhr
1950 - 1953	278.761 TDM	431.339 TDM
1953 - 1957	518.545 "	437.339 "
1958 - 1961	482.240 "	597.632 "
1950 - 1957	398.653 "	434.339 "
1950 - 1961	426.515 "	488.770 "

1.3. Chile

1.3.1. Deutsche Ein- und Ausfuhr 1950 - 1961

Jahr	Einfuhr	Ausfuhr
1936	58,8 Mio RM	49,4 Mio RM
1950	57.614 TDM	29.746 TDM
1951	81.782 "	92.391 "
1952	125.511 "	88.218 "
1953	109.611 "	118.671 "
1954	150.466 "	131.643 "
1955	351.424 "	160.707 "
1956	376.744 "	157.222 "
1957	369.671 "	215.213 "
1958	367.840 "	173.272 "
1959	460.124 "	179.662 "
1960	502.403 "	317.987 "
1961	446.766 "	318.501 "

1.3.2. Periodisch zusammengefaßte Jahreswerte

Periode	Einfuhr	Ausfuhr
1950 - 1953	93.629 TDM	82.265 TDM
1954 - 1957	312.076 "	166.196 "
1958 - 1961	444.283 "	247.355 "
1950 - 1957	202.853 "	124.226 "
1950 - 1961	283.330 "	165.269 "

1.4. Kolumbien

1.4.1. Deutsche Ein- und Ausfuhr 1950 - 1961

Jahr	Einfuhr	Ausfuhr
1936	41,5 Mio RM	45,3 Mio RM
1950	56.131 TDM	75.746 TDM
1951	107.441 "	126.976 "
1952	110.475 "	91.926 "
1953	109.157 "	155.492 "
1954	169.644 "	230.182 "
1955	206.419 "	262.202 "
1956	183.330 "	276.762 "
1957	182.764 "	204.280 "
1958	198.999 "	189.557 "
1959	224.771 "	157.616 "
1960	291.071 "	194.831 "
1961	309.349 "	214.045 "

1.4.2. Periodisch zusammengefaßte Jahreswerte

Periode	Einfuhr	Ausfuhr
1950 - 1953	95.801 TDM	112.537 TDM
1954 - 1957	185.539 "	243.357 "
1958 - 1961	255.798 "	189.012 "
1950 - 1957	140.670 "	177.947 "
1950 - 1961	268.569 "	272.453 "

1.5.   Ecuador

1.5.1.   Deutsche Ein- und Ausfuhr 1950 - 1961

Jahr	Einfuhr	Ausfuhr
1936	5,2 Mio RM	6,8 Mio RM
1950	11.859 TDM	12.107 TDM
1951	12.278 "	19.847 "
1952	11.602 "	16.336 "
1953	26.586 "	27.981 "
1954	59.920 "	41.362 "
1955	63.248 "	44.559 "
1956	72.782 "	45.554 "
1957	108.524 "	54.248 "
1958	150.154 "	54.730 "
1959	129.708 "	52.667 "
1960	120.507 "	61.278 "
1961	120.949 "	55.968 "

1.5.2.   Periodisch zusammengefaßte Jahreswerte

Periode	Einfuhr	Ausfuhr
1950 - 1953	15.581 TDM	19.068 TDM
1954 - 1957	76.119 "	46.441 "
1958 - 1961	130.330 "	56.161 "
1950 - 1957	45.850 "	32.754 "
1950 - 1961	111.015 "	60.835 "

1.6. Paraguay

1.6.1. Deutsche Ein- und Ausfuhr 1950 - 1961

Jahr	Einfuhr	Ausfuhr
1936	2,8 Mio RM	1,9 Mio RM
1950	4.525 TDM	6.037 TDM
1951	14.586 "	10.426 "
1952	5.386 "	15.011 "
1953	8.099 "	13.709 "
1954	5.056 "	13.272 "
1955	8.375 "	10.146 "
1956	12.128 "	8.170 "
1957	5.037 "	16.515 "
1958	10.854 "	19.003 "
1959	21.214 "	18.403 "
1960	12.779 "	20.541 "
1961	17.758 "	21.713 "

1.6.2. Periodisch zusammengefaßte Jahreswerte

Periode	Einfuhr	Ausfuhr
1950 - 1953	8.149 TDM	11.296 TDM
1954 - 1957	7.649 "	12.026 "
1958 - 1961	15.651 "	19.915 "
1950 - 1957	7.899 "	11.661 "
1950 - 1961	10.483 "	14.412 "

1.7.   Peru

1.7.1. Deutsche Ein- und Ausfuhr 1950 - 1961

Jahr	Einfuhr	Ausfuhr
1936	34,0 Mio RM	29,0 Mio RM
1950	25.497 TDM	26.109 TDM
1951	46.414 "	54.595 "
1952	42.628 "	55.750 "
1953	52.845 "	65.869 "
1954	80.755 "	66.672 "
1955	131.315 "	93.132 "
1956	186.755 "	122.884 "
1957	225.046 "	143.335 "
1958	221.525 "	124.316 "
1959	258.766 "	128.180 "
1960	431.224 "	161.967 "
1961	432.633 "	198.208 "

1.7.2.   Periodisch zusammengefaßte Jahreswerte

Periode	Einfuhr	Ausfuhr
1950 - 1953	41.846 TDM	50.581 TDM
1954 - 1957	155.968 "	108.506 "
1958 - 1961	336.032 "	153.168 "
1950 - 1957	98.907 "	78.543 "
1950 - 1961	177.950 "	103.418 "

1.8.   Uruguay

1.8.1. Deutsche Ein- und Ausfuhr 1950 - 1961

Jahr	Einfuhr	Ausfuhr
1936	21,0 Mio RM	16,7 Mio RM
1950	57.319 TDM	59.619 TDM
1951	39.930 "	101.937 "
1952	97.500 "	56.718 "
1953	109.843 "	92.801 "
1954	79.760 "	101.368 "
1955	67.593 "	70.606 "
1956	141.956 "	62.824 "
1957	94.236 "	90.632 "
1958	54.506 "	31.981 "
1959	64.486 "	50.295 "
1960	68.788 "	77.580 "
1961	73.452 "	109.030 "

1.8 2.   Periodisch zusammengefaßte Jahreswerte

Periode	Einfuhr	Ausfuhr
1950 - 1953	76.148 TDM	77.769 TDM
1954 - 1957	95.886 "	81.357 "
1958 - 1961	65.308 "	67.222 "
1950 - 1957	86.017 "	79.563 "
1950 - 1961	79.114 "	75.449 "

1.9.   Bolivien

1.9.1.   Deutsche Ein- und Ausfuhr 1950 - 1961

Jahr	Einfuhr	Ausfuhr
1936	7,4 Mio RM	4,2 Mio RM
1950	11.153 TDM	4.474 TDM
1951	19.184 "	19.232 "
1952	27.514 "	25.544 "
1953	4.969 "	14.884 "
1954	2.389 "	22.937 "
1955	9.301 "	34.590 "
1956	12.865 "	48.166 "
1957	16.837 "	38.194 "
1958	15.410 "	36.626 "
1959	18.035 "	27.060 "
1960	19.611 "	31.464 "
1961	18.058 "	31.850 "

1.9.2. Periodisch zusammengefaßte Jahreswerte

Periode	Einfuhr	Ausfuhr
1950 - 1953	15.705 TDM	16.033 TDM
1954 - 1957	10.348 "	35.972 "
1958 - 1961	17.779 "	31.750 "
1950 - 1957	13.026 "	26.003 "
1950 - 1961	21.916 "	41.877 "

1.10.   Venezuela

1.10.1. Deutsche Ein- und Ausfuhr 1950 - 1961

Jahr	Einfuhr	Ausfuhr
1936	14,1 Mio RM	24,1 Mio RM
1950	35.252 TDM	71.829 TDM
1951	62.945 "	102.638 "
1952	87.382 "	106.788 "
1953	81.565 "	147.202 "
1954	80.032 "	244.778 "
1955	132.744 "	323.975 "
1956	210.723 "	370.467 "
1957	334.172 "	555.953 "
1958	452.319 "	492.640 "
1959	394.327 "	525.566 "
1960	376.087 "	382.214 "
1961	402.673 "	315.234 "

1.10.2. Periodisch zusammengefaßte Jahreswerte

Periode	Einfuhr	Ausfuhr
1950 - 1953	66.786 TDM	107.114 TDM
1954 - 1957	189.418 "	373.793 "
1958 - 1961	406.202 "	428.918 "
1950 - 1957	128.102 "	240.454 "
1950 - 1961	220.802 "	303.275 "

1.11. Südamerika

1.11.1. Periodisch zusammengefaßte Jahreswerte

	Einfuhren	Ausfuhren
1950 - 1953	987 Mio DM	1.205 Mio DM
1954 - 1957	2.105 "	1.894 "
1958 - 1961	2.677 "	2.458 "
1950 - 1957	1.546 "	1.549 "
1950 - 1961	2.056 "	1.979 "

1.11.2. Anteile am Volumen der Bundesrepublik

	Einfuhren	Ausfuhren
1950 - 1953	6,8,%	8,3%
1954 - 1957	8,1%	6,6%
1958 - 1961	7,0%	5,6%
1950 - 1957	7,6%	7,2%
1950 - 1961	7,3%	6,4%

1.11.3. Anteile am südamerikanischen Volumen

Land	1950 - 1953		1954 - 1957		1958 - 1961	
	Ein-	Aus-	Ein-	Aus-	Ein-	Ausfuhr
Argentinien	29,8%	24,7%	26,3%	20,7%	19,5%	27,3%
Brasilien	28,3%	35,8%	24,6%	23,1%	18,2%	24,3%
Chile	9.5%	6,8%	14,8%	8,8%	16,6%	10,1%
ABC-Staaten	67,6%	67,3%	65,7%	52,6%	54,3%	61,7%
Kolumbien	9,7%	9,3%	8,8%	12,8%	9,5%	7,7%

Ecuador	1,6%	1,6%	3,6%	2,5%	4,9%	2,3%
Paraguay	0,8%	0,9%	0,4%	0,6%	0,6%	0,8%
Peru	4,2%	4,2%	7,4%	5,6%	12,5%	6,2%
Uruguay	7,7%	6,5%	4,5%	4,3%	2,4%	2,7%
Restl. Verrechnungsländer	24,0%	22,5%	24,7%	25,8%	29,9%	19,7%
Bolivien	1,6%	1,3%	0,5%	1,9%	0,6%	1,3%
Venezuela	6,8%	8,9%	9,1%	19,7%	15,2%	17,3%
Dollarraum	8,4%	10,2%	9,6%	21,6%	15,8%	18,6%

	1950 - 1957		1950 - 1961	
Argentinien	27,7%	22,2%	22,2%	22,9%
Brasilien	25,8%	28,0%	20.7%	24,7%
Chile	13,1%	8,0%	13,8%	8,4%
ABC-Staaten	66,6%	58,2%	56,7%	56,0%
Kolumbien	9,1%	11,5%	13,1%	13,8%
Ecuador	2,9%	2,1%	5,4%	3,1%
Paraguay	0,5%	0,8%	0,5%	0,7%
Peru	6,4%	5,1%	8,7%	5,2%
Uruguay	5,5%	5,1%	3,8%	3,8%
Restl. Verrechnungsstaaten	24,4%	24,6%	31,5%	26,5%
Bolivien	0,8%	1,7%	1,1%	2,1%
Venezuela	8,2%	15,5%	10,7%	15,3%
Dollarraum	9,0%	17,2%	11,8%	17,4%

2. Deutsche Direktinvestitionen
2.1. Bundesrepublik und Anteile Südamerikas
1955 - 1961

Quelle: Angaben des Bundeswirtschaftsministeriums
nach G. Brüninghaus, Die Direktinvestitionen der
Bundesrepublik im Ausland 1952 bis 1962, in:
Mitteilungen Rhein.- Westf. Institut für
Wirtschaftsforschung, 1965 Heft 10, Tab. 3 und A 1.

	BRD	Südamerika	
1955	421,1 Mio DM	102,6 Mio DM	24,2%
1956	831,0 "	191,4 "	23;0%
1957	1.349,2 "	308,3 "	22,9%
1958	1.858,6 "	432,2 "	23,2%
1959	2.422,2 "	577,3 "	23,8%
1960	3.161,8 "	766,1 "	24,2%
1961	3.842,5 "	9o9,9 "	23,7%

2.2. Anteile der Länder am südamerikanischen
Volumen 1961

Argentinien	159,7 Mio DM	17,5%
Brasilien	639,7 "	70,3%
Chile	21,2 "	2,3%
Ecuador	4,4 "	0,5%
Kolumbien	38,0 "	4,2%
Paraguay	0,1 "	0,1%
Peru	10,1 "	1,1%
Uruguay	13,3 "	1,4%
Venezuela	23,4 "	2,6%
	909,9 Mio DM	100 %

2.3. Erteilte Genehmigungen 1954 und 1956

Quelle: Bundesminister für Wirtschaft, Aufstellung über erteilte Genehmigungen für deutsche Investitionen im Ausland gemäß Runderlasse Außenwirtschaft Nrn.15/52, 33/53 und 34/54, in: BA B102/6820, und RA 37/55 in: HA Bestand 95.

	31.12.1954			31.8.1956		
Argentinien	23,5	Mio DM	6,3%	65,5	Mio DM	5,7%
Brasilien	68,9	"	18,4%	264,2	"	22,9%
Chile	1,9	"	0,5%	9,5	"	0,8%
Columbien	5,2	"	1,4%	12,9	"	1,2%
Ecuador	0,1	"	-	0,7	"	-
Peru	3,2	"	0,9%	4,6	"	0,4%
Uruguay	0,5	"	0,1%	1,9	"	0,2%
Venezuela	1,4	"	0,3%	7,2	"	0,6%
Südamerika	104,7	Mio DM	27,9%	366,5	Mio DM	31,8%
BRD	375,0	Mio DM	100%	1.154,2	Mio DM	100%

Bolivien und Paraguay waren in den Aufstellungen nicht aufgeführt.

3. Kredit- und Finanzierungszusagen 1953 - 1955

Quelle: Ausfuhrkredit-Aktiengesellschaft Länder-
Engagement Plafond A und B, Stand: 30.11.1953, 1954 und
1955, in: BA B102/7142b (Kredit- und Finanz-Zusagen
zusammengefaßt).

Land	3o.11.1953		30.11.1954		30.11.1955	
			in TDM			
Argentinien	145.624	18,6%	51.476	5,5%	65.323	7,5%
Bolivien	1.795	0,2%	2.659	0,3%	840	-
Brasilien	42.285	5,4%	65.030	7,0%	44.394	5,1%
Chile	22.509	2,9%	27.351	2,9%	16.630	2,0%
Columbien	4.198	0,5%	7.567	0,8%	11.918	1,4%
Ecuador	2.133	0,3%	2.347	0,3%	6.721	0,8%
Paraguay	904	0,1%	1.347	0,2%	480	-
Peru	2.305	0,3%	743	-	2.448	0,3%
Uruguay	8.454	1,1%	5.413	0,6%	2.169	0,2%
Venezuela	4.210	0,5%	26.053	2,8%	15.322	1,7%
Südamerika	234.417	29,9%	189.986	20,4%	166.245	19,0%
BRD	784.322	100%	930.595	100%	873.468	100%

4. Garantien und Bürgschaften 1953

Quelle: Bundesminister für Wirtschaft, Bericht über das
4. Vierteljahr 1953 und Jahresbericht über die
Durchführung des § 1 des Gesetzes über die Übernahme
von Sicherheitsleistungen und Gewährleistungen im
Ausfuhrgeschäft vom 26.8.49,Länderliste der übernommenen und verbindlich zugesagten Garantien und Bürgschaften per 31. Dezember 1953, 6.2.1954, in: BA
B102/7142a.

Land	Betrag		Bundesrepublik
Argentinien	452.304	TDM	15,3%
Bolivien	26.241	"	0,9%
Brasilien	223.933	"	7,6%
Chile	105.068	"	3,5%
Columbien	17.787	"	0,6%
Ecuador	16.419	"	0,5%
Paraguay	3.775	"	0,1%
Peru	8.732	"	0,2%
Uruguay	16.638	"	0,6%
Venezuela	122.155	"	4,1%
Südamerika	993.052	TDM	33,5%
Bundesrepublik	2.964.547	TDM	100%

XIV. Abkürzungsverzeichnis

AA   Auswärtiges Amt

ACL   Area de Convertibilidade Limitada
            Gebiet der beschränkten Konvertierbarkeit
            (Brasilien)

AGEDE   Agencia Especial de Defesa Economica
            Spezialagentur für den wirtschaftlichen
            Schutz (Brasilien)

BA   Bundesarchiv

Banco Central de la Republica Argentina
            Zentralbank der Republik Argentinien

Banco Central de Chile
            Staatsbank von Chile (mit Notenausgaberecht)

Banco del Estado
            Staatsbank (mit währungs- u. kredittechnischen
            Aufgaben) Chile

BB   Deutsche Bundesbank

BdL   Bank deutscher Länder

Beko-DM   beschränkt konvertierbare DM

BELF   Bundesministerium für Ernährung,
            Landwirtschaft und Forsten

BGBl   Bundesgesetzblatt

BMF   Bundesministerium der Finanzen

BMJ   Bundesministerium der Justiz

BNDE   Banco Nacional de Desenvolvimento
            Nationale Bank für Wirtschaftsentwicklung
            (Brasilien)

BWM   Bundeswirtschaftsministerium

CACEX   Carteira de Comercio Exterior
            Außenhandelsabteilung (des Banco do Brasil)

Caja de Credito de Minero
            Finanzinstitut für die Minenindustrie (Chile)

Caja de Colonisation
         Siedlungsbank (Chile)

CEXIM   Carteira de Exportacao e Importacao
         Export- und Importabteilung (des Banco do
         Brasil)

CDE   Comissao de Defesa Economica
         Kommission für den Wirtschaftsschutz
         (Brasilien)

Conselho do Desensolvimento
         Rat für Entwicklung (Brasilien)

CONDECOR Consejo Nacional de Comercio Exterior
         Oberste Devisen- und Außenhandelsbehörde
         (Chile)

CORFO   Corporacion de Fomento de la Produccion
         Staatliche Gesellschaft zur Förderung der
         Produktion in Landwirtschaft u. Industrie
         (Chile)

DB   Deutsche Botschaft (im Länderteil nur bei
         erster Erwähnung mit Ortsangabe)

DEGESA   Deutsche Gesellschaft für Siedlungen im
         Ausland

DG   Deutsche Gesandtschaft (im Länderteil nur bei
         erster Erwähnung mit Ortsangabe)

DINIE   Direccion Nacional de Industrias del
         Estado nationale Direktion der Industrie
         des Staates (Argentinien)

ECA   Economic Cooperation Administration

EZU   Europäische Zahlungsunion

GATT   General Agreement on Trade and Traffic

HA   Historisches Archiv der Deutschen Bundesbank

HPA   Handelspolitischer Auschuß

IWF   Internationaler Währungsfonds

IAPI   Instituto Argentina de Promocion del
            Intercambio argentinisches Institut zur
            Förderung des Devisentausches

JEIA   Joint Export-Import-Agency

JUNTA   Junta de Vigilencia y Disposiciones
            Final de la Propriedad Enemiga
            Kommission zur Überwachung des Feindeigentums
            und zur endgültigen Verfügung hierüber
            (Argentinien)

Ltda.   Sociedade por Quotas des Responsabilidade
            Limitada Gesellschaft mit beschränkter Haftung

OEEC   Organization for European Economic Cooperation

PA   Politisches Archiv des Auswärtigen Amtes

Plano Salte
            S = Saude Gesundheit A = Alimentacao Ernährung
            und Landwirtschaft T = Transporte
            E = Energie (Brasilien)

PRO   Public Record Office, London.

RA   Runderlaß Außenwirtschaft

RGBl   Reichsgesetzblatt

SA   Sociedade Anonima Aktiengesellschaft

SOCHALCO   Sociedad Chilena-Aleman de Colonisation,
            Deutsch-Chilenische Siedlungsgesellschaft

SRL   Sociedad de Responsibilida Limitada
            Gesellschaft mit beschränkter Haftung

SUMOC   Superintendencia de Moeda e de Credito
            Oberste Behörde für Geld und Kredite
            (Brasilien)

TAA   Transferable Account Area   Gebiet der
            übertragbaren Konten (für englische
            Pfund)

TDM   1.000 DM

US $ almão
            Brasildollar

VfW   Verwaltung für Wirtschaft im Vereinigten Wirtschaftsgebiet

VRA   Vertraulicher Runderlaß Außenwirtschaft

ZBR   Zentralbankrat

XV. Quellen- und Literaturverzeichnis

1. Quellen

1.1 Unveröffentlichte Quellen

B u n d e s a r c h i v   K o b le n z (BA)
Bundesministerium für Wirtschaft B102
Bestand Nr. 42 - 54; 335; 336; 1770; 1771; 1773; 1778;
1790; 1798; 1894; 2701; 2704; 2705; 2711 - 2713; 5909 -
5917; 5989; 5990; 5996; 6o66 - 6068; 6072 - 6080; 6086
- 6093; 6097; 6138; 6139; 6152 - 6154; 6303; 6457; 6459
- 6461; 6820; 6822 - 6827; 6833 - 6845; 6857; 6858;
7116; 7142; 7680; 7681; 25449; 25490; 25500; 27151;
27168; 37571; 56561 - 56563; 56565; 56728; 56761;
56762; 56791 - 56796; 57560; 57579 - 57586; 57588;
57591; 57598; 57668; 57669; 57673; 57675; 57680; 57681;
58017; 58028; 58031; 58057 - 58064; 58071 - 58074;
58078 - 58081; 58086; 58123; 58176 - 58178; 58181;
58182; 58184; 58424; 58837 - 58840; 58843.
Bundesamt für Gewerbliche Wirtschaft B 103
Bd. 1 und 2.

H i s t o r i s c h e s   A r c h i v   d e r
B u n d e s b a n k   F r a n k f u r t   a m
M a i n (HA)
Bestand Nr. 24; 47; 52 - 55; 57 - 62; 64; 69; 70 - 74;
77 - 79; 80; 81; 83 - 89; 90 - 99; 100, 102; 103
(Sitzungsprotokolle des Zentralbankrates).
Bestand Nr. 623 - 625; 629; 1192; 2851 - 2853; 2891 -
2895; 3118; 3138; 3139; 3210; 4629; 4630; 4649; 4984;
5252; 5373; 5374; 5462; 5468; 8259; 11649 - 11651;
11656; 11662; 11664.

P o l i t i s c h e s   A r c h i v   d e s
A u s w ä r t i g e n   A m t e s   B o n n   (PA)
Abt. 2 Bd. 246: 247; 256 - 258; 261;
Ref. 305 Nr.76;
Ref. 306 Bd. 2; 9; 10; 16; 21 - 24; 29; 35; 45; 54 -
56; 59; 61;
Ref. 415 Nr. 5; 2841; Bd. 1; 18 - 20; 23; 24; 52 - 54;
65; 66; 75; 76; 82; 87; 88; 94; 95; 98.

P u b l i c   R e c o r d   O f f i c e   L o n d o n
(PRO)
Foreign Office (FO) 371 Nr. 103215; 114079 - 114085.

1.2. Veröffentlichte Quellen

B u n d e s a m t ,   S t a t i s t i s c h e s ,
I.A. Ein- und Ausfuhr (Spezialhandel, reiner
Warenverkehr) nach Erdteilen und Ländern. Herstellungs-
und Verbrauchsländer, aus Fachserie 7 Reihe 1.

B u n d e s a n z e i g e r
1 (1949), Nr. 30;
2 (1950), Nr. 88; 155 - 157;
3 (1951), Nr. 36; 165; 227; 245;
4 (1952), Nr. 20; 23; 34; 36; 94; 102; 108: 150; 216;
5 (1953), Nr. 14; 25; 27; 85; 94; 120; 140; 165; 192;
199; 212;
6 (1954), Nr. 21; 83; 184; 203; 229; 237;
7 (1955), Nr. 20; 27; 56; 75; 101; 109; 141; 187; 249;
251; 252;
8 (1956), Nr. 8; 89; 109; 131; 156; 190; 230; 234;
9 (1957), Nr. 46; 74; 95; 162; 180; 181; 215; 231;
10 (1958), Nr. 6; 46; 49; 156; 162; 248.

B u n d e s g e s e t z b l a t t, Teil II,
1951 Nr. 3;
1952 Nr. 2; 3; 5; 12;
1953 Nr. 8;
1954 Nr. 2; 7; 13; 21; 22;
1955 Nr. 16; 27;
1957 Nr. 3;
1958 Nr. 9; 16.

B u n d e s r e p u b l i k D e u t s c h l a n d ,
Taschenbuch für Verwaltungsbeamte,
61 (1950/51); 62 (1952); 63 (1953); 64 (1954/55);
Handbuch für die Bundesrepublik Deutschland
65 (1956/57); 66 (1958/59).

R e i c h s g e s e t z b l a t t (RGBl), 19/1888;
1910 S. 507; 1927 S. 454; 1934 Nr. 51; 1938.

2. Benutzte Literatur und Periodika

A b e l s h a u s e r, Werner, Wirtschaft in Westdeutschland 1945 - 1948. Rekonstruktion und Wachstums-
bedingungen in der amerikanischen und britischen Zone,
Stuttgart 1975.

- Wirtschaftsgeschichte der Bundesrepublik Deutschland
(1945 - 1980), Frankfurt am Main 1983.

A l l g a i e r, Dieter, Die Deutschen in Kolumbien,
in: Hartmut Fröschle (Hrsg.), Die Deutschen in Lateinamerika. Schicksal und Leistung, Tübingen und Basel
1979, S. 433 - 474.

A u ß e n w i r t s c h a f t s d i e n s t des
Betriebs-Beraters, 6 (1960) und 9 (1963).

A u s w ä r t i g e s   A m t (Hrsg.), Die Auswärtige
Politik der Bundesrepublik Deutschland, Köln 1972.

- Die Bundesrepublik Deutschland und Lateinamerika.
Dokumentation, Bonn 1987.

B a n k, D e u t s c h-S ü d a m e r i k a n i s c h e,
Wirtschaftsbericht Brasilien Nr. 42, Hamburg 1956.

B e u t l e r, Wilhelm, Die Mitarbeit der deutschen
Industrie an der wirtschaftlichen Entwicklung Brasiliens, in: Übersee-Rundschau, 6 (1954), Heft 9/10, S. 54.

B e y h a u t, Gustavo, Süd- und Mittleamerika II. Von
der Unabhängigkeit bis zur Krise der Gegenwart, in:
Fischer Weltgeschichte, Bd. 23, Frankfurt am Main 1965.

B l ö c k e r, Hans, Paraguay. Der verwunschene Garten
Südamerikas, in: Übersee-Rundschau, 7 (1957), Heft
5, S. 28 f.

B ö h m e r, Otto, Stand der beschlagnahmten deutschen
Vorkriegsvermögen im Ausland am 15.12.1960, in: Außenwirtschaftsdienst des Betriebsberaters, 6 (1960), S.
309 - 323.

B r ü n i n g h a u s, G., Die Direktinvestitionen der
Bundesrepublik im Ausland 1952 - 1964, in: Mitteilungen
des Rheinisch-Westfälischen Instituts für Wirtschaftsforschung, 1965, Heft 10, S. 249 - 266.

B u c h h e i m, Christoph, Die Wiedereingliederung
Westdeutschlands in die Weltwirtschaft 1945 - 1958,
München 1990.

B u n g e, Alejandro E., El Comercio de Alemania con la
America del Sud con particular Referencia a la Ar-
gentinia, in: Revista de economica argentina, 18
(1936), S. 179 -182.

B u n d e s b a n k, D e u t s c h e , Die deutschen
Direktinvestitionen im Ausland, Monatsbericht 17
(1965), Nr. 12, S. 19 - 27.

B u n d e s v e r b a n d   d e r   D e u t s c h e n
I n d u s t r i e, (Hrsg.), Bericht über die Informa-
tionasreise nach Brasilien, Argentinien, Chile, Venezuela und Mexiko einer Delegation des Bundesverbandes
der Deutschen Industrie vom 25.10. bis 28.11.1959, Köln
1960.

C o n v e r s e, Christel, Die Deutschen in Chile, in:
Hartmut Fröschle (Hrsg.), Die Deutschen in Lateinamerika, Tübingen und Basel 1979, S. 301 - 372.

D o e l l i n g e r, Carlos von, Der historische Zusammenhang zwischen Auslandsinvestitionen und Außenhandel in den deutsch-brasilianischen Wirtschaftsbeziehungen, Göttingen 1978.

D r o s t, Heinrich, Die Rechtslage des deutschen Auslandsvermögens, in: Archiv des Völkerrechts, 2. Bd.,
Tübingen 1950, S. 298 - 304.

E h l e r t, F.O., Brasilien - Land der Zukunft? in: Mitteilungen der Bundesstelle für Außenhandelsinformationen, 6 (1956), Nr.16 und 18.

E r h a r d, Ludwig, Deutschlands Rückkehr zum Weltmarkt, Düsseldorf 1953.

F l o r e n c e, Francisco, und R o t h m a n n , Gerd W., Investitionsrecht in Brasilien, Sao Paulo 1971.

F r ö s c h l e, Hartmut, (Hrsg.), Die Deutschen in Lateinamerika. Schicksal und Leistung, Tübingen und Basel 1979.

H a r m s - B a l z e r, Käte, Die Nationalisierung der deutschen Einwanderer und ihrer Nachkommen in Brasilien als Problem der deutsch-brasilianischen Beziehungen 1930 - 1938, Berlin 1970.

H a s t e d t, Pedro G., Deutsche Direktinvestitionen in Lateinamerika. Ihre Entwicklung seit dem Ersten Weltkrieg und ihre Bedeutung für die Industrialisierung des Subkontinents, Göttingen 1970.

H e r b s t, Ludolf, Option für den Westen. Vom Marshallplan zum deutsch-französischen Vertrag, München 1989.

H e r r i n g, Hubert, Lateinamerika Heute, in: Propyläen-Weltgeschichte, Bd. X.1, Frankfurt am Main 1976, S. 301 - 371.

H o f f m a n n, Werner, Die Deutschen in Argentinien,
in: Hartmut Fröschle (Hrsg.), Die Deutschen in Lateinamerika, Tübingen und Basel 1979, S. 40 - 145.

I b e r o - A m e r i k a   V e r e i n, Hamburg,
(Hrsg.), Ibero-Amerika. Ein Handbuch, Hamburg 1960.

- Argentinien und Deutschland. Wirtschaftsgespräch mit
S.E. dem Präsidenten von Argentinien Dr. Arturo
Frondizi in der Handelskammer Hamburg am 30.6.1960,
Hamburg 1960.

J a h r b u c h   für Geschichte von Staat, Wirtschaft
und Gesellschaft Lateinamerikas, 1 (1964); 6 (1969); 7
(1970); 12 (1975); 13 (1976); 14 (1977); 25 (1988).

J o i n t   E x p o r t - I m p o r t   A g e n c y, Ab-
schlußbericht August 1949, Frankfurt am Main 1949.

K a h l e, Günter, und P i e t s c h m a n n, Horst,
Lateinamerika. Entdeckung, Eroberung, Kolonisation. Ge-
sammelte Aufsätze von Richard Konetzke, Köln und Wien
1983.

K n a p p, Manfred, (Hrsg.), Von der Bizonengründung
zur ökonomisch-politischen Westintegration. Studien zum
Verhältnis zwischen Außenpolitik und Außenwirtschaftsbeziehungen der Bundesrepubklik Deutschland (1947 -
1952), Frankfurt am Main 1984.

K n i e r, Hubert, Die Deutschen in Paraguay, in: Hartmut Fröschle (Hrsg.), Die Deutschen in Lateinamerika,
Tübingen und Basel 1979, S. 651 - 695.

K ö r n e r, Karl Wilhelm, Chronik der deutsch-argentinischen Beziehungen 1810 - 1960, in: Boletin de la
Camera de comercio argentino- alemana, Buenos Aires
1960, S. 110 - 118.

- Zur Geschichte des deutsch-argentinischen Handels,
in: Boletin de la Camera de comercio argentino-alemana,
Buenos Aires 1956, S. 203 - 213.

M ö l l e r, Hans, Außenwirtschaftspolitik, in: Die
Wirtschaftswissenschaften, 35. Lieferung Reihe B
(Volkswirtschaftslehre) Beitrag 14, Wiesbaden 1961.

M o l s, Manfred, Das Verhältnis der Bundesrepublik
Deutschland zu Lateinamerika: Defizite und Lösungsan-
sätze, in: Jahrbuch für Geschichte von Staat, Wirtschaft und Gesellschaft Lateinamerikas, 25 (1988), S.
321 - 348.

N e e b e, Reinhard, Überseemärkte und Exportstrategien
in der westdeutschen Wirtschaft 1945 bis 1966. Aus den
Reiseberichten von Dietrich Wilhelm von Menges, Stuttgart 1991.

O b e r a c k e r, Karl H., und I l g, Karl, Die Deutschen in Brasilien, in: Hartmut Fröschle (Hrsg.), Die
Deutschen in Lateinamerika, Tübingen und Basel 1979, S.
169 - 300.

P a u l u s, Wolfgang E., Die wirtschaftliche Entwick-
lung und Wirtschaftspolitik Brasiliens in der Phase des
Übergangs zur Industriegesellschaft (1930 - 1965),
Staatswiss. Diss. Freiburg i. Br. 1967.

P e t e r s e n, Georg, und F r ö s c h l e, Hartmut,
Die Deutschen in Peru, in: Hartmut Fröschle (Hrsg.),
Die Deutschen in Lateinamerika, Tübingen und Basel
1979, S. 696 - 741.

P i e t s c h m a n n, Horst, Die Conquista Amerikas:
ein historischer Abriß, in: Karl Kohut (Hrsg.), Der
eroberte Kontinent. Historische Realität, Rechtferti-
gung und literarische Darstellung der Kolonisation Amerikas, Frankfurt am Main 1991, S. 13 - 30.

S a m h a b e r, Ernst, Südamerika von heute. Ein Kontinent wird neu entdeckt, Stuttgart 1954.

S c h n i t z l e i n, Hans, Deutsch-Brasilianischer
Handelsaustausch, in: Staden-Jahrbuch, 3 (1955), S. 43
- 62.

S c h r ö d e r, Hans-Jürgen, Die "Neue Deutsche Süd-
amerikapolitik". Dokumente zur nationalsozialistischen
Wirtschaftspolitik in Lateinamerika von 1934 bis 1936,
in: Jahrbuch für Geschichte von Staat, Wirtschaft und
Gesellschaft Lateinamerikas, 6 (1969), S. 336 - 451.

- Deutschland und die Vereingten Staaten 1933 - 1939.
Wirtschaft und Politik in der Entwicklung des Deutsch-
Amerikanischen Gegensatzes, Wiesbaden 1970.

S t e p h a n, Helmut, Bolivien strebt nach Stabilität,
in: Übersee-Rundschau, 6 (1954), Heft 4, S. 38.

T r ü m m e l, Hans-Joachim, Die Entwicklung der
deutsch-argentinischen Handelsbeziehungen im Wandel der

letzten fünfundzwanzig Jahre (1913 - 1937), Wirt-
schafts- und Sozialwiss. Diss. Köln 1938.

Ü b e r s e e - R u n d s c h a u , 1 (1949) und 4
(1952) bis 12 (1960).

V o g e l, Walter, Westdeutschland 1945 - 1960, Boppard
1964.

W e i l b a u e r, Arthur, Die Deutschen in Ecuador,
in: Hartmut Fröschle (Hrsg.), Die Deutschen in
Lateinamerika, Tübingen und Basel 1979, S. 373 - 408.

W e l s c h k e, Bernhard, Außenpolitische Einfluß-
faktoren auf die Entwicklung der westdeutschen Außenwirtschaftsbeziehungen in der Frühphase der Bundesrepublik Deutschland (1949 - 1952), in: Manfred Knapp
(Hrsg.), Von der Bizonengründung zur ökonomisch-
politischen Westintegration. Studien zum Verhältnis
zwischen Außenpolitik und Außenwirtschaftsbeziehungen
in der Entstehungsphase der Bundesrepublik Deutschland
(1947 - 1952), Frankfurt am Main 1984.

W i r t s c h a f t s d i e n s t, Monatsschrift, 29
(1949) bis 39 (1959).

W o c h e n b e r i c h t des Deutschen Instituts für
Wirtschaftsforschung, 35 (1968).

W o l f f, Reinhard, und F r ö s c h l e, Hartmut, Die
Deutschen in Bolivien, in: Hartmut Fröschle (Hrsg.),
Die Deutschen in Lateinamerika, Tübingen und Basel
1979, S. 146 - 168.

W y n e k e n, Klaus, Die Entwicklung der Handelsbeziehungen zwischen Deutschland und Brasilien, Wirtschafts-
und Sozialwiss. Diss. Köln 1958.

Z o l l e r, Rüdiger, Direktinvestitionen und wirtschaftliche Entwicklung. Zur Rolle der Auslandsinvestitionen in Brasilien, München 1979.

Klaus Westermeier

Macht und Elite im ländlichen Südamerika
Untersucht an zwei andinen Dörfern

Frankfurt/M., Bern, New York, Paris, 1990. 268 S.
Europäische Hochschulschriften: Reihe 31, Politikwissenschaft.
Bd. 153
ISBN 3-631-42204-0   br. DM 82.--

Wer mit Entwicklungsplanung befaßt ist, kennt das Problem: Viele Hindernisse sind in ländlichen Regionen der Dritten Welt aus dem Weg zu räumen, damit die Zielgruppe von Entwicklungsprojekten, die Masse der armen Landbevölkerung, auch nur kleine Fortschritte machen kann. Ein häufig unterschätztes Planungs-Constraint bilden lokale Machtverhältnisse. Macht, Elite, Klientelismus, informelle Führerschaft, politische Allianzen und Konfrontationen geben den Rahmen für Entwicklungsmaßnahmen ab. Es gilt sie deshalb zu analysieren. Die Arbeit zeigt am Beispiel zweier andiner Hochlandgemeinschaften, wie lokale Machtgeflechte dabei zu durchleuchten sind.

Aus dem Inhalt: Armutsorientierte ländliche Entwicklung, Dimensionen von Macht und Elite, Implementationsprobleme ländlicher Entwicklung, Macht und Elite in Kolumbien, Macht und Elite in zwei kolumbianischen Dorfgemeinschaften.

Verlag Peter Lang Frankfurt a.M. · Berlin · Bern · New York · Paris · Wien
Auslieferung: Verlag Peter Lang AG, Jupiterstr. 15, CH-3000 Bern 15
Telefon (004131) 9411122, Telefax (004131) 9411131
- Preisänderungen vorbehalten -